조직개발의 이해

ORGANIZATION DEVELOPMENT:
Principles, Processes, Performance
by Gary Neil McLean

원칙 Principles · **프로세스 Processes** · 성과 Performance

조직개발의 이해

게리 매클린 | 우하영 · 이유진 · 김호평 옮김

조직개발 세계로의 입문을 환영한다! 이 책을 읽는 독자들은 가정에서부터 시작해서 학교는 물론 기독교, 유대교, 불교, 이슬람교 등의 종교 단체와 직장, 자선단체, 정부기관, 스포츠 활동 모임, 사교 클럽, 노동자 조합 등과 같은 수많은 조직에서 조직 생활을 경험해 보았을 것이다. 물론 이 가운데에는 긍정적인 경험도 있고 부정적인 경험도 있을 것이다. 우리가 살고 있는 세상이 바로 그런 곳이다. 독자들은 이 책을 통해 부정적인 경험을 긍정적인 경험으로 바꾸기 위해 조직개발 분야의 전문가가 사용하는 조직개발 접근방법을 배울 것이다. 또한 견고한 조직개발 이론을 토대로 우수한 조직개발의 실행이 어떻게 조직을 보다 생산적이고 효율적인 공동체로 발전시키는지 알게 될 것이다.

민음인

미네소타 대학교에서 쌓아온 나의 학술적 커리어가 정점에 이르기까지
수십 년간 조직개발 분야에서 나의 생각이 형성되도록 도와준
학생들과 고객들에게 이 책을 바친다.

또한 나에게 사랑과 지원을 아끼지 않고
실험실의 역할을 해 준 사랑하는 아내 린과 이제 성인이 된 아들과 며느리,
딸과 사위, 손자와 손녀들에게 이 책을 바친다.
(캐서린, 루이스와 아만다 테일러, 래어드와 티나 매클린, 멜리사 매클린,
폴과 로라 매클린, 신시아, 론, 소피아와 드류 랭카스터, 브라이언 매클린)

마지막으로 나의 부모님 닐과 로비 매클린에게 이 책을 바친다.
아버지는 내가 이 책을 집필하는 기간 중에 돌아가셨다.

| 차례 |

| **그림 차례** |

| 표 차례 |

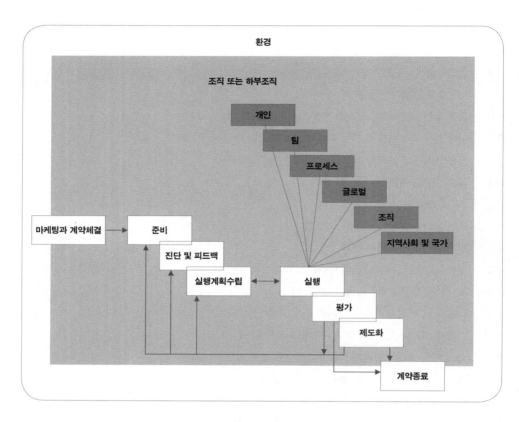

환경

조직 또는 하부조직

- 개인
- 팀
- 프로세스
- 글로벌
- 조직
- 지역사회 및 국가

마케팅과 계약체결 → 준비

진단 및 피드백

실행계획수립 ↔ 실행

평가

제도화

계약종료

조직개발 프로세스 모델

추천의 말

『조직개발의 이해』는 조직개발의 이론과 원칙, 실행을 처음 접하는 사람들에게 완벽한 책이다. 이 책의 특징은 인적자원개발의 관점에서 조직개발의 개요를 폭넓게 제시했다는 점이다. 이 책은 학부 과정이나 입문에 꼭 맞는 책이기도 하지만 조직의 효율성을 향상시키기 위한 다양한 이슈들을 다루고 조직개발이 적용되는 여러 주제에 대해 논의하는 대학원과 기업 임원급 수준의 세미나 및 워크숍에도 매우 적합하다고 생각한다.

— **케네스 바트렛**Kenneth R. Bartlett(미국 미네소타 대학교 교육대 부학장)

대학원에서 조직개발을 가르치는 교수로서 조직개발과 조직변화를 다룬 수많은 서적을 읽어 본 나는 게리 매클린의 『조직개발의 이해』가 그중 단연 최고라고 인정할 수밖에 없다. 이 책에는 조직개발 개념과 프로세스의 훌륭한 개요, 광범위한 스펙트럼의 인터벤션, 많은 시사점을 던져주는 활동들이 제시되어 있다. 매우 쉽게 읽히는 것은 물론 실무 중심으로 이론을 설명하고 있어 내용을 이해하는 데 큰 어려움이 없다.

나는 2년 전부터 텍사스 A&M 대학교의 대학원에서 조직개발 수업을 가르치기 위해 이 책을 채택한 이후 석·박사 학생들로부터 놀랄 만큼 지속적으로 이 책에 대한 긍정적인 피드백을 많이 받아 왔다. 이 책을 특히 더 가치 있게 만드는 점은 매클린이 지닌 독특하고 넓은 관점이다. 매클린은 조직개발에 대한 전통적인 시각에서 한걸음 더 나아가 조직개발이 다가가지 못했던 영역을 보여 준다. 성공적인 변화 추진자가 되길 바라는 모든 이들에게 매클린의 이 책은 필독서가 될 것이다.

— **지아 왕**Jia Wang(미국 텍사스 A&M 대학교 인적자원개발학과 교수)

게리 매클린 교수는 자타가 공인하는 인적자원개발(HRD) 분야의 최고 전문가다. 특히 그는 아시아권의 인적자원개발에 지대한 관심을 가지고 지난 20여 년 동안 많은 노력을 해 왔다. 나는 그와 꽤 오래 알고 지내기도 했고, 아시아권 조직의 부패문제와 관련해서 학문적 노력을 함께 해 오기도 했다. 그의 평생에 걸친 조직개발의 노하우가 담긴 역작이 그의 한국 제자들에 의해서 번역, 출판된다고 하니 더없이 반갑다.

이 책은 인적자원개발학의 관점에서 바라 본 조직개발 입문서 중 가장 쉽고 친절한 책이라고 할 수 있다. 이 책에서 가장 인상 깊은 부분은 '제15장 조직개발의 윤리와 가치'로, 여기서 매클린은 인적자원개발 컨설팅 경험에서 나온 다양한 윤리적 사안들을 생생한 사례와 함께 소개하며 나름의 신중한 답안까지 제시하고 있다. 인적자원개발 활동이나 조직개발 프로젝트를 실행할 때 부딪히는 수많은 윤리적인 문제들은 이 책을 참고하여 해결하라고 조언하고 싶다. 이 책은 조직과 사람의 문제에 관심 있는 경영자, 컨설턴트, 학생들에게 매우 훌륭한 이론과 실무 지침서가 될 것이다.

― **문용린**(서울대학교 교수 · 전 교육인적자원부 장관)

게리 매클린은 자타가 공인하는 조직개발 분야의 구루 중 한 사람이다. 이 책은 미국에서 학부 3,4학년이나 조직개발전공 대학원생들 사이에서 가장 인기 있는 입문서이기도 하다. 매클린은 지나치게 유행을 따르는 각종 변화관리 경향에 경고를 보내고 있다. 이와 같은 관점을 넘어서서 인본주의적 행동주의 관점에서 조직과 조직구성원의 진솔한 성장에 집중하는 조직개발 원칙을 고수할 것을 강조하고 있다. 또한 매클린은 조직개발의 영역을 조직의 내부문제에만 초점을 맞추지 않고 조직이 배태되어 있는 사회나 글로벌한 환경 문제로까지 확장한 관점으로 다루고 있다. 무엇보다 매클린의 애제자인 우하영 박사가 번역을 맡았다는 점에서도 어떤 조직개발 번역서보다 신뢰가 간다. 실무에 관심을 갖고 있는 사람들이나 체계적으로 조직개발을 공부하고자 하는 학생들이 반드시 읽고 넘어갔으면 하는 책이다.

― **윤정구**(이화여자대학교 경영학과 교수, Ph. D.)

조직개발은 인본주의를 바탕으로 조직의 유기적이고 역동적인 측면을 액션리서치를 통해 진단하고 실용적 문제해결을 추구해 온 영역으로써, 경영컨설팅 분야의 뿌리가 되는 학문이다. 이 분야를 선도해 온 게리 매클린의 연구 및 컨설팅 경륜이 체계적으로 정리되어 조직개발 및 경영컨설팅의 학문적 뿌리를 찾아 조직을 공동체적 실체로 진화·발전시킬 혁신적 아이디어들이 이 책을 통해 창출되는 계기가 될 것을 확신한다. 장차 경영컨설팅 영역을 경력으로 삼고자 하는 대학생, 대학원생 및 실무자들에게 적극 권한다.

— **장영철**(경희대학교 경영대 교수·한국조직경영개발학회 회장)

조직개발은 마치 피카소가 그린 도라 마르의 초상화와 같다. 조직을 여러 시각에서 동시에 볼 수 있어야 하고 다시 입체적으로 조합할 수 있어야 한다. 모호성을 인정하고 다양성을 수용하면서 효과성을 극대화해야 한다. Work Hard보다 Work Smart를 추구하는 우리에게 이론과 경험을 겸비한 조직개발 전문가가 어느 때보다 더욱 절실하다. 조직개발 전문가를 꿈꾸는 사람들에게 이 책은 좋은 길잡이다.

— **김남수**((주)코오롱 사장)

게리 매클린이 쓴 『조직개발의 이해』는 두 가지 면에서 흥미롭다. 성과 압력을 지속적으로 받고 있는 기업에서 개인의 자기 계발부터 조직의 전반적인 개발의 필요성은 점점 더 커지고 있다. 그럼에도 불구하고 조직 개발은 아직 현장에서는 친근한 주제가 아니다. 필자의 풍부한 현장 경험을 바탕으로 이해하기 쉽게 쓰인 이 책이 조직 개발을 보다 가깝게 느끼도록 하는 데 일조하리라 기대한다. 또한 외부 컨설턴트의 프로젝트 진행 순서에 따라 내용이 구성되어 있어 컨설턴트는 물론 컨설턴트에게 의뢰를 해야 하는 기업에게도 큰 도움이 될 것이다. 실무에서 프로젝트를 진행할 때 콘텐츠 개발 못지않게 많은 자원을 투입해야 하는 부분이 조직개발이므로, 프로젝트를 이끌어 가는 과정에 대해 명확한 견해가 생긴다면 불필요한 에너지 낭비를 많이 줄일 수 있기 때문이다.

— **송덕호**(두산 DLI·연강원 전무)

옮긴이의 말

조직개발이 국내에 소개된 지 수십 년은 지났다. 그러나 이 학문을 제대로 이해하고 실행하는 것은 여전히 쉽지 않다. 필자 게리 매클린은 이상적인 조직개발 형태를 '인본주의적 행동과학의 원칙에 기초하여 지속적인 조직개선을 목표로 프로세스를 계속 진행하는 것'이라 정의했다. 이 문장을 대할 때면 노자에 나오는 '상선약수'가 떠오른다. "가장 좋은 것은 물과 같다. 물은 만물을 이롭게 하면서도 다투지 않는다. 뭇 사람들이 싫어 하는 낮은 곳에 있기를 좋아한다. 그러므로 도에 가깝다."(김용옥, 『노자와 21세기』, 통나무, 1999, p.35~47) 이처럼 조직개발이란 만물을 이롭게 하면서도(지속적인 조직개선을 목표로) 다투지 않으며(인본주의적 행동과학의 원칙에 기초하여), 낮은 곳으로 흐르는(프로세스를 계속 진행) 물, 즉 도에 가까운 것이다. 그렇기 때문에 조직개발을 이해하고 실행하는 일은 쉽지 않은 것이다.

어찌 보면 더 이상 새로울 것도 없는 조직개발 책을 한 권 더 번역하게 된 이유는 이 책이 인적자원개발학회(AHRD)에서 수여하는 '2006년 올해의 책(R. Wayne Pace Book of the Year Award for 2006)'으로 선정되었다는 사실 외에도 첫째, 매우 쉽게 쓰였기 때문이다. 입문서라면 당연해 그래야 함에도 불구하고 실제로 책을 쉽게 쓴다는 것은 그리 쉬운 일이 아니다. 그런 면에서 이 책이야말로 조직개발 입문자가 읽고 조직개발을 이해하기에 가장 쉽고 적합한 책이라 자부한다. 둘째, 배움의 과정에 있는 학생과 조직에서 일하는 실무자 모두가 조직개발의 전체 윤곽을 쉽게, 그리고 제대로 그릴 수 있도록 돕고 싶었기 때문이다. 역자는 학교와 기업조직에 여러 해 동안 몸담고 있으면서, 조직개발에 대한 진정한 이해 없이 한두 가지 프로그램의 실행이 마치 조직개발의 전부인양 인식되는 저간의 현실이 늘 안타까웠다. 이 책은 실행원칙, 프로세스, 성과라는 주제로 조직개발 분야를 명료하게 갈무리함으로써 조직개발의 큰 그림을 압축해 보여 준다. 셋째, 각 장마다 필자가 실제 수행했던 조직개발 사례를 통하여 조직개발 실상을 간접적으로나마 생생하게 느껴볼 수 있었으면 하는 바람에서였다.

역자 중 두 사람은 매클린 교수의 제자이다. 원서를 볼 때마다 교수님의 익숙한 육성이 들리는 듯했고, 문체가 익숙해 원문의 뜻을 누구보다도 잘 파악할 수 있었다. 그런데도 온전히 이해되지 않는 부분에 부딪힐 때마다 이메일을 보내 귀찮게 굴어도 언제나 기대 이상으로 친절하게 설명해 주신 교수님께 깊이 감사드린다. 입문서라는 책의 특성을 감안해 화려한 의역보다는 가능한 한 정직하게 직역해서 원문의 뜻과 필자의 목소리를 살리려고 노력했다. 역자 모두 조직개발 분야를 전공하고 실행해 온 전문가이지만 전문서적을 번역하는 것은 혀를 내두를 만큼 고된 작업이었다. 머리를 맞댄 채 단어와 씨름하고 사전과 검색엔진을 뒤지면서 나름대로 최선을 다했지만, 크고 작은 실수와 번역 투의 어색함은 군데군데 숨어 있을 것이다. 익히 알려진 표현이 아닌 새롭게 시도하는 표현도 더러 눈에 띄어 독서를 방해할 수도 있을 것이다. 이는 모두 역자의 책임이다. 이러저러한 오류를 발견하게 되면 언제라도 역자에게 알려 주길 바란다. 기꺼이 받아들여 다음 인쇄 시에 반영할 것을 약속드린다.

풍부한 어휘보따리를 가지고 있을 뿐 아니라 새로운 아이디어가 필요할 때마다 도움을 주고, 기꺼이 이 책의 첫 번째 독자가 되어 날카로운 피드백을 주신 OD Corea

(주)오디코리아 오계현 부원장과 동지영 컨설턴트께 감사의 말씀을 드린다. 처음부터 이 책의 번역을 내심 반기며 여러 가지를 챙겨 주신 김종욱 서울시의원께도 감사의 말을 빠뜨릴 수가 없다. 또한 이 책의 가치를 인정하고 흔쾌히 출판을 결정해 준 민음인 출판사 분들께도 감사드린다. 끝으로 함께 할 시간을 뺏겨도 묵묵히 견뎌 준 가족에게 사랑을 전한다.

2011년 3월

우하영, 이유진, 김호굉

재쇄 발간에 부쳐

이 책을 발간한지 1년 만에 개정판을 내게 되었다. 기대 이상으로 빠른 시간 안에 초판이 판매될 정도로 성원을 보내 준 독자들에게 먼저 감사의 말씀을 드리고 싶다. 초판을 내고 나서 다시 보니 세밀하게 작업을 한다고 했는데도 곳곳에 수정해야 할 오류가 눈에 많이 띄었다. 다행히 초판을 발간하면서 어떠한 사소한 오류라도 발견하게 되면 다음 개정판에 반영하기로 약속했었는데 이번에 개정판을 내면서 이 약속을 지킬 수 있게 되어서 기쁘다. 결코 가볍지 않은 책임에도 불구하고 교정 작업 전체를 도맡아 수고함으로써 내용과 읽기가 한결 매끄러울 수 있도록 도와준 최경선 선생님께 지면을 통하여 다시 한 번 진심으로 감사의 말씀을 전하고 싶다. 이 책이 발간될 즈음에는 최경선 선생님은 OD Corea에서 함께 일하고 있을 것이다. 이런 수고에도 불구하고 오류가 발견된다면 기꺼이 받아들여 다음 쇄에 반영할 것을 약속하며, 이 책이 조직개발과 관련이 있고 이에 관심이 있는 분들, 깊이 있는 독서를 원하는 모든 분에게 책 읽는 즐거움을 선사할 수 있기를 기대한다.

2012년 8월

서문

이 책은 조직개발 분야의 입문서이다. 그러므로 이 책에서는 조직개발 분야를 둘러싼 복잡하고 역동적인 주제를 모두 심도 있게 다루지는 않겠다. 또한 조직개발의 구체적이고 심층적인 지식과 스킬을 제시하지도 않을 것이다. 조직개발의 구체적 요소들을 자세히 다룬 책은 이미 시중에 많이 출판되어 독자들의 손길을 기다리고 있다. 게다가 조직개발을 효과적으로 실행하기 위해 필요한 스킬을 익히는 데는 멘토와 함께 실무 현장에서 여러 해 일해 보는 것이 가장 좋은 방법이다.

이 책의 목적은 독자들이 조직개발 관련 용어에 친숙해질 수 있도록 조직개발의 전반적인 모습을 보여 주고 조직개발 분야에서 실무를 시작할 때 도움이 되는 기본 프로세스를 제시하는 것이다. 이 책을 읽는 독자들 중 누구라도 조직개발 전문가가 되고 싶다면 비전을 세우고, 추가적인 교육을 받고, 전문 서적을 읽고, 전문가 조직에 활발히 참여하고, 조직개발 이론을 구체적으로 적용하는 법을 배울 수 있는 멘토를 찾길 바란다.

필자는 조직개발 전문가가 되기 위해서는 두 가지 기본 조건을 갖추어야 한다고 강조해 왔다. 첫 번째는 자기 자신에 대한 깊고 풍부한 이해이다. 이것은 진지한 자기 성찰과 명상을 통해 얻어질 수도 있고 정신 분석가와의 상담을 통해서도 가능하다. 두 번째는 모호함의 수용이다. 우리는 모든 문제의 정답을 흑과 백으로 명백하게 나눌 수 없는 복잡다단한 세계에 살고 있다. 필자는 자신에게 주어지는 모든 질문에 답할 때마다 "상황에 따라 다르다."라고 말하는 것으로 유명하다. 이 책의 독자들은 조직개발 분야에서 논의 중인 절대적인 답변을 제시할 수 없는 문제를 필자가 언급할 때마다 모호함을 받아들일 준비를 해야 할 것이다. 간단히 말해, 조직개발이라는 전문분야는 끊임없이 역동적으로 변화하는 우리 환경을 반영하는 것이다. 새로운 방법을 통해 조직개발의 미래를 지속적으로 탐구하고 그것을 변화하는 삶에 도입하려는 노력은 지금도 계속되고 있다.

부디 이 책을 즐기길 바란다. 여러분 자신과 조직개발에 대한 이해를 계속 넓혀 가면서 창의적으로 사고하라. 모호함을 편하게 받아들여라. 그리고 셰익스피어의 말처럼 "무엇보다 당신 자신에게 충실하라!"

감사의 말

특히 두 사람, 롤란드 설리반과 리처드 스완슨에게 감사를 표하고 싶다. 롤란드와 필자는 조직개발 분야에서 다소 다른 행로를 걸어왔고 다른 접근방식을 선택했지만, 1979년 당시 필자가 미네소타 대학에서 인적자원개발 대학원 과정(당시 명칭은 훈련과 개발 프로그램)을 개발하고 있을 때, 그 과정에 조직개발을 포함시킬 것을 강력히 주장한 사람이 바로 롤란드였다. 그 결과 필자와 롤란드는 박사과정의 학생들과 함께 이론과 실제 모든 면에서 조직개발 분야에 상당히 중요한 기여를 하게 되었다.

리처드 스완슨과 필자는 거의 30년 동안 미네소타 대학에서 동료로 함께 일했다.

물론 우리 역시 다른 관점을 가지고 세상을 바라본다. 그러나 다행히도 서로 존중하는 자세로 서로의 의견을 인정해 왔기 때문에 친구로서의 우정과 학자로서의 동료의식은 더욱 굳건해졌다.

특히 가족들에게 감사의 말을 전한다. 나의 가족은 매일같이 나에게 보답과 격려를 해 주는 훌륭한 연구실이었다. 아내인 린 매클린, 매클린 글로벌 컨설팅 사에서 필자와 함께 일하고 있는 두 자녀 래어드 매클린과 신시아 매클린 랭커스터에게도 고마움을 표한다. 박사과정에 있는 앤 마리 쿠이퍼와 이 책의 초고와 탈고 과정에서 도움을 주고 저술 과정의 스트레스를 덜어 준 모든 이들에게 감사를 표한다. 또한 이 책의 핵심모델을 개발하는 데 도움을 준, 그래픽 아티스트인 아들 브라이언 매클린에게 고마움을 표한다.

게리 매클린

미네소타 세인트 폴에서

2005년 6월

한국 독자에게 보내는 글

『조직개발의 이해』의 한글판이 나오게 되어서 매우 기쁘다. 옮긴이(우하영 박사, 이유진 박사, 김호굉 대표 컨설턴트)의 노고에 고마운 마음을 전한다. 전문용어가 가득한 책을 본래의 의미를 잃지 않도록 하면서 다른 언어로 번역하는 일은 결코 쉽지 않았을 것이다.

한국은 인적자원개발 분야의 새로운 개념을 비교적 쉽게 받아들인다고 알려져 있다. 한국은 감성지능(Emotional intelligence), 액션러닝(Action learning), 핵심성과지표를 갖춘 균형성과평가(Balanced scorecards) 등의 개념을 도입했다. 하지만 이런 인터벤션 중 상당수는 한국 문화와 잘 맞지 않는다. 또한 조직문화가 해당 인터벤션에 적합한지 알아보기 위한 진단을 생략한 채 진행해 시스템적으로 실행되지 않는 경우도 많다.

이 책에서 나는 한국에 토착화된 조직개발 방법을 제시하지는 않았지만, 조직 니즈를 파악하기 위한 체계적인 모델을 제공했고, 특정 인터벤션에 대한 조직의 준비 상태를 알아보기 위한 조직문화(국가 문화 포함) 진단의 중요성을 강조했다.

지난 시간을 되돌아보면, 수차례 한국을 방문했던 경험과 수많은 한국 친구들을 사귄 일, 여러 한국 기업 및 한국 제자들과 함께 일했던 시간은 모두 축복이었다. 이 모든 경험이 나를 충만하게 했고, 기업문화와 국가문화를 이해하는 데 큰 도움을 주었다. 이렇게 지속적으로 학습 경험을 할 수 있도록 도와준 모든 이에게 감사드린다.

이 책에서 나눈 나의 경험이 독자들에게 많은 도움이 되길 소망한다. 그리고 조직개발이 체계적인 변화 방법으로 한국에서 더 널리 받아들여지길 기대한다. 그렇게 된다면 조직개발은 한국의 경제와 사회 발전에 더욱 기여할 수 있을 것이다.

제1장

조직개발이란?

개요

본 장에서는 **조직개발(Organization Development)**의 정의, 기업 적용사례, 두 가지 주요 모델(액션리서치, 긍정탐행)과 각각의 장단점, 조직 맥락(Organizational context)의 중요성에 대해 알아볼 것이다. 조직개발 분야의 역사적 근원, 가치, 원칙에 대한 탐구와 더불어 조직문화와 변화관리에 관한 개념도 간단히 짚어 보도록 하자.

조직개발 세계로의 입문을 환영한다! 이 책을 읽는 독자들은 가정부터 시작해서 학교는 물론 기독교, 유대교, 불교, 이슬람교 등의 종교 단체와 직장, 자선단체, 정부기관, 스포츠 활동 모임, 사교 클럽, 노동자 조합 등과 같은 수많은 조직에서 조직 생활을 경험해 보았을 것이다. 물론 이 가운데에는 긍정적인 경험도 있고 부정적인 경험도 있을 것이다. 우리가 살고 있는 세상이 바로 그런 곳이다. 독자들은 이 책을 통해 부정적인 경험을 긍정적인 경험으로 바꾸기 위해 조직개발 분야의 전문가가 사용하는 조직개발 접근방법을 배울 것이다. 또한 견고한 조직개발 이론을 토대로 한 우수한 조직개발의 실행이 어떻게 조직을 보다 생산적이고 만족스럽고 효과적이며 효율적이 되도록 도울 수 있는지 알게 될 것이다.

조직의 정의

사전에 실린 '조직'의 일반적인 정의는 다음과 같다.

 a) 조직하는 행위 또는 과정, 조직화되는 상태나 방식
 b) 질서가 잡힌 완전체로 조직되거나 만들어진 것
 c) 전체와 집합적인 기능에 기여하는 다양한 기능을 가진 개개의 요소가 결합한 것 또는 유기적 조직체
 d) 특정 목적을 가지고 구성된 사람들의 집합체
 e) 사업을 추진하기 위해 개인들이 **체계적으로(systematically)** 협력하는 구조와 그러한 구조를 위한 행정 및 관리 인력

 출처: American Heritage Dictionary of the English Language, 2000

보다 비공식적인 정의로는 두 명 이상의 사람들이 공동의 목표를 추구하고자 결성한 모든 형태의 상황을 지칭한다고 보면 된다. 조직의 정의가 이토록 광범위하고 포괄적인 점을 고려해 보면, 조직개발이 얼마나 복잡하며 조직개발을 적용할 수 있는 상황역시 얼마나 많은지 쉽게 이해할 수 있을 것이다.

지금부터 자신이 소속되었거나 현재 소속되어 있는 조직에 대한 경험을 긍정적인 경험과 부정적인 경험으로 나누어 메모해 보자. 메모지를 반으로 나누어 한쪽에는 긍정적인 경험을, 다른 한쪽에는 부정적인 경험을 적는다. 이로써 이미 여러분은 조직개발 도구 중의 하나인 **역장분석(Force field analysis)**의 초반 작업을 하고 있는 것

이다. 이 도구에 대한 설명은 이 책의 뒷부분에서 보다 자세히 다뤄질 예정이다. 조직개발 전문가는 조직구성원들과 함께 이와 같은 리스트를 작성함으로써 그들이 조직의 어떤 부분을 긍정적으로 보고 또 어떤 부분을 부정적으로 느끼는지 파악할 수 있다. 이 방법은 조직개발 과정 중에서도 **조직분석(Organization analysis)** 혹은 **요구진단(Needs assessment)**에 해당한다. 조직개발 전문가는 조직의 긍정적인 면을 더욱 북돋우고 부정적인 면을 극복하기 위한 방법을 모색할 때 이와 같은 리스트를 이용할 수 있다.

조직개발 분야에는 조직개발 전문가 조직이 제안한 윤리 선언문 외에는 특별한 규정이 없다. 결과적으로, 관심만 있다면 누구나 자기 스스로 조직개발이라고 칭하는 활동을 실행할 수 있다. 물론 조직개발 업계의 입장에서는 이 주장에 전적으로 동의하지는 않을 것이다. 하지만 반박할 근거도 없다. 따라서 조직개발 실무현장에서 가장 문제가 되는 것은, 자칭 조직개발 컨설턴트나 조직개발 전문가라고 일컬어지는 사람들이 제한된 상황에서만 쓸 수 있는 '툴박스(Tool box)'를 모든 상황에 적용할 수 있는 해결책인양 실행한다는 것이다. ('조직개발 컨설턴트'와 '조직개발 전문가'는 비슷한 의미로 사용되며, 어떤 특정 조직에 속해 있는지, 프리랜서인지, 컨설팅 회사에 고용된 사람인지는 드러나지 않는다.) 그래서 최신 유행 프로그램이 모든 문제에 대한 해결책으로 둔갑하는 '이 달의 기획특선(Flavor of the month)'이라는 상황이 생기게 된다. 조직개발 업무에는 모호성이 존재하므로, 성공적이고 윤리적인 조직개발 실행을 위하여 견고한 이론적 배경과 증명된 모델이 매우 중요하다.

조직개발의 정의

이 장의 초반에서 언급했듯이 조직개발의 통일된 공식적인 정의는 없다. 그래서 어떤 사람에게 진정한 조직개발 업무로 여겨지는 것이 다른 사람들에게는 조직개발의 범위를 넘는 것으로 간주될 수 있다. 여기에서 우리는 조직개발의 특성인 **모호성**

(ambiguity)을 처음으로 마주하게 된다. 조직개발에 대한 정의조차 합의가 되지 않은 상태인데 어떻게 이 분야는 계속 존재하고 발전해 나가는 것일까?

조직개발이 다루는 것은 무엇인가?

조직개발 분야는 매우 광범위하고 복잡하기 때문에 조직개발 전문가는 조직이 원하는 성과를 도출하기 위해 매우 여러 가지 상황에서 다양한 방법과 프로세스를 이용하게 된다. 조직개발이 무엇인가에 관한 자세한 이야기는 이 장 후반에서 다루기로 하고, 지금은 필자가 참여했던 몇 가지 상황을 통해 조직개발 업무가 얼마나 다양하고 광범위한지를 알아보자.

아이들이 어렸을 때, 우리 부부는 자녀교육에 조직개발 도구를 이용했다. 예를 들어 우리는 어린 아이라고 할지라도 순서대로 퍼실리테이터가 되어 매주 가족모임을 가졌는데 이때 서로에게 또는 부모에게 가졌던 불만을 이야기하고 그것을 해결하고자 노력했다. 휴가를 계획할 때는 모두의 의견을 동등하게 반영할 수 있는 **리커트형 설문지**(Likert-type survey)를 만들기 위해 브레인스토밍을 했다. 아내와 내가 부모로서 했던 유일한 역할은 예산을 기획하는 것뿐이었고 결론이 어떻게 나던지 그 결론대로 이행했다. 네 명의 한국인 입양아를 포함한 여섯 명의 아이들을 키우면서 아내 린과 나는 아이들 한 명 한 명에게 쉽게 소홀해질 수 있다는 사실을 깨달았다. 그래서 한 달에 한 번 아이들에게 스스로 '특별한 날'을 정하도록 했다. 이 '특별한 날'만큼은 부모 중 한 명과 하루 종일 본인이 하고 싶은 일을 하며 보낼 수 있도록 배려했다. 한편, 갈등이 있을 때는 심층 대화를 나누는 시간(Dialogue session)을 가졌고, 우리 가족의 가치를 불어넣기 위해서는 스토리텔링법(Storytelling)을 썼다. 조직개발은 우리 가족에게 큰 도움이 되었을 뿐만 아니라 아이들 스스로도 몇 가지 조직개발 스킬을 익히는 데에도 일조했다.

나는 얼마 전에 미 국무부에서 지원하는 3년 6개월 정도의 프로젝트를 끝냈다. 중앙아시아에 위치한 전 소비에트 연방이었던 키르기즈스탄에서 동료들과 함께 일했는데, 주요 과제는 교육시스템을 변화시키는 것이었다. 무료 유치원 설립, 교직원 석사 학위제도 수립, 교직원 자격요건 제정, 전문 교사조직 구성, 학교와 대학교의 재정투명성 촉진 등 많은 일을 수행했다. 부패한 교장의 퇴출이 순조롭게 이루어지고 난 후, 동료 중 한 명은 '우리가 한 일들이 평화로운 정부 이양을 가능하게 한 민주화 과정의 발판을 마련했다.'라는 내용의 편지까지 주었다.

사우디아라비아로부터 긴급 컨설팅을 요청하는 급한 전화를 받은 적이 있었다. 정유소에서 대형 사고가 발생해 한 명이 죽고 여러 명이 다치게 되었던 것이다. 회사는 왜 이런 사건이 일어났는지, 향후 발생 가능한 위험을 줄이기 위해 조직에 어떤 변화가 필요한지 상담해 왔다. 이번 일은 정유소의 위험관리방침과 안전교육, 안전관리부서의 역할, 프로세스에 대한 점검 등 조직체계에 대한 광범위한 검토를 요하는 작업이었다. 조사를 통해 우리가 알아낸 두 가지의 중요한 사실은 다음과 같다. 정규직 직원 수의 두 배에 달하는 계약직 직원들이 안전교육을 받지 못했다는 것, 그리고 안전관리부서가 지원부서로서의 역할을 제대로 수행하지 못하고 직원들을 감시하는 존재로만 머물렀다는 것이다. 우리가 이 프로젝트를 끝낸 후에는 그 어떤 사고도 발생하지 않았다.

또 필자가 참여했던 다른 프로젝트들 중에서 몇 가지만 간단히 나열해 보도록 하겠다.

- 정부기관이 도로변 공사구역의 사고를 줄이기 위한 목적으로 전사품질관리 (TQM) 구축을 의뢰했다.
- 대형 컨설팅회사 CEO의 코치가 되어 그의 의사결정 방법과 프로세스에 대한 피드백을 주고 그의 아이디어를 지지해 주는 역할을 했다.
- 해외로 진출하기를 원하는 많은 조직들의 사업 진입을 도와주었다.

- 사업 영역을 바꾸고자 하는 많은 조직을 위해 일했다.
- 이제 막 인수합병을 끝낸 조직들이 공동의 조직문화를 형성하고 인사, 프로세스, 규정집을 만드는 것을 도왔다.
- 조직에서 직원들의 업무결과에 대한 질적인 피드백을 제공할 수 있도록 도왔다.
- 조직의 발전을 가로막는 갈등을 스스로 관리할 수 있도록 도왔다.
- 케냐와 한국에서는 정부 부처에 도움을 제공했고 국가 상황을 개선하기 위해 조직개발 원칙과 프로세스가 어떻게 이용될 수 있는가에 대해 연구했다. 이런 프로젝트는 지금도 계속되고 있으며 세계적으로 확대되는 추세이다.

위에 언급한 사례들은 필자가 수행한 조직개발 업무의 일부이며 조직개발이라는 이름으로 실행할 수 있는 것들 중 극히 일부에 지나지 않는다. 하지만 이를 통해서 조직개발의 영향력과 범위에 대해서 어느 정도 그림이 그려졌으리라 생각한다.

조직개발에 대한 몇 가지 정의

이건(Egan)은 기존의 조직개발 정의에 대한 연구를 하면서, 1969년부터 2003년 사이에 만들어진 조직개발 정의 27가지를 찾아냈다. 이 장에서 27가지 정의를 모두 언급하는 것은 의미가 없기 때문에 어느 정도 서로 다른 관점을 가지고 있는 몇 가지 정의에 대해서만 살펴보도록 하겠다. 사람들은 흔히 조직개발을 계획의 유무와는 상관없이 변화와 관련시켜 생각한다. 리처드 베커드(Richard Beckhard)가 내린 '조직개발은 계획된 변화'라는 개념이 (그 해에 다른 정의도 많이 등장했지만) 최초의 조직개발 공식 정의에 포함되었다. 베커드는 조직개발을 "(1)조직의 효과성과 건강을 증진하기 위하여 (2)행동 과학 지식을 이용하여 조직 프로세스에 개입하는 계획된 인터벤션을 통해 (3)최고 경영자가 관리하고 (4)조직 전체에 영향을 주는 (5)계획된 노력"이라고 정의했다.

이 정의에 관해서는 일부 비판적인 시각이 존재한다. 변화를 계획하기에는 우리가 살고 있는 이 세계가 너무 복잡하다는 것이다. 긍정적이든 부정적이든 여러 분야로부터 우리에게 다가오는 대부분의 변화는 통제하기 어렵다. 또 최고 경영자가 관리한다는 점은 미국을 포함한 일부 문화권에서는 받아들여지지 않는 계급적 개념이라고 비판한다. 하지만 최고 경영자층의 지원 없이 실제로 변화가 일어나고 유지될 수 있을까?

이 정의에 대한 또 다른 비판은 '건강'이라는 용어를 차용해 가면서 의학적 치료 모델을 이용한다는 점이다. 이는 의학계의 최근 화두가 치료에서 예방으로 급격히 전환되고 있듯이 조직개발에서도 같은 변화 양상을 볼 수 있기 때문이다. 이 정의에 언급되어 있는 '행동과학'은 조직개발 분야의 다학제적 특성을 강조하고 있다. 심리학, 사회학, 경제학, 인류학 등 많은 행동 과학들이 조직개발을 실행할 때 핵심이 되는 학문이다.

조직개발을 정의할 때 변화를 능동적으로 이끄는 관점에서 바라본 베커드와는 달리 워렌 베니스(Warren Bennis)는 일어난 변화에 대해 수동적으로 반응하는 것을 조직개발로 정의했다. 또한 베니스는 우리가 오늘날의 조직개발을 이해하는 데 있어서 핵심이 되는 개념인 '조직문화'를 도입한 장본인이다. 그에 따르면, "조직개발은 변화에 대한 대응책으로 새로운 기술과 시장과 도전과제, 어지러울 정도로 급격한 변화 속도에 조직이 더 잘 적응할 수 있도록 조직의 신념, 태도, 가치, 구조를 변화시키기 위한 복합적인 교육 전략이다." 그가 내린 정의에서 언급한 "신념, 태도, 가치, 구조" 네 단어는 오늘날까지도 조직문화의 핵심 요소가 되고 있다. 이 관점은 나중에 에드가 샤인(Edgar Schein)이 개발한 **문화 빙산 모델(Cultural iceberg)**이라고 하는 개념을 통해 더욱 발전한다. (그림 1.1과 1.2)

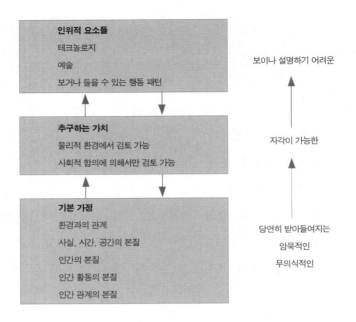

그림 1.1 문화의 수준과 수준 간의 상호관계(Schein, 1980, p.4)

* 행동, 규범, 가공품

* 표현된 신념, 가치

* 가정

그림 1.2 샤인의 문화 빙산 모델

이 두 그림은 조직에서 변화가 여러 수준에서 일어날 수 있음을 보여준다. 행동과 그에 관련된 결과물은 겉으로 잘 드러나기 때문에 조직개발을 실행할 때 이 분야에서는 변화를 비교적 쉽게 창출할 수 있다. 하지만 조직에서 형성된 근본적 신념이나 가치, 궁극적으로 무의식적인 가정에 영향을 미치는 변화를 창출하고자 할 때에는 많은 어려움이 따른다.

빙산이라는 비유에서도 알 수 있듯이 샤인은 우리의 행동의 기초가 되는 '가정'이라는 부분을 파악하는 게 얼마나 어려운지를 설명하고자 했다. 샤인의 또 다른 비유는 '양파껍질 까기'이다. 양파의 겉껍질(행동)은 쉽게 볼 수 있지만 겉껍질과 양파의 중심부 사이에 있는 속껍질(가정)을 벗기지 않고는 양파(조직 구성원)를 진정으로 이해했다고 할 수 없다. 조직개발을 할 때 어떻게 양파껍질을 벗겨 낼 수 있을까? 혹은 어떻게 빙산의 밑바닥에 도달할 수 있을까? 이런 것이 바로 조직개발 전문가들이 직면하는 문제이다. 또한 편리성과 효율적인 시간관리를 위해서는 조직개발을 통한 변화 노력이 목표 달성에 필요한 것 이상으로 심오하게 접근할 필요는 없다.(Harrison, 1970) 만약 행동이나 그 결과물에서의 변화가 충분히 이루어졌다면(즉, 빙산의 윗부분 혹은 양파의 겉껍질) 더 이상의 노력은 불필요하다.

맥레이건(McLagan)은 조직개발을 다음과 같이 정의 내렸다.

조직개발은 조직구성원 간, 단위조직 간의 건전한 상호관계를 구축하고 그룹이 새로운 변화를 시작하고 관리하도록 돕는 데 중점을 둔다. 조직개발은 개인 간, 그룹 간, 또한 개인과 조직 사이의 상호관계와 프로세스에 역점을 둔다. 조직개발의 근본적인 인터벤션은 개인과 조직의 유기적 관계에 영향을 줌으로써 하나의 시스템이 조직 전체에 효과를 발휘하는 것이다.

보다 최근에 나온 정의를 보자면 커밍스와 월리(Cummings & Worley, 2005)의 정의를 예로 들 수 있다. "조직개발은 조직 효과성 향상을 목적으로 조직의 전략, 구조 및 프로세스를 계획적으로 개발하고 개선, 강화하는 데 있어 시스템 전반에 행동과학적 지식을 적용하고 전이시키는 것이다."

필자는 이 책의 목적에 맞게끔 조직개발의 정의를 좀더 폭넓게 내리려 한다. 이는 예전에 제안한 필자의 글로벌 인적자원개발에 대한 정의를 기초로 하고 있다.(McLean & McLean, 2001) 글로벌 인적자원개발 정의에 대한 자세한 내용은 제11장에서 다루도록 하겠다.

조직개발은 개인, 그룹 혹은 팀, 조직, 지역사회, 국가, 궁극적으로는 전인류를 위해서 더 높은 수준의 지식, 전문성, 생산성, 만족도, 수입, 인간관계 및 다른 바람직한 결과를 조직 환경에서 만들어 낼 수 있는 장단기적 잠재력을 지닌 행동과학에 기반을 둔 모든 프로세스 또는 활동을 말한다.

이건(Egan)은 카드분류법(Card sorting)을 통해서 27개의 조직개발 정의안에 포함된 10개의 종속변수(기대되는 성과)를 찾았다.

- 조직 재생의 촉진
- 조직문화의 변화 촉진
- 생산성과 경쟁력 향상
- 조직과 직원의 건강과 안녕 보장
- 학습과 개발의 지원 및 촉진
- 문제해결 능력 향상
- 효과성 향상
- 변화의 도입과 관리
- 시스템과 프로세스 개선

• 변화에 대한 적응력 지원

이렇듯 성과에 대한 다양한 기대로 인해 조직개발은 더욱 복잡다단해지고 있으며, 이는 조직과 전문가들이 조직개발에 거는 기대에도 영향을 미쳐서 조직개발 작업을 하기에 더욱 만만치 않은 환경이 조성되고 있다.

조직개발은 독립적인 분야인가, 타 분야의 세부영역인가?

이 질문에 또다시 모호성이 대두된다. 이에 대한 답은 대부분의 조직개발 작업 자체가 그러하듯이, '상황에 따라 다르다.'라는 것이다. 조직개발 전문가를 대표하는 두 단체인 조직개발 네트워크(OD Network)와 조직개발 인스티튜트(OD Institute)는 조직개발은 독립적인 분야라고 주장한다. 하지만 최근에 조직개발 인스티튜트가 발행하는 저널인 「*Journal of Organization Development*」에서는 조직개발을 인적자원개발(HRD) 분야와 같이 다루고 있다. 또한, 아래의 많은 전문 조직들 역시 조직개발을 자신들의 세부영역으로 보고 있다.

- Academy of Human Resource Development (AHRD)
- Academy of Human Resource Development (India) (AHRD)
- Korea Academy of Human Resource Development (KAHRD)
- Academy of Management(AOM, Organization Development and Change Division)
- American Society for Training and Development (ASTD)
- Euresforum (The European Employment Service Forum)
- Society of Human Resource Management (SHRM)(아라비안 인사협회, 일본 인사협회
  등 몇몇 제휴협회 포함)
- Society for Industrial and Organizational Development (SIOP)

• University Forum of Human Resource Development (UFHRD)

많은 글로벌 조직들이 조직개발을 더 폭넓은 분야의 세부영역으로 본다는 것은 흥미로운 사실이다. 이와 같이 조직개발을 포함시키는 모델 중 가장 많이 알려진 모델은 아마도 맥레이건이 개발하여 미국교육훈련협회(American Society for Training and Development, ASTD)에 발표한 모델일 것이다.

맥레이건은 인적자원이라는 폭넓은 분야에서 11가지 기능적 영역을 찾아 나누었다. 이 모델은 주로 파이차트 형태로 그려지기 때문에 '인적자원 바퀴(Human Resource Wheel)'라고 불린다. 이 기능들은 다시 크게 인적자원개발(HRD)과 인적자원관리(HRM)로 묶인다. 표 1.1에서처럼, 11가지 기능들 중에 4가지는 인적자원개발과 인적자원관리에 공통으로 해당된다.

조직개발은 그 중에서도 인적자원개발에만 있는 3가지 기능영역 중 하나이다. 맥레이건과 사적으로 이야기를 나누었을 때 느낀 것은 그녀 자신도 이 모델에 대해 완전히 확신하지는 못하고 있다는 것이었지만 이 모델이 전 세계의 인적자원개발 학문과 문헌자료에 지대한 영향을 끼친 것은 부인할 수 없다.

인적자원개발의 정의를 포괄적으로 살펴보면 다음과 같은 정의가 도출된다.

인적자원개발은 개인, 그룹 혹은 팀, 조직, 지역사회, 국가, 궁극적으로는 전 인류를 위하여 업무에 기반한 지식, 전문성, 생산성, 만족도를 발전시킬 수 있는 장단기적 잠재력을 지닌 모든 프로세스 또는 활동이다. (McLean & McLean, 2001, p.332)

이 정의를 받아들이고 이해한다면 인적자원개발의 광범위한 영역 안에서 조직개발이 어떻게 자리잡고 있는지 이해하기 쉬울 것이다.

표 1.1 인적자원개발(HRD)과 인적자원관리(HRM)에 속한 11가지 인적자원 세부기능 영역

인적자원개발(HRD)	인적자원관리(HRM)
· **교육과 개발**	· **인적자원연구와 정보시스템**
· **조직개발**	· **노조 · 노사관계**
· **경력개발**	· **근로자 지원**
· 조직 · 직무설계	· **보상 · 복리후생**
· 인력자원 계획	· 조직 · 직무설계
· 성과관리 시스템	· 인력자원 계획
· 선발과 배치	· 성과관리 시스템
	· 선발과 배치

주: 굵게 표시된 것은 해당 영역에만 속하는 기능이며, 굵게 표시되지 않은 것은 2개 영역에 공유되는 기능이다.
출처: McLagan(1989)

조직개발의 특징

미국교육훈련협회(American Society for Training and Development, ASTD)의 조직개발
전문가 실무분과에서는 조직개발에 대한 기존의 다양한 정의의 핵심내용을 통합해서
요점을 아래와 같이 정리했다.

조직개발의 실행은,

- 반드시 조직과 사업의 목적에 부합해야 한다.
- 행동과학에 토대를 둔다.
- 장기적인 관점에서 지속적으로 진행된다.
- 결과를 달성하기 위한 과정에 중점을 둔다.
- 협력에 기반한다.
- 시스템 지향적이다.

조직개발의 핵심적 특징은 다음과 같다.

- 조직개발은 다학제적 특성을 띠고 있으며, 주로 조직행동, 경영, 비즈니스, 심리학, 사회학, 인류학, 경제학, 교육학, 카운셀링, 교육행정학과 같은 행동과학에 기반한 접근방법을 취한다.
- 주된 목표는 조직효과성을 향상시키는 것이다.
- 변화를 위한 노력의 대상은 조직 자체뿐 아니라 조직 내의 부서, 업무 그룹, 개인 그리고 지역사회와 국가 혹은 더 넓은 영역까지 확장된다.
- 조직개발을 하려면 최고경영자의 헌신과 지원, 참여가 매우 중요하다. 또한 적절한 조직문화가 형성되기만 하면 조직을 개선하려는 조직 하부로부터의 노력 또한 필요하다.
- 조직개발은 변화관리를 위한 계획적이고 장기적인 전략이다. 이와 동시에 지금과 같은 역동적인 환경 속에서는 환경 변화에 신속하게 대응할 수 있는 능력이 요구된다는 것을 주지한다.
- 조직개발의 주안점은 전체적 시스템과 상호 의존하는 구성요소에 있다.
- 변화 프로세스에서 그 변화로 영향을 받는 모든 이들의 협력을 요한다.
- 조직개발은 교육에 기반한 프로그램으로 조직의 가치, 태도, 규범, 경영 실무를 개발시키기 위해 설계되었고 그 결과로 건강한 행동을 장려하는 건강한 조직풍토가 형성될 수 있다. 조직개발은 인본주의적 가치에 의해 추진된다.
- 조직을 이해하고 진단하기 위해서 데이터에 근거한 접근법을 이용한다.
- **변화추진자(Change agent), 변화추진 팀(Change team), 현장관리자(Line management)**가 조직개발을 진두지휘하며, 이들은 내용 전문가로서의 역할보다도 퍼실리테이터, 교사, 코치와 같은 역할을 한다.
- 변화유지를 위한 체계적인 사후관리가 필요하다. 조직개발은 조직 프로세스와 구조에 대한 계획된 인터벤션과 개선을 행한다. 또한 개인, 그룹, 조직 전체를 상대로 일할 수 있는 스킬을 필요로 한다. 조직개발은 주로 액션리서치(Action Research, AR)에 의해 진행되는데 이것에 대해서는 추후에 더 얘기하고자 한다.

조직개발은 변화관리와 같은 의미인가?

조직개발의 정의를 단순화하기 위해서 조직개발은 변화관리와 같은 개념이라고 주장하는 이들도 있다. 하지만 필자는 이에 동의하지 않는다. 조직을 운영해 나가다 보면 조직개발에만 의존할 수 없거나 의존해서는 안 될 정도로 급격한 변화가 필요할 때가 있다. 시장에서 살아남기 위해서 때로는 예기치 않은 상황에 신속하게 대응해야 한다. 조직의 생존을 위해 사업의 국내외 아웃소싱이 요구될 때도 있고, 감량경영, 임금삭감, 의료비 증가와 같은 예기치 않은 변화가 필요할 때도 있는데 이때는 굳이 조직개발의 프로세스, 원칙, 가치를 따를 필요는 없다.

비어와 노리아(Beer & Nohria, 2000)는 조직개발에 의한 변화와 조직개발 원칙을 따르지 않은 변화의 차이점을 아주 적절하게 표현했다. 본질적으로 그들은 경제적 가치 향상을 위한 변화(E change)와 조직 가치(인적 역량) 향상을 위한 변화(O change)가 있다고 주장한다. 여기서 조직 가치(인적 역량)향상을 위한 변화란 계획적으로 조직개발의 원칙에 따르는 변화이고, 경제적 가치 향상을 위한 변화란 시장 상황에 좌지우지되고 조직개발의 원칙을 따르지 않은 변화이다. 이 두 가지 모두 사람들이 변화관리라고 부르는 범주에 속하는 것들이다. 따라서 조직개발을 변화관리와 동일시하는 것은 좀 무리가 있다. 조직의 입장에서는 이 두 가지 타입의 변화가 모두 일어날 때 보다 많은 이익을 얻을 수 있다. 또한 궁극적으로 변화를 이끄는 시스템 차원의 장기적인 계획 (조직개발 모델)은 조직과 수익성과에 큰 도움이 되기도 하지만 만약 그 과정에서 조직개발 원칙이 위배되는 것이 있어서 신속히 대응하지 못하고 즉각적인 의사결정을 내리지 못하면 조직에 치명적인 결과를 가져 오게 된다.

조직개발 전문가란?

이 질문에는 여러 가지 방법으로 답할 수 있다. 먼저 조직개발 전문가가 고용되는 방식을 고려하여 알아보고, 다음으로는 조직개발 작업을 수행하는 데 필요한 자격요건을 살펴볼 것이다. 마지막으로, 조직개발 전문가가 경영 전문가나 다른 분야의 전문가와 어떻게 다른지 짚어 보도록 하겠다.

내부 전문가와 외부 전문가

조직개발 전문가나 컨설턴트는 조직에 정규직으로 고용되기도 하고 외부에서 계약직으로 고용되기도 한다. 이들은 조직의 내부 사람이든 외부 사람이든 상관없이 모두 전문가라고 지칭되며, 이때 내부 전문가가 외부 전문가보다 더 낫다거가 혹은 그 반대의 경우를 따지는 것은 무의미하다.(모호성 다시 등장) 표 1.2는 각각의 장점을 설명하고 있다.

내·외부 전문가 모두 장점을 가지고 있기 때문에 이들이 서로 파트너십을 이루는 것이 바람직하다. 양쪽의 장점을 도출할 수 있어서 조직에 상당히 이롭기 때문이다. 같은 맥락에서, 다양한 시각에서 문제를 이해하기 위하여 성별, 민족, 나이가 상이한 조직개발 전문가들끼리의 파트너십도 긍정적으로 고려해 볼 필요가 있다. 서로 다른 사회적 경험 때문에 누군가가 보지 못한 것을 다른 사람이 볼 수 있을 뿐더러 서로 다른 관점에서 문제를 해석하고 해결할 수 있다. 따라서 조직개발 실행에 있어 파트너십을 이용한 접근은 매우 유용하다.

한편, 특정 직책의 전문가만 조직개발을 실행할 수 있는 것은 아니다. 요즘에는 다른 분야에 종사하면서도 조직개발 기술을 터득하여 조직개발 작업을 실행하는 사례가 늘고 있다. 따라서 다른 기능부서에 있으면서 조직개발 훈련을 받은 현장관리자나 스태프들도 그들의 현재 작업에 조직개발 원칙을 적용시킬 수 있다. 조직개발 원칙이 조직에서 보다 널리 이해될수록 조직개발을 통한 혜택은 더 많아진다.

표 1.2 내·외부 조직개발 전문가의 장점

내부 전문가	외부 전문가
· 조직의 사정을 이미 잘 알고 있다. · 외부 전문가보다 조직문화를 잘 이해하고 있다. · 신속하게 협력을 얻을 수 있는 인간관계가 이미 구축되어 있다. · 신뢰가 형성되어 있다. · 조직에 속한 인력이므로 프로젝트 비용이 낮다. · 비밀정보 유출에 대한 위험이 적다. · 시간당 비용이 지급되는 외부 전문가에 비해 내부 전문가는 비용이 월급으로 지급되므로 프로젝트의 시간에 대한 압박이 덜하다. · 더 큰 책임감을 가지고 일한다. · 고용안정이 보장되며, 마케팅에 대한 부담이 적다.	· 조직문화에 대한 사전지식이 없기 때문에 프로젝트에 착수할 때 선입견이 없다. · 평판 외에는 그들에 대해 아는 게 없으므로 내부인들에게 보다 존중받는다. · 조직 내에서 정치적으로 거리낌이 없으므로 있는 그대로를 자유롭게 이야기할 수 있다. · 장기적 급여를 지출하지 않아도 되고 복리후생은 아예 제공하지 않으므로 전체적으로 봤을 때 비용이 적게 든다. · 조직구성원이 정보를 공유할 때 기밀성 보장에 있어서 외부 전문가를 더 신뢰할 수 있다. · 보다 윤리적으로 대처할 수 있다. 윤리적이지 않은 일은 거절할 수 있다. · 조직이 변화를 위해 충분히 준비되어 있지 않다면 프로젝트를 거절할 수 있다. · 일반적으로 보다 폭넓은 경험을 가지고 있다. · 수행과정에서 문제가 생겼을 때 쉽고 빠르게 계약을 종료할 수 있다.

조직개발을 위한 자격요건

제16장에서 조직개발 전문가에게 필요한 역량에 대해 더 자세히 다룰 것이므로 여기에서는 조직개발 전문가의 자격조건에 대해 간단하게 소개만 하려고 한다.

조직개발은 행동과학에 기반하고 있으므로 조직개발 전문가는 행동과학에 대한 깊고 광범위한 배경지식을 갖고 있어야 한다. 하지만 그 누구도 행동과학의 모든 분야에 있어서 전문가일 수는 없기 때문에 조직개발 전문가는 이 분야에 대해 끊임없이 공부하고 평생 동안 학습해야 한다. 더 나아가서 조직개발 분야나 조직에 대한 행동과학이 중심인 분야(인적자원개발, 산업 및 조직심리학, 조직행동 등)에서 높은 수준의 교육을 받아야 할 것이다. 하지만 그 어느 누구도 조직개발이나 다른 모든 행동 과학에 대한 지식을 완벽히 습득할 수는 없다는 사실은 분명하므로 방대해 보이는 전문지식의 내용에 위축되어서는 안 된다. 또한 조직개발 분야가 매우 복잡하다는 것도 명백한 사실이므로 조직개발이나 다른 행동과학 분야에서 한두 가지 강의를 듣는 것만으로는 조직개발 작업을 전문적으로 수행하기에 충분하지 않을 것이다.

조직개발을 실행하는 사람의 자격에 대해서는 특정 제약사항이 없으므로, 숙련된 전문가들은 자격요건을 갖추지 못한 사람들이 이 분야에 들어와서 부정적인 영향을 미칠까 우려한다. 그래서 조직개발 분야를 보호하기 위해 자격요건이 갖춰진 사람들에 한해서만 면허증을 교부할 것인가에 대한 논의가 나오고 있다. 면허증은 법적인 자격으로 정부가 발급해야 하는데, 여기에는 여러 가지 문제점이 있다. 먼저 조직개발에 관한 명확한 정의가 없기 때문에 면허증 교부를 위해 어떤 역량이 필요한지, 예를 들면 무엇을 테스트하고 어떻게 평가할 것인가에 대한 기준을 누가 정할 것인가, 조직개발에 필요한 핵심역량이 과연 측정 가능한 것인가, 이미 활동하고 있는 기존의 수많은 조직개발 전문가에 대해서는 어떤 방식으로 자격을 검증해야 하는가에 대한 기준을 정하는 것이 쉽지 않다.

조직개발 전문가가 되는 또 다른 방법은 면허증보다는 약간 낮은 단계의 적절한 자격증을 취득하는 것이다. 많은 대학에서 학생들에게 자체적으로 자격증을 주지만, 조직개발인스티튜트(OD Institute)만이 현재 유일하게 조직개발 분야에서 자격증을 주는 전문조직이다. 조직개발인스티튜트는 두 가지의 자격증을 가지고 있는데 하나는 공인조직개발 전문가(Registered Organization Development Professional, RODP)이고, 다른 하나는 공인조직개발 컨설턴트(Registered Organization Development Consultant, RODC)자격증이다. 이 두 가지 자격증을 취득하기 위해서는 조직개발인스티튜트의 회원이어야 하며 조직개발인스티튜트의 윤리 강령을 준수해야 한다. 게다가 상위 자격증(RODC)

을 취득하기 위해서는 조직개발 분야에 전문기술을 가지고 있음을 증명하는 두 장의 추천서를 받아야 하며, 사지선다형의 필기시험을 통과해야 한다. 하지만 공인조직개발 전문가 자격증이나 공인조직개발 컨설턴트 자격증을 가지고 있는 사람들이 자격증을 따지 않은 사람들에 비해 조직개발 수행 능력이 뛰어나다는 연구 결과는 없다.

마지막으로, 조직개발 실행자 개인의 성격과 지식 및 스킬의 수준을 가늠해 볼 수도 있다. 조직개발 전문가가 되기 위한 여러 가지 역량에 관해서는 이 책의 후반에서 좀 더 다루게 될 것이다. 지금 여기서는 조직개발 전문가는 자기 자신에 대한 이해가 중요하다는 것을 강조하고 싶다. 조직개발 전문가로서 조직의 가정, 신념, 가치의 중심에서 일할 때, 흔히 전문가 개인의 가정, 신념, 가치를 강요하거나 전문가 개인의 가정에 근거하여 판단하는 우를 범할 수 있다. 그러므로 조직개발 전문가 자신의 가치, 신념, 가정에 대해서 명확히 이해하고 이를 배제할 때 조직이 입을 수 있는 피해가 최소화된다.

조직개발 전문가에게 요구되는 다른 핵심 역량은 비즈니스와 비즈니스 용어에 관한 기본 지식이다. 대부분의 조직개발 작업은 비즈니스 환경에서 일어나기 때문에 조직개발 전문가는 이러한 맥락을 제대로 이해할 수 있어야 한다. 조직개발 전문가가 가져야 하는 많은 스킬과 지식에 대해서는 제16장에서 다시 논의하도록 하겠다.

조직개발 컨설턴트와 전통적 컨설턴트

가장 흔하고 그럴듯한 질문 중에 하나가 '조직개발 컨설턴트와 전통적인 컨설턴트의 차이점이 무엇인가?'하는 것이다. 여기서 말하는 전통적인 컨설턴트란 경영 컨설턴트, 정보기술 컨설턴트, 안전 전문가 등 컨설팅을 필요로 하는 거의 모든 분야의 컨설턴트를 지칭한다. 표 1.3은 전형적 의미에서의 전통적 컨설턴트와 조직개발 전문가 간의 차이점을 보여 준다. 샤인은 표 1.3에서 설명하고 있는 조직개발 컨설팅 프로세스를 '프로세스 자문'이라고 칭했다.

표 1.3 전통적 컨설턴트와 조직개발 컨설턴트의 비교

전통적 컨설턴트	조직개발 컨설턴트
· 분야별 내용 전문가로 여겨진다. · 고객에게 주로 가르쳐 주고 지시를 하는 방식이다. · 고객이 전문가에게 의존하도록 만든다. · 전문가가 프로세스와 결과를 소유하고 관리한다. · 고객에게 스킬을 전수하지 않는다.	· 분야별 내용 전문가라기보다는 퍼실리테이터의 역할을 한다. · 고객과 협력하여 함께 일한다. · 고객과 상호의존 관계를 형성한 후 고객이 독립적으로 일할 수 있도록 이끈다. · 고객으로 하여금 프로세스와 결과를 소유, 관리하도록 한다. · 고객에게 스킬을 전수한다.

조직개발 실행 모델

여기에서는 모델이 무엇인지 또한 실제로 어떻게 쓰이는지 알아보고, 조직개발 수행 시 주로 쓰이는 모델에 대해 기본적인 사항만 설명하겠다. 이 내용은 주로 **액션리서치 모델**(Action Research Model, ARM)에 관한 것이다. 액션리서치 모델이 조직개발 실행의 주요한 모델로 사용되어 왔지만(앞으로도 계속 그럴 것이다.) 몇 가지 비판적인 견해가 대두되면서 이에 대한 대안 모델도 제시되고 있다. 하지만 지금까지 제시된 대안 모델 역시 기본적으로 액션리서치 모델을 변형한 것이다.

조직개발 분야의 모델 활용

모델이란 실물을 대변해 주는 것으로 앞으로 어떻게 나아갈지에 대하여 전반적인 지침을 제공하고 제안을 하는 역할을 한다. 가령, 미니어처 사이즈의 모형 비행기는 실제 비행기와 똑같은 외형을 가지고 있지만 중요한 기능이 결여되어 있기 때문에 사람이나 짐을 운반할 수 없고, 대양을 가로질러 비행할 수도 없다. 하지만 이런 모델들은 항공디자인이나 설계분야에서 매우 유용하게 사용된다. 풍향 패턴을 시험하는 모형비행기의 경우, 기술자가 다양한 방향 패턴에 대비해 어떤 디자인이 가장 적절한지에 관한 힌트를 준다. 하지만 이 모형비행기가 실제 비행기가 아니란 사실은 누구나 알고 있다.

조직개발 분야에서 이용하는 모델도 이런 맥락에서 이해할 수 있다. 조직개발 모델 자체가 조직개발은 아니지만 실제 실행을 위한 기초를 닦는 데 유용하게 이용할 수 있다. 그러나 조직개발 모델도 어떤 현상에 대한 이해를 높이도록 도움을 줄 뿐 실제 현상을 그대로 재현할 수는 없으며 대신 토대를 놓아 줄 뿐이다. 실행 전문가나 이론가들조차도 가끔 모델과 현실 사이의 차이점을 망각하는 우를 범한다. 따라서 독자들이 이 책을 통해 조직개발 모델을 접할 때 이 모델들이 현상을 이해하는 데 도움을 주기 위한 것이지, 모든 것을 다 설명해 주는 것은 아니라는 사실을 주지했으면 한다.

액션리서치 모델(The Action Research Model)

액션리서치 모델(ARM)은 조직개발 분야의 초기부터 조직개발 작업을 체계화하는 방법으로 이용되어 왔다. 이 모델은 조직개발 실행에서 여전히 중요하게 다루어지고 있으므로 필자는 이 모델의 틀을 이용하여 이 책의 나머지 부분을 구성할 것이다. 또한 조직개발 창시자로 널리 알려진 커트 레윈(Kurt Lewin)은 1940년대 중반에 '실행 없는 연구가 없듯이 연구 없는 실행도 없다.'라는 유명한 말과 함께 액션리서치 모델의 개념을 발전시킨 것으로 알려져 있다.

액션리서치 모델의 전신은 슈하르트(Shewharts)의 PDCA(Plan-Do-Check-Act) 사이클인데 1920년대에 지속적인 조직 개선과 이것이 가능하도록 하는 프로세스의 필요성을 설명하기 위한 모델로 개발되었다. (그림 1.3 참고)

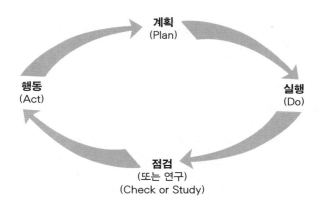

그림 1.3 슈하르트의 PDCA 사이클

PDCA 사이클에서 첫 번째 단계인 계획(Plan) 단계는 조직과 조직 프로세스의 발전을 위해 무엇을 해야 하는지를 결정하는 단계로 여러 가지 의사결정 도구가 사용된다. 그 다음으로는 정해진 계획을 파일럿 테스트나 시험 삼아 이행해 보는 실행(Do) 단계가 있으며, 그 후 점검(Check) 단계에서는(**전사품질관리(Total Quality Management)** 분야에서 유명한 에드워드 데밍은 후에 '연구(Study)'라는 단어가 더 적당하다고 조언했다.) 시험적 실행의 결과로 바라던 변화가 실제로 일어났는지 측정한다. 행동(Act) 단계에서는, 위의 단계가 성공적이라는 전제하에 새로운 프로세스를 실제로 도입, 실행한다. 여기까지 이행한 것이 성공적이든 그렇지 않든, 그 다음 단계에서는 계획(Plan) 단계부터 다시 사이클을 반복한다. 만약에 성공적이었다면 프로세스를 더욱 발전시키기 위한 새로운 계획이 연구될 것이고, 실패했다면 새로운 자료를 모아서 무엇이 잘못되었는지를 파악하고 새로운 계획이 시험적으로 실행되어 프로세스를 개선시킬 수 있을지 점검한다. PDCA 사이클의 요점은 지속적인 개선에 있다.

여러 가지 관점에서, 액션리서치 모델은 PDCA와 마찬가지로 '지속적인 개선'을 강조하는 모델이다. 초기 모델(McLean & McLean, 1989)은 그림 1.3의 PDCA 사이클과 유사하게 순환적이긴 하지만 순차적인 형식이었다. 그래서 이 모델은 여러 가지 면에서 비판을 받았다. 예를 들어 이 모델은 언뜻 순환적인 것처럼 보이지만 화살표가 단일 방향인 것을 보면 이 모델이 직선적 모델임을 알 수 있다. 더군다나 앞뒤 단계가 서로

겹친다거나 서로 이동할 수 있는 여지가 없다. 따라서 본서 전체에 걸쳐서는 이 모델의 수정된 버전(그림 1.4 참고)인 조직개발 프로세스 모델(ODP)이 이용될 것이다.

조직개발 프로세스 모델은 상호관계를 가지고 있는 여덟 가지 단계로 구성되어 있는데, 각각의 단계를 앞으로 한 장씩(혹은 그 이상씩)에서 다룰 것이다. 각각의 단계는 조직개발 전문가가 내부 전문가나 외부 전문가에 상관없이 적용된다. 명심할 것은 조직개발이 단계별로 각각 다른 깊이로 적용된다는 것이다. 단계 중에 일부는 굉장히 피상적이고 간단하게 다루어지는 반면, 더 많은 시간, 자원, 노력을 필요로 하는 단계도 있다. 각 단계에서의 목적은 다음과 같다.

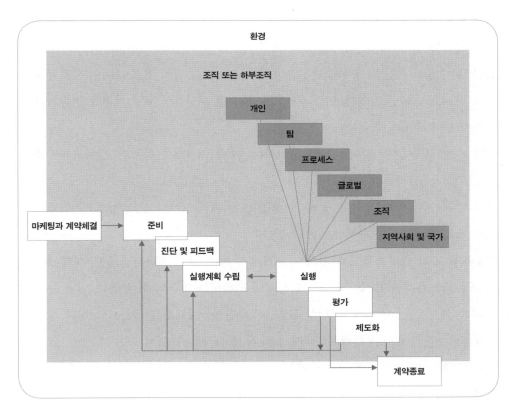

그림 1.4 조직개발 프로세스 모델

마케팅과 계약체결 ▶ 첫 번째 단계에서는 조직개발 전문가(컨설턴트)와 고객조직을 대
표하는 사람(혹은 조직의 일부)이 만나서 함께 일을 할지 결정한다. 조직이 변화할
준비가 되어 있는지를 파악하고 같이 일하게 될 경우 여러 가지 조건에 대해 합의
를 본다.

준비 ▶ 같이 일하기로 결정이 되면 다음 단계로 넘어가서 전문가와 같이 일하게 될 고
객 팀과 같은 기본 인프라를 구성한다.

진단 및 피드백 ▶ 이 단계는 분석(analysis) 혹은 진단(diagnosis)의 단계라고도 부른다.
이 단계에서는 전문가와 고객조직의 담당자가 함께 조직의 장단점을 포함한 조직의
문화에 대해 평가 · 분석하고 이 평가 내용을 조직구성원에게 알려 주는 과정이다.
조직의 특정 분야만 진단을 하게 되면 한결 덜 복잡하기 때문에 시간과 자원을 훨
씬 절약할 수 있다.

실행계획 수립 ▶ 이전 단계에서 결정된 것을 기반으로 조직이 앞으로 어떤 목적과 목표
를 가지고 나아갈 것인가, 어떻게 이것을 달성할 것인가에 관한 계획을 전문가와 고
객이 함께 수립하게 된다.

실행 ▶ 이 단계에서는 이전 단계에서 세워진 계획을 실제로 이행한다. 조직개발 용어
로 이것을 '인터벤션'이라고 부른다.

평가 ▶ 평가 단계는 '계획된 목표가 인터벤션을 통해 얼마나 잘 달성되었는가?'에 관
한 질문에 대답하는 단계라고 보면 된다.

제도화 ▶ 평가 결과에서 인터벤션의 목표가 달성된 것으로 나타난다면, 실행했던 변
화를 제도화시킨다. 즉, 그 조직에서 으레 행해지는 방식의 한 부분이 되게 하는 것
이다. 반면, 원하던 목표가 달성되지 않았다면 이 제도화 단계는 건너뛴다. 하지만
두 가지 경우 모두 프로세스를 처음부터 다시 시작할 수 있다.

계약종료 ▶ 어떠한 시점에 이르면 전문가는 자신의 스킬을 고객조직에 전수한 후 인터
벤션 프로세스에서 손을 뗀다. (조직개발 전문가가 조직 내부인이든 외부인이든 마찬가
지이다) 계약종료가 필요한 이유는 조직에 더 이상의 변화가 최우선으로 필요하지
않기 때문일 수도 있고, 또는 다음 변화 단계로 넘어갈 준비가 안 되어 있기 때문일

수도 있다. 또 현재의 조직개발 전문가가 가지고 있지 않은 조직개발 스킬이 필요해졌거나 전문가가 조직문화에 흡수되어서 더 이상 객관성을 유지할 수 없게 되었을 때 필요하다. 어떤 경우이든지 계약종료는 그냥 자연히 일어나는 것이 아니라 계획적으로 진행되어야 한다.

그림 1.4의 모델에서 볼 수 있듯이 가장 이상적인 조직개발 형태는 전문가의 존재 유무나 수행 능력의 차이에 상관없이 지속적인 조직 개선을 목표로 프로세스를 계속 진행하는 것이다. 앞서 이야기했던 모델 활용 방법을 상기해 보면 알 수 있듯이, 가끔씩 시장의 요구에 따라 단계별로 통합되거나 건너뛰는 경우도 있다. 단, 이 과정은 신중하게 진행되어야 한다. 액션리서치 모델과 조직개발 프로세스 모델이 이 분야에서 성공적인 모델이라 하더라도 비판의 목소리는 여전히 존재한다. 일부 사람들은 모든 단계를 거치는 데 너무 오랜 시간이 걸리며 각각의 단계를 충실하게 이행하기에는 시대가 너무 역동적으로 돌아간다고 주장한다. 하지만 이러한 비판에 이의를 제기하는 주장도 있다. 한 단계를 임의로 건너뜀으로써 조직개발 실행이 실패할 경우 얼마나 많은 시간이 추가로 낭비될 수 있는지 반문해 볼 수 있다. 즉, 이렇게 될 경우 조직 개선에 할애되었던 시간과 자원을 모두 낭비하게 되며 결국 조직개발 전문가는 모든 과정을 다시 시작해야 한다.

액션리서치 모델과 조직개발 프로세스 모델을 비판하는 두 번째 시각은 전통적인 접근법을 토대로 하는 조직개발 모델은 문제를 해결하기 위해 문제 자체만을 찾는 것을 목표로 둔다는 것이다. 그래서 출현한 모델이 긍정탐행(Appreciative Inquiry, AI)이라는 모델이다. 이는 액션리서치 모델이나 조직개발 프로세스 모델과는 다르게 조직의 긍정적인 면만 바라본다. 하지만 조직개발 프로세스 모델을 통해서 문제점뿐만 아니라 조직문화의 강점 모두를 발굴하는 것이 바람직한 조직개발이라고 긍정탐행 모델을 반박하기도 한다. 긍정탐행 모델처럼 장점만을 탐구하면 고객이나 전문가 모두 조직문화에 대해 전체적인 시각을 가질 수 없다. 그렇다면 긍정탐행 모델은 어떤 특성을 지니고 있는지 간략하게 짚고 넘어가 보자.

긍정탐행(AI) 모델

긍정탐행 모델 분야에는 쿠퍼라이더가 많은 공헌을 해 왔다.(Cooperrider & Strivastava, 1987) 기본적으로 조직개발 프로세스 모델과 같은 단계를 가지고 있지만 한 가지 큰 차이점은 조직문화의 모든 장점과 단점을 탐구하는 것이 아니라 진단 단계에서 이야기 형태의 자료수집 및 공유를 통해서 조직문화의 긍정적인 면만 드러날 수 있도록 한다. 하지만 이건(Egan)과 랜캐스터(Lancaster)가 피력한 바 있듯이, 긍정탐행 접근법을 사용하는 전문가가 고객에게 긍정탐행 모델 진단방법의 타당성을 확신시키는 것이 쉽지 않다. 일화 연구(Anecdotal research)에 의하면, 긍정탐행이 조직에 도움이 될 수도 있는데 특히 큰 실패 직후 회복이 필요한 조직의 경우에는 긍정탐행 접근법이 도움이 될 수 있다. 예를 들어서 조직이 오랫동안 부도 위기에 놓여 있다거나 적대적 인수합병이나 심각한 구조조정을 겪었다면 조직개발 프로세스 모델보다는 긍정탐행 모델이 더욱 효과적일 수 있다.

액션리서치 모델과 조직개발 프로세스 모델의 축약 모델

지금까지 액션리서치 모델과 조직개발 프로세스 모델을 수정하고 변형한 수많은 모델들이 제시되어 왔지만, 실질적으로는 액션리서치 모델과 조직개발 프로세스 모델의 구성요소를 이용하면서 단지 용어만 살짝 바꾸거나 단계를 통합하고 변형하는 식이었다. 하지만 궁극적으로 이 모델의 본질은 변하지 않고 조직개발의 표준적인 접근법으로 계속 기능하고 있다. 어떠한 모델도 완벽할 수 없으며 모든 모델이 현실을 대표하기에는 불완전하다는 점과 액션리서치 모델과 조직개발 프로세스 모델의 역사와 실용성을 고려하여, 이 책의 나머지 부분에서도 계속 이 모델을 이용하고자 한다.

조직개발의 근원과 역사

고대부터 인류는 완벽하지는 않지만 삶의 질을 개선하기 위해 부단히 노력해 왔다. 종교 문헌을 보면 의사결정을 할 때 전문가의 도움을 받았던 많은 예를 볼 수 있다. 그 중 잘 알려진 것은 이집트에서 탈출한 수많은 이스라엘 조직을 개선시키기 위하여 모세(Mose)에게 그의 장인 이드로(Jethro)가 해 준 자문이다. 모하마드(Mohammed) 역시 자문가(컨설턴트)를 두고 있었고, 열두 명의 제자가 예수의 자문가 역할을 했다고 볼 수도 있다. 즉, 조직개발이 생겨나게 된 뿌리를 찾아보려 하면, 셀 수 없이 많은 예가 있다. 다른 분야의 역사도 마찬가지겠지만 조직개발의 역사를 탐구할 때 어떻게 이 분야가 발생하고 발전해 왔는가를 명확히 규명하는 일은 쉽지 않다. 최근에 웹 채팅을 통해서 조직개발이 등장하던 시기에 활동했던 조직개발 실행 전문가들과 이론가들이 함께 조직개발의 역사와 근원에 관해서 의견을 나누었는데, 모두가 심지어 같은 때, 같은 곳에 있었던 사람들조차도 다르게 기억하고 있었다. 때문에 조직개발 분야의 근원을 한 가지 가능성에 국한하는 것은 어렵다. 흥미롭게도 모든 사람이 동의하는 바는 조직개발 분야가 자연스럽게 모습을 드러냈다는 사실이다. 즉, 누군가가 조직개발을 새로운 분야로써 세운 것이 아니라 사람들이 보다 자신의 일을 잘 하기 위해 노력하는 과정에서 조직개발 분야를 이루는 주요 개념과 도구가 나타났다는 것이다.

조직개발 분야 역사의 초기에 알려진 인물들은 역시 대부분 심리학자들이다. 따라서 조직개발은 지그문트 프로이트(Sigmund Freud), 카를 융(Carl Jung), 카를 로저스(Carl Rogers), 스키너(B.F. Skinner)같은 심리학자들의 이론에 크게 영향을 받아 왔다. 이들의 이론은 소그룹 역학이론(Small group dynamics), 강화이론(Reinforcement theory), MBTI 성격유형검사, 오픈형 인터뷰 등과 같이 경영 분야와 조직개발 분야에 아직도 적지 않은 영향을 미치고 있다. 한편 마거릿 미드(Margaret Mead), 거트 홉스테드(Gert Hofstede), 폰스 트롬페나(Fons Trompenaur), 에드워드와 밀드레드 홀(Edward & Mildred Hall), 에드거 샤인(Edgar Schein)등은 인류학적인 관점에서 조직문화를 설명하려고 노력했다. 존 케인스(John Keynes), 토머스 맬서스(Thomas Malthus)등은 경제이론을 소개했으며 조지프 주란(Joseph Juran), 에드워드 데밍(Edwards Deming), 카오루 이시카와(Kaoru Ishikawa) 같은 이들은 품질관리(Quality management)와 지속적인 개선(Continuous improvement)을 피력한 학자들이다. 시스템 이론에서는 생물학자인 루드위그 본 버탈란피(Ludwig von Bertalanffy), 최근 등장한 피터 셍게(Peter Senge)와 마거릿 위틀리(Margaret Wheatley)가 큰 역할을 했다. 이렇듯 조직개발 분야의 발전에 기여한 사람들의 이름을 얼마든지 적어 내려갈 수 있지만 그 중에서도 조직개발 분야에 비교적 중요한 기여를 했다고 여겨지는 사람들을 필자의 의견을 바탕으로 선택하여 아래와 같이 설명했다. 아래의 일부분은 알반과 쉐러(Alban & Scherer, 2005)에서 참고했다.

커트 레윈(Kurt Lewin, 1940년대 중반 활동) ▶ 커트 레윈이 미친 영향의 중요성을 이 짧은 문단에서 설명하는 것은 힘들다. 레윈은 조직의 생산성을 향상시키기 위한 작업을 했고, 다양한 자문 활동을 통해서 역장분석(Force field analysis), **감수성 훈련(Sensitivity training**, 후에 팀빌딩으로 발전), 피드백, 변화 이론, 액션리서치, **자율경영팀(Self-managed work teams)**등의 개념을 탄생시켰다. 이 개념들은 뒤에서 더 자세히 설명하겠다.

리처드 베커드(Richard Beckhard, 1960년대 중반 활동) ▶ 대부분의 연구서에 따르면 베커드가 처음으로 '조직개발'이라는 용어를 만들어 냈다.

에드워즈 데밍 (W. Edwards Deming, 1950년대에 일본에서 1980년대에 미국에서 활동) ▶ 데밍이 조직개발 프로세스와 조직개발 용어를 썼다는 것을 부인하기는 어렵다. 데밍은 일본에서의 초기작업을 통해 결과보다 프로세스에 치중하는 '지속적 프로세스 개선'이라는 개념을 대중화했다. 최고의 프로세스가 최고의 결과를 가져온다는 것으로 조직개발의 중요한 개념이다.

윌프레드 비온(Wilfred Bion, 1940년대 후반 활동) ▶ 비온은 영국 런던의 타비스탁(Tavistock)연구소의 주요 리더로서, 이 연구소에서 그룹 프로세스(Group process)라는 개념을 개발한 시점에 미국에서는 **T-그룹**(Training groups)이라는 개념을 내놓았다. 이 두 가지 개념은 결국 두 나라 간에 상호 교류를 통해서 하나로 모아졌다.

에릭 트리스트(Eric Trist, 1950년대 활동) ▶ 트리스트 역시 영국 석탄광산에서의 작업을 통해서 **사회기술 시스템**(Sociotechnical system, STS)개념을 개발했다. 사회기술 시스템은 사람, 기계, 환경 간의 상호조화를 중요시한다.

그 외의 다른 중요한 인물들은 다른 특정 조직개발 개념, 도구들과 함께 이 책의 나머지 장에서 다루게 될 것이다.

조직개발의 적용과 효과

조직개발 분야는 매우 광범위하기 때문에 이 분야를 명확하게 정의 내리기란 쉽지 않다. 일부 조직개발 전문가들은 조직개발을 기법이나 일련의 도구로 여기지만 실제로는 그렇지 않다. 조직개발 가치를 이용하여 계획적으로 개선을 꾀하려 할 때는 언제든지 조직개발이 적용될 수 있다. 다음은 조직개발이 실행될 수 있는 상황들이다.

- 어떤 모습의 조직이 될 것인가에 대한 미션 선언문(Mission statement)이나 비전 선언문(Vision statement)을 개발하거나 향상하려 할 때
- 공동의 목표를 위해 일할 수 있도록 조직의 기능별 구조를 정비할 때
- 조직의 미래에 관한 의사결정 방법에 대한 전략적인 계획을 도출하고자 할 때
- 개인 간, 그룹 간, 기능부서 간에 발생하여 조직이 원만하게 돌아가지 못하게 막는 갈등을 관리할 때
- 진행 중인 조직 운영을 끊임없이 개선하도록 돕는 프로세스를 구현하고자 할 때
- 조직이 효과적이고 효율적으로 일할 수 있도록 협력적인 환경을 조성하고자 할 때
- 조직목표에 부합되는 보상시스템을 개발하고자 할 때

- 조직 운영을 개선하는 근무규정과 운영절차 개발에 도움을 줄 때
- 더 발전시켜야 할 조직의 강점이 무엇인지, 변화와 개선이 필요한 곳이 어디인지 확인하기 위하여 근무환경을 진단하고자 할 때
- 직원들이 필요한 지원과 도움을 제공하고자 할 때, 특히 임원급 위치의 직원들이 좀 더 나은 업무수행을 위한 코칭을 받고자 할 때
- 개인의 성과에 대한 피드백을 주고 때로는 피드백을 주기 위한 연구를 실행하여 개인의 발전을 돕는 시스템을 개발하려 할 때

위에 나열된 것들이 조직개발이 적용될 수 있는 모든 경우가 아니라 단지 몇 가지 가능성을 제시한 것이다. 이 리스트를 통해서 조직개발 전문가들이 조직을 돕기 위해 하는 활동에 대해 대략적인 그림을 그려 보기를 바란다.

한 전문분야로서 조직개발은 조직과 조직의 **이해관계자**(stakeholders)(고객, 주주, 직원, 경영진, 지역사회, 국가 등 조직운영에 이해관계가 있는 사람들)에게 제공해 온 부가가치적 개념과 도구 덕분에 번영해 왔다. 조직개발 전문가가 다음 부분에서 설명되는 가치를 활용한 프로세스를 통해서 원하는 변화를 이끌어 내는 것에 일조할 수 있다면 이는 모든 사람에게 이득이 될 것이다. 조직개발인스튜트가 발행한 『*Organization Development*』(1994)라는 책은 조직개발을 활용함으로써 (조직개발 스킬을 사용하지 않는 다른 종류의 컨설팅이나 조직 내 개인적 활동에 반하여) 다음과 같은 이점을 창출할 수 있다고 얘기한다.

조직개발은 다음과 같은 분위기를 조성할 수 있다. 혁신과 창의성 고양, 직무 만족도 향상, 보다 긍정적인 대인관계의 형성, 계획 수립과 조직 목표 설정에 구성원들의 적극적 참여 등 시스템 차원의 노력으로 이러한 분위기를 조성할 수 있다.

조직개발로 인한 이러한 이점은 조직을 보다 더 효과적이고 효율적으로 만들어서

결과적으로는 합리적인 가격에 고품질의 제품과 서비스를 제공하고 수익성을 증대시키며 주가를 올려 주고 작업 환경을 향상하며 경영진의 리더십을 지원하게 될 것이다.

조직개발의 원칙과 가치

앞서 조직개발의 특성을 다루면서, 조직개발이 인본주의적이며 가치를 중시하는 분야라고 언급했다. 따라서 필자는 이 책의 후반부에서 한 장 전체를 할애하여 조직개발 전문가가 염두에 두어야 할 윤리적인 프로세스를 설명했다. 여기서는 조직개발 분야의 가치 기반을 설명하기 위해 두 가지 가치 선언문을 제시하고자 한다. 첫째는 미국경영학회의 조직개발 및 변화분과(Academy of Management, Organization Development and Change Division, 2005)의 미션 선언문이다.

> 조직개발 및 변화 분과는 개인과 조직의 성공, 인류의 정신과 잠재력의 실현을 위해 노력하는 학자들과 전문가들을 대변하는 기관이다. 건설적인 변화관리와 조직개발에 대한 지식을 창출하고 개발하고 전파하며 또한 그 실행 범위를 넓히고자 하는 모든 노력을 장려한다.
>
> 이 분과는 조직 효과성의 'Triple Bottom Line'(인간 · 사회적, 재무적, 환경적 측면의 세 가지를 모두 고려한 평가)의 중요성, 정의와 존엄성과 신뢰의 중요성, 글로벌 사회에 긍정적이고 의미 있는 기여를 하게끔 만드는 성과 업적 공유의 중요성을 강조한다. 더불어 조직개발 및 변화 분과는 윤리적이고 인도적인 글로벌 사회를 창조하고 유지하기 위해 크게 기여해야 한다는 책임을 인정하고 받아들였다.

두 번째로, 조직개발 네트워크(2003)가 공표한 조직개발 실행원칙 선언문 일부를 보면 다음과 같다.

조직개발 실행 원칙

조직개발은 사전에 계획된 체계적인 변화노력으로 조직이론, 행동과학, 지식 및 스킬을 이용하여 조직이나 조직 내 단위조직이 더욱 활력이 넘치고 지속가능할 수 있도록 도와 준다.

조직개발은 조직개발 전문가의 행동과 활동(인터벤션이라고 불림)의 지침이 되는 뚜렷한 핵심 가치와 원칙에 밑바탕을 두고 있다.

가치 기반

- 존중과 포용: 모든 사람들의 관점과 의견을 동등하게 존중한다.
- 협력: 조직 내에 상호 윈윈관계를 구축한다.
- 진정성: 사람들이 자신이 추구하는 가치와 부합되는 행동을 하도록 돕는다.
- 자기이해: 조직 내 자기이해와 대인관계 스킬의 향상을 돕는 데 주력한다.
- 권력이양: 생산성을 높이고 직원들의 사기증진을 위해 고객사의 모든 사람들이 조직 내에서 개인의 자율성과 영향력을 높이고 용기를 가지도록 한다.
- 민주주의와 사회 정의: 사람들은 자신들이 직접 참여해 이루어 놓은 것을 지지한다는 신념이며, 인류의 정신은 민주주의 원칙을 추구할 때 고양된다는 신념이다.

이론적 뒷받침

조직개발의 강점은 응용행동과학, 물리과학 등 인간 시스템에 대한 이해를 돕는 다양한 학문 영역으로부터 도출되었다는 사실이다.

시스템 중심

조직개발은 지역사회와 조직에 대한 이해를 위해 오픈시스템 이론과 접근법을 토대로 한다. 시스템 일부의 변화는 언제나 다른 부분의 변화를 야기하며, 한 부분의 변화는 다른 부분에서 지원해 주는 변화 없이는 유지될 수 없다.

액션리서치

실증적 연구와는 반대로, 조직개발만의 독특한 특징은 현상을 단순히 관찰함으로써 변화를 유도한다는 것이다. 따라서 계획된 실행의 결과는 반드시 지속적으로 검토되어야 하며 변화전략 역시 인터벤션이 진행됨에 따라 수정되어야 한다.

프로세스 중심

일의 내용 자체보다는 일이 일어나게 되는 프로세스를 중요시한다. 경영 컨설턴트들은 '왜(why)' 보다는 '무엇(what)'에 더 관심을 가진다.

데이터 기반

타당한 데이터를 찾아내서 변화가 필요한 절박한 이유를 설명하는 근거를 대고, 조직이 원하는 미래 모습으로 나아가려는 헌신을 도출하기 위해서 조직 내·외부 환경을 연구하고 진단한다.

고객 중심

조직개발 실행 전문가들은 지속적으로 고객의 니즈에 중점을 둔다. 조직개발의 모든 단계에서 지속적으로 고객의 주인의식을 고취하고 컨설턴트의 임무가 끝난 후에도 고객이 변화를 지속할 수 있는 능력을 지원해 준다.

조직개발 전문가들과 연구자들이 어떤 가치에 근거하여 조직개발 실행 방법을 고려하는가에 대한 흥미로운 딜레마가 있다. 브래드포드(Bradford, 2005)는 이 딜레마를 다음과 같이 묘사한다.

조직개발 관계자들은 조직개발의 가치에 대해 혼란스러워 하고 있다. 혹자는 조직개발이 응용행동과학 분야에 굳건히 기초한다고 주장하는 반면 인본주의적 뿌리를 강조하는 사람도 있다. 만약 인본주의적 방법이 응용행동과학에 의해 뒷받침되지 못한다면 어떻게 될까? 유감스럽게도 많은 조직개발 전문가는 응용행동과학보다는 인본주의적 가치를 더 우위에 두고 있다 …… 조직개발은 실제적인 효과를 만들어 내기 위한 객관적이고 철두철미한 분석을 하는 대신에 세상에 대한 이상적인 모습만을 추구해 왔다.

필자는 독자들이 이 책을 통해 양자택일의 이분법적인 사고보다는 양쪽 모두 선택할 수 있다는 모호함을 받아들이는 균형 잡힌 안목을 지니게 되기를 바란다. 컨설팅을 할 때 적절한 대응책을 행동과학적인 근거에 의해 제시해야 하는데 연구에 기초한 명확한 해답이 항상 존재하는 것은 아니다. 또한 우리는 간과할 수도 없고 간과해서도 안 되는 조직개발 가치를 신중하게 심사숙고하면서 프로젝트를 수행해야 한다. 필자는 휴머니스트이자 행동과학을 연구하는 학자이다. 이것이 내 삶에서 받아들여야만 했던 모호성 중 하나이다. 독자들도 이 책을 읽으면서 자신의 삶에서 균형을 찾을 수 있길 바란다.

요약

수많은 조직개발 정의가 있지만 광범위한 조직개발 분야가 어떻게 진화해 왔는지 감을 잡을 수 있도록 그 중에서 몇 개만 짚어 보았다. 조직개발의 핵심 접근법인 액션리서치 모델에 대해서도 자세히 알아보았는데, 이 책에서는 조직개발 프로세스 모델로 수정하여 마케팅과 계약체결, 준비, 진단 및 피드백, 실행계획 수립, 실행, 평가, 제도화, 계약종료의 8단계로 나누어 설명했다. 조직개발의 한 방법으로 긍정탐행에 대해서도 간단히 살펴보았다. 조직개발을 실행할 때 조직의 맥락은 매우 중요한 요소인데 일반적으로 이것을 조직문화라고 한다. 이번 장에서는 문화의 구성요소들을 살펴보았고 조직구성원들 사이에 내재하는 가정들을 파악하는 것에 대한 어려움도 알아보았다. 또한 주요한 조직개발의 역사적 근원을 탐구해 보았다. 이 책에서 다루는 거의 모든 주제는 각 주제를 전문적으로 다루는 다수의 서적이 있다는 사실을 보면 알 수 있듯이, 주제와 관련한 모든 범위를 전부 다루지는 않았다는 사실을 분명히 밝힌다. 조직개발 실행을 통해 기대되는 조직성과에 미치는 긍정적인 효과도 살펴보았다. 마지막으로 이해관계자들의 니즈를 충족시키기 위한 오픈시스템을 설계하는 과정에서 조직개발은 인본주의를 중요시하는 가치기반 프로세스라는 것을 뒷받침하기 위해서 조직개발 네트워크와 기타 조직개발 전문 기관들이 추구하는 조직개발의 가치를 소개했다.

토론 및 성찰을 위한 과제

1. 이 책을 읽을 때 당신이 작성한 긍정적인 조직 경험에 대한 리스트가 부정적인 경험에 대한 리스트보다 더 많은가? 혹은 그 반대인가? 이런 결과가 나오게 된 주요 이유가 무엇이라 생각하는가?

2. 당신이 선호하는 조직개발의 정의는 무엇이며 그 이유는?

3. 조직개발이 독자적인 영역으로 간주되는 것과 다른 분야의 세부영역으로 여겨지는 것에 차이가 있다고 생각하는가? 그 이유는?

4. 조직개발 원칙을 따르지 않는 조직변화를 예를 들어 설명해 보라. 어떤 점이 조직개발 원칙에 일치하지 않았는가?

5. 당신이 소속되어 있었던 조직을 떠올려 보자. 당신이라면 내부 조직개발 전문가와 외부 조직개발 전문가 중에 누구와 일하고 싶은가? 그 이유는?

6. 당신은 조직개발 전문가가 공인자격증을 보유하는 게 중요하다고 생각하는가? 그

이유는?

7. 조직개발 관련 자격증을 주는 기관이 많지 않는데 그 이유는 무엇이라고 생각하는가? 기존에 자격증을 교부하는 기관이 보다 엄격한 자격증 기준을 제정하지 않는 이유는 무엇이라고 생각하는가?

8. 긍정탐행 전문가가 긍정탐행의 개념을 고객에게 설득시키기가 쉽지 않은 이유는 무엇인가? 고객으로 하여금 이 개념을 받아들이게 하려면 어떤 주장으로 설득시켜야 하는가?

9. 조직개발 전문가가 일을 하는 데 있어서 조직개발 실행원칙이 어떤 영향을 미친다고 생각하는가? 조직개발 실행원칙 선언문을 준수함으로 조직에 사업적 가치를 부여할 것이라는 주장에 동의하는지 토의해 보자.

개요

이 장에서는 조직개발 전문가의 조직개발 프로젝트(내·외부) 수주 방법, 계약 프로세스(내·외부) 진행, 조직변화에 대한 고객조직의 준비 정도 확인, 고객조직과의 협력적 네트워크 구성에 대해 알아보려 한다.

조직개발 활동이 본격적으로 진행되기 전에 프로젝트에 착수하는 단계가 반드시 필요하다. 그러기 위해서는 조직개발 전문가가 내부 전문가이든 외부 전문가이든 간에 잠재 고객과 서로 상의를 해서 실행 업무, 진행 프로세스, 업무 분장에 대한 합의를 도출해야 한다. 그림 2.1을 참고하라. 지금 우리는 조직개발 프로세스 사이클의 시작인 1단계, 마케팅과 계약체결 단계에 있다.

마케팅

마케팅과 다양한 마케팅 전략 사용법에 관한 수많은 서적과 학술 논문이 있다. 하지만 이번 장의 목적은 마케팅에 대한 자세한 설명을 하려는 것이 아니라, 고객 목록을 확보하여 데이터베이스를 구축하고 내·외부적으로 새로운 프로젝트를 수주하기 위해 기본적으로 필요한 마케팅적 접근법을 제시하고자 한다. 외부 전문가를 위한 각각의 마케팅 접근 방법의 장점과 단점이 표 2.1에 요약되어 있다. 마케팅은 일회성 이벤트로 간주해서는 안 되고 계속 진행되어야 하는 프로세스로 인식해야 한다. 한 명 혹은 몇 명의 고객에게만 의존한다면 그 고객들이 갑작스럽게 관계를 단절해 버릴 경우 매

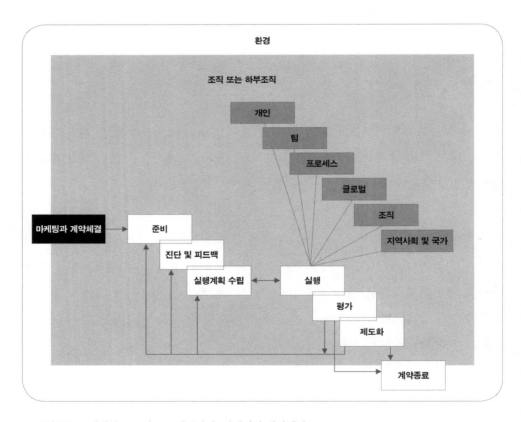

그림 2.1 조직개발 프로세스 모델 1단계, 마케팅과 계약체결

우 난감해질 것이다. 따라서 조직개발 전문가는 일이 없는 상황이 되지 않도록 자신의 스킬과 서비스를 지속적으로 마케팅해야 한다. 그러므로 조직개발 전문가는 일 그 자체와 마케팅 사이에서 적절한 균형을 맞출 수 있어야 한다. 그래야 일이 너무 많거나 아예 없는 사태가 일어나지 않고 희망하는 수준의 일을 유지할 수 있다.

외부 전문가로서 잠재 프로젝트와 고객 포착하기

외부 조직개발 전문가들은 고객의 포트폴리오를 확보하고 구축하는 방법이나 새로운 프로젝트를 수주하기 위한 방법을 많이 알고 있다. 그 중에서 몇 가지 방법을 살펴보면서 각각의 장점과 단점을 고찰해 보고자 한다.

입소문(Word of mouth) 새로운 고객을 확보하기 위해 가장 빈번히 사용되며, 효과적인 방식은 과거 고객이 다른 잠재 고객에게 추천을 해 주는 것이다. 사람들은 업계 지인의 자발적인 추천을 신뢰하며, 자연스럽게 과거 또는 현재 고객이 경험한 성공 모델이 자신의 조직에도 재현되기를 바란다. 그러므로 조직개발 전문가로서 탁월한 성과를 내게 되면 고객의 입소문을 통해서 새로운 고객으로 연결되는 경우가 종종 있다. 조직개발 전문가가 산업별, 지역별, 수준별, 기능별, 업무별 등으로 특정 시장 분야를 잘 파악해 놓는다면 일의 범위가 더 좁아지기 때문에 고객의 입소문이 더 효과적일 수 있다. 이 방법은 비용이 적게 들면서도 효과가 좋기 때문에 통상적인 프로세스에 따라 프로젝트를 맡을 수 있게 된다.

반면에 프로젝트가 실패했다는 소식이 입소문으로 전해지면 사업에 부정적인 영향을 미칠 수 있다는 점도 잊지 말아야 한다.

표 2.1 외부 전문가가 취할 수 있는 마케팅 방법의 장점과 단점

마케팅 방법	장 점	단 점
입소문	· 신뢰성 있는 추천 · 성과를 바탕으로 한 추천 · 가장 효과적임 · 가장 빈번히 사용되는 방법	· 우연성 · 무작위성 · 긍정적일 수도 있고 부정적일 수도 있음 · 가장 최근의 사례 위주로 입소문을 탄다는 점 · 자신의 통제 밖의 산출물에 대해서도 책임을 지게 됨 · 새로운 스킬을 배워야 할 필요성과 기회가 줄어들 수 있음
네트워킹	· 관계가 이미 형성되어 있음 · 즐기면서 새로운 스킬도 개발할 수 있음 · 즐기면서 하는 활동을 통해 네트워킹이 형성될 수 있음 · 지역사회에 도움이 되는 업무도 할 수 있음	· 네트워킹을 실제 사업으로 연결하는 데는 많은 시간 소요 · 주로 활동하고 참여해 오던 주제 분야와 지리적인 공간으로 한정됨 · 위선적이고 사람을 이용하는 것처럼 보일 수 있음
과거 고용주	· 이미 신뢰관계가 형성되어 있음 · 이미 진행되고 있는 작업이 사업이 될 수도 있음 · 고용과 컨설팅 간의 차이점을 상쇄할 수 있음	· 가능 프로젝트 수가 한정적임 · 의존적인 성향을 낳을 수 있음
웹 사이트	· 테크놀로지 시대에 필수적인 방법 · 전 세계 누구나 쉽게 접근할 수 있음 · 쉽게 업데이트할 수 있음	· 수동적인 접근 · 양질의 웹 사이트를 개발하려면 많은 비용 소요 · 지속적인 보수와 관리 요구(시간과 비용) · 인터넷에 접속할 수 있는 고객만 볼 수 있음
인쇄물	· 적극적인 접근 · 장소에 구애받지 않고 어디에서나 읽힐 수 있음(고객의 손에 들어가기만 한다면)	· 많은 비용 소요 · 배포의 어려움 · 오늘날과 같은 테크놀로지 시대에는 이용 빈도가 떨어짐 · 업데이트에 많은 시간과 비용 소요
제안서	· 프로젝트가 있다는 것을 미리 알게 됨 · 고객이 원하는 바를 알고 있음	· 제안서를 완성하는 데 많은 시간 소요 · 종종 치열한 경쟁에서 살아남아야 함 · 프로젝트 수주에 실패할 때 소요된 시간에 대한 보상이 전혀 없음 · 수주를 따기 위해 적은 액수의 금액으로 입찰해서 불충분한 자금으로 운영할 가능성이 있음 · 고객이 아무런 보상 없이 제안서를 이용할 가능성이 있음

마케팅 방법	장 점	단 점
협업자의 추천이나 협력	· 협업자의 명성을 활용할 수 있음 · 믿음이 가는 추천 · 타인과의 협력 · 프로젝트가 있다는 것을 미리 알게 됨	· 협업자의 부정적인 평판 때문에 불이익을 얻을 수 있음 · 협업자와 또는 협력기관에 소속된 특정 인물과 협력 하는 게 유쾌하지 않을 수 있음
과거 고객	· 관계가 이미 형성되어 있음 · 기업문화를 이미 파악하고 있음	· 이전 프로젝트가 성공적이지 못했을 수 있음 · 새로운 기술을 개발할 필요성을 못 느낌 · 의존적인 성향이 생길 수 있음 · 시간이 지날수록 진실을 털어놓기 힘들 수 있음
외부출연 (출판, 강연, 프레젠테이션)	· 즐길 수 있는 일을 하면서 바라는 바를 이룰 수 있음 · 탁월한 사람들에게는 이 같은 활동이 금전적으로 도 움이 됨	· 글쓰기와 발표 스킬 요구 · 보장된 보상없이 상당히 많은 작업이 요구됨 · 글쓰기와 발표에서 성공하기가 쉽지 않음 · 투자 대비 보상을 받기까지 오랜 시간이 걸릴 수 있음 · 조직개발 작업과 발표 또는글쓰기 능력간에 상관관계 가 낮을 수 있음
계약 대행사	· 안정성을 보장함 · 에이전시가 마케팅 대행 · 안정적인 수입을 얻음과 동시에 지속적으로 마케팅할 수 있음	· 보다 적은 보수 · 일의 종류와 고객조직의 사업분야에 있어서 제한적인 선택권 · 좋은 평판을 쌓으려는 노력을 덜 하게 됨
무료봉사(혹은 적은 컨설팅 비용)	· 윤리적인 면 부각 · 지역사회를 위해 봉사할 수 있는 기회 제공 · 잠재 고객들에게 전문적 지식과 스킬을 보여줄 수 있 는 기회 · 잠재 고객들에게 조직개발 업무의 가치를 직접 보여 줄 수 있는 기회	· 다른 고객들에게 할애해야 할 시간을 잃을 수 있음 · 무료로 제공된 서비스라고 사람들이 조직개발 업무를 가치 있게 여기지 않을 가능성이 있음 · 수익과 상관없는 무료봉사를 함으로써 비즈니스를 하 지 않을 것이라는 이미지를 심을 가능성 · 비즈니스 환경에서는 효과적인 프로세스가 비즈니스 와 관련 없는 분야에서는 효과적이지 않을 수도 있다 는 인상을 줄 수 있음 · 무료봉사 환경에 필요한 특별한 전문 기술이 필요할 수 있음

입소문을 통해 부정적인 이미지가 파급되면 다음 프로젝트를 수주하는 데 추천이나 소개를 받기 힘들게 된다. 프로젝트 실패 시(과거 프로젝트 실패 이유가 고객이 조직개발 의 노력에 대해서 전혀 준비를 하지 않아서일 수도 있는데) 부정적인 영향을 줄 수 있다는

점 이외에도, 입소문은 우연히 무작위적으로 발생하며 조직개발 전문가의 통제권을 벗어난다는 단점이 있다. 이런 이유로 많은 전문가들은 계약서에 다음과 같은 서비스 효과성에 관한 품질 보증 조항을 명시한다. 만약 고객이 그 프로젝트 프로세스에 대해 만족하지 못하면, 부정적인 입소문을 막기 위하여 컨설팅 비용을 재협상해서 하향조정하거나 아예 포기할 수도 있다는 조항이다. 또한 입소문을 통한 마케팅 방법을 쓰면 이전과는 다른 분야에서 새로운 역량을 개발할 수 있는 기회가 적어진다.

네트워킹 대부분의 문화에서 비즈니스는 아직까지 부분적으로는 인맥을 통해서 이루어진다. 어떤 문화권에서는 같은 지역 출신이거나 같은 학교를 졸업했거나 혹은 같은 종교에 속한 사람들을 더 선호하기도 한다. 또 어떤 문화권에서는 개인적으로 아는 사람에게 특혜를 주기도 한다. 이는 주로 과거에 형성된 인맥에 기인하지만 자신의 인맥을 넓힐 수 있는 현재와 미래의 기회를 적극적으로 포착하기 위해 나설 수 있다. 네트워크는 전문 조직인 조직개발 네트워크(OD Network)와 조직개발 인스티튜트(Organization Development Institute)와 미국경영학회(Academy of Management)의 조직개발 및 변화 부문과 같은 전국적, 지역적 수준의 조직이나 지역사회 조직(위원회, 종교그룹, 자원봉사단체) 혹은 지역사회 전문조직(키와니스와 같은 민간봉사단체, 로터리 클럽, 상공회의소) 같은 그룹에 참여함으로써 개발된다. 이런 조직에 참여함으로써 그 공동체나 전문조직에 기여할 뿐만 아니라 개인적으로는 비즈니스 기회로 연결될 수 있는 관계까지 형성할 수 있다. 더구나 전문조직에 참여하게 되면 조직개발 작업에 도움이 되는 새로운 스킬을 개발할 수 있는 기회가 생긴다.

그러나 네트워킹의 부정적인 측면은 어떤 사람들에게는 이것이 위선적으로 사람을 이용하는 활동으로 비춰진다는 것이다. 이런 이유로 네트워킹 방식을 활용할 때는 네트워킹을 하고자 하는 그룹 안에서 성실하고 진실되게 최선을 다해서 활동하는 것이 특히 중요하다. 한편, 네트워킹 역시 비즈니스로 반드시 연결되는 것은 아니다.

과거 고용주 조직에 속해 일하던 조직개발 전문가가 조직을 떠나서 컨설팅 사업을 시작할 때 종종 과거 회사 고용주가 그의 첫 번째 고객이 되기도 한다. 이와 같은 상황에서는 양쪽에게 이로운 점이 분명히 있다. 조직개발 전문가가 이전 회사에서 하던 일을 다 끝내지 못하고 나오게 될 때, 대체인력이 보충될 때까지 한시적으로 그 프로젝트를 맡을 수도 있다. 과거 고용주는 그 사람의 능력을 잘 알고 있으며 그가 외부 조직개발 전문가가 될 정도로 경쟁력을 가지고 있었다면 분명 수행 능력이 뛰어났을 것이다. 또한 과거 고용주를 통한 프로젝트 수주는 다른 마케팅 방법이 효과를 거두기 전에 수익을 낼 수 있는 가교 역할을 하는 방법이다.

　그러나 대부분의 조직개발 전문가들이 근무한 회사가 몇 곳 되지 않으므로 이 방법에는 한계가 있고 장기간에 걸친 효과를 기대할 수 없다. 또 다른 불리한 점은 한 고객에 너무 의존적이 되어서 다른 다양한 분야의 고객들을 충분히 창출할 수 있는 기회가 줄어든다는 점과 과거 고용주였던 고객이 자신의 직원이었던 조직개발 전문가에게 지나치게 의존하여 외부 전문가로 대하기보다는 계속해서 자신의 직원으로 대할 수 있다는 점이다.

웹 사이트 지금과 같이 과학기술이 발달한 시대에는 웹 사이트 없이 외부 조직개발 전문가가 되기란 거의 불가능하다. 하지만 관건은 잠재 고객이 당신의 웹 사이트를 방문하도록 유도해야 하는 것이다. 웹 사이트는 수동적인 면이 있기 때문에 잠재 고객을 회사 웹 사이트로 이끌 수 있는 적극적인 노력을 해야 한다. 네트워킹으로 알게 된 주위 사람들을 (리스트서브를 활용하여) 홈페이지로 초청하는 것도 방문 횟수를 늘리는 하나의 방법이다. 또한 책을 집필하는 것과 같은 다양한 아이디어로 방문자의 수를 늘릴 수 있다.

　관심을 가지고 방문하는 잠재 고객에게 필요한 정보를 제공할 수 있는 유익하고 효과적이며 전문적인 웹 사이트로 만들어야 하는 것은 두말할 필요도 없다. 홈페이지 내용이 부실해서 방문자가 원하는 정보를 얻지 못한다면 전문적이지 않은 웹 사이트처럼 당신의 실력도 전문가답지 않다고 단정지을 수 있다. 충분히 제구실을 하는 웹 사이트에 투자할 가치가 있다. 그러므로 양질의 웹 사이트를 만드는 데 비용을 아끼지 않아야 한다. 또한 정보 업데이트도 게을리해서는 안 되는데 이러한 지속적인 유지 보수에는 많은 시간과 돈이 필요하다.

웹 사이트에 들어가야 할 유용한 정보로는 다음과 같은 것들이 있다.

- 조직의 미션, 비전, 가치
- 조직의 핵심 인력 – 이름, 프로필, 사진
- 업무 유형
- 과거 고객 명단 (반드시 고객사의 허락을 받은 후)
- 과거 프로젝트에 대한 간략한 설명
- 조직구성원이 출판한 서적 및 출판물 – 하이퍼링크를 걸거나 혹은 PDF 형태(Adobe Acrobat을 사용하여 사용자가 수정하지 못하게 함)로 전체 내용을 게시할 수도 있다.
- 방문자 의견 게시판 – 보다 역동적인 인상을 심어 주고 방문자들이 다시 찾도록 동기 부여
- 마케팅하고자 하는 조직개발 프로그램이나 서비스
- 연락처 – 이메일, 전화 번호, 팩스 번호, 주소
- 과거 고객들의 추천의 말

인쇄물 광고, 정보의 보관 및 전달, 커뮤니케이션, 비용처리까지 점점 더 많은 일을 컴퓨터로 처리하기 때문에 인쇄물의 중요성이 점차 줄어들고 있다. 그래도 회사 편지지나 봉투 같은 서류와 명함에는 자신들의 조직에 대한 전문적인 정보가 드러나야 하고 필요한 연락 정보가 모두 포함되어야 한다. 그리고 이런 인쇄물이야말로 조직개발 전문가의 존재를 알려 주며 그의 웹 사이트를 활발하게 방문하도록 유도하는 수단이 될 수 있다. 그러나 고가의 비용이 드는 브로슈어(제품소개서)는 대부분의 시장에서 더 이상 비용대비 효과를 거두지 못하고 있다. 잠재 고객을 파악해서 그들에게 제대로 정보를 전달하려면 비용도 많이 들고 만만치 않다. 그리고 일단 브로슈어를 제작하고 나면 내용을 개정하는 일에도 많은 시간과 비용이 든다. 요즘 시대에는 보다 더 간편하고

비용도 덜 드는 방법이 비용대비 효과를 극대화할 것이다.

제안서 때로 어떤 고객사들은, 특히 정부 조직들은 특정 프로젝트를 발주하기 전에 제안요청서(Request for Proposals, RFP)를 공지한다. 이와 같은 상황에서는 그 조직이 원하는 일의 종류와 프로세스까지도 미리 결정되어 있다. 제안요청서의 목적은 가장 낮은 비용으로, 또는 정해진 예산한도 내에서 그 조직이 원하는 프로젝트를 수행할 가장 우수한 전문가를 찾는 것이다. 제안요청서는 리스트서브, 웹 사이트, 신문 공지, 정부 발행지를 통해서 배포되고 게시된다. 고객사는 제안요청서를 가능한 넓게 배포해서 많은 제안서를 받고 그 중에서 고르기를 원한다.

조직개발 전문가들은 제안요청서에 열거된 요구사항에 맞춰 꼼꼼하게 제안서를 작성해야 한다. 제안요청서의 요구사항을 준수하지 못하면 대부분 곧바로 제안서가 실격 처리된다. 제안요청서에 대한 제안서를 제출하는 것은 조직개발 전문가에게 일할 수 있는 기회가 있고 계약이 성사될 가능성이 있다는 장점이 있다. 그런데 이를 거꾸로 생각해 보면 그 제안요청서에 얼마나 많은 업체가 뛰어들고 있는지 알 수가 없고, 본인이 작성한 제안서가 채택되지 않는다면 제안서 작성에 투자한 시간이 낭비될 수 있다는 단점이 존재한다. 제안요청서를 받는 고객사가 제안서에 제시되었으나 채택되지 않은 좋은 아이디어를 무단으로 도용하는 비윤리적인 사례도 알려져 있다. 또한 프로젝트 예산이 양질의 성과를 도출하기에 충분치 않을 수 있다.

협업자의 추천이나 협력 독립적으로 활동하는 조직개발 전문가들은 혼자서 작업하기에 규모가 큰 프로젝트는 잘 아는 협업자나 전문가들과 함께 일하고자 요청하기도 한다. 그렇게 협업을 하고 난 후에는 서로의 수행 능력을 잘 파악해 두는 것이 좋다. 서로 협력했던 전문가에게 이미 많은 프로젝트가 주어진 상태에서 또 다른 프로젝트가 생기게 되면 자신과 협업을 했던 전문가를 고객사에게 추천하거나 협업을 하자고 요청할 것이다. 그러나 협업의 문제점은 협업자의 수행 능력이 자신의 평판과 연결될 수도 있다는 것이다. 협업자의 프로젝트 수행 능력이 뛰어나다면 그 사람과의 협업을 통해 배움의 기회를 만들고 협업자의 명성에 편승할 수 있지만 협업자의 산출물 품질이 자신의 것만큼 좋지 않다면 불이익이 될 것이다.

과거 고객 과거 고객을 잊지 말라. 새로운 프로젝트에 집중하다 보면 이전에 함께 작업했던 과거 고객을 잊는 경향이 있다. 그들도 역시 당신을 잊을 수 있다. 전체 고객 리스트를 작성하고 주기적으로 그들과 연락을 유지하라. 안부를 묻는 전화를 하거나 점심을 함께 하는 것만으로도 고객 관리를 할 수 있다. 이 방법으로 과거 고객으로부터 새로운 일거리를 얻어 낼 수 있을 뿐 아니라 다른 잠재적인 고객에게 추천 받을 수 있는 호의적인 관계를 유지할 수 있다. 하지만 이런 관계에 단점이 있다면 과거 고객과 조직개발 전문가 모두 서로에 대해 바람직하지 않은 의존성이 커질 수 있다는 것이다.

외부 출연(출판, 강연, 프레젠테이션) 비교적 잘 알려지지 않은 조직개발 전문가가 전국적인 유명인사가 된 사례는 많다. 대개 그들은(피터 셍게, 마거릿 휘슬리를 포함한 그 외 많은 필자들) 베스트셀러나 하버드 비즈니스 리뷰에 기고를 해서 인지도를 쌓았다. 책을 저술하거나 연구논문을 발표하거나 신문에 기사를 기고하거나 강연회를 가짐으로써 자신을 전문가로 부각시키면 나아가 새로운 사업 기회를 얻을 수도 있다. 출판물은 워크숍이나 강연회 참석자들에게 나눠주는 배포자료로도 유용하다. 단, 이 방법을 사용하려면 사람들의 관심을 끌 만한 아이디어로 지면을 채워 넣을 정도의 전문영역을 확보해야 하고, 글이 완성되기까지 상당히 오랜 시간이 필요하다. 또한 그 정도의 관심을 불러일으킬 수 있을 만큼의 책과 논문을 쓸 만한 실력을 갖춘 전문가도 드물다.

강연회는 지역적인 수준(예를 들어 로터리 클럽 등)에서 할 수도 있고 국가 또는 국제 수준의 컨퍼런스에서 할 수도 있다. 당신의 목표가 새로운 고객을 찾는 것이라면 잠재적 고객이 될 가능성이 있는 사람들을 대상으로 해야 한다. 예를 들어 학계 사람들이나 계약 결정자가 아닌 사람들에게 강연을 하면 짧은 시간 안에 새로운 프로젝트 수주로 이어질 가능성이 많지 않다.

대학에서 강의를 하는 것도 학생들이 직장인이라면(예컨대, 최고경영자 MBA 프로그램 등) 잠재 고객을 만날 수 있는 방법이 된다. 장기적으로 보면 아직 직장인이 아닌 학생들에게 강의하는 것도 그들이 후에 고용 의사결정을 내릴 수 있는 지위로 올라가기 때문에 효과적인 방법일 수 있다.

계약 대행사 특별히 일시적인 고용을 필요로 하는 조직에 조직개발 전문가를 알선해 주는 대행사도 존재한다. 전문가들은 시장 상황이 너무 어렵고 충분한 고객이 확보되지 않을 때 이 방법에 의존할 수 있다. 보통 3, 4개월 짧은 기간 동안 고용되어 일할 수 있다. 그 동안에 새로운 경쟁력을 키우고 그 단기 작업이 끝나면 새로운 고객과 일하기 위해서 꾸준하게 마케팅 활동을 한다.

무료봉사 대부분의 양심적인 조직개발 전문가들은 때로 자신과 가치를 공유하는 조직을 위해 무보수나 저렴한 보수로 봉사한다. 필자도 수년간 필자의 가치관에 따라 교회, 이민 관련 기관, 국제 기구, 풀뿌리 자선 단체 외 많은 단체에게 무료봉사를 해 왔다. 물론 무료봉사는 지역사회에 무료로 서비스를 제공하는 순수한 뜻으로 시작되지만 자연스럽게 마케팅 도구 역할을 할 수도 있다. 많은 사람들이 이런 단체들의 구성원인 동시에 조직개발 컨설팅을 필요로 하는 조직구성원이기도 하다. 그들은 조직개발 전문가가 일하는 것을 관찰하면서 조직개발 전문가의 전문적 지식과 기술을 확인할 뿐만 아니라 그것을 자신의 조직에 적용할 수 있는 기회 또한 고려해 보게 된다.

표 2.1에 요약한 것처럼, 어떤 마케팅 방법을 사용할 것인가라는 질문에는 정답이 하나만 있는 것은 아니다. 앞에서 언급했듯이 조직개발 작업을 할 때 생기는 여러 가지 질문에 흔히 돌아오는 답은 "상황에 따라 다르다."이다. 조직개발 작업에서 행해지는 많은 작업들은 모호성을 지닌다. 이 말은 즉 명백한 정답이나 오답이 없다는 것이다. 표 2.1이 그러한 원리를 잘 설명해 주고 있다.

내부 전문가로서 잠재 프로젝트와 고객 포착하기

외부 조직개발 전문가가 잠재적인 프로젝트나 고객을 파악하기 위해 분주히 뛰어다니는 것처럼, 회사 내부에 있는 조직개발 전문가도 잠재된 일과 고객을 파악해야 한다. 잠재 고객이 될 조직을 찾아야 하는 외부 전문가와는 달리 내부 전문가는 자신이 속한 조직 내에서 조직개발이 꼭 필요한 영역을 찾아내는 것이 중요하다. 이 상황에서는 다음의 접근법을 모두 활용할 수 있다.

사업을 잘 파악하라. 그리고 그 조직 안에서 사용하는 언어로 이야기하라. 내부 조직개발 전문가는 자신이 몸담고 있는 조직의 사업현황과 구성원들을 잘 파악하고 있어야 한다. 그리고 프로세스 개선은 어디에서 가능하고 잠재적인 성장 가능성은 어디에 존재하는지, 기업문화, 조직의 과거연혁과 잠재성, 그 외에도 조직개발 전문가가 언제 어떻게 조직의 성공에 기여할 수 있는지 파악하기 위한 여러 가지 정보를 알고 있어야 한다. 이것을 효과적으로 수행하기 위해서 조직개발 전문가는 그 조직의 언어로 이야기할 수 있어야 하며 조직의 프로세스와 기능을 이해하고 조직의 미션과 비전을 숙지해 조직의 전략적 방향에 잘 맞추어 작업을 진행시켜 나가야 한다. 이 모든 노력을 통해 조직개발 전문가가 조직의 가치 제고에 기여한다는 것을 알릴 수 있다.

조직개발 전문가가 하고 있는 일을 공유하라. 조직 내의 많은 사람들(아마 대부분의 사람들)은 조직개발 전문가가 어떤 일을 하는지, 조직개발 전문가의 전문적 지식과 스킬의 도움으로 어떻게 자신들의 업무를 향상시킬 수 있을지 잘 알지 못한다. 그러나 사람들이 조직개발 전문가가 하는 일을 관찰하고 조직 내에 있는 사람들을 어떻게 돕는지를 보게 되면 그들은 조직개발 전문가의 전문성을 인정하고 조직개발 전문가와 어떻게 작업을 하는지 감을 잡을 것이다. 이렇게 조직개발 전문가의 일을 알리게 되면 조직 내 사람들이 함께 일해 보자고 종종 먼저 연락해 오기도 한다.

성공 사례를 알리고 나누라. 이 제안은 바로 앞의 제안과 같은 맥락이다. 성공은 성공을 낳는다. 조직 내의 여러 직원 미팅, 정례 미팅, 뉴스레터, 웹 사이트, 다른 정보채널을 잘 활용하여 당신의 성공 사례에 대한 정보를 나누고 알리는 기회로 삼아라.

존재감을 높여라.(특히 의사 결정 상황에서) 조직의 중요한 전략적 결정에 내부 조직개발 전문가가 참여하지 못하거나 자문을 요청받지 못하면 소외감을 느끼게 된다. 그러므로 조직개발 전문가가 조직의 사업 현황을 잘 파악하고 있고, 조직에 구체적이고 가치를 더하는 기여를 한다면 조직개발 전문가의 존재가 부각될 것이고 사람들이 확신을 가지고 자신의 업무에 그의 참여를 요청할 것이다. 이를 위한 구체적인 방법은 문화에 따라 다를 수 있다.

조직 내의 명망 있는 멘토나 후원자를 확보하라. 조직에서 존경받는, 특히 최고 경영진이나 임원진에 있는 후원자를 확보하면 조직개발 전문가는 조직 내에 기여할 수 있는 기회가 더욱 많이 생길 수 있다. 후원자는 (멘토나 코치로서) 유용한 조언을 해 줄 수도 있고, 전문가의 노하우를 활용할 만한 조직의 특정 부서에 그의 전문적 지식과 스킬에 대해 알려 주고 추천을 해 줄 수도 있다.

입소문이 퍼지게 하라. 외부 조직개발 전문가의 경우에서처럼 내부 조직개발 전문가도 입소문을 통해 이익을 얻을 수도 있고 피해를 당할 수도 있다. 관리자들과 임원들은 자신의 조직에서 어떤 일이 진행되고 있는지 이야기를 주고받는다. 조직개발 전문가가 조직의 한 부분에서 두드러지게 성공적으로 일을 수행해 왔다면 사람들은 그의 성공에 대해서 자신의 동료에게 이야기할 것이며 결국 그런 입소문을 통해 그가 조직에 기여할 수 있는 기회는 늘어날 것이다. 반대로 일이 실패한 경우에도 입소문은 난다는 사실을 잊지 말자.

주변을 살펴보라. 조직의 사업과 프로세스에 대한 지식을 넓히기 위해서 조직 주변을 살펴보라. 일이 어떻게 진행되어 가는지에 대해 여러 사람들과 이야기해 보고 그 프로세스를 관찰하라. 이런 과정을 통해 조직개발 전문가는 잠재적인 일이 어디에 있는지 파악할 수 있고 자신과 함께 일을 하고자 하는 의사결정권자들과 만나게 될 수도 있을 것이다.

잠재 고객과의 첫 미팅

외부 전문가이건 내부 전문가이건 일단 잠재적인 프로젝트나 고객을 찾게 되면, 다음 단계는 잠재 고객과 만나보는 것이다. 잠재 고객과의 첫 미팅에서는 실제로 그 조직이나 하부조직에 해결해야 할 과제가 있는지, 자신이 해당 프로젝트를 맡아서 하기에 적절한 사람인지, 그 프로젝트를 성공적으로 끝내기 위해서 어떠한 자원이 필요한지를 논의하게 될 것이다. 고객과의 첫 만남 이전에 조직개발 전문가가 해야 할 숙제가 있다. 첫 만남이 전에 될 수 있는 한 많은 정보를 살펴보아야 한다. 조직개발 전문가가 외부 전문가라면 조직의 홈페이지에 들어가서 사전지식을 얻을 수 있다. 조직이 공기업이라면, 보통 온라인뿐만 아니라 공립(시립) 도서관이나 대학 도서관에서 그 조직의 연례 보고서 같은 자료를 쉽게 구할 수도 있다. 조직개발 전문가가 내부 전문가라면, 내부 문서를 통해 자신이 목표로 하는 조직의 특정 부분에 대한 배경지식과 통찰력을 얻을 수 있을 것이다.

고객조직을 직접 방문하거나 점심이나 조찬을 함께 하거나 또는 연속적인 회의를 할 때, 다음에 제시되는 단계적 활동을 이행해도 된다. 고객을 만날 때에는 고객의 사업장에서 만나는 것이 도움이 된다. 왜냐하면 조직 사업장에서 보통 고객조직의 문화(예를 들어 고객과의 상호작용, 소음과 활동 범위 수준, 보수적 또는 현대적언 인테리어, 구성원들간의 관계 등)에 대한 부가적인 정보를 얻을 수 있기 때문이다. 함께 일하기로 결정이 되고 계약서에 서명하거나, 함께 일하지 않겠다는 결정이 내려져야 계약체결 단계가 마무리된다.

함께 일할 만한 고객인지를 결정하라

조직개발 전문가는 내부 전문가이든 외부 전문가이든 잠재 고객을 아직 만나지 않은 상태라면, 첫 만남은 서로가 같이 일할 수 있는지 가능성을 타진해 볼 수 있는 중요한 기회이다. 함께 일하기에 이상적인지 아닌지에 대한 결정은 대개 첫 대면 후 몇 분 이내에 결정된다. 초반의 대화는 보통 계약과 그다지 상관없는 가벼운 이야기가 오고 간다. 그런데도 이런 대화를 통해 함께 일할 수 있는 가능성을 타진하는 데 도움을 얻을 수 있는데, 이때 다음과 같은 사항들이 드러나게 될 것이다.

- 상대방의 전반적인 태도는 어떠한가? 심각한 편인가, 느긋한가? 오픈적인가, 폐쇄적인가? 긍정적인가, 부정적인가? 그리고 같이 일할 때 이런 사항들이 어떤 의미를 가질 것인가 하는 것들을 알 수 있다.
- 고객 스스로도 자기 조직에 조직개발 전문가가 가져올 영향력에 대해 자문할 것이다.
- 고객은 또한 그들이 달성해야 할 것을 조직개발 전문가가 제대로 이뤄 낼 수 있는지 파악하려 할 것이다.
- 고객에 대하여 조직개발 전문가 스스로 다음과 같이 자문할 수도 있다. 이 사람(고객조직의 담당자)은 내가 이 조직에서 해야 할 일을 하는 데 있어서 나를 지원해 줄 수 있는 충분한 권한을 가지고 있는가?
- 또한 조직에 변화를 가져오는 것에 대해 고객이 얼마나 몰입되어 있는가를 파악할 수 있다.
- 서로의 옷차림을 아무 거리낌없이 받아들이는가? (이것은 어쩌면 사소한 것처럼 보일 수도 있다. 하지만 필자는 캐주얼 가죽 신발을 신고 1차 미팅을 했다가 계약을 놓친 외부 조직개발 전문가를 알고 있다. 포춘 선정 50대 기업에 속하는 그 회사의 사장은 캐주얼 가죽 신발을 신는 사람은 그 회사가 바라는 수준의 전문가가 아닐 것이라고 믿었다.)

적어도 초기 단계에서는 이런 질문들을 공개적으로 고객에게 직접 물어보지는 않는다. 그리고 그 질문에 대한 답 또한 분명 불완전하고 제한된 정보를 바탕으로 주어질 것이다. 그럼에도 불구하고 이것은 계속 일어나는 과정이기에 원하는 충분한 정보를 확보하기 전까지는 가급적 판단을 자제해야 하고, 더 중요한 것은 자신이 어떤 판단을 하고 있는지를 정확히 인식하도록 노력해야 한다. 하지만 첫인상은 엄연히 중요한 요소이고 종종 결정에 영향을 미치기 때문에 고객이 조직개발 전문가에 대한 첫인상으로 인해 성급한 판단을 내리는 것까지 조직개발 전문가가 막을 수는 없다.

고객이 제시하는 문제점을 이해하라

고객이 조직개발 전문가를 기꺼이 만나려고 하는 데는 이유가 있다. 가장 낙관적인 상황에서는 고객은 단지 자신의 조직이 얼마나 잘 하고 있는지 파악하고 조직의 강점을 계속해서 강화하길 원할지도 모른다. 진정으로 진보적인 조직은 지속적인 개선에 대한 필요성을 알기 때문이다. 하지만 유감스럽게도 대부분의 조직은 고쳐야 할 문제가 있다고 생각할 때 조직개발 전문가들에게 도움을 요청한다. 대부분 고객은 자신의 조직에 내재하는 문제가 무엇인지 알고 있을 뿐만 아니라 문제를 해결하기 위해 무엇을 해야 하는지 자신이 잘 알고 있다고 믿고 전문가에게 의뢰한다. 이것을 **고객이 제시하는 문제**(Presenting problem)라고 한다.

예를 들면 나는 조직 내 갈등관리를 위한 워크숍을 진행해 달라는 부탁을 받은 적이 있다. 고객은 부서관리자들의 잦은 의견 충돌로 협력이 잘 되지 못한다고 느꼈고 이를 해결하기 위한 방법으로 워크숍을 하기로 결정했다. 이 경우에 갈등을 문제로 제시한 것도 고객이었고 또 자신이 제시한 문제인 갈등에 대한 해결방법이 워크숍을 하는 것이라고 먼저 결정을 내린 것도 고객이었다.

78

간이 진단을 실시하라

고객이 제시하는 문제가 무엇인지 이해하고 나면, 조직개발 전문가는 그것이 얼마나 정확한지 알아보기 위하여 자신의 직관과 경험을 신뢰하면서 고객에게 추가 질문을 해야 한다. 필자의 경험으로는 고객이 제시한 문제점이 실제의 문제점이 되는 경우는 드물었던 것 같다.

앞서 설명된 사내 갈등과 관련한 상황에서 나는 부서관리자들이 어떤 결정에 있어서 의견 마찰이 있는지 그리고 그것이 조직 내에서 얼마나 가시적이고 빈번한지에 대해 질문했다. 질문 과정에서, 의견 마찰이 있었던 주요 요인이 그 조직의 시스템에 있다는 사실이 바로 드러났다. 그들은 자원을 놓고 서로 경쟁할 수밖에 없는 상황에 놓인 탓에 서로 간에 경쟁구도가 만들어졌고 그것이 바로 갈등의 원인이었다. 요청한 워크숍만 마친 뒤 조직 내 아무런 변화가 생기지 않은 상태로 그 조직을 떠나 버리면 오히려 부서 간의 반목과 갈등만 더 가중시키게 될 뿐이었다.

조직의 변화 준비를 파악하라

다음 단계는 조직이 변화에 필요한 무언가를 하고자 하는 준비가 되어 있는지 파악해 보는 것이다. 윤리적인 입장에서 보면 성공할 가능성이 거의 없는 프로젝트에 조직의 자원을 낭비해서도 안 되고, 준비가 안 된 곳에서 인터벤션이 실패했을 때 조직개발 전문가의 평판이 무너지는 상황도 일어나서는 안 된다. 조직이 변화를 위해 어느 정도 준비가 됐는지 파악하기 위해 나름대로 유용한 질문 리스트를 만들어 보았다.

• 당신은 이전에 조직개발 전문가와 작업해 본 적이 있는가? 어느 정도 성공적이었는가?

결과물은 무엇이었는가?

- 조직구성원들은 고객이 제시하는 문제에 대해서 어떻게 생각하는가?

- 조직구성원들은 변화에 대해 얼마나 준비가 되어 있는가?

- 시장에서 조직이 차지하는 위치는 어떠한가?

- 조직의 사업 현황은 어떠한가?

- 이 프로젝트에 어떤 자원(재정적 혹은 인적)이 얼마나 배정되어 있는가?

- 조직의 미션과 비전이 얼마나 정확하게 조직의 실제 모습을 반영하고 있는가?

- 확인된 조직 내 문제가 얼마나 오랫동안 지속되어 왔는가?

- 현재 변화의 동기가 무엇인가? 변화가 필요할 만큼 달라진 상황이 있는가?

수년 전에 파이퍼와 존스(Pfeiffer & Jones, 1978)는 조직이 얼마만큼 변화할 준비가 되어있는가를 수학적으로 파악하기 위한 설문지를 만들었다. 이 설문지의 목적은 중요도에 따라 비중을 달리한 15개의 변수에 근거하여 객관적인 측정 결과를 제공하는 것이다. 객관적이라고 여겨지는 숫자도 사실 주관적으로 정해지는데 숫자로 측정하는 방법을 객관적으로 여기고 더 신뢰한다. 그러나 변화에 대한 준비 상태가 중요하기도 하지만 계량적인 측정은 자칫 정확하지 않은 판단을 가져올 수 있으며 정확한 측정을 위해서는 너무나 많은 시간을 소비할 수도 있다.

....

앞서 언급한 사례에 이어서, 나는 갈등의 원인이 개인에게 있는 것이 아니라 기존 시스템에 있다는 판단이 내려지면 시스템을 바꾸는 프로세스를 감당할 준비가 되어 있는지 물어보았다. 조직의 대표자는 시스템의 변화는 그들의 계획에 있지도 않으며 시스템을 공개할 계획도 없다고 답변했다. 이는 그 조직이 변화의 준비가 되어 있지 않음을 반증하는 것이다. 그래서 나는 결국 그 프로젝트를 맡지 않기로 결정했다.

....

신뢰를 구축하라

일단 조직개발 전문가가 프로젝트가 어떤 방향으로 진행되어야 하는지 파악했다면, 그리고 조직이 변화를 할 준비가 되어 있다고 확신한다면 다음 단계는 고객조직과 함께 프로젝트를 진행하기 위해 필요한 신뢰를 구축하는 것이다. 고객은 이미 조직개발 전문가의 웹 사이트를 보고 조직개발 전문가와 그가 하는 일에 대해서 많은 정보를 확보하고 있을 수도 있고 입소문으로 어떻게 일을 하는지, 전문분야가 무엇인지 알고 있을 수도 있다.

고객에게 컨설팅 서비스 웹 사이트나 마케팅용 브로슈어, 또는 이 모든 정보를 담고 있는 이력서 같은 문서를 가져가 보여 준다. 또한 조직개발 전문가는 고객의 동종 업계에서나 동종 프로젝트를 수행했을 때의 경험과 함께 그때 성과는 어땠는지를 고객에게 들려줄 필요가 있다. 자신이 쓴 책이나 연구논문 등의 출판물이 있다면 제공해도 좋다. 고객 역시 여러 가지 궁금한 것들이 있을 수 있으므로 조직개발 전문가는 고객들의 요청이 있을 때 제공할 수 있는 추천인 목록을 준비해 가야 한다. 단, 이런 경우는 과거 고객들의 허락을 미리 받아 놓아야 한다. 조직개발 전문가가 내부 조직개발 전문가라면 자신과 함께 작업했던 부서의 구성원들 이름을 알려 주는 정도로 하면 되고 외부 조직개발 전문가라면 과거 고객의 승인을 받은 후 유사한 프로젝트에 함께 작업한 고객들의 이름을 알려줄 수 있다. 대부분의 경우 고객들은 그 프로젝트에 얼마나 오랜 시간이 걸릴지 그리고 비용은 얼마나 소요되는지 궁금해 한다. 구체적인 견적서는 첫 미팅에서부터 자세하게 제공할 필요는 없고 그 다음 미팅에서 제공해도 된다.

미팅을 끝내기 전에 조직개발 전문가와 고객은 다음 단계가 무엇인지, 양쪽 다 어떤 추가적인 정보를 필요로 하는지, 다음 단계의 진행 일정을 언제 결정할지 논의하도록 한다. 일단 양쪽 모두 함께 일하기를 결정했다면 다음 단계는 계약서를 작성하는 것이다.

계약

일단 고객과 조직개발 전문가가 같이 일하기로 결정했다면 일하기로 한 내용에 대해 구두로 하건 문서로 하건 명확히 합의해야 한다. 외부 전문가는 대개 문서로 된 계약을 사용하는 게 좋다. (**합의각서, Letter of agreement** 또는 **양해각서, Memorandum of understanding**이라고도 함) 계약은 프로세스 단계별로 작성하는 것이 유용하다. 조직 진단 단계를 위한 계약서와 실행 단계를 위한 계약서를 별도로 작성할 수 있다. 문서계약서 샘플은 이 장의 부록을 참조하기 바란다. 합의서나 계약서에 포함할 만한 사항들은 다음을 참고하라.

누가 무엇을 할 것인가?

고객이나 조직개발 전문가 모두 프로젝트 기간 동안에 수행해야 할 각자의 역할이 있다. 비록 계약체결 단계에서 누가 무엇을 할 것인가를 정확하게 규정지을 필요는 없지만 합의서나 계약서는 가능한 한 확실하게 서로의 역할을 명시해 놓는 것이 바람직하다. 역할에 관한 추가적인 정보가 더해질 때마다 정식 문서 혹은 구두로 계약이 수정될 수 있지만 구두로 이루어진 수정에는 당연히 큰 위험 부담이 따른다.

목표로 하는 성과는 무엇인가?

계약서의 이 부분에서는 프로젝트가 끝날 때 어느 정도 수준의 어떤 산출물이 도출되어야 하는지, 또한 언제 프로젝트가 완료될지에 대해 양 당사자 간에 이해한 사항을 서로 확인한다. 이 항목을 계약에 넣음으로써 처음부터 평가 단계 요소를 포함시키도록 하는 것이다. 첫 번째로 도출되는 성과는 그 조직에 대한 진단분석일 것이다. (ODP

모델을 도입했다는 가정하에) 만약 분석 단계가 끝난 후 조직개발 전문가에게 추가로 의뢰할 사항이 있다면, 두 번째 계약서(흔히 **프로젝트 범위**, Scope of the project라고 불리우며, 산출물, 중점사항, 제한 범위를 담는다.)를 작성하도록 한다.

일정표의 필요성

계약서에서 이 부분은 언제 프로젝트가 완료될 것인가에 대한 답변이라고 보면 된다. 일정을 정할 때 매우 주의해야 하는데 **계약불이행에 따른 배상조항**(Penalty clause for nonperformance)이 있을 때는 더욱 그렇다. 조직개발 전문가의 작업은 고객조직 구성원들로부터 협조를 받아야 하기 때문에 시간 계획에 대한 조정이 전적으로 조직개발 전문가의 손에 달려 있는 것은 아니다. 조직개발 전문가가 언제 일할 것인지, 언제 연락이 될 수 있는지 등에 관한 추가 정보도 프로젝트를 정해진 일정에 따라 진행하는 데 필요하다.

기밀 유지가 필요한 프로젝트 부분과 기간

이것은 내부 조직개발 전문가에게는 다소 미묘한 사항이다. 고객에 대해 파악한 바를 조직 내 다른 사람과 나눌 수 있는가? 누구와 그것을 나눌 것인가? 외부 조직개발 전문가의 경우에는 기밀 유지 조항이 사업의 관행이므로 그다지 생소하지는 않을 것이다. 그렇다면 얼마나 오랫동안 기밀 유지를 해야 하는가? 보통 2년 정도면 충분하다고 본다. 급변하는 비즈니스 환경에서 프로젝트 수행으로 알게 된 정보들은 대개는 2년 이내에는 변하기 마련이므로 2년이 지나면 조직개발 전문가의 웹 페이지나 이력서에 고객의 이름을 포함시켜도 되는지 물어봐도 괜찮다.

어떤 인력이 필요한가?

고객은 조직개발 전문가가 얼마나 많은 컨설팅 인적 자원을 이 프로젝트에 투입할지 궁금해 한다. 또 조직개발 전문가와 같이 협업할 사람들의 자격 사항이나 프로젝트에 할당될 전문가의 시간 비율은 얼마나 될지, 고객조직이 얼마나 많은 인력을 제공해 주어야 하는지에 대해서도 알고 싶어 한다.

컨설팅 비용

계약서에는 고객이 지불해야 할 컨설팅 비용뿐만 아니라 어떤 지출 사항을 추후 정산할지, 결제와 추후 정산 방법은 어떻게 할 것인지, 또한 정산 일자는 언제로 할지 등 결제와 관련된 사항을 구체적으로 명시해야 한다.

  컨설팅 비용 청구 방식을 결정하는 것은 매우 어려운 일이다. 첫째, 시간 단위로 청구할 것인지 아니면 프로젝트 단위로 청구할 것인지를 결정해야 한다. 시간 단위로 청구하려면 조직개발 전문가가 이 방법을 악용해서 과다 청구하지 않을 것이라는 신뢰를 바탕으로 해야 한다. 프로젝트 기준으로 비용을 청구하려면 그 프로젝트가 필요로 하는 시간의 양을 거의 완벽하게 예측할 필요가 있다. 조직개발 작업의 속성으로 볼 때 완벽한 예측은 거의 불가능하지만 말이다. 만약 소요되는 시간을 실제보다 많이 예상해서 청구하면 고객은 필요 이상으로 많은 비용을 지불하게 될 것이다. 그리고 실제보다 적게 예상해서 청구하면 작업 시간을 제대로 보상받지 못하게 될 것이다. 더구나 거의 모든 경우에 프로젝트의 시작 단계에서는 예측하지 못했던 추가적인 작업이 수반되기 마련이다. 이로 인해 가끔은 원래 약정된 프로젝트 금액 내에서 추가로 작업을 해야 하는지, 아니면 추가로 진행되는 프로젝트에 대하여 추가 비용을 청구해야 하는지에 대한 갈등이 생길 수 있다. 정식 계약서에 반영되지 않은 사항으로 인한 양자 간에 오해를 방지하고자 **부수계약**(Supplementary contract), 흔히 **추가계약**(Change order)으로 지칭되는 약속을 따로 체결할 수도 있다. 다른 방법으로는 전문가를 고문으로 고용하는 것이다. 고객조직은 한 해 동안 정기적으로 보수를 지불하고 그에 합당한 일이 생길 때마다 전문가에게 서비스를 요청한다. 이 방법은 양자 모두에게 이로운 점이 있기도 하지만 전문가 입장에서 업무를 미리 계획하기가 어렵다는 것이 단점이다.

두 번째 사항은 얼마의 금액을 부과할 것인가라는 점이다. 이는 조직개발 전문가의 경험과 전문성의 정도에 근거하여 정해야 할 사안이다. 요금 부과에 대하여 동종업계에 종사하는 사람들과 이야기해 보거나 혹은 인터넷 검색을 해서 시장 상황을 고려해 자신을 어느 수준에 포지셔닝할지 결정하는 것은 중요하다. 영리조직과 비영리조직에게 각각 다른 수준의 용역비를 청구할 수 있다. 또한 장기적인 고객을 위해서는 할인을 적용할 수도 있다. 어떤 방법을 택하든지 청구금액 설정에 있어서는 일관성을 유지하는 것이 중요하다. 고객은 대개 각 타입의 서비스에 대해 어떤 회사가 어느 정도의 컨설팅 비용을 요구하는지 사전에 어느 정도 알고 조직개발 전문가에게 프로젝트를 의뢰하기 때문이다.

청구금액을 정하는 또 하나의 방법은 지출 비용뿐 아니라 조직개발 전문가의 소득과 복리후생까지 포함하여 개인 소득 예산서를 작성하는 것이다. 연간 필요 소득 수준을 결정하기 위하여 종종 사용되는 약식 방법은 3곱하기 방식(3X Approach)이라는 것이다. 이것은 조직개발 전문가의 연봉에 3을 곱하는 방식이다. 비록 이것은 개인 프리랜서 전문가에게는 좋은 방법이지만, 시장에서 조직개발 전문가의 경쟁력을 유지한다는 취지에 반드시 적합한 방법은 아니다.

내부 전문가가 컨설팅 비용을 결정하는 것은 더 난해한 사안이다. 어떤 조직에서는 내부 전문가가 조직 내 다른 부서에 따로 컨설팅 비용을 청구하지 않기도 한다. 또 다른 조직에서는 조직개발은 영리 부서로서 최소의 경비만 받고 조직개발 서비스를 조직에 제공한다. 하지만 이때도 역시 그 최소한의 경비에 무엇을 포함시킬 것인가에 대한 문제가 있다. 조직개발 서비스를 조직 내에 제공하기 위한 내부 예산 할당을 정하는 데 조직의 재무 담당 부서가 도와주기도 한다.

산출물

계약서에 포함되어야 하는 또 다른 항목은 전문가가 고객에게 어떤 것을 결과물로 제출할 것인가이다. '언제 누구에게 보고서를 제출해야 하는가? 보고서 형태는 구두로 할 것인가 아니면 문서로 할 것인가? 공식적인 공개발표를 할 것인가? 분석 결과는 총괄식으로(개인별 응답이 드러나지 않도록 합치는 방식) 작성되는가? **익명성**(anonymity)과 **기밀성**(confidentiality) 수준을 어느 정도로 할 것인가?' 등 고려할 사항이 한두 가지가 아니다. 계약서에 이런 세부 내용까지 작성하기란 불가능하고 불필요할지도 모르지만 이런 질문에 대한 답변은 어느 정도 계약서에 명시하는 것이 좋다.

의무 불이행에 대한 대비책은 양 당사자가 가지고 있는가?

외부 조직개발 전문가의 경우, 계약의 어떤 사항에 대해서 양측의 의견이 엇갈릴 경우 법으로 처리하기보다는 다른 중재 방법을 사용하자는 양측의 합의 조항을 계약서에 포함시키는 것이 좋을 것이다. 그런데 이러한 조항을 계약서에 포함하는 경우가 점차 사라지는 경향이다. 왜냐하면 비록 계약서에 그런 내용이 명시되어 있지 않더라도 양쪽 다 합의가 이루어진다면 대부분 중재로 해결하는 방법을 선택하기 때문이다.

이와 관련해 내부 전문가는 외부 전문가보다 훨씬 많은 애로 사항이 있을 것이다. 계약서에 명시된 의무를 이행하지 않아도 탈이 나고, 프로젝트를 아예 떠맡는 것을 거부해도 상당히 난처한 입장에 놓이기 때문이다.

요약

조직개발 전문가에게 마케팅과 계약체결 단계는 매우 중요하다. 그것은 조직개발 프로세스 모델을 시작하는 단계이기 때문이다. 내부적으로 또는 외부적으로 프로젝트 일감을 찾는 단계가 계약체결 단계이다. 여러 가지 접근 방법으로 조직개발 전문가의 전문성을 마케팅할 수 있다. 가장 좋은 단 하나의 방법이 존재하는 것은 아니지만 조직개발 분야에서 알려진 입소문은 분명히 가장 중요한 방법이다. 또한 테크놀로지에 점점 더 의존해 가는 추세이므로 조직개발 전문가라면 자신만의 웹페이지를 갖는 것이 좋다.

조직개발 전문가와 고객조직의 대표자 사이의 첫 미팅에서는 작업을 함께 진행하기 위하여 서로 잘 맞는지를 상호 탐색할 것이다. 또한 고객은 왜 조직개발 전문가와 작업하고자 하는지 이유를 제시할 것이다. 고객이 특정 문제점을 언급할 때, 이것을 고객이 제시하는 문제라고 한다. 이때 조직개발 전문가가 가지는 애로 사항은 이것이 실제적이고 근본적인 원인의 증상 중 하나일 뿐일 가능성이 있다는 것이다. 따라서 조직개발 전문가는 고객이 제시하는 문제가 실제 문제인지 아닌지 여부를 확인하기 위해서 간이 진단을 해야 한다. 그러고 나면 조직개발 전문가는 현재 요청받은 조직개발 프로젝트를 본인이 수행할 능력을 갖추었는지 신속히 판단할 수 있다. 이 장의 마지막 부분에 조직개발 프로젝트 계약서의 구성 요소를 제시했는데, 견본 계약서도 부록으로 포함했다.

토론 및 성찰을 위한 과제

1. 당신은 여러 마케팅 방법 중 어떤 것에 익숙한가? 그 이유는 ?

2. 마케팅의 어떤 방법이 가장 불편한가? 그 이유는?

3. 질문 2에서 나타난 마케팅 방법과 관련하여 당신이 불편하게 느끼는 부분을 극복하기 위해 어떤 방법을 강구하겠는가?

4. 자신을 알리는 마케팅이 내부 전문가에게 특히 중요한 이유는 무엇인가?

5. 계약으로 들어가기 전에 변화에 대한 고객의 준비도를 파악하는 것이 왜 중요하다고 생각하는가?

6. 고객이 잠재 조직개발 전문가와 계약을 체결하는 것을 주저하게 만들 수 있는 요인이 무엇이라고 생각하는가?

7. 반대로, 조직개발 전문가가 잠재 고객과 계약을 체결하는 것을 주저하게 만드는 요인이 무엇이라고 생각하는가?

8. 구두나 문서상으로 계약할 때 각각의 장점과 단점은 무엇인가?

9. 이 장에 포함된 항목 이외에 계약서에 포함될 다른 내용은 무엇이 있는가?

10. 내부 조직개발 전문가가 조직 내 고객과 계약을 맺는 것은 중요한가? 그 이유는 무엇인가?

부록 2.1

계약서 견본

XYZ사와 McLean Global Consulting사의 컨설팅 계약서

이 계약에 의거해 XYZ사와 McLean Global Consulting(MGC)사는 다음과 같은 사항을 존중하고 준수한다.

1. 이 계약에 의해 본 컨설팅 기간 동안에 제공되는 브로슈어나 보고서, 서신 등 모든 자료와 정보는 MGC사만이 계약서에 준거하여 사용할 수 있으며 XYZ사의 목적에 부합하는 용도로만 쓰일 수 있다. 모든 자료는 XYZ사의 자산으로 간주하고 요청에 의해서나 계약이 종료될 때 XYZ사에 돌려주도록 한다.

2. MGC사는 프로젝트의 종료시점에 XYZ사에 속하는 어떠한 자료나 자산도 취할 수 없다는 것에 합의한다. 이 조항은 모든 종류의 서신, 메모, 매뉴얼, 기타 다른 문서나 기록들의 원본이나 복사본뿐만 아니라 기타 다른 자료나 자산에도 적용된다. MGC사는 문서상으로 합의되고 명기된 경우를 제외하고 프로젝트 기간 동안 소유했던 모든 자료를 XYZ사에 반환할 것에 동의한다. 이 계약의 규정에 의거하여 산출된 모든 결과물은 XYZ사의 자산이고 MGC사의 경제적 이윤을 위해 더 이상 사용되어서는 안 된다. 고객사에게 돌려주면 기밀 노출 가능성이 있는 기록들은 MGC사에 의해 파기되어야 한다. 모든 산출 자료의 복사본은 파일 형태로 MGC사에 제공하거나 컴퓨터 파일에 저장하도록 한다.

3. XYZ사의 고객이나 운영절차 등을 포함하여 계약기간 동안에 확보된 모든 정보는 기밀문서로 간주된다. 이런 정보는 계약 전후 시간에 관계없이, 어떤 사람, 에이전시, 또는 어떤 회사와도 직접적으로나 간접적으로 공유되어서는 안 된다. 이 조건은 컨설팅 계

약종료 후 3년이 지나면 만료된다.

4. MGC사는 계약과정 동안에 XYZ사와의 계약상 의무 이행에 방해가 될 수 있는 다른 어떤 컨설팅 계약 관계도 맺지 않을 것이다.

5. MGC사의 시간당 컨설팅 비용은 300달러로 하고 이동시간도 포함하여 계산한다. 청구서는 매달 말일에 송부한다. 지불은 청구서를 받은 2주 이내에 이루어지도록 한다. 선지출 후정산되는 것으로는 여행 마일리지 (마일당 0.415 달러), 컨설팅 업무시간 동안의 식사, 필요 시 교통비와 숙박, 계약의 이행을 위해서 필요한 비품(복사지 등) 비용이 포함된다. 실제로 할애된 시간만 계산된다.

6. 본 계약은 상호 이행하기로 했던 사전 통지가 없거나 양당사자 중 일방이 문서로 해지하기 전까지는 계약의 의무를 계속 유지하는 것으로 간주한다.

7. XYZ사는 제안된 활동에 필요한 모든 편의시설을 MGC사에 제공한다.

8. MGC사는 품질관리 혁신을 지원하기 위해서 퍼실리테이션을 제공한다. 이 퍼실리테이션 활동은 품질관리 프로세스의 실행에 있어서 선임 관리자에게 코칭 제공, 프로세스 개선을 위한 경영진과 직원들의 회의에 대한 피드백 제공, 통계적 프로세스 관리를 위한 프로세스 선별에 대한 자문 제공 등을 모두 포함한다. 추가적인 조직개발 활동도 이 계약서 범주 내에서 상호 합의 하에 조정될 것이다.

9. MGC사는 계약 기간 중이나 계약종료 후에도 XYZ사의 고객, 직원 혹은 후임자 누구에게도 XYZ사를 떠나도록 권유할 수 없다. MGC사는 XYZ사의 사업, 고객, 또는 협업자를 상대로 부탁을 하거나 거래를 요구하거나 갈취를 하거나 훼방을 놓지 않을 것이다.

10. 이 계약 사항에 위배되는 사항이 발생할 시에는 계약을 지키다 손해를 입은 편에서
    발생된 모든 보수, 비용, 지출을 상대편이 지급하기로 한다. 그리고 법으로 처리하기
    보다는 다른 방법을 통해서 만족할 만한 타협점에 도달하도록 양방이 합리적인 노력
    을 기울인다.

본 계약은 2006년 1월 8일에 체결되었다.

_____   _____

Gary N. McLean, President   Ann Johnson
McLean Global Consulting, Inc.   Chief Executive Officer
                                         XYZ Organization

제3장

준비와 시스템 이론

인프라스트럭처 확보

프로젝트 관리 시스템 정립

프로젝트 팀 구성

진단 프로세스 확정

진단에 참여시킬 대상 파악

진단 및 피드백 프로세스 일정표 작성

피드백 프로세스와 피드백 대상 확정

시스템 이론

요약

토론 및 성찰을 위한 과제

개요

조직이나 하부 조직의 내부로 진입할 때 조직개발 전문가가 실행해야 할 첫 번째 단계가 무엇일까? 바로 프로젝트 관리 시스템(Project management system)을 정립하는 것이다. 조직과 파트너십을 구성하는 것도 프로젝트의 최종 성공을 위하여 중요하다. 이것을 어떻게, 누구와 할 것인지 이 장에서 알아보겠다. 그리고 다음 단계로 넘어갈 시점을 정하는 것도 다룰 예정이다. 조직개발 프로세스 전체가 시스템적 사고를 전제로 이루어져야 한다. 시스템 이론에 대한 간략한 설명도 이 장에 포함되어 있다.

조직개발 전문가가 성공적으로 고객과 연결되었고 이제 계약서도 손에 쥐었다. 그렇다면 다음 단계는 무엇인가? 준비 단계는 프로젝트 관리를 포함한 **인프라스트럭처(infrastructure)**를 확보하는 것이 중요하다. 인프라스트럭처는 조직이나 하부조직에서 조직개발 작업을 지탱해 주는 버팀목이다. 어떤 경우에는 이 준비 단계가 전 단계인 계약체결 단계에서 계약서의 구성요소로써 다루어지는데 이는 조직개발 프로세스

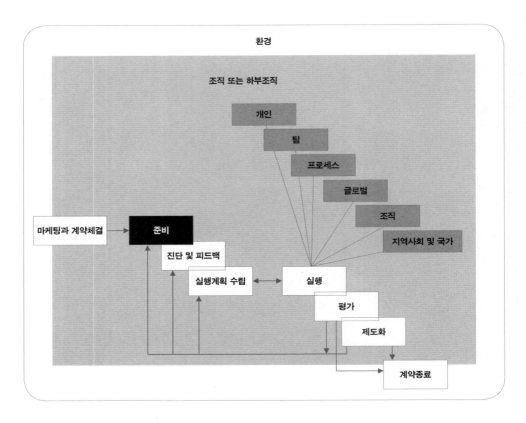

환경

조직 또는 하부조직

개인

팀

프로세스

글로벌

조직

지역사회 및 국가

마케팅과 계약체결

준비

진단 및 피드백

실행계획 수립

실행

평가

제도화

계약종료

그림 3.1 조직개발 프로세스 모델 2단계, 준비

모델의 각 단계 간에 뚜렷한 구별이 없다는 점을 시사한다.

준비 단계는 다음 단계(진단 및 피드백)의 준비를 위해서도 매우 중요하다. 이번 단계가 어떻게 마케팅과 계약체결 단계를 진단 및 피드백 단계로 연결시키는지 그림 3.1을 참고하라.

인프라스트럭처 확보

일을 효과적으로 하기 위해서는 고객조직 내에 당신이 일할 수 있는 인프라스트럭처

(기반시설)를 확보하는 게 중요하다. 조직개발 전문가가 내부 조직개발 전문가라면 인프라스트럭처는 이미 준비되어 있을 것이다. 그러나 외부 조직개발 전문가라면, 컴퓨터와 다른 필요한 집기들을 갖춘 사무실을 제공받을지 아니면 자신의 노트북을 쓰면서 이동식 사무실을 쓸 것인지 정해야 한다. 어디서 인터뷰를 할 것인가? 이 공간은 프라이버시를 보호하고 사람들의 이동이 적은 방으로 정해서 인터뷰 대상이 외부에 드러나지 않는 것이 좋다. 어디서 사람들을 만날 것인가? 어디에서 팀 회의를 할 것인가? 그 조직의 내선 번호를 하나 개통하여 사용할 것인지 아니면 개인 휴대폰을 사용할 것인가? 출입구 통과 시에 보안 카드는 필요한가? 전문가에게 어느 정도의 출입제한이 있을 것인가? 이런 문제들은 프로세스의 시작 단계에서 제기되고 만족스럽게 해결되어야 한다.

프로젝트 관리 시스템 정립

조직개발 전문가는 **프로젝트 관리 시스템**(Project management system)을 정립해야 한다. 이 시스템을 통해 무엇이, 누구에 의해, 언제 실행되어야 하는지를 추적할 수 있다. 너무 구체적이고 세세한 시스템이 될 필요는 없는데, 그 이유는 조직개발 전문가의 전문성과 수행하고 있는 프로젝트의 복잡성에 따라 시스템의 수준이 결정되기 때문이다. 진단 및 피드백 단계로 넘어가기 위한 준비 과정인 이 시점에서 필요한 과제가 이행되었는지 확인하기 위해서 제5장의 실행계획 수립 단계에서 제시되는 간단한 프로젝트 관리 도구를 활용할 수 있다.

프로젝트 관리 시스템에서 빼놓을 수 없는 다른 하나는 **현황보고 프로세스**(Status report process)이다. 이것은 그 프로젝트에 관계된 모든 당사자들을 대상으로 하는 커뮤니케이션 방법(서류·이메일·구두 보고, 공식·비공식 보고), 커뮤니케이션 대상(내부 조직개발 전문가, **지휘 및 조정 팀**(Steering team), **임원위원회**(Executive committee))

과 커뮤니케이션의 주기(주단위, 월단위, 분기단위) 등을 포함하는 프로세스이다. 준비 단계에서 이런 사항에 대해 명확히 정해 두어야 추후 오해나 실수를 최소화할 수 있다.

프로젝트 팀 구성

대개 성공적인 프로젝트는 고객조직과 (내·외부) 조직개발 전문가 조직 사이의 파트너십에 바탕을 두게 된다.

첫째, 고객조직의 프로젝트 책임자(흔히 내부의 조직개발 전문가가 선임된다)를 파악해야 한다. 필자의 경험으로는 필자와 정반대의 특성을 가진 사람과 일하게 되면 프로젝트를 바라보는 시각을 넓힐 수 있어서 도움이 되었다. 이런 이유로, 필자는 중년의 백인 남성으로서 나보다 젊은 소수 인종 출신의 여성과 작업하는 게 도움이 된다고 생각한다. 세대, 성별, 민족과 그 외 많은 다른 특성들은 우리가 세상을 바라보는 관점에 큰 영향을 미친다. 그러므로 각기 상이한 특성을 가진 파트너와 작업하게 되면 프로세스에 다양한 관점을 수용하는 데 도움이 된다.

둘째, 조직개발 전문가는 고객조직의 어느 한 팀과 일할 가능성이 많을 것이다. 임원진으로 이루어진 임원위원회가 그 대상일 수 있다. 또는 고객조직의 각 분야를 대표하는 각계각층의 다양한 집단의 사람들로 구성된 프로젝트 지휘 및 조정 위원회(Project steering committee)를 구성하는 것은 도움이 된다. 단, 프로젝트 기간 동안에 자신이 집중적으로 일하게 될 분야의 전문가를 반드시 그 위원회에 포함시켜야 한다.

셋째, 프로젝트가 실제로 큰 반향을 일으키려면 조직 내의 최고 경영층과 의견교환이 자유롭게 이루어져야 한다. 만약 조직개발 전문가가 임원위원회와 한 팀으로 일하지 않는다면 조직의 최고 관리자(CEO) 또는 자신이 일하게 될 분야의 임원진과 필요하면 언제든지 만날 수 있도록 확답을 받는 게 좋다. 조직을 변화시키는 일은 경영층의 지원이 필수적이기 때문에 경영층과의 자유로운 의견 교환은 프로젝트 성공을 위해 매우 중요한 이슈이다.

진단 프로세스 확정

진단과 피드백을 다룰 다음 장에서 논의하겠지만, 조직 진단을 하는 방법은 여러 가지가 있다. 어떠한 진단 방법을 사용할 것인가에 대한 결정이 바로 준비 단계에서 내려진다.

이것은 보통 고객조직의 프로젝트 책임자 또는 조직개발 전문가가 함께 일하게 될 지휘 및 조정팀과 협의하여 결정할 사항이다. 이때 조직개발 전문가는 지휘 및 조정팀에게 각 접근방법의 강점과 약점을 이해시키고 소요되는 비용도 설명해 줘야 한다. 그리고 나면 지휘 및 조정 팀은 어떤 진단 방법을 선택할지 숙고한 뒤 결정할 수 있다.

진단에 참여시킬 대상 파악

지휘 및 조정위원회와 협의할 또 다른 사안은 누구를 대상으로 조직 진단을 할 것인가 하는 문제이다. 규모가 큰 조직의 경우, 모든 사람을 진단 과정에 참여시킬 필요는 없다. 실제로 어떤 진단 방법(인터뷰 등)을 선택했느냐에 따라 모든 사람을 진단 과정에 포함시키는 것이 불가능할 수도 있다. 전체 직원 중에서 부분 집단을 추출하는 **표집(sampling)**은 **효율성**(efficiency, 가장 적은 노력으로 가장 큰 가치 생성)과 **효과성**(effectiveness, 적합한 일을 하는 것)을 높인다.

표집

조직에서 표본을 추출하는 방법에는 여러 가지가 있다. 이상적인 방법으로는 **무작위 표집(Random sampling)**이 있다. 무작위 표집에서는 조직 내 어느 누구나 선택될 확률을 똑같이 가지고 있다. 직원 명단과 각 직원에게 부여된 번호(사번이 없을 경우)를 인사부로부터 얻은 뒤, 난수표를 이용하면 어떤 직원을 진단 대상에 포함시킬 것인가를 결정할 수 있다. www.randomizer.org가 이 과정을 간편하게 만들어 놓았고 무료로 이용할 수 있게 해 놓았다.

만약에 조직 내 직원 특성에 따라 비율대로 추출하고 싶다면, **비례적 무작위 표집(Proportional random sampling)**을 사용할 수 있다. 예를 들어, 1000명의 직원이 있는 조직에서 100명(전체의 10%)의 표본 추출을 원한다고 가정하자. 직원 중 남성은 600명이고 여성은 400명이라고 한다면, 표본 추출 시에는 각각의 10%(60명의 남자와 40명의 여자)를 포함시키면 된다. 물론 이때도 위에서 언급한 무료 웹 사이트를 이용하면 무작위로 추출된다. **무작위 선정(Random selection)**은 관리자에게 그들이 원하는 사람들을 골라서 표본에 넣어 달라고 하는 것도 아니고 식당 입구에 서서 지나가는 사람들 중에 표본에 넣고 싶은 사람을 고르는 것도 아니다.

그러나, 경우에 따라 **목적 표집(Purposive sampling)**을 할 수도 있다. 목적 표집은 미리 명시된 기준에 맞는 직원을 선택한다. 예를 들면 상위 우수 판매자 10명과 하위 판매자 10명을 상대로 인터뷰해서 두 집단 간에 뚜렷하게 차이가 나는 특성이 있는지 찾아볼 수 있다.

그러나 모든 사람들을 포함시키지 않을 경우 감당해야 할 대가가 있다. 일반적인 진단을 하는 것인지, 특정 문제가 감지되어서 진단을 하는 것인지에 따라 신뢰성 문제가 대두될 수 있다. 진단에 포함되지 않은 사람은 그 결과를 신뢰하지 않을지도 모른다. 무작위로 추출된 표본 안에 조직의 특정 집단이 다른 집단보다 비율적으로 훨씬 더 많이 포함되었을 때 특히 더 그렇다. 예를 들면, 노조 가입자와 비가입자 간, 지역 간, 기능 간, 인구학적 특성이 어느 한 집단에 두드러지게 편중되었을 경우이다. 특히 설문지 방법으로 접근하는 경우에는 비용을 더 들여서라도 모든 직원을 설문에 포함시켜야 정치적인 이유로 진단 결과를 거부하는 상황을 막을 수 있다. 이 같은 이슈들은 다음 장에서 보다 상세하게 다루어질 것이다.

진단 및 피드백 프로세스 일정표 작성

진단 프로세스를 결정하고 나면, 프로젝트 관리 계획의 한 부분으로 진단 프로세스 상에 포함되어 있는 여러 가지 과제의 완성 시기를 정하는 **일정표**(Time line)를 만든다.

피드백 프로세스와 피드백 대상 확정

진단 및 피드백 단계로 진행하기 전에 짚고 넘어가야 할 문제는 '누가 피드백을 받을 것인가? 누가 피드백을 제공할 것인가? 어떻게 전달할 것인가?' 하는 것이다. 지휘 및 조정 팀은 진단이 시작되기 전에 사용할 피드백 프로세스와 피드백 대상을 결정해서 최고 경영자로부터의 승인을 받는다. 진단 이전에 이런 사항이 합의되지 않으면, 프로젝트 성과에 부정적인 영향을 미치는 불만과 갈등의 원인이 될 수도 있다.

시스템 이론

조직개발 전문가와 조직의 팀 구성원들은 조직개발 프로젝트 수행에 필요한 인프라스트럭처와 구체적 작업 방법을 고려할 때 **시스템 이론**(Systems theory)과 **시스템 사고**(System thinking)에 입각하여 충분히 숙고해야 한다. 이 개념은 생물학에 기원을 두고 있다. 또한 조직개발 분야에서도 비교적 오랫동안 중요하게 자리매김해 왔다.

이 개념은 셍게(Senge, 1990)의 『피터 셍게의 제5경영(The Fifth Discipline)』이 출판되면서 비즈니스 분야의 사람들을 대상으로 더욱 대중화되었다.

일반적으로 설명하자면, 시스템이란 많은 하부시스템을 포함하고 또한 주변 환경으로부터 시스템을 분리하는 경계 영역으로 정의된다. (그림 3.2 참조)

그림 3.3에 기술된 것처럼 모든 시스템이나 하부시스템 내에는 투입(input)이 있고 이는 프로세스(process)로 처리되며 곧 산출물(output)로 만들어지는데 이것은 다시 투입되어 지속적인 피드백의 순환 관계로 이루어진다.

상호의존(interdependency)이란 어떤 하나의 하부시스템에서 발생하는 것이 다른 하부시스템의 일부 혹은 전체에 각기 다른 정도의 영향을 주는 시스템 내 상황을 지칭한다.

우리가 살고 있는 실증주의적 세상에서는 인과관계(Cause and effect)를 밝혀내는 것을 즐겨 하지만, 시스템 이론 상에서 인과관계를 밝히는 것은 불가능하다. 하부시스템에서 일어난 어떤 변화도 시스템에 영향을 주는 것이 거의 확실하지만 변화의 속성은 예측하기 힘들다. **카오스이론(Chaos theory**, 2001년에 위틀리(Wheatly, 2001)에 의해 경영 문헌에 잘 알려짐)이 이를 잘 설명해 준다. 우리가 시스템의 산출물을 통제하기 원하는 만큼, 그리고 우리가 그렇게 하고 있다고 믿는 만큼, 시스템은 개인을 무기력하게 만들면서 본래 시스템으로 다시 복귀하려는 성질을 가지고 있

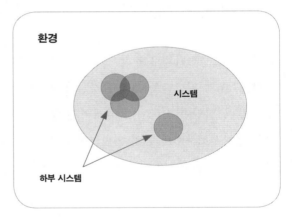

그림 3.2 시스템의 도시

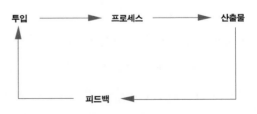

그림 3.3 시스템과 하부시스템의 구성 요소

다. 이는 경영자들과 조직개발 전문가에게는 매우 실망스러운 것이다. 왜냐하면 제1장에서 소개된 조직개발의 정의에서 나타나 있듯이 조직개발 전문가들은 계획된 변화를 원하기 때문이다.

개방시스템과 폐쇄시스템

조직개발 전문가는 시스템 사고의 또 다른 측면으로, 개방시스템과 폐쇄시스템이 조직에 미치는 영향을 이해하는 것도 중요하다. 시스템은 그림 3.4에서 본 바와 같이 내향개방(open-in), 외향 개방(open-out), 양방향 개방 또는 양방향 폐쇄가 될 수 있다.

다음은 각각의 시스템 형태에 대한 몇 가지 예로 어떤 조직도 하나의 시스템 형태에 완벽히 일치하지 않는다는 것을 주지해야 한다. **내향 개방시스템(Open-in system)**은 국가 기밀 정보원과 같은 조직이 이에 해당한다. 그들은 모든 정보를 받아들이기는(open-in) 원하지만 그것을 공유하려고는 하지 않기 때문이다. (closed-out)

외향 개방시스템(Open-out system)은 다른 사람에게 영향을 미치는 것을(open-out) 원하지만 반대로 영향을 받는 것은 원치 않는 종교 전도 집단을 예로 들 수 있다. 이론적으로 볼 때 지식을 획득(open-in)하고 그것을 넓게 공유(open-out)하기를 원하는 대학과 같은 조직은 개방시스템이라고 할 수 있다. 엄격한 규율에 따라 18세기 말경처럼 생활하는 아미시 집단(Amish)은 폐쇄시스템이라고 할 수 있다. 그들은 영향을 받는 것을(open-in) 거부하고 동시에 영향을 주는 것(open-out)도 거부한다. 그림 3.5는 내부적으로 또한 외

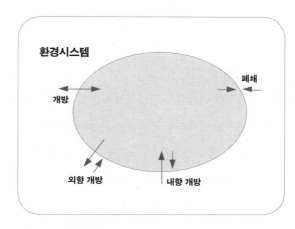

그림 3.4 개방 및 폐쇄시스템

부적으로 조직에 영향을 줄 수 있는 몇 가지 요소들을 묘사하고 있다.

센게에 의하면, 시스템 사고는 성공적인 조직을 위한 아주 중요한 5가지 요소(센게는 'disciplines'이라고 불렀다.) 중 하나이다. 센게는 비유법을 통해서 시스템 사고를 묘사했는데, 시스템 사고란 사물 자체보다는 상호관계를 보는 생각의 틀로써 숲과 함께 나무도 보는 것이다. 그림 3.5에서와 같이, 시스템 사고를 하려면 조직내부(internal)의 모든 요소뿐만 아니라 주변환경(external)에 있는 요소까지도 인지하고 고려해야 한다.

시스템 이론은 복잡하다. 다음에 제시된 것은 시스템 이론에 대한 아주 간략한 설명이지만 우리가 수행하는 조직개발의 모든 활동에 영향을 미치는 중요한 사항이다.

- 모든 것은 다른 모든 것과 연결되어 있다. 완전히 고립된 것은 존재하지 않는다.
- '벗어남(away)'이란 없다. 당신은 시스템으로부터 벗어날 수 없다.
- 공짜 점심 같은 것은 존재하지 않는다. 당신이 하는 모든 것에는 반드시 대가가 따른다.
- 자연이 가장 잘 알고 있고 언제나 승리한다.
- 당신에게 해가 되는 것은 당신이 알지 못하는 것이 아니라 당신이 알고 있다고 생각하는 바로 그것이다.
- 명백한 해결책은 득보다는 해를 주고 **미봉책(tampering)**에 불과하다. 미봉책은 시스템이나 시스템 변화에 미치는 파급효과에 대한 이해 없이 시스템을 바꾸려는 시도로 시스템을 더 악화시키는 결과를 낳는다.
- 영원히 성장하는 것은 아무것도 없다. (우리는 수입이나 이익 등에 있어서 무한한 성장을 바랄 수 없다.)
- 긍정적인 피드백을 거절하지도 말고 부정적인 피드백을 부추기지도 말라.
- 선수들을 통제하려고 하지 말고 규칙을 바꾸라.
- 당신이 가진 문제의 80%는 시스템상에 있지 사람들에게 있지 않다.
  (데밍은 1986년에 이를 94%로 추정함)
- 최종적인 답은 존재하지 않는다.
- 모든 해결책은 또 다른 문제점을 야기한다.

- **시스템 사이클(System cycles)**에 속지 말라. 특정 시점에서 측정한 결과는 실제적 변화나 개선이 아니라 단지 한 특정 사이클상의 현실만을 반영할 수 있다.
- 시스템의 한 부분을 최적화하려고 시도하면 시스템 내 다른 한 부분의 최적화에 문제가 생긴다.

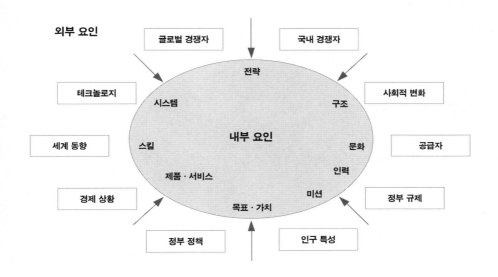

그림 3. 5 사업 조직의 시스템 구성 요소

가전제품 제조회사에 근무하는 친구가 하나 있었다. 그 회사는 냉장고 문을 만드는 작업의 비용을 절감할 수 있는 방법을 찾고 있었다. 그래서 비용을 절감하는 직원을 위한 보너스 프로그램이 개발되었는데, 그것은 구매부 구성원들이 냉장고 제조용 부품을 구매할 때 절감한 액수에 연동하여 보상해 주는 시스템이었다.

그러자 직원들은 부품의 대체품을 찾기 시작했고 현재 가격보다 훨씬 싼 가격에 냉장고 문의 경첩을 구매할 수 있다는 것을 알아냈다. 그 결과 그들은 냉장고 문의 경첩을 구매할 때 절감한 가격으로 냉장고 문 하나를 제조할 때마다 몇 달러씩을 절감할 수 있었다. 그 부서의 직원들은 냉장고 문의 경첩에 드는 비용을 최적화했고 상응하는 보너스를 기분 좋게 받았다.

그러나 기쁨도 잠시 곧 불만 전화가 쇄도했다. 경첩이 문을 제대로 잡아 주지 못해서 냉장고 문이 떨어진다는 내용이었다. 회사는 냉장고 문의 경첩을 교체하기 위하여 전세계에 서비스 센터를 마련했고 결과적으로 수백만 달러의 비용이 들었다. 시스템의 한 부분의 최적화가 다른 부분의 최적화를 저하시킨 것이다. 시스템 사고를 제대로 적용하지 못한 결과 이 회사는 수백만 달러의 비용을 지불해야 했고 평판에 금이 가게 되었다.

시스템 사고 vs. 전통적 사고

시스템 사고는 전통적 사고와는 매우 다른 관점으로 조직을 이해한다. 이들의 차이점은 표 3.1을 참고하라.

요약

준비 단계는 성공적인 프로젝트를 위하여 매우 중요하다. 준비 단계에서는 인프라스트럭처를 확보하고 프로젝트 관리 시스템을 정립해야 한다. 그리고 조직개발 전문가와 함께 작업할 내부 팀이 구성되어야 한다. 또한 향후 사용할 진단 프로세스와 진단 프로세스에 참여할 대상과 프로세스 일정을 결정할 필요가 있다. 이 단계에서 한 부분이라도 놓치고 넘어가면 프로젝트의 성공이 위태로워질 수 있다. 일단 준비 단계에서 진행 방법에 대한 합의가 이루어지면, 제4장에서 다뤄질 진단 및 피드백 단계로 넘어간다. 이 모든 것들이 시스템 사고를 바탕으로 이루어져야 한다.

표 3.1 전통적 사고와 시스템 사고

전통적 사고	시스템 사고
· 문제점과 그 원인은 연결되어 있고 그 연결고리가 아주 명확해 쉽게 추적할 수 있다.	· 문제점과 원인의 관계는 간접적이며 명확하지 않다.
· 우리의 문제는 다른 사람들 탓이고 그들이 변해야 한다.	· 우리가 무심코 우리 자신의 문제를 만들어 낸다. 우리가 우리 자신의 행동을 바꿈으로써 그 문제를 해결한다.
· 단기적인 정책이 장기적인 성공을 보장한다.	· 임시방편적인 해결책은 장기적으로 아무런 변화를 가져오지 못하고 오히려 문제를 더욱 악화시킨다.
· 전체를 최적화하기 위해서 부분을 최적화해야 한다.	· 전체를 최적화하기 위해서 각 부분 간의 관계를 개선한다.
· 변화를 도출하기 위해서 여러 가지 독자적인 노력을 동시에 추진해야 한다.	· 조화를 이룬 소수의 주요 변화가 오랫동안 지속될 때 대규모의 시스템 변화를 도출할 수 있다

토론 및 성찰을 위한 과제

1. 당신이 조직개발 전문가로서 훈련받아 온 일을 수행할 때 도움 없이 진행하는 것보다 지휘 및 조정위원회와 함께 일하는 것이 왜 중요한가?

2. 조직개발 전문가로서 당신과 다른 특성을 가진 조직 내부인과 함께 일할 때의 장·단점은 무엇이 있을까?

3. 준비 단계에서는 이 장에서 제시된 것들 외에 어떤 것이 행해져야 된다고 보는가?

4. 시스템 사고가 준비 단계의 활동에 어떤 영향을 줄 수 있는가?

5. 당신이 속해 있었던 조직에서 시스템 사고가 무시되었던 경험이 있으면 다른 팀원들과 공유하고, 조직에 어떤 영향을 미쳤는지 설명하라.

제4장

조직진단 및 피드백

요구진단 실행의 위험요소와 장점

심리측정 방법

진단 방법

요구진단의 분석과 보고

피드백

진단 단계와 평가 단계의 관계

요약

토론 및 성찰을 위한 과제

개요

조직진단은 관찰, 2차 자료, 인터뷰, 설문조사의 네 가지 방법으로 개별적으로 혹은 조합해서 이루어진다. 이 장에서는 각 방법의 장점과 단점, 조직진단 방법을 가장 효율적으로 사용할 수 있는 세부 지침을 소개하고자 한다. 또한 조직진단에서 조직개발 프로세스 모델과 긍정탐행 모델의 차이점을 살펴보고 다각적 측정(triangulation)의 사용, 맞춤형 진단 도구와 표준형 진단 도구의 비교, 심리측정법(psychometrics)에 관한 주제들을 다룰 예정이다. 마지막으로 조직개발의 핵심은 진단 결과에 대한 피드백을 제공하는 것이므로 피드백에 대한 이론적 원리를 살펴보고자 한다. 누가, 누구에게, 어떤 형식으로 피드백을 제공하는지도 알아보자.

계약체결 단계와 준비 단계가 완료되면, 혹은 거의 완료되면 조직진단을 실행할 차례가 된다. 조직진단이라는 용어는 **진단(diagnosis)**, **조직점검(Check-up)**, **조직문화 설문조사(Cultural survey)**, **직원 설문조사(Employee survey)** 등 다른 용어로 지칭되기도 한다. 그림 4.1의 조직개발 프로세스 모델 사이클에서 진단 및 피드백 단계가 어디에 위치하는지 확인해 보자.

이 진단 작업을 칭하는 용어를 정할 때 강조할 것은 진단 과정이 문제를 찾아내기 위한 것뿐 아니라 조직문화의 강점과 약점을 찾아내기 위한 일이기도 하다는 점을 조직원들이 이해하는 것이다. 이 장의 말미에 다룰 긍정탐행(Appreciative Inquiry)은 그 조직에서 잘 되고 있는 점에만 초점을 맞춘다. 조직 진단의 대상이 되는 조직이란 단위는 계약체결 단계에서 합의된 내용에 따라 과, 부, 사업장, 사업부, 기능부서, 작업팀, 또는 큰 조직 내의 어떤 하부시스템, 혹은 조직 전체를 가리킬 수도 있다.

요구진단 실행의 위험요소와 장점

조직개발 프로세스 모델은 조직진단을 반드시 해야 한다고 주장하지만, 조직진단이 그 조직에 언제나 실보다 득을 갖다 주는 것은 아니다. 진단을 할 때 위험요소는 언제나 어느 정도는 존재하기 때문이다.

위험요소

조직진단에서 나타날 수 있는 몇 가지 위험요소를 살펴보자.

직원들은 경영진이 진단 결과를 진지하게 여기지 않을 것이라고 믿는다. 직원들은 대개 진단 과정이 직원 의견 반영에 대한 경영진의 바람을 과시하려는 요식적인 행위일 뿐이고, 진단에서 나온 피드백을 활용하려는 의도는 전혀 없을 것이라고 생각한다. 그 결과, 직원들은 자신들이 이용당하는 것처럼 느끼고 진단 과정에 적극적이고 솔직하게 참여하지 않을 수 있다.

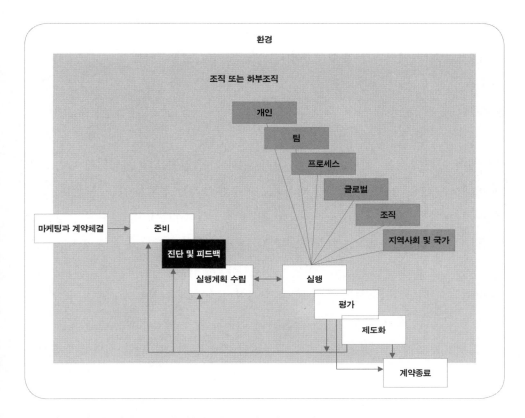

그림 4.1 조직개발 프로세스 모델 3단계, 진단 및 피드백

직원들은 진단 결과에 대해 경영진이 어떤 시정 조치도 취하지 않을 것이라 믿는다. (맞는 말일 수도 있지만) 이전의 진단 결과가 무시되었던 조직에 조직개발 전문가가 들어가서 활동하기란 매우 힘들다. 만약 진단 결과를 무시했던 전력이 있다면 직원들은 이번에도 과거와 같이 형식적으로만 끝날 것이라고 생각하여 진단 과정에 적극적으로 참여하지 않을 것이다. 진단 결과 보고서가 만들어진 뒤에 해당 직원이 자취를 감춰버린 사례를 필자도 많이 봐 왔다.

직원들의 기대가 비현실적으로 높아질 수 있다. 경영진이 진단 결과에 진지하게 대응할 태세가 갖추어져 있어도 진단 과정에 참여하면서 높아진 직원들의 기대감을 충족시키는 일이 불가능할 수도 있다. 사실, 기대감은 직원의 행동에 영향을 미치기 때문에 진단을 실행하는 과정 자체가 조직에 변화를 가져오기 시작한다. 대부분의 경우, 경영진이 진단 결과에 대해 아무리 성실하게 대응해도 후속 진단은 덜 긍정적인 결과를 나타내는데 그 이유는 직원들의 기대가 충족될 수 없을 정도로 높았기 때문이다.

경영진이 다른 조직을 '벤치마킹'할 때, 진단 결과 낮은 점수를 받은 영역이 다른 조직에 비해서는 높은 점수를 받았다면 안심하고 아무런 조치를 취하지 않을 수 있다. 경영진이 지속적인 개선이나 전사품질관리(TQM)에 전념하지 않는다면, 진단된 사항을 계속 발전시키려는 노력보다는 다른 조직의 진단 결과와 상대적인 비교(벤치마킹)를 하는 일에 더 신경 쓸 수 있다. 경영진들이 직원들의 요구를 충족시켜 주지 못하는 대표적인 영역은 커뮤니케이션 부분이다. 많은 경영진들이 다른 영역의 점수보다 낮음에도 불구하고 다른 회사와 비교한 평균보다는 점수가 높게 나온 영역에 만족해하는 경향을 보인다. 조직개발 전문가는 몇몇 경영진의 이러한 성향을 진단 결과에 대응하지 않는다는 변명으로 이용하지 말고 오히려 이 상황을 지속적 개선의 중요성에 대해서 경영진을 교육시킬 수 있는 기회로 삼을 수 있다. 프로세스에 대한 벤치마킹은 몇 가지 이점을 지니고 있지만(제8장의 프로세스 인터벤션 참조), 수치에 대한 벤치마킹은 조직에 거의 득이 되지 않는데 특히 그 수치가 나오게 된 배경 연구가 없다면 더욱 그렇다.

관리자 혹은 직원 개개인이 희생양이 될 수 있다. 진단을 실행할 때 익명성이 보장된다고 약속하더라도 경영진이 조직 시스템 전체를 보지 않고 신분이 노출된 진단 대상자 개인들에게 부정적인 성과물에 대한 책임을 전가시킬 수도 있다. 조직개발 전문가는 이런 상황이 일어나지 않도록 최선을 다해야 한다.

경영진이 조직 전체의 이득을 위해서가 아니라 자신들의 사적인 목적으로 진단 결과를 활용할 수 있다. 간혹 조직개발 전문가는 경영진이 직원에게 공개하기를 꺼려하는 기존의 어려운 의사 결정을 은폐하는 역할을 맡기도 한다. 조직진단을 실시할 때 경영진은 진단을 의뢰한 동기 배후에 숨겨진 계획 때문에 조직진단 결과를 조직이나 직원을 위하여 전혀 활용하지 않을 수도 있다.

이런 상이한 위험요소들이 상존하므로 조직개발 전문가는 이러한 상황을 피하기 위해 확실한 대책을 세워야 하고, 적어도 위험요소들을 최소화하고 장점을 최대화하려는 노력을 다할 책임이 있다. 요구 진단의 장점을 살펴본 후 그 장점들을 이용해 어떻게 위에서 언급한 위험요소를 상쇄할 수 있는지 살펴보도록 하겠다.

장점

조직진단을 통해 얻을 수 있는 이득은 다음과 같다.

진단은 고객이 제시한 문제의 진위를 밝힌다. 계약체결 단계에서 고객조직이 제시한 조직의 문제는 주로 한정된 몇몇 사람들의 관점일 때가 많고 그 사람들은 대개 조직의 높은 위치에 있는 사람들이어서 조직의 전반적인 흐름을 놓치고 있거나 조직에서 실제로 일어나고 있는 일에서 가장 동떨어져 있을 가능성이 높다. 대부분의 조직원들이 조직 내의 강점이나 문제점에 대해 공감한다면 조직개발 전문가가 할 일은 더 쉬워질 것이다. 이 말이 결코 조직개발 전문가가 진단 과정에서 경영진의 의견을 무시하거나 제외할 수 있음을 뜻하지는 않는다. 물론 대부분의 직원들이 볼 수 없는 것을 경영진이 전체 시스템 내에서 발견할 수도 있다. 또한 바람직하지 않은 행동양식이 그 조직문화 전반에 깊이 배어 있는 경우도 있다. 이 때문에 직책명과 같은 인구학적 정보를 진단 과정에서 취합하기도 한다. 이로써 조직의 서로 다른 계층 간에 어떤 상이한 관점이 존재하는지, 또한 왜 그러한 차이점이 존재하는지 파악할 수 있게 된다.

집중해야 할 부분에 대한 우선순위가 제대로 잡히고 그로 인해 효율성과 효과성이 증대

된다. 진단 과정에서 드러난 문제가 조직의 실제 문제로 확인되더라도 조직개발 프로세스의 초반부터 다루어야 할 가장 중요한 부분이 아닐 수도 있다. 오히려 다른 영역에 집중하는 것이 조직에 더 큰 이익을 가져다 줄 수도 있다. 즉, 진단을 하게 되면 조직을 개선할 여지가 큰 분야에 대한 우선순위를 세울 수 있다.

더 큰 시너지 효과가 발생한다. 몇몇 진단 프로세스는 조직원 전체를 한데 모을 수 있다. 진단 과정에서 모든 조직원을 이해하게 되고 그들의 전문성을 잘 활용하면 차후 지속적인 개선을 위해 마련된 프로세스에 더 큰 시너지를 가져올 수 있다.

경영진은 진단 결과에 대한 사후 대책을 내 놓아야 한다는 압력을 받는다. 특히 진단결과를 조직 전체가 공유한다면 그 결과를 모르는 척하기란 여간 힘든 게 아니다. 진단 프로세스에서 어떤 결과가 나왔든 경영진은 반드시 공개적이고 분명한 대응을 취해야 한다고 느낄 것이다.

개선의 정도를 측정할 수 있어 경영진과 직원에게 동기부여의 계기가 된다. 진단은 그 결과에 따라 계획된 프로세스 평가를 더 쉽게 하는 기점(또는 벤치마킹)과 같은 역할을 할 수 있다. 동일한 진단 프로세스가 주기적으로 실행되면 시간이 지남에 따른 개선 정도를 측정할 수 있으므로, 경영진과 직원들 모두 의욕이 고취될 것이다.

수집된 데이터는 경영진이 조직의 시스템을 이해하는 데 도움을 준다. 많은 경영 방식들은 데이터에 기초한 경영의 중요성을 강조한다. 진단을 통해 수집된 정보는 경영진이 데이터에 기초한 의사 결정을 내리도록 도와준다.

권력위양된 분위기를 조성하여 직원들의 사기를 진작할 수 있다. 조직의 현재 상황에 대해 직원들의 의견을 묻는 행위는 그들에게 상당한 힘과 영향력을 부여한다. 특히 그들의 답변을 반영한 후속 조치가 취해질 경우에는 더욱 그러하다. (다음 장의 실행계획 수립 단계에 대한 논의 참조) 조직문화에 대해 직원들이 직접 답을 함으로써 조직개발 프로세스와 조직 전반에 대한 모든 직원의 주인의식이 향상된다.

장점을 이용한 위험요소의 상쇄

진단에서 도출되는 이득이 위험요소보다 더 큰지를 판단하는 능력은 유능한 조직개발 전문가의 중요한 역량이다. 조직개발 전문가는 계약체결 단계와 준비 단계 내내 경영진이 진단에서 나온 직원들의 답변을 진지하게 받아들이고 그에 상응하는 후속 조치를 취할 의지가 있는지를 지속적으로 진단 또는 점검해야 한다.

이 과정에서 또 하나의 중요한 역량은 교육을 하는 것이다. 진단 피드백을 접할 때 너무 지나친 기대감을 갖게 되면 어떤 결과가 초래될 수 있는지에 대해서 경영진과 직원들을 미리 이해시키고 교육해야 한다. 직원들을 실행계획수립 단계에 참여시키는 것도 직원들에게 그들의 의견이 진지하게 받아들여지고 있다는 사실을 알려주는 데 큰 도움이 될 수 있다.

조직진단을 통해 얻을 수 있는 이득이 위험요소보다 더 크다고 결정되면(훌륭한 조직개발 작업은 이런 결과를 내야만 한다.) 그 다음엔 어떤 방식으로 진단할 것인지를 결정해야 한다. 구체적인 방법들을 살펴보기 전에 모든 측정시스템(심리측정법 (psychometrics)이라고 알려져 있다.)에 필요한 일반적인 요건을 살펴보고자 한다.

심리측정 방법

양적으로 정량화되는 모든 측정은 신뢰도와 타당도를 모두 갖추어야 한다. 여기서는 이 개념을 간략하게 언급하고자 한다. **질적 데이터**(Qualitative data, 개인 인터뷰나 표본 집단 인터뷰 등)는 정확해야 하고 제기된 질문에 대한 답을 줄 수 있어야 한다. 이러한 요소는 인터뷰에 관한 부분에서 다시 논의될 것이다.

신뢰도

간단히 말해 **신뢰도(reliability)**는 도출된 결과의 일관성 여부를 측정하는 척도이다. 여러 유사한 조건에서 정보를 수집하고 지침을 명료하게 설명함으로써 신뢰도를 높일 수 있다. 대부분의 통계 소프트웨어 패키지는 신뢰도 측정을 포함한다. 예를 들어 크론바흐 알파(Cronbach's alpha)는 가장 일반적으로 사용되는 신뢰도 측정 방법인데 자세한 설명은 이 책의 범위를 넘어서는 것 같아 생략하기로 하겠다.

타당도

타당도(validity)란 측정하려고 하는 것이 제대로 측정되었는지, 측정하고자 하는 모든 대상을 측정하는지, 오직 측정하고자 하는 것만을 측정했는지를 나타내는 것이다. 타당도를 확보할 수 있는 방법은 여러 가지가 있지만 타당도 있는 측정을 위해 필수 우선사항은 그것이 신뢰도를 갖추고 있어야 한다는 점이다. 신뢰도 있는 측정이 반드시 타당도를 지니는 것은 아니지만, 타당한 측정은 반드시 신뢰도를 갖추어야 한다.

많은 종류의 타당도 중에서도 조직 진단에서 주로 활용되는 것은 공인타당도와 안면 타당도이다. **공인타당도(Concurrent validity)**를 갖추려면 진단 도구가 다른 검증된 진단 도구와 같은 결과를 도출해야 한다. 이 장의 뒷부분에서 공인타당도를 확립하는 데 유용한 다각적 측정(triangulation)에 대해 논의할 것이다. 타당도를 확보하는 데 많이 사용되는 또 다른 방법은 **안면 타당도(Face validity)**이다. 만약 조직에 있는 내부 팀과 같이 일하고 있다면 이 팀은 원하는 정보를 얻는 데 있어 진단 도구의 명료함과 적절함을 확인함으로써 그 진단 도구의 안면 타당도를 측정할 수 있다.

진단 방법

진단을 수행하는 과정에는 약간의 차이는 있겠지만 관찰, 2차 자료, 개인·그룹 인터뷰, 질문지·설문조사 등 네 가지 방법을 사용할 수 있다.

관찰

관찰 방법은 조직개발 전문가가 고객조직의 대표를 만난 그 순간부터 시작되어 일을 시작하려고 고객조직에 들어서는 과정 내내 계속된다. 이 과정에서 많은 질문을 스스로 던질 수 있고 그에 대한 답도 얻을 수 있다. 직원들은 얼마나 바쁜가? 직원들이 스트레스를 받고 있는 것처럼 보이는가? 직원들이 행복해 보이는가, 화가 나 보이는가, 아니면 슬퍼 보이는가? 그들 간의 상호 관계는 어떠한가? 그들이 소비자들을 대할 땐 어떠한가? 작업 환경이 어떠한가? 깨끗한가, 더러운가, 어지러운가, 비좁은가, 넓은가? 사무실은 어느 정도로 넓은가? 사무실은 어디에 위치해 있는가? 누가 어떤 사무실을 사용하는가? 이런 유형의 질문을 끊임없이 계속해 볼 수 있다.

　이러한 질문에 대한 정보는 조직개발 전문가가 계약에 의해 정식으로 일을 시작하기 전에 다른 사람에게 거슬리지 않는 방식으로 얻을 수 있다. 조직개발 전문가가 관찰을 통해 정보를 얻고 있다는 사실을 다른 사람들에게 알릴 필요는 없다. 하지만 항상 자신의 경험과 가정이라는 렌즈를 통해서 관찰을 하게 된다는 사실을 인식해야 한다. 진단 과정 전반에서 볼 때 절대적으로 객관적인 측정 방법이란 존재하지는 않으며 모든 측정치는 그 정보를 검토하는 사람에 의해 해석되는 것이다. 표 4.1은 진단 도구로써 관찰이라는 방법을 사용할 때 따르는 장점과 단점을 잘 보여 준다.

표 4.1 관찰의 장점과 단점

장점	단점
·관찰자와 관찰 대상 사이에 개입되는 요소가 없다. ·그 누구도 가장하거나 사실을 숨길 필요가 없어 실제 상황을 관찰할 수 있다. ·다른 유형의 진단을 할 때 사전 배경 지식을 제공해 준다. ·초반부터 관찰이 가능하므로 간이 진단뿐만 아니라 본격적인 진단에 도움이 된다. ·보통 적은 비용으로 신속하게 실행할 수 있다.	·관찰 그 당시의 정보밖에 얻지 못한다. 지속적으로 일어나지 않는 중요한 요소에 대한 정보를 놓칠 수 있다. ·관찰자 본인의 관점과 가정에 의해 정보가 한 번 여과된다. ·범위와 장소가 제한되어 결과를 일반화하기에 부족하다. ·관찰 대상자들이 관찰자의 존재와 관찰 목적을 알게 된다면 관찰자를 속이는 등의 인위적인 행동을 할 수 있다. ·위에 서술된 단점을 줄이기 위해서는 매우 많은 시간이 필요하다. (장소의 제한 극복, 주기적이고 지속적인 관찰 실행) ·관찰자가 관찰을 하려고 그 장소에 있다는 것 자체가 평소의 실제 행동을 변하게 한다.

2차 자료

2차 자료(Secondary data)는 기존에 있었던 모든 자료를 파악하여 조직에 대한 정보로 이용하는 것이다. 여기에는 연례보고서, 웹 사이트, 회의록, 다른 자문기관의 보고서, 통계 자료(출근, 해고, 자발적 이직, 고충사항, 안전상태 기록, 소수인종 고용비율, 남성과 여성의 급여 비교 자료 등), 메모와 편지들, 고객 불만사항, 소비자 신고 보고서, 근무규정, 사원 교육훈련 자료 등이 있다. 필자의 한 고객사의 CEO는 분기별로 직원들에게 프레젠테이션을 하는 비디오를 모아 놓기도 했는데 이것은 매우 귀중한 자료가 되었다. 이런 2차 자료 중 어떤 자료를 살펴볼지는 그 조직의 어떤 영역을 중심으로 조직개발을 할지에 따라 다르다. 제한된 시간 내에 살펴볼 수 있는 2차 자료의 양은 언제나 한정되어 있기 때문이다.

표 4.2는 진단 도구로서 2차 자료 사용의 장점과 단점을 보여 준다. 관찰의 방법과 함께 이 진단 방법은 어떤 진단 과정이든지 어느 정도는 항상 포함되는 방법이다.

표 4.2 2차 자료의 장점과 단점

장점	단점
· 인터뷰 진행자와 조사 대상 사이에 개입되는 요소가 없다. · 가식이나 사실 은폐의 가능성 없이 과거 상황을 파악할 수 있다. · 다른 유형의 진단을 할 때 역사적 배경 지식을 제공해 준다. · 폭넓은 관점을 가질 수 있다. · 정보는 시대별로 비교가 가능하기 때문에 추세와 경향을 가늠할 수 있다.	· 인터뷰 진행자 본인의 관점과 가정에 의해 정보가 한 번 여과 된다. · 어떤 자료를 보느냐에 따라 그 조직의 단면만을 볼 수도 있다. · 자료를 만든 사람의 선입관이 반영되었을 수 있다. · 제대로 관리되지 않았거나 쉽게 구할 수 없는 기록이나 자료에 의존하게 된다. · 얼마나 많은 기록을 보느냐에 따라 시간이 많이 소요될 수 있다. · 어떤 2차 자료는 그 조직에 의해 민감한 사안으로 취급되어 자료를 선택적인 범위 내에서만 분석해야 할 수도 있다. · 쉽게 얻을 수 있는 자료가 고객의 요구에 부합하는 가장 중요한 자료라는 보장이 없다.

개인 인터뷰

직접 대면하거나 전화를 통해 개인을 인터뷰하는 것은 여러 이유로 가장 많이 사용되는 진단 방식이다. 이 방식의 장점은 첫째, 인터뷰 진행자와 인터뷰 대상자 사이의 신뢰를 쌓을 기회가 생겨서 더 좋은 자료를 얻을 수 있다. (문화권에 따라 인터뷰 대상자가 개인 인터뷰보다 설문조사 때 더 많은 정보를 드러낼 수도 있다.) 둘째로 인터뷰를 통해 더 풍부한 이야기를 들을 수 있다. 그러한 이야기들은 설문조사에서는 잘 나타나지 않는 개인적인 자료들에 대한 배경 설명을 해 준다. 셋째, 인터뷰를 계획하고 준비하는 과정도 중요하긴 하지만 이 과정에 드는 시간이 설문조사를 준비하는 과정보다 훨씬 짧다. 게다가 인터뷰는 비공개적으로 실시된다. 그러므로 설문조사 준비 과정에서 실수를 하면 모든 이에게 그 실수가 노출되지만, 인터뷰 준비는 신속히 완료되고 실수가 발생해도 다른 사람들 눈에 띄지 않는다. 표 4.3은 진단 도구로서 개인 인터뷰의 장점과 단점을 보여 준다.

표 4.3 개인 인터뷰의 장점과 단점

장점	단점
· 준비 과정이 쉽다. · 다른 방식보다 친밀감과 신뢰를 쌓기가 용이하다. · 익명성의 보장을 한 번 더 강조할 수 있어서 인터뷰 대상자가 더 심도 있는 정보를 제공할 수 있다. · 응답률이 매우 높다. · 비공개적으로 진행되기 때문에 조사 과정의 실수가 드러나지 않는다. · 직원들이 진단 과정에 실제로 참여한다고 느끼기 때문에 그 진단 결과에 주인의식을 가지게끔 한다. · 탐색형 질문을 할 수 있고, 답변이 명확한지 확인할 수 있기 때문에 융통성이 있다.	· 자료를 수집하고 분석하는 시간이 오래 걸리기 때문에 비용이 많이 든다. · 결과 분석이 어렵다. · 인터뷰 진행자의 관점과 가정에 의해 정보가 한 번 여과된다. · 여러 명의 인터뷰 진행자들이 인터뷰를 진행한다면 인터뷰 간의 일관성이 사라질 수 있다. · 여러 명의 인터뷰 진행자들이 인터뷰를 한다면 인터뷰 진행자 훈련에 따로 비용이 든다. · 인터뷰 진행자가 (인터뷰 대상자의 동의하에) 인터뷰를 녹음하는 방식을 사용한다면 녹취록 작성에 시간과 비용이 든다. · 오랫동안 지속적으로 인터뷰를 진행하는 것이 부담스러울 수 있다.

인터뷰가 진행될 때 흔히 인터뷰 대상자는 그들이 나누는 정보가 기밀로 처리될 것이라는 말을 듣게 된다. 이것은 기밀성(confidential)이라는 말이 잘못 사용된 것이다. 실로 이것이 기밀이라면 그 정보는 진단 결과로 사용될 수 없을 것이고 따라서 진단 과정의 목적을 달성할 수도 없을 것이다. 대신, 인터뷰 과정에서 원래 의도하는 것은 익명성(anonymity)의 보장이다. 다시 말해서 인터뷰의 내용은 종합 보고서에 포함되겠지만 그 내용의 출처를 밝히지 않겠다는 뜻으로 이름, 직위, 부서, 또는 간접적으로라도 이러한 내역을 밝힐 수 있는 어떠한 내용도 포함하지 않을 것이라는 뜻을 인터뷰 대상자에게 밝히고 이렇게 약속한 것은 정확하게 지켜야 한다. 익명성을 유지하는 다른 방법으로는 의미 있는 정보가 줄어들더라도 신분이 드러나는 정보는 수집하지 않거나 자료를 수집하자마자 폐기하는 방법 등이 있다.

나는 패스트푸드 음식점 체인의 조직 진단을 위해 인터뷰를 한 적이 있다. 인터뷰는 외부 장소에서 집중적으로 실시되었다. 각각의 인터뷰 대상자들은 인터뷰 내용의 익명성을 보장받았다. 어느 인터뷰 대상자와의 인터뷰가 15분쯤 진행되었을 때 대상자가 기밀성 보장을 요청하면서 얘기를 하고 싶다고 말했다. 나는 그러겠다고 하고 노트북을 치우고는 그냥 듣기만 했다. 그녀는 직장에서 그녀의 관리자가 그녀와 그녀의 동료들에게 가한 성추행에 관한 많은 이야기를 털어놓았다. 나는 그녀가 정확히 어느 정도 '기밀성 보장'을 원하는지 구체적으로 알아야 했다. 그녀는 많은 지점 중 한 지점에서 심각한 성추행이 있었다는 사실을 상부 경영진에게 이야기해도 좋다고는 했지만 어느 지점인지와 어느 정도인지에 대해서는 밝히지 말아달라고 했고, 이는 반드시 익명성이 보장되어야 하는 부분이었다. 나는 그렇게 하겠다고 그녀에게 약속했다. 경영진은 내가 누구와 언제 어떤 인터뷰를 했는지 알 수 없기 때문에 나는 전체 인터뷰가 끝나길 기다리지 않고 그 즉시 어느 지점에 심각한 성추행 문제가 있다는 것을 경영진에 보고했다. 경영진이 대답하기를 어느 곳에서 그 문제가 일어나고 있는지 이미 알고 있다며 즉시 조치를 취하겠다고 했다. 나는 경영진이 이미 알고 있었고 법적인 소송으로까지 번질 수 있었던 문제를 그들에게 알려주는 데에 왜 굳이 내가 필요했는지 이유를 알 수 없었다. 어쨌든 익명성이 보장된 채 그 문제는 바로 해결되었다. 그 과정에서 나는 인터뷰 대상자가 '기밀성'이라는 단어를 어떤 의미로 쓰고 있는지 확인하는 것이 중요했다. 왜냐하면 그 상황에 대해 어떤 부분이라도 남에게 알리는 것은 기밀성의 원칙을 위배하는 것이었기 때문이다.

위 사례는 인터뷰에 대한 또 다른 중요한 사항을 보여 준다. 변호사, 어떤 상황에서는 치료사, 신부, 의사들과 같이 타인을 돕는 전문직 종사자들과는 달리 조직개발 전문가에게는 의뢰인 비밀보호 특권이나 의뢰인과의 대화내용을 비공개할 권리가 없다. 법정의 지시가 있으면 컨설팅 중에 알게 된 정보를 밝혀야 할 수도 있고, 범죄 행위를 미리 알고서도 보고하지 않으면 방조죄가 성립될 수 있다.

핵심 인터뷰 질문 인터뷰 대상자를 맞이하며 우선 자신을 간단히 소개하고 인터뷰의 목적을 되짚으며 다시 한 번 인터뷰 대상자에게 인터뷰와 이후의 보고 과정에서 익명성이 지켜질 것이라는 점을 상기시켜 주어 대상자를 안심시키도록 한다. 그러고 나서 조직개발 진단에서 중요한 네 가지의 핵심 질문을 묻는다.

1. 당신의 조직(과, 부서, 단위, 팀)은 어떤 면에서 특별한 강점을 갖고 있습니까? 이런 점이 왜 강점이라고 생각합니까?
2. 당신의 조직(과, 부서, 단위, 팀)은 어떤 면에서 변화, 성장, 개선이 필요하다고 생각합니까? 그 이유는 무엇입니까?
3. 당신의 조직(과, 부서, 단위, 팀)의 변화, 성장, 개선을 위해 어떤 구체적인 제안을 하겠습니까?
4. 당신의 조직(과, 부서, 단위, 팀)에 대해서 제가(조직개발 전문가) 더 알아야 할 다른 것들이 있습니까?

조직개발 전문가가 좀 더 구체적이고 제한된 목적(다면평가 피드백 등)을 위해 인터뷰를 진행한다면 이 외에도 다른 여러 가지 질문을 하게 될 것이다. 또는 고객이 제시한 문제를 어떻게 생각하고 있는지 더 자세히 알기 위한 질문을 할 수도 있다. 이때 너무 제한되고 노골적인 질문을 해서 응답이 한쪽으로 치우치지 않도록 주의해야 한다. 응답이 한쪽으로 치우치게 되면 인터뷰 대상자가 조직에 대한 더 광범위한 맥락적 정보를 제공할 수도 없고, 문제가 있다면 그것이 고객이 제시한 문제에 포함되지 않는 다른 문제라는 증거를 찾을 수도 없게 되므로 주의해야 한다.

긍정탐행은 오직 긍정적인 관점만을 물어보는 것으로, 그 긍정적 관점은 이야기 안에 녹아 있는 것이 좋다. 긍정탐행 조직개발 전문가는 다음과 같은 질문을 할 수 있다.

• 당신의 조직에서 일어났거나 현재 일어나고 있는 일 중에서 가장 마음에 드는 것을 생각해 보세요. 그것과 관련된 일화나 이야기가 있다면 해 주시기 바랍니다.
• 또 다른 긍정적 사례를 얘기해 주실 수 있습니까?

모든 인터뷰에서 인터뷰 진행자가 겪는 어려움 가운데 하나는 조직과 인터뷰 대상자들의 답변에 대한 인터뷰 진행자의 관점을 드러내지 않으면서 후속(follow-up)질문과 탐색형(probing)질문을 하는 것이다. 이때 인터뷰 진행자의 선입관이 인터뷰의 결과에 영향을 주지 않도록 해야 한다.

효과적인 인터뷰의 특징 인터뷰를 효과적으로 수행하기는 쉽지 않다. 이를 위해서는 경험과 관찰을 통해 개발된 스킬을 지닌 인터뷰 진행자가 필요하다. 숙련된 인터뷰 진행자는 다음과 같은 특징을 지니고 있다.

- 자신의 선입관에 대해 인지하고 있으며 그것을 통제할 수 있다. 편중된 방향으로 유도하는 질문이나 발언을 하지 않는다.
- 인터뷰 내용을 능숙하게 기록한다. 타자 실력이 뛰어나 인터뷰 내용을 거의 그대로 기록해 이후에 녹취록 작성 과정을 거칠 필요가 없고 또한 동시에 인터뷰 대상자와 계속 시선을 마주할 수 있다면 가장 바람직하다. 필자는 되도록 음성 녹음은 삼간다. 어떤 인터뷰 대상자들은 음성 녹음을 허락하지 않기도 하고 대부분의 사람들은 음성 녹음을 한다고 하면 어느 정도 긴장을 한다. 또한 인터뷰 녹취록을 작성하는 시간과 비용이 들어간다는 점도 있다.
- 시작하는 질문과 후속 질문을 오픈형 질문과 탐색형 질문으로 할 준비가 되어 있다.
- 모든 인터뷰에서 동일한 핵심 질문들을 빠트리지 않아 인터뷰의 표준화를 유지한다.
- 신뢰와 친밀감을 쉽게 형성한다.
- 주의 깊게 듣고 시선을 계속 유지하며 대화를 계속하기 위해 적절한 몸짓을 사용한다. (끄덕임, 미소 등)
- 인터뷰 대상자의 말을 방해하거나 끊지 않는다.
- 인터뷰 초반에 개요 설명을 하고 나서는 질문을 하는 발언만 하고 주장을 펼치는 발언은 하지 않는다.
- 인터뷰 진행자가 인터뷰 대상자의 말을 이해하지 못했을 때 그 의미를 되묻는다.

- 인터뷰 대상자가 인터뷰 진행자의 말을 이해하지 못했을 때 그 의미를 확실히 짚어 준다.
- 시간을 잘 관리하여 인터뷰 대상자를 재촉하지 않으면서도 인터뷰가 제대로 진행되도록 한다.

경험이 많고 숙련된 인터뷰 진행자를 멘토나 코치로 삼고 일한다면 당신이 이러한 스킬들을 지니고 있는지, 더 발전하려면 어떻게 해야 할지를 확인할 수 있을 것이다.

그룹 인터뷰

때때로 비용이나 시간 제약 때문에 또는 함께 인터뷰를 하면 서로의 생각에 덧붙여 나갈 수 있기 때문에, 개인 인터뷰보다 그룹 인터뷰를 실시하는 경우가 있다. 개인 인터뷰와 그룹 인터뷰는 서로 매우 다른 스킬을 요구하는 프로세스이다. 그룹 인터뷰의 장점과 단점은 표 4.4를 참고하길 바란다.

표 4.4 그룹 인터뷰의 장점과 단점

장점	단점
· 한 번에 많은 정보를 수집할 수 있다. · 개발 준비 과정이 쉽다. · 친밀감과 신뢰를 형성하기 쉽다. · 참여자들이 서로의 아이디어에 덧붙여 나갈 수 있다. · 직원들이 직접 참여함으로 권한을 가지고 있음을 느끼고 주인의식을 가진다. · 탐색형 질문을 할 수 있고, 답변이 명확한지 확인할 수 있기 때문에 융통성이 있다.	· 분위기상 가장 주도적인 인물의 의견에 동의하게 되어 서로 같은 생각만 얘기할 수 있다. · 주도적인 인물이 늘 있게 마련이어서 노련한 퍼실리테이션 스킬이 없다면 참여자들의 폭넓은 참여를 방해할 수 있다. · 많은 사람들이 서로의 얘기를 듣기 때문에 익명성을 보장할 수 없다. · 익명성을 보장할 수 없기 때문에 가장 중요한 정보를 터놓고 얘기하기 주저할 수 있다. · 인터뷰 진행자의 관점과 가정에 의해 여과된다. · 결과 분석이 어렵고 시간이 많이 걸린다. · 신뢰도가 불분명하다. · 개인 인터뷰보다 시간이 많이 걸려서 참여자들이 그만큼 일할 시간을 빼앗기게 된다.

그룹 인터뷰를 효과적으로 실행하기 위한 가이드라인 개인 인터뷰에 사용했던 동일한 질문을 활용할 수도 있지만 그룹 인터뷰 프로세스 자체는 개인 인터뷰와 매우 다르다. 다음의 가이드라인이 그룹 인터뷰를 실행하는 데 도움이 될 것이다.

- 모든 답변을 기록하여 그룹 전체가 볼 수 있도록 하라. 한 사람이 인터뷰를 진행하고 또 다른 사람은 플립차트나 프로젝터와 연결된 컴퓨터를 이용하여 그 내용을 기록할 수도 있다.
- 모든 구성원들이 골고루 참여할 수 있도록 하라. 참여하지 않는 사람을 독려하라. 지나칠 정도로 참여하는 사람이 있다면 다른 사람에게 기회를 줄 수 있도록 유도하라.
- 한 주제에서 계속 맴돌고 있다면 다른 주제로 넘어가도록 하라. 일단 기록이 끝났다면 그것으로 끝이다. 그것에 대한 더 이상의 토론은 불필요하다.
- 발언이 분명치 않다면 확실히 말해 줄 것을 요청하라.
- 발언이 정확히 기록되었는지 참여자들의 확인을 구하라.
- 정시에 시작해서 정시에 끝내라. 더 이상 답변이 없다면 일찍 끝내도 좋다.
- 누군가 지나간 질문에 대한 적절한 답변을 한다면 기꺼이 이전 질문으로 돌아가라.
- 늘어지지 않도록 하라. 참여자들이 새로운 것을 생각해 낼 수 없다면 다음 질문으로 넘어가라.
- 참여자가 특정 발언을 하도록 유도하지 마라. 참여자가 자신의 의지로 직접 말한 것만 기록되도록 한다.
- 재확인을 위한 게 아니라면 인터뷰 가이드에 있는 것 이외의 질문은 하지 마라. 어떠한 답변도 유도하려 하지 마라.
- 한 사람이 장황하게 연설하듯 말하지 못하게 하라. 필요하다면 정중히 끼어들어서 발언을 짧게 줄일 것을 요청하라.
- 인터뷰 참여에 대한 감사의 뜻을 표하라.

질문지 · 설문조사

질문지는 오픈 서술형(open-ended) 질문을 포함할 수 있지만(인터뷰와 비슷하다. 단지 응답자가 말하는 것이 아니라 쓰는 형태라는 점이 다를 뿐이다.) 대부분의 응답자들이 많이 쓰는 것을 꺼려하기 때문에 오픈 서술형 설문으로는 많은 정보를 얻기 힘들다. 그러므로 주로 **계량적 데이터(Quantitative data)**를 수집하는 데 쓰이는 방법으로써 응답자가 여러 가지 응답의 범위에서 선택하여 답할 수 있는 질문으로 구성된 서면 도구에 집중하기로 한다. (이 장에서는 질문지(questionnaire)와 설문조사(survey)라는 용어가 같은 의미로 쓰인다. 이런 형식의 진단 도구의 장 · 단점은 표 4.5에 잘 나타나 있다.) 이렇게 잘 짜여진 설문 도구를 이용하면 전화나 웹 페이지를 통해서 같은 정보를 수집할 수도 있다. 물론 맞춤형(customized) 설문을 제작하기 보다는 전문적으로 개발된 **표준화 (standardizied)**된 설문 도구를 구입하는 방법도 한 대안이다. 이 두 가지 방법의 장점은 표 4.6에 나타나 있다.

표 4.5 질문지 · 설문조사의 장점과 단점

장점	단점
· 신뢰도와 타당도를 통계적으로 보장한다.	· 도구 개발이 어렵고 시간이 많이 든다.
· 분석이 빠르고 쉽다.	· 설문의 만족스러운 응답률을 얻기 어렵다.
· 모든 응답자들에게 같은 용어를 사용해 질문한다.	· 질문에 쓰인 같은 용어라도 응답자마다 다르게 해석할 수 있다.
· 다른 응답자들과의 비교 또는 시간에 따른 비교를 통해서 벤치마킹이 가능하다.	· 친밀감과 신뢰를 쌓기가 어렵다.
· 실행과 분석이 용이하여 모든 직원들이 참여할 수 있기 때문에 조직의 구성원들이 주인의식을 가지게 된다.	· 개인적으로 접촉할 수가 없어서 응답자에게 익명성 보장에 대한 확신을 주기가 어렵다.
· 설문도구가 일단 개발되고 나면 실행하기는 쉽다. 단지 복사, 우편요금, 분석의 비용이 소요될 뿐인데 응답과 분석에 인터넷 웹 페이지를 사용한다면 이런 비용도 필요 없거나 절감될 수 있다. (인터넷 설문도구의 개발, 유지와 분석 과정의 개발에 비용이 소요될 수는 있다.)	· 부서 간, 조직 간의 비교를 하는 목적으로 오용될 수 있다. (물론 그러한 비교가 적절한 때도 있다.)
· 그 조직에 맞는 용어들과 조직만의 특정한 정보들을 이용하여 맞춤형으로 만들기가 쉽다.	· 깊이 없는 정보를 얻을 소지가 있다.
	· 오직 객관적이고 수치화할 수 있는 자료만 수집하므로 이야기나 설명이 부족하다.
	· 탐색형 질문을 할 수 없다.
	· 응답자들이 솔직하고 정확한 답변보다 사회적으로 바람직하다고 여겨지는 답변을 할 수도 있다.

· 계량화가 가능하여 진단 과정에 신뢰도를 부여한다. · 서면, 인터넷 또는 전화 중 어떤 형식도 가능하다. · 구성원들이 얼굴을 마주보고 정보를 나누는 것이 아니기 때문에 오히려 더 심도 있고 정확한 정보가 드러날 수도 있다. · 익명성을 보장할 수 있어서 민감한 정보를 수집할 때 중요하게 작용한다.	· 타당하고 명료하며 신뢰도가 있는 설문지를 개발하기가 힘들다.

위의 사항 중 몇 가지는 Patten(2001)으로부터 수정했음.

표 4.6 표준화된 설문과 맞춤화된 설문의 장점

표준형	맞춤형
· 즉시 이용 가능하여 설문지 개발에 시간이 소요되지 않는다. · 해당하는 적절한 심리 측정법이 이미 구축되어 있어서 조직 내에 그 영역의 전문가가 필요하지 않다. · 분석 시스템이 이미 마련되어 있어서 전문성과 분석 개발 시간이 필요하지 않다. · 보다 더 전문적으로 보일 수 있다. · 매년 바뀌는 것이 아니라서 시간 흐름에 따른 조직의 개선 상황을 기록할 수 있다. · 설문지를 개발할 전문가가 조직 내에 필요하지 않다.	· 시간의 소요를 감안하지 않는다면 표준화 도구보다 비용이 덜 든다. · 그 조직에 적합한 언어나 용어를 사용할 수 있다. · 조직 내에 가장 큰 관심사가 있는 영역에 초점을 맞출 수 있다. · 다른 조직과의 비교보다는 그 조직 자체에 초점을 맞출 수 있다. · 설문지를 만든 사람들에게 더 큰 주인의식이 생긴다. · 새로 부상하는 이슈에 대응하기 위하여 매년 수정될 수 있다. · 직원들이 보다 쉽게 파악할 수 있는 질문으로 만들 수 있다.

좋은 설문조사의 기준 신뢰도와 타당도를 확립하는 것 외에도 적절하고 좋은 설문지를 만들기 위해서는 다음과 같은 조건들이 충족되어야 한다.

- 설문지 작성방법의 설명은 물론 설문지의 모든 질문 항목들이 분명하고 이해하기 쉬워야 한다.
- 참여 대상 조직의 모든 조직원들이 설문조사 대상자로 선정될 동등한 확률을 가져야 한다.
- 가급적이면 90% 이상의 응답률이 보장되어야 한다. 응답률을 높이기 위한 여러 방법이 있는데, 첫째, 작성하기 쉬운 설문지여야 한다. 둘째, 그 설문조사는 조직에 중요한 것이며 그들의 미래에도 영향을 미칠 것이라고 응답자가 믿고 있어야 한다. 셋째, 만약

우편을 통해서 한다면 기념우표를 사용하고 답장을 위하여 우표가 붙어 있는 회신용 봉투도 같이 제공한다. 넷째, 필요 시 인센티브를 제공한다. 필자가 사용했던 가장 유용했던 방법 중 하나는 설문지를 마친 후에 자신의 회사 이름으로 기부를 하면 좋을 만한 봉사단체 하나를 고를 수 있게 하는 것이었다. 이 방법은 익명성을 해치지도 않으면서 남을 돕고 싶어 하는 인간의 본성을 자극하는 것이다. 다섯째, 근무 시간을 이용하여 업무 장소와 떨어진 지정 장소에서 설문지를 작성하게 한다.

- 설문지 응답하는 데 10분 이상 걸리지 않도록 간결하게 만든다. 필수적인 질문만 하고 목적에 벗어난 질문은 하지 않는다. 모의 테스트를 해 보고 그 결과에 따라 설문 응답에 어느 정도 시간이 걸릴지 응답자들에게 미리 알려 준다.

- 설문 내용의 문항별 변별도를 얻기 위해 반대로 묻는 질문도 무작위로 포함해야 한다. 이를 위해서 어떤 문항은 긍정의 문장으로, 어떤 문항은 부정의 문장으로 서술한다. 어떤 응답자들은 이러한 형식을 혼란스럽게 여길 수도 있지만 응답자들로 하여금 질문을 주의 깊게 읽도록 유도할 수 있다. 반대로 질문한 문항들은 분석 단계에서도 잘 고려하여 분석해야 한다.

- 항목들을 카테고리 별로 분류하지 않고 무작위로 배치하여 응답자들이 개별 항목이 아니라 그 카테고리 전체의 느낌에 대해 서술하게 되어서 한 카테고리의 모든 항목에 똑같은 답변을 하게 만드는 후광 효과를 방지한다.

- 설문지를 읽기 편하게 만든다. (큰 글씨 크기, 충분한 여백, 선명한 색 대비 등) 흐린 파란 바탕에 흰 글씨나 검은색이나 빨간색 바탕에 보라색 글씨는 적절치 않다.

- 매 질문마다 답변 선택 항목 각각의 의미를 표시한다.

- 각 항목에 오로지 하나의 개념만이 포함되어야 한다. 특히 '그리고'라는 단어 사용에 주의해야 한다. '나의 감독관은 공평하고 쉽게 이야기 나눌 수 있다.'와 같이 두 개의 개념을 제시하는 경우, 만약 감독관이 공평하지만 쉽게 이야기를 나눌 수 없다면, 혹은 쉽게 이야기를 나눌 수는 있지만 공평하지는 않다면 어떻게 답변해야 할 것인가?

설문조사를 설계하는 데 짚고 넘어가야 할 질문 사전 지침이 없는 설문조사일 경우에는 다음 몇 가지 질문을 짚고 넘어가야 한다. 이런 질문에 대한 답은 설문 설계자의 취향이나 질문자가 그 진단을 통해 무엇을 얻고자 하느냐에 따라 달라질 수 있다. 다음의 질문들은 설문조사 설계 시 고려해야 할 요소이다.

- **문제의 답변 선택 항목이 홀수인가 짝수인가?** 만약 답변 선택 항목의 개수가 짝수라면 응답자는 원치 않더라도 반드시 선택을 내려야 한다. 그에 비해 답변 선택 항목의 개수가 홀수라면 응답자는 중립적 의견으로 가운데 답변 항목을 선택할 수 있다.

- **얼마나 많은 개수의 답변 선택 항목이 있어야 하는가?** 답변 선택 항목의 개수가 너무 많으면 혼란스러울 수 있지만 반면에 변별력과 신뢰도를 높일 수 있다. 대부분의 설문지는 5개 또는 7개의 홀수로 혹은 4개 또는 6개의 짝수로 답변 선택 항목을 제시한다. 보고 용도로 답변 선택 항목을 3개로 압축해 버리는 조직개발 전문가도 있다. 변별성을 나타내는 데 3개의 선택 항목만으로도 충분하다면 애초에 설문지에도 답변 선택 항목을 3개로 구성해야 한다. 설문에서는 7개의 답변 선택 항목을 제시하고 나중에는 3개의 항목으로 압축해서 보고서를 만드는 것은 이치에 맞지 않다.

- **(첫 번째에서 언급했듯이)중립적인 답변을 허락할 것인가?** 그렇다면 어떻게 수용할 것인가? 한가지 방법은 홀수의 답변 선택 항목을 가지고 있는 경우 가운데 항목을 중립적 답변으로 제공하는 것이다. 이 답변은 분석에 포함된다. 다른 방법으로는 '해당사항 없음(N/A)'이라는 답변을 제시해 주는 것으로 이 답변은 분석에 포함되지 않는다.

친화도법(Affinity diagram)을 이용하여 질문 항목과 설문 카테고리 만들기 대부분의 설문조사는 여러 가지 주제를 탐구하게 되는데 그 결과를 개별 항목별로 보고하는 동시에 카테고리 별로 보고하는 것이 바람직하다. 통계적으로, 사후에 확인된 카테고리들은 통계적 도구인 요인 분석을 통해 수용(혹은 거부)될 수 있다. 사전에 가장 적절한 카테고리를 만들기 위한 방법에는 준비 단계에서 형성된 조직의 팀과 함께 친화도법을 활용하는 것이 있다. 친화도법은 많은 수의 항목들을 몇 개의 카테고리로 분류하는데 사용된다. 조직 구성원들과 함께 다음과 같은 과정을 실행한다.

1. 설문조사의 목적을 분명하게 제시하는 서술문을 팀이 작성하도록 한다.

2. 팀에게 5분 가량의 시간을 주어 포함되어야 할 항목의 목록을 개인별 또는 팀이 함께 브레인스토밍하여 작성하도록 한다. 각 항목을 표현하는 어구는 너무 길지 않도록 한다.

3. 아이디어가 도출되면 참여자 각자가 자신의 아이디어를 굵은 펜으로 가로 세로 3인치 또는 가로 5인치, 세로 3인치 크기의 포스트잇에 써서 모두 볼 수 있도록 게시한다. 필자가 자주 이용하는 방법은 종이를 쉽게 붙였다 떼어낼 수 있게 하는 미술용 스프레이 풀을 뿌린 커다란 천을 벽에 붙이고 그 위에 아이디어가 담긴 메모지를 붙이는 것이다. 이 경우, 메모지는 포스트잇이 아닌 평범한 메모지여도 된다.

4. 위의 방법과는 달리 두 세명의 기록자를 선정하는 방법도 있다. 기록자들은 참여자들 사이를 오고 가면서 각 참여자로부터 한 번에 한 개의 아이디어를 얻어 온다. 기록자는 이 아이디어를 메모지에 써서 큰 테이블 가운데의 플립차트나 준비된 천 위에 붙여 놓는다. 메모지를 카테고리별로 분류하지 말고 무작위로 붙여야 한다. 더 이상 새로운 아이디어가 떠오르지 않는 참여자는 통과해도 된다.

5. 더 이상 추가될 새로운 아이디어가 나오지 않을 때까지 이 프로세스를 계속한다. 참여자는 자기 순서를 통과했어도 나중에 아이디어가 떠오르면 내 놓아도 된다. 이 브레인스토밍 과정에는 그 아이디어 항목에 대한 논의가 있어서는 안 된다. (제7장 참조) 이미 제시된 항목과 비슷한 개념일지라도 일단 받아들여야 한다. 이미 말한 것과 똑같은 경우일 때만 기록에서 제외한다.

6. 그 후 참여자 서로 간의 아무런 논의나 대화 없이 그 항목들을 카테고리별로 분류한다. 특정 항목을 특정 카테고리로 분류하는 작업에 명백한 이유는 필요 없을 뿐 아니라 그 이유를 제시해도 안 된다. 참여자들이 원하는 대로 자유롭게 항목들을 다른 카테고리로 옮겨도 좋다. 한 그룹에 메모지가 너무 높게 쌓여 올라가서 참여자들의 손이 닿지 못할 정도가 되면 안 된다. 참여자들이 메모지를 더 이상 옮기지 않을 때까지 이 작업을 계속 진행한다.

7. 진행자는 "이 카테고리에 속한 항목들이 이렇게 한데 모인 이유는 무엇일까요?" 등의 질문을 던지면서 한 그룹씩 집중해서 그 그룹에 제목을 붙이도록 한다. 이 과정에서 참

여자들이 항목들의 개념이 겹치는지를 결정하게 하고 의견 수렴을 통해 겹치는 개념을 버리게 한다. 또한 항목들이 적절한 해당 카테고리에 속해 있는지도 결정할 수 있다. 적절치 않은 항목은 다른 카테고리로 옮기거나 새로운 카테고리가 형성될 때까지 대기시켜 놓는다. 아니면, 그 항목 자체가 적절한지를 논의해도 된다. 또는 참가자 합의를 통해 항목을 다른 식으로 바꾸어 표현할 수도 있다.

8. 합의가 이루어지면 카테고리의 제목을 더 큰(또는 다른 색의) 메모지 위에 써서 그 카테고리 위에 붙여 놓는다. 제목은 카테고리 내의 항목들을 보지 않더라도 그것들에 대해 분명히 알 수 있을 정도로 적절히 표현되어야 한다. 이 프로세스는 모든 항목들이 카테고리로 분류되고 카테고리의 제목 짓기가 끝날 때까지 계속된다. 하나의 항목만 들어 있는 카테고리는 인정되지 않는다. 프로세스 결과 보통 6~8개의 카테고리가 형성된다.

9. 프로세스의 결과물인 카테고리의 제목과 그 안의 각 항목들을 다음 모임의 준비를 위해 컴퓨터에 기록한다. 다음 모임에서는 이 목록의 항목들이 합의하에 적절히 선정되었는지, 해당 카테고리로 적절하게 분류되었는지를 확인한다. 필요하다면 합의하에 수정할 수도 있다.

10. 마지막으로, 도출된 카테고리와 해당 항목들을 이용하여 설문조사지를 작성한다.

좋은 설문조사 항목을 위한 기준 유감스럽게도 양질의 설문조사 항목을 개발하기가 얼마나 어려운지 아는 사람은 많지 않다. 단지 글을 잘 쓴다고 해서 좋은 설문 항목들을 작성할 수 있는 것은 아니다. 조직의 모든 사람이 볼 것이기 때문에 타이핑 실수나 문법적 오류가 없이 설문지를 작성하는 것은 매우 중요하다. 좋은 설문 항목을 작성하는 요령은 다음과 같다.

- 하나의 항목에는 오직 한 가지 아이디어만 들어가도록 하라. '그리고'라는 단어를 특히 주의하라. 예를 들어 '훈련자는 준비성이 철저했고 명료했다.'라고 한다면 그 훈련자가 준비성은 있지만 명료하지 않다거나 또는 그 반대의 경우에 어떻게 답하겠는가?

- 항목들을 가능한 한 단순하고 짧게 하라.
- 애매한 단어는 쓰지 마라. 성공적인, 때때로, 대개와 같은 단어를 피하라.
- 쉬운 단어를 사용하라.
- 응답자들에게 친숙한 용어, 제목, 설명·묘사 등을 이용하라.
- 같은 구조의 문장으로 표현하라.(모든 항목을 동사로 끝내기 등)
- 교정하고 또 교정하라.(자동 철자교정 기능을 사용하기는 하되 너무 의존하지는 말라.) 다른 사람들도 항목을 읽게 하라. 작성자가 아무리 봐도 찾을 수 없는 실수를 발견하는 경우가 있다.
- 준비 단계에 구축된 팀이 설문 항목을 마지막으로 검토하게 하라.

요구진단의 분석과 보고

일단 진단 도구와 프로세스가 결정되고 실행되었다면 다음 단계는 그 진단 결과들을 분석하고 보고하는 것이다. 다음에 제시된 제안은 분석에 대한 일반적인 제안, 계량적 데이터 분석에 대한 제안, 질적 데이터 분석에 대한 제안으로 나눠진다. 이는 진단 결과를 분석하고 보고하기 위해 누구라도 단계별로 따라 할 수 있는 간단한 방법이다. 이에 대해 더 자세히 알고 싶다면 패턴(Patten, 2001)과 미국심리협회에서 나온 핸드북(the American Psychological Association, 2001)을 참고하길 바란다.

분석에 대한 일반적 제안

- 결과 보고를 읽을 사람의 경험 정도가 어떠한지 판단하고 그 수준에 맞춰서 결과와 분석의 세부사항을 결정하라.
- 응답자의 익명성을 보호하라. 인구통계학적인 분류로써(부서, 성별, 직위 등) 결과를

보고할 때는 적어도 한 분류당 5명 이상이 들어가도록 하라.

- 분석이 정확한지 재확인하라. 설문 결과는 그 조직에 아주 중요하다. 만약 결과에 오류가 있음이 밝혀지면 조직개발 전문가의 평판이 나빠질 것이다.

계량적 데이터 분석을 위한 제안

수집된 정보의 척도를 구분하라. 이것은 그에 따른 분석 방법에 영향을 미친다. 정보의 척도를 간단히 살펴보면 다음과 같다.

- **명목척도(nominal)** 이 척도는 직위(관리자, 감독자, 직원), 성별, 결혼 여부 등과 같이 무엇인가를 단순히 지칭하는 방식이다.
- **서열척도(ordinal)** 서열척도는 순서에 따라 항목을 나열하는 것인데, 두 항목과의 차이가 또 다른 두 항목과의 차이와 같은지 알 방법이 없다. 예를 들어 1~5의 응답범위가 있다면 4와 5의 차이가 2와 3의 차이와 같은지 알 수 없다. 같은 예로, 직원의 인사고과에서 강제적으로 순위를 매겼을 때 1등과 2등의 차이가 2등과 3등의 차이와 다를 수도 있다.
- **등간척도(interval)** 모든 항목 사이의 점수 차이는 모두 일정하지만 절대적 의미의 0이라는 개념은 없다. (0도의 온도는 온도가 없다는 뜻이 아니다.)
- **비율척도(ratio)** 모든 항목 사이의 점수 차이는 모두 일정하며, 절대적 의미의 0의 값이 존재한다. (급여, 나이, 고용기간 등)

기술적 통계(Descriptive statistics)를 포함시키면 손색없는 진단 결과 보고가 된다. 등간척도와 비율척도를 이용한 정보를 제시할 때는 최소한 **평균(means)**과 **표준편차(Standard deviation)**를 밝혀야 한다. 대개 서열척도(예, 1~5)의 경우에는 평균과 표준편차를 제시해도 무방하다고 생각한다. 다른 서열척도와 명목척도를 이용한 정보를 제시할 때는 빈도와 비율이 주로 쓰인다. 비율을 나타낼 때는 반드시 빈도를 함께 나타내야 한다.

- 만약 결과가 상당한 비대칭 분포를 가지고 있거나(대부분의 결과가 양이거나 음이다.) 또는 답변 항목이 연속되는 값이 아니라 단순히 카테고리를 나열해 놓은 것이라면 최빈치(modes)가 유용할 것이다. 막대 차트와 라인 그래프를 사용하는 것도 좋다.
- 오류를 최소화하기 위해서 가능한 한 자료를 재차 입력하지 않는다. (인터넷에 입력된 자료를 바로 이용하거나 OMR 답안지 같이 바로 스캔될 수 있는 도구를 사용하라.)

질적 자료 분석에 대한 제안

- 녹취된 자료를 여러 번 읽은 후 같은 주제와 관련된 구문들을 같은 색의 필기도구로 표시하라. (예를 들어 감독에 관한 구문들은 노란색으로, 전략에 관련된 것은 빨간색으로 칠한다.)
- 관련된 샘플 인용문과 함께 도출된 주요 주제들을 제시하라. 대표적인 구문을 인용하여 보고하라. 샘플 인용문에서 응답자의 신분이 어떤 식으로라도 드러나지 않도록 하라.

다각적 측정

이제까지의 논의를 참고하면, 각각의 진단 방법은 서로 다른 형태의 정보를 생성한다는 것을 분명히 알 수 있다. 그렇다면 이와 같은 다른 형태의 정보가 일관성을 지닌 정보인가? 이것은 5개의 접근방법 중 몇 가지를 활용할 것인가를 결정하는데 중요한 문제이다. 2~3개의 방법을 사용하여 정보를 수집하는 방법인 다각적 측정(triangulation)은 어떤 방법을 사용하는지와는 상관없이 같은 결과를 보여주는 자료가 나왔는지를 확인하는 데 아주 유용한 방법이다. 만약 그 자료 결과가 같다면 일종의 신뢰도를 갖췄다고 할 수 있다.

그러나 자료가 일관될 것이라고 생각해서는 안 된다. 설문조사는 양적인 데이터를 수집하고 인터뷰는 질적인 데이터인 이야기를 수집하기 위해 만들어졌다. 이들은 동일한 정보를 제공하기보다는 서로를 보충하는 역할을 해야 한다. 어떤 이들은 서로 다른 방법들이 상이한 결과를 내놓는다면 곤란해지기만 할 거라고 한다. 하지만 서로 상충되는 정보가 나오지만 않는다면, 각각의 방법은 각각의 장점이 있고 조직 내의 상황에 대한 관점을 넓히는 역할을 한다. 조직에서 언제나 한 가지 이상의 진단 방법을 쓰길 원하는 이유는 다각적 측정을 하기 위한 것이다. 필자는 인터뷰와 설문 조사 방법 중의 적어도 한 가지 방법과 함께 2차 자료와 관찰 방법도 늘 포함시킨다.

피드백

진단이 끝나면 진단 결과를 조직에 피드백으로 제공해야 한다. 피드백을 제공하는 이유는 첫째, 결과 해석의 타당성을 확보하기 위해서, 둘째, 그 결과에 대한 조직원들의 주인 의식을 높이기 위한 것이다.

....

다음은 조직에 피드백을 제공했을 때 얻을 수 있는 긍정적인 효과의 한 예이다. 설문 조사 결과 업무 환경에 소음이 심하다는 직원들의 불만이 드러나게 되었다. 사무실이 여러 개의 방으로 이루어진 형태였는데 벽이 천장까지 닿아 있지 않아 시끄러웠다. 전화벨이 울리는 소리, 웃음소리, 대화하는 소리가 벽 너머로 다 들렸으며 심지어는 직원들이 벽을 넘어서 서로 이야기하기도 했다. 사무실에서 나는 일반적인 소음도 매우 잘 들리는 구조였다. 이러한 소음 문제를 해결하기 위해 비용이 들더라도 벽을 보수할 계획이었다. 하지만 피드백 회의 중에 이러한 제안이 나오자 직원들은 상당히 부정적으로 반응했다. 그들은 기존의 벽의 구조가 한편으로는 다른 직원들과 보다 쉽고 정기적으로 상호 소통할 수 있게 도와준다고 생각하고 있었던 것이다. 정작 문제는 각 직원의 사무 공간 위에 있는 팬이 소음을 발생시키고 있는 것으로 밝혀졌다. 빌딩 엔지니어가 신속히 조치를 취한 결과 한 시간 내에 모두가 만족할 정도로 소음 수치가 줄어들었고 거의 아무런 비용도 들지 않았다.

....

진단 프로세스의 결과에 대한 피드백을 주려면 적어도 다음 네 가지 물음에 답을 준비해야 한다. 누구에게 피드백할 것인가? 누가 피드백할 것인가? 어떤 형식으로 피드백할 것인가? 피드백에는 어떤 내용이 포함되어야 하나?

누구에게 피드백할 것인가?

조직개발에서의 기본 가치는 데이터의 주인은 데이터를 제공한 사람이라는 것이다. 이 가치를 생각한다면 진단 프로세스에 참여한 모두가 진단의 결과에 대한 피드백을 받을 권리가 있다. 경영진은 이러한 방식을 불편해 하기도 하는데 이는 경영진이 진단 결과가 부정적이면 직원들의 사기가 떨어지고 경영진에 대한 인상이 나빠질 것을 우려하기 때문이다. 이러한 걱정에 대한 답변은 이렇다. 이 정보를 제공한 당사자가 바로 직원들이기 때문에 그들이 결과에 대해 들을 때 전혀 새로울 게 없다는 것이다. 직원들은 이미 다 알고 있다!

그 정보가 실제 주식 시장이나 경쟁 업체와의 비교 우위에 부정적인 영향을 미칠 때는 예외적으로 이러한 기본 원칙을 접어 두어야 한다. 하지만 이러한 가능성을 미리 알려야 되는 것은 물론 어떤 진단 과정이 선택되더라도 진단 지침서에 미리 반영해야 한다. 그러므로 정상 참작이 필요한 흔치 않은 상황이 아닌 이상, 피드백은 참여자 모두에게 제공되어야 하는 것이 기본 원칙이며 이는 계약서상에 명기되어야 한다.

누가 피드백할 것인가?

경영진이 피드백을 제공하는 경우 그들이 결과 자료에 대해 주인의식을 가지기가 더 수월하겠지만 그렇게 되면 직원들이 피드백을 신뢰하지 않을 위험도 있다. 진단 결과를 상부 경영진으로부터 차례차례 하위 단계로 전달하게 되면 정보를 신속하게 전달할 수 있고 경영진이 진단 프로세스를 매우 진지하게 받아들이고 있다는 입장을 전할 수도 있다. 경영진이 피드백을 제공하는 역할을 하는 데 따르는 위험은, 자료에 대해 비평을 할 수 있고 부정적이라고 여겨지는 직원의 피드백에 대해 경영진이 미리 방어적 자세를 취할 수 있다는 점이다. 또한 경영진이 피드백 회의 중에 직원들로부터 어떠한 질문이나 코멘트를 받지 않겠다고 선언할 수도 있다. 그러므로 조직개발 전문가가 경영진에게 피드백을 제공하고 경영진이 직원들에게 피드백을 제공하게 되는 경우에는 조직개발 전문가가 최고 경영진을 만나 피드백을 하는 방법에 대해 코칭하고 교육하는 시간을 가져야 한다. 또한 조직개발 전문가가 피드백 회의 때 참여하는 것도 좋은 방법이다.

어떤 형식으로 피드백할 것인가?

가능하다면 직접 대면하여 피드백하는 게 가장 효과적이다. 피드백 회의 참가자가 자료에 대한 질문이나 결과에 따른 계획된 조치에 대한 질문을 한다면 직접적으로 즉시 답할 수 있다. 피드백 회의 때 질문과 답변을 위한 시간을 충분히 배정해야 한다. 그러나 규모가 큰 조직의 모든 구성원이 다 참가한 설문조사의 경우는 이러한 시간 배분이 불가능할 수도 있다. 그렇지만 앞서 말했듯이 상위로부터 하나하나 내려오는 방식이라면 가능할 것이다. 빔 프로젝터를 통한 프레젠테이션이 가능하기 때문에 조직 전체에 걸쳐 양질의 프레젠테이션을 일관되게 제공할 수 있다. 하지만 프레젠테이션을 진행하는 사람이 조직진단 프로세스를 직접적으로 담당하는 사람이 아니라면 질의에 응답할 준비가 되어 있지 않을 것이다. 배포 자료를 나눠줄 것인지도 신중해야 하는데 인쇄된 자료가 경쟁업체에 의도적이든 실수로든 쉽게 들어갈 가능성이 있기 때문이다.

자료의 기밀 유지도 인쇄된 형태의 정보를 조직 전체에 나누어 주지 않는 이유 중 하나이다. 하지만 어떤 조직에서는 피드백을 문서 형태로 제공하는 게 가장 효과적일 수 있다. 조직 전체에 문서로 피드백을 전달하기에는 정보가 너무 민감하다고 여겨질 때는 정보의 민감성에 대한 지침이 문서 안에 함께 제공되어야 한다.

어떤 방식으로 피드백을 제공하던지 한 가지 형식보다는 여러 가지 형식을 사용하는 것이 좋다. 어떤 이들은 시각적인 것을 중시하여 그래프를 선호할 수도 있지만 다른 이들은 데이터를 중시하여 숫자와 도표를 선호할 수도 있기 때문이다.

피드백에는 어떤 내용이 포함되어야 하나?

피드백을 받는 사람이 피드백에서 확인해야 하는 내용은 정보 수집 방법, 수집된 정보의 요약, 자료를 사용하는 경영진의 의도, 자료에서 확인된 긴급한 사항을 우선적으로 처리하기 위해 쓰인 조치, 진단 프로세스나 결과에 대한 피드백을 주기 위한 방법이다. 만약 이전에도 이런 설문조사가 있었다면 연대기적 자료를 잘 활용하여 직원들에게 조직의 과거와 현재 진척 상황 및 실패했던 상황까지 되돌아보는 기회를 줄 수 있다. 하지만 너무 많은 정보로 청중들을 압도하지 않도록 주의하라. 대개 진단 프로세스에서 많은 정보가 생성되는데 이로 인해 회의 참가자들이 쉽게 압도당할 수 있다.

피드백 회의의 후반부에서는 참가자들을 소그룹으로 나눠 진단 결과에 드러난 문제를 해결하기 위한 적절한 아이디어를 찾기 위해 브레인스토밍을 하도록 유도한다. 이로써 조직개발 프로세스 모델의 다음 단계인 실행계획 수립 단계에 착수하게 되는 것이다.

진단 단계와 평가 단계의 관계

조직개발 프로세스 모델에서 보면 실행 단계가 끝나고 평가 단계가 이어진다. 이상적으로는 실행계획 수립 단계가 양질의 진단을 기반으로 이루어지기만 한다면 진단 피드백을 주기까지의 프로세스가 아마도 평가 단계에서 필요한 요건을 갖추기 위한 최상의 방법이 될 것이다. 그러므로 평가 단계에서 이 프로세스가 반복될 것임을 진단 단계 초반에 사람들에게 알리는 게 좋다. 이를 통해 평가 단계가 시작될 때 발생할 수 있는 불만을 미연에 방지할 수 있다. 이후에 평가 단계에 관한 장에서 진단 프로세스 반복 시에 나타날 수 있는 문제에 대해 좀 더 논의하도록 하자.

요약

이 장에서는 가장 기본적인 형태의 진단 방법 즉 관찰, 2차 자료(기존에 존재했던 정보), 개인 인터뷰, 그룹 인터뷰, 질문지·설문 조사의 실행 프로세스와 함께 각각의 장점과 단점에 대해서 살펴보았다. 이 중 두 개 이상의 방법을 함께 사용하게 되면, 즉 다각적 측정을 한다면, 진단 결과에 일관성이 있는지 또는 서로 다른 진단 방법이 상이한 결과를 낳는지 알아볼 수 있다. 신뢰도(일관성)와 타당도(의도한 바를 측정하는 것)는 어떤 진단 방법에서라도 반드시 확보되어야 할 기본적인 두 가지 심리 측정 요소이다. 마지막으로, 피드백은 수집된 정보의 정확도를 확인하고 조직개발 프로세스 모델에서 다음 단계인 실행계획수립 단계를 시작하기 위한 필수적인 과정이다.

토론 및 성찰을 위한 과제

1. 서로 짝을 지어 실제 업무 상황에서의 인터뷰를 역할극으로 재현해 보라.

2. 학급이나 회사의 조직문화를 파악하기 위한 설문지를 만들기 위해 소그룹 내에서 친화도법을 실시해 보라.

3. 설문 항목을 몇 개 작성하고 파트너와 함께 분석해 보라.

4. 이 장에 나와 있는 각 진단 방법의 장·단점 목록에 몇 가지 항목을 더 추가하라.

5. 본인의 경우, 진단 프로세스에서 다각적 측정법을 어떻게 사용할 수 있을지 기술하라.

6. 조직개발 운영 팀과 경영진 간부들뿐만 아니라 진단에 참여한 모든 구성원들에게 피드백을 주는 것에 대한 장점과 단점을 토론하라.

개요

실행계획은 진단 결과에 근거해서 수립해야 한다. 조직이 어떤 목표와 목적을 세울 것인가? 조직 진단과 피드백의 결과로 조직은 무엇을 실행할 것인가? 이 장의 뒷부분에는 앞 장에서 설명했던 친화도법 프로세스를 주로 이용하여 그룹이 함께 수립하는 실행계획 수립 프로세스에 도움이 될 양식을 부록으로 넣었다. 또한 실행계획에서 선택할 수 있는 실행 인터벤션의 종류를 간략하게 소개하고자 한다.

진단과 피드백을 마친 뒤 피드백을 받은 사람들의 의견을 취합하고 나면, 이제 운영팀은 진단 결과에 부응하여 무엇을 실행해야 할지 결정하는 프로세스를 시작한다. 이러한 실행계획 수립 단계는 그림 5.1에 나타나 있다.

실행계획 수립 단계에서 조직개발 전문가들이 선택할 수 있는 인터벤션의 종류는 광범위하다. (인터벤션이란 실행계획 수립 단계에서 정해진 목표와 목적을 이루도록 고안된 활동을 지칭한다.) 다음에서는 교육훈련 요구를 다른 종류의 조직개발 요구와 구분하는

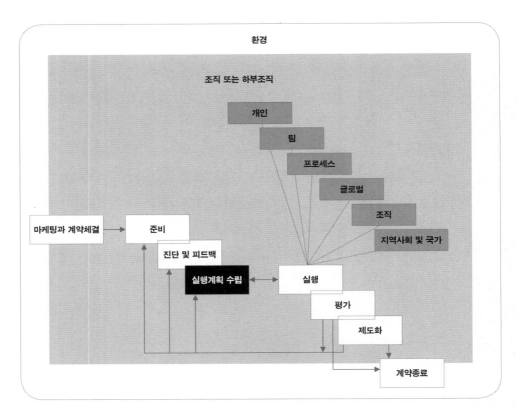

그림 5.1 조직개발 프로세스 모델 4단계, 실행계획 수립

프로세스에 대한 논의를 다루어 볼 것이다.

교육훈련 니즈와 조직개발 니즈 구분

많은 조직들이 이른바 '교육훈련 만능주의' 신드롬에 빠져 있다. 몇몇 조직은 조직개발 전문가들이 사용하는 도구에 익숙하지 않기 때문에, 조직이 선택할 수 있는 인터벤션은 한정되어 있다고 여긴다. 대부분의 사람들은 교육훈련이 하나의 조직개발 인터벤션이라고 생각하지만, 그렇다고 선택 가능한 유일한 인터벤션은 결코 아니다. 그렇다면 조직과 그 조직을 위해 일하는 조직개발 전문가들이 직면한 문제는 현 상황을 교육훈련으로 해결해야 할지, 다른 종류의 조직개발 인터벤션으로 해결해야 할지를 판단하여 결정을 내리는 일이다.

물론, 어느 상황에서 교육훈련이 도움이 될 것인지, 어느 상황에서 다른 종류의 인터벤션이 더 나을지 판단하는 데는 왕도가 없다. 단, 이 결정을 내리는 데 도움을 줄 수 있는 프로세스는 있다. 파악한 문제의 원인은 무엇인지, 이것을 극복할 수 있는 방법은 무엇인지 알아내기 위해서는 시스템 관점을 유지하는 것이 중요하다. 전문적인 기술이나 지식이 부족해서 초래되는 문제라면 아마도 교육훈련을 통해서 해결할 수 있을 것이다. 반면에 규정이나 프로세스의 문제는 교육훈련이 아닌 다른 조직개발 인터벤션으로 다루어야 할 것이다. "이 업무를 수행하지 못하면 당신의 목숨이 달아날 것이다. 이 업무를 수행해 낼 수 있는가?"라는 질문의 대답이 "할 수 있다."라면 이 문제는 교육훈련의 문제가 아닌 것이다.

교육훈련 요구와 다른 조직개발 요구를 구분할 때, 조언을 해 주는 사람의 전문성 여부를 주목해 봐야 한다. 유감스럽게도 조직개발 전문가로서 인정받기 위해 갖추어야 할 공식적인 자격요건이 아직 확립되지 않았기 때문에 전문성이 부족한 사람이 조언을 하게 될 수도 있다. 이런 상황에서는 닥치는 대로 무분별하게 조직개발 인터벤션을 사용할 위험이 존재한다. 따라서 조직개발 전문가가 본래 교육훈련 전문가였다면 조직의 모든 문제의 해답이 교육훈련이라고 할 수 있다. 만약 그 사람이 특정 도구나 프로세스에 대한 사용 자격증을 가지고 있다면 그 프로세스나 도구를 사용하라고 쉽게 권할 것이다. 즉 조직개발 전문가가 조직개발에 대한 더 많은 지식을 갖추고 향상시키면 조직으로 하여금 좀 더 현명한 조직개발 프로세스의 소비자가 되도록 도와줄 수 있을 것이다. 또한 진단 결과를 잘못된 인터벤션으로 다루게 될 가능성도 피할 수 있다. 조직은 조직개발의 소비자로서 조직개발이 무엇인지 또 조직개발을 통해 무엇을 할 수 있고 무엇을 할 수 없는지를 반드시 잘 알고 있어야 한다.

전사품질관리(TQM) 운동 덕분에 조직 문제의 본질적인 원인(근본 원인)을 잘 파악할 수 있는 유용한 도구가 개발되었다. **특성요인도(Cause-effect diagram)**는 모양이

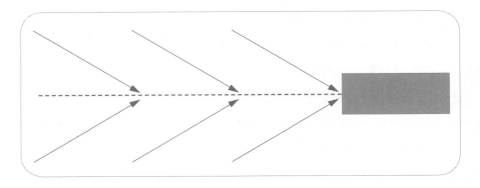

그림 5.2 특성요인도(기본 양식)

물고기 뼈와 비슷해서 피쉬본 도표(Fishbone diagram)라고 불리기도 하고 이것을 대중화시킨 일본인 전문가의 이름을 딴 **이시카와 도표(Ishikawa diagram)**라고도 한다. 규명된 문제점의 모든 원인을 밝히고 그 중에서 근본 원인이 될 만한 가능성이 가장 큰 원인을 찾을 수 있도록 고안되었다. 그림 5.2는 내용이 채워지지 않은 특성요인도이고, 활용 방법은 다음에 설명되어 있다.

특성요인도 활용 방법

문제의 근본 원인을 규명하는 일은 조직진단 결과에 따라 실행계획을 수립하는 데 있어서 매우 중요한 일이다. 다음 단계에 따라 그림 5.2의 도표를 채워 나가 보자.

1. 도표 오른쪽 상자 안에 조직이 직면한 문제를 적어 넣는다.
2. 이 문제를 야기한 모든 원인을 브레인스토밍을 통해 제시한다. 물고기 척추 뼈에 해당하는 가운데 점선에서 뻗어 나온 가시선 위에 주요 원인을 하나씩 적는다. 어디서부터 시작해야 할지 감이 오지 않을 때는, 가시선 하나하나를 재료, 사람, 방법, 기계, 환경이라고 지칭하는 것도 자주 쓰이는 방법이다.

3. 원인을 하나씩 추가하면서 그것이 주요 원인이 될 것인지 아니면 도표 위에 이미 적어 놓은 다른 주요 원인의 부차적 원인이 될 것인지를 결정해야 한다. 주요 원인으로 결정이 났다면 주요 가시선 위에 적어야 할 것이고, 부차적 원인으로 결정 났다면 주요 가시선에서 뻗어 나오는 작은 선을 하나 그려서 그 선 위에 부차적 원인을 적는다. 그렇지만 부차적 원인에 대한 또 다른 부차적 원인도 생길 수 있음을 주지하기 바란다.

4. 이 과정을 원인, 부차적 원인 혹은 부차적 원인의 부차적 원인이 더 이상 나타나지 않을 때까지 계속 진행한다.

5. 모든 의견을 도표 위에 써 넣으면(그림 5.3 참고) 제기된 근본 원인들이 무엇을 의미하는지, 그리고 이것이 어떻게 문제의 가장 근본적인 원인이 될 수 있는지에 대해 퍼실리테이터의 주재하에 논의하도록 한다.

6. 하지만 아직 이들 주요 가시선 위의 원인은 근본 원인이라 하기에는 설명이 충분하지 않다. 다음 단계는 각 가시선을 두세 개의 하위 단계로 나누는 것이다. 예를 들면 '경쟁사 증가'라는 가시선에 '상점 개장 증가, 회사 증가, 경쟁사의 혁신성, 경쟁사의 좋은 교육훈련과정 제공' 등등 여러 하위 단계를 만들 수 있다. 이러한 각각의 하위 단계마다 또 각각의 하위 단계를 만들 수 있다. 가령 '경쟁사들은 더 나은 교육훈련을 제공한다'의 항목에는 '매달 현장 영업 교육훈련'이나 '인사부서를 지원하기 위한 조직개발 전문가 영입' 등이 하위 단계 가시선으로 첨부될 수 있다. 이러한 것들을 순서대로 더

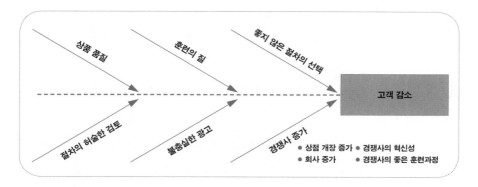

그림 5.3 특성요인도(완성본)

확장될 수 있는 만큼 지속한다.

7. 가장 깊숙한 하위 단계까지의 원인을 모두 이해하고 가장 그럴 듯해 보이는 근본 원인에 대해 충분히 논의했다면 참여자들은 이제 자신들이 근본 원인이라고 믿는 문제의 원인에 투표한다. 참여자가 근본 원인이라고 생각하는 항목 맞은편에 체크표시를 하거나, 예를 들어 개인당 3개의 색깔이 있는 스티커를 나누어 주어 도표에 붙이게 한다.

8. 가장 많은 표를 받은 원인을 근본 원인으로 임시 확정하고 이 근본 원인에 대처하기 위한 실행계획을 수립한다.

실행계획 수립

팀이 완수해야 할 과제나 프로세스를 진행할 때, 그 업무나 프로세스가 문서화되거나 기록되어 있지 않은 경우, 아직 일상적 업무로 정착되지 않은 경우, 여러 단계에 걸치는 복잡한 일일 경우에, 실행계획은 주어진 시간 내에 프로세스나 과제를 잘 편성하여 마칠 수 있게 도와주는 수단이다. 그러므로 특성요인도를 통해 얻어진 근본 원인이나 그 외의 다른 방법을 통해 확인된 문제점을 해결하기 위해 실행계획을 사용한다. 실행계획을 짤 때 주지해야 할 점은 조직의 강점을 활용할 수 있는 인터벤션을 선택할수록 성공할 확률이 많아진다는 것이다.

실행계획을 수립하는 방법이 다음에 단계별로 설명되어 있다. 부록 5.1에 나온 실행계획 수립을 위한 양식을 이용하라. 완성된 실행계획 샘플은 부록 5.2를 참고하라.

1. 팀 내 모든 구성원들이 이해하고 받아들일 수 있는 명료한 목표를 적는다. 특정한 실행계획에 대한 전략, 결과와 팀 리더를 누구로 할 것인지도 추가하여 적어 넣는다.

2. 바라는 결과를 성공적으로 얻어 내기 위해서 밟아야 할 모든 단계를 브레인스토밍하여 나열한다. 각 목록을 넓은 메모지에 하나씩 적어서 미리 준비해 둔 접착 스프레이를 뿌린 천 위에 붙여 놓는다. (앞 장에서 다룬 친화도법의 세부사항을 참고하라.)

3. 도출된 모든 목록을 검토한다. (브레인스토밍 할 때의 방법과 마찬가지로) 참여자의 의견 수렴이 이루어지지 않은 목록의 메모지는 모두 버린다. 설명이 더 필요하거나 몇 가지 목록을 결합할 때는 새로운 메모지를 첨가한다.

4. 목록 메모지들을 접착제를 바른 천 위에 시간에 따라 전개되는 순서대로 나열한다. 나중에 실행계획 양식(부록 5.1참조)으로 옮겨 적을 때 용이하도록 되도록이면 천 위의 왼쪽에 위에서부터 아래로 나열하도록 한다. 이 때 팀원끼리 서로 상의하지 않고 메모지를 배치하도록 하고 만약 한 팀원이 메모지를 배치한 자리에 대해 다른 팀원이 동의하지 않는다면 그 사람이 직접 다시 메모지를 원상 복귀시키거나 자신이 원하는 자리로 배치하도록 한다. 팀원들이 더 이상 메모지의 위치를 바꾸지 않을 때까지 이 과정을 계속한다. 이 단계를 수행할 수 있는 다른 방법은 메모지의 배치에 대해서 팀원이 의견을 나누도록 하고 의견이 수렴되는 대로 퍼실리테이터가 메모지를 옮기는 것이다. 의견 수렴이 좀처럼 이루어지지 않을 경우에는(가령, 합의를 이루지 못한 채 팀원이 계속 메모지의 위치를 옮길 때) 서로 상의를 해서 결정하면 더 효과적으로 진행할 수 있다.

5. 팀원의 합의 하에 메모지 순서 배치가 끝나면, 각각의 단계 옆에 그 항목을 책임질 팀원이나 팀의 이름을 붙인다. 또 각 단계가 수행되어야 하는 날짜도 적어 놓는다. 각 단계에 사용될 비용을 추산하여 예산도 수립한다.

6. 이 장 부록에 있는 실행계획 양식에 위의 정보를 기입한다. 컴퓨터 파일로 이 양식을 작성하고 이를 출력하여 모든 이들이 같은 양식을 사용할 수 있게 하고, 매번 필요할 때마다 새로 작성하지 않도록 한다. 양식이 다 작성된 후에는 다음 번 미팅이나 변경 사항이 있을 때 재검토한다.

7. 각 팀 내에서 회의를 하여 실행계획을 검토한다. 실행계획에는 유연성이 있어야 한다. 수정을 할 때마다 '수정일'이나 '수정번호'란에 기입하고, 단계가 완료될 때 '완료일'란에 기입하는 방식으로 필요시마다 업데이트한다. 실행목록을 책임지는 팀은 필요에 따라 목록 내용 중 일부분을 바꾸거나 변경할 수도 있다. 수정의 정도나 수정된 변화가 다른 결정에 미치는 영향에 따라 수정 내용에 대한 나머지 팀원들로부터의 허락이 필요할 수도 있다. 집행한 예산은 '실집행 금액'란에 기록한다. 필요하면 실행계획을 수

정할 수도 있다.

8. 정기적으로 '개정번호'란을 검토하여 어느 부분에서 실행계획이 잘 수행되었는지 아닌지를 파악한다. 상황에 따라, 왜 어떤 목록은 많은 수정이 필요하고 어떤 항목은 수정이 전혀 되지 않았는지를 파악하도록 한다. '예산'과 '실집행 금액'란을 비교한다. 차액이 생겼으면 왜 차액이 생기게 되었는지 검토한다. 이는 지난 프로세스를 검토함으로써 향후에 좀 더 나은 실행계획을 만들기 위한 것이다.

조직개발 전문가가 사용할 수 있는 인터벤션

실행계획 수립 단계에서 조직개발 전문가들의 중요한 역할 중 하나는 진단 프로세스에서 도출된 문제에 대처하기 위해 어떤 방법을 선택해 사용할 수 있는지 조직에 알려 주는 것이다. 조직개발은 조직 내 여러 차원에 영향을 줄 수 있기 때문에 조직개발에서 실행되는 인터벤션은 개인, 팀 또는 그룹(그룹 내·그룹 간), 프로세스, 조직의 글로벌 영역, 혹은 전체 조직 차원까지 초점이 맞춰질 수 있다. 여기서는 각 차원에서 구사할 수 있는 인터벤션 중 몇 가지를 개괄적으로 살펴보고 제6장부터 제10장까지는 각 인터벤션의 활용 방법에 대해 좀 더 자세히 설명하도록 하겠다. 또한 조직개발의 영향은 조직차원에서만 국한되지 않고 지역사회나 국가 또는 주변 지역까지 영향을 주기 때문에 이렇듯 새롭게 대두되는 조직개발에 대한 가능성을 제11장에서 다루도록 하겠다.

제1장에서 소개했던 조직개발 네트워크(OD Network) 웹 사이트의 조직개발 원칙 부문에 보면 51개의 '조직개발 방법론, 기술, 도구 리스트'가 소개되어 있다. 이 리스트조차도 조직개발에 쓰이는 모든 인터벤션과 접근 방법의 일부분일 뿐이다. 이처럼 이 책에서도 기존의 모든 조직개발 인터벤션과 접근 방법을 전부 다룰 수는 없다. 더욱이 이 책 이후에도 새로운 방법들이 꾸준히 만들어지고 있다.

조직개발 분야의 문제점 중 하나는 어떤 접근 방법이 가장 효과적인지, 언제 어떤 방법을 쓰면 전혀 효과를 보지 못하는지 결정하는 데 필요한 연구가 제대로 이루어지지 않았다는 것이다. 그 결과로 일시적 유행이나 남들이 좋다고 평가하는 '이 달의 기획특선(Flavor of the month)'이 난립하게 되었다. 조직개발 전문가들은 새로운 접근방법들이 소개될 때 신중하게 구별해 낼 수 있어야 하고 기존의 방법과 새로운 방법을 정밀하게 검토하여 조직개발 전문가로서의 활동에 보다 나은 가치를 부여하는 방법을 고민해야 한다.

개인 차원의 인터벤션

조직개발에서 '조직'이라는 용어가 차지하는 부분 때문에 조직개발이 조직 내 개인에 관심을 둔다면 의아해 하는 사람들도 있다. 그러나 조직은 여러 하위요소(혹은 하부시스템)로 이루어져 있고, 모든 조직은 조직의 하위요소로서 개개인들로 구성되어 있다는 점을 생각해 본다면 조직개발 전문가들이 조직개발 전문 활동의 한 영역으로 개인에 중점을 맞추는 것은 그리 놀랄 만한 일이 아닐 것이다.

실험실 훈련집단(Laboratory training groups) 혹은 T-그룹(T-groups) 이 출현하게 된 것은 1960년대인데, 한동안 굉장히 유행했으나 그것과 관련된 리스크가 많이 대두되면서 요즘은 그다지 각광받지 못하고 있다. 소규모 그룹이 모여 2~3일 동안 함께 지내면서 그 그룹 안에서 개개인이 서로 어떻게 인지되는지에 대한 심층적인 피드백을 나누게 된다. 이 프로세스의 목적은 개인이 그룹 내에서 어떻게 상호작용을 하는지 관찰하고 개인의 자기 이해를 높이는 데 있다.

코칭(coaching)이란 '스스로를 발전시키고 보다 더 유능해지기 위해 개인에게 필요한 도구와 지식과 기회를 마련해 주는 프로세스'라고 정의할 수 있다.(Peterson & Hicks, 1996) 코칭은 조직의 모든 수준에서 행해질 수 있지만, 주로 임원진과 간부를 대상으로 행해진다. 코칭은 대부분 조직 외부에서 제공된다.

멘토링(mentoring)은 코칭과는 대조적으로 조직 내부에서 제공된다. 조직개발의 한 방법으로 정식 멘토링 시스템을 조직에 정착시킬 수 있다. 멘토링의 목적은 개인이 직업과 개인적인 성장을 위한 기회를 잘 활용하도록 도와주는 것이다. 이해관계 상충의 소지를 피하기 위해서 적어도 두 단계 정도 직위가 높은 사람이 멘토링해 주는 게 바람직하다.

대부분 멘토링은 비공식적으로 행해지나, 정식 멘토링이 도입되면 멘토링을 받게 되는 대상자는 주로 핵심 인력이나 그 조직에서 멘토링을 해 줄 수 있는 같은 부류의 사람이 없는 보호 계층(여성, 소수 인종 등) 직원이 된다.

자기이해 도구 많은 종류의 자기이해 도구가 있다. 제1장에도 언급했듯이 이 중 가장 널리 알려진 방식은 개인의 성격을 네 가지 측면에서 바라보고 이해하도록 도와준다는 마이어스 브릭스 성격유형 검사(Myers-Briggs Type Indicator, MBTI)이다. 이러한 도구들은 대화할 때 좋은 이야깃거리는 될 수는 있지만 타당도가 충분치 않은 경우도 있고 아예 타당도를 알 수 없는 경우도 있다.

성찰 실행 전문가가 자신의 업무, 관계, 성공, 실패에 대해 성찰함으로써 자신을 발전시킬 수 있다는 개념을 대중적으로 알린 사람은 숀(Schon, 1983)이다. 이 자기 진단 프로세스는 정기적으로 행해지도록 되어 있다. 이 프로세스에서 조직개발 전문가의 역할은 직원들의 자기진단을 돕는 데 유용한 방법(명상, 글쓰기 등)을 알려 주는 것이다.

훈련, 교육, 개발 많은 훈련, 교육, 개발이 조직개발 영역 밖에서 이루어지고 있지만 조직개발 전문가도 이 세 가지가 뛰어난 조직을 만드는 데 기여하는 역할을 알아야 한다. 1970년에 나들러(Nadler & Nadler, 1989)가 처음으로 '인적자원 개발'을 정의하는 모델을 제시했다. 이는 훈련(실무 현장에 직접적이고 즉시 적용할 수 있는 것), 교육(장기적인 개념에서 실무 현장에 적용할 수 있는 것), 개발(개인적인 목적을 위한)을 모두 포함시킨 개념이었다.

리더십 개발 조직에 필요한 리더를 개발하는 것은 잘 알려져 있다시피 정의를 내리기 쉽지 않은 개념이다. 리더십 개발이라는 이름 아래 진행되는 프로그램들은 종종 경영자 개발, 임원 개발, 리더십 개발로 불리는데 이들 간의 차이를 구분하는 것은 쉽지 않다. 경영자 개발, 임원 개발은 특정 직위에 필요한 것인 반면 리더십 개발은 실무상에서는 아니더라도 일단 정의상으로는 어느 조직, 어느 직위에나 적용되는 것이다.

다면평가(360도) 피드백(Multirater feedback)은 360도 피드백(360-degree feedback)이라고도 불리며 보통 직속 상사, 동료, 직속 부하, 자기 자신, 심지어 고객 등 다양한 출처로부터 자신의 업무 수행에 대한 평가 의견을 받아 내는 프로세스이다.(McLean, Sytsma & Kerwin-Ryberg, 1995, p. 1 in section 4:4) 또한 인터뷰나 설문조사를 통해서 피드백 프로세스에 견해를 제공할 수 있다. 360도 피드백이 인사고과를 목적으로 사용될 때는 문제가 되지만 온전히 직원들을 개발하는 목적으로만 사용될 때는 순기능적인 잠재력이 있다는 연구 조사(McLean, 1997)가 있다.

직무설계 직무의 구성요소를 검토하게 되면 직무를 더 다양하게 (혹은 더 단순하게) 설계하는 것이 대부분 사람들의 직무 성과를 향상시킨다는 것을 알 수 있다. 이 때 조직 개발 전문가들이 직면하는 과제는 구성원들의 업무 효율성과 직무 만족도 사이에 적절한 균형을 찾아내는 것이다.

직무기술서 직무기술서는 특정 직무에 할당된 업무 과제들을 파악하는 것이다. 직무기술서를 작성하는 것이 바람직한지에 대해서는 다소 상반된 의견이 있다. 어떤 업무 환경에서는 주어진 특정 시간 내에 가장 우선적으로 할 일을 직원들에게 할당해 주기보다 개인에게 정해진 특정 업무 과제를 맡기는데 그렇게 되면 업무가 너무 경직되고 유연성이 없어진다. 다른 한편으로는 수행해야 할 모든 업무 과제가 직원들에게 할당되었는지를 확실히 하기 위해서 직무기술서가 필요하다.

업무분장 및 전결규정은 복잡한 업무 관계에서 책임의 중복과 공백을 없애기 위해 책임이 불분명한 영역을 명확히 정리하는 공식 프로세스이다.

근무규정 대부분의 조직은 직원들에게 조직의 규정이 무엇인지 명확히 알리고, 직원으로서 지켜야 할 의무가 무엇인지 알려 주는 근무규정집을 가지고 있다. 이 규정집에는 휴가, 휴일, 복리후생, 급여일, 승진 체계, 불만 건의 절차, 성희롱, 다양성 존중 등여러 가지의 주제가 담겨 있다. 조직개발 전문가는 어떤 규정을 포함시킬 것인지를 결정하고 규정을 작성하며 그 규정을 승인 받기 위한 관련 미팅을 주재한다. 잘 작성된근무규정집은 조직에게는 법적으로 보호받을 수 있는 근거를 제공하고 직원들에게는조직에 대한 명확한 기대치와 직장생활 가이드라인을 제공한다.

가치명료화와 가치통합 대부분의 사람들은 자신이 어떤 가치에 의해 살아가는지 의식적으로 생각해 보지 않는다. 그러나 우리 행동의 상당 부분이 우리 자신의 가치로부터우러나온다. **가치명료화(Values clarification)** 실습을 통해 개인 자신의 가치를 파악할 수 있다.
개인의 가치와 행동 사이에 명확한 관계가 존재한다는 연구 결과는 없지만, (Mckenzie-Mohr & Smith, 1999) 가치와 행동 사이를 가로막는 장벽을 알아내는 것이가치 통합 프로세스에 도움이 될 수 있다. **가치통합(Value integration)**은 개인의 가치를 직무와 개인적 삶에서 요구되는 가치와 비교하여 서로 맞추고 조정하는 프로세스이다. 이 프로세스를 통해서 직무와 개인적 삶에 변화를 가져올 수 있고 나아가 실제로 새로운 직업을 찾거나 새로운 삶을 도모할 수도 있다.

갈등관리 역사적으로 볼 때 비즈니스 분야나 사회 전반에서 갈등 해결이란 용어를 많이 썼는데, 조직개발 영역에서는 조직의 갈등 문제가 반드시 해결되어야 한다고 생각하지 않는다. 갈등이란 서로의 의견에 차이가 있다는 것을 의미하며 어느 정도의 갈등을 통해서만이 조직 내 혁신과 창의성이 꽃필 수 있다고 생각하기 때문이다. 따라서 조직개발 전문가는 갈등을 없애려는 방향으로 갈등 문제를 해결하려고 하지 않는다. 대신 건전한 갈등은 장려하고 불건전한 갈등은 지양하는 지혜가 필요하다. 의견 차이의 초점이 의견에 있지 않고 그 의견을 피력한 개인에게 맞추어질 때 불건전한 갈등이 생긴다. 어떤 경우에라도 상대방을 비하하는 식의 마찰은 피해야 하며 혹시라도 발생했을 때는 반드시 이를 대처하고 제거해야 한다. 따라서 조직개발 전문가들은 갈등관리라는 용어를 선호한다.

액션러닝(Action learning) 이 인터벤션은 조직원들과 함께 일을 하면서 이들을 개발하는 방법으로 실제 프로젝트나 문제에 관련된 일거리를 학습하기 위한 수단으로 사용한다. 참가자들은 소규모 그룹으로 활동하면서, 문제를 해결하기 위해 실제로 실천에 옮겨 보고 그 실천의 경험으로부터 학습하는 법을 배운다. 구성원이 일과 학습의 균형을 잘 맞출 수 있도록 학습 코치가 구성원을 도와주기도 한다. (York, O'Neil, & Marsick, 1999, p3)

팀 · 그룹 차원의 인터벤션

다음 인터벤션은 조직 내 그룹 또는 팀에 초점을 맞춘 인터벤션이다. 궁극적 목표는 그룹의 효율성과 효과성을 향상시키는 것이며, 주안점은 집단역학(Group dynamics)을 향상시키기 위해 행해진 연구 조사에 기반을 두고 있다.

심층대화세션(Dialogue sessions)이란 구조화된 대화 형식으로 대립적 상황으로 치달을 수 있는 주제를 탐구하기 위해 고안되었다. 이를 통해 일방적인 설득에 의해서가 아니라 상호 깊은 이해를 통해서 원하는 성과를 달성하고자 한다. 대화에 참여하는 모든 이가 동등하다는 가정하에 현재 마주하고 있는 상대방에 대해 이전에는 깨닫지 못했던 가정들을 함께 성찰해 본다. 이 프로세스는 애초에 종교 단체에서 개발된 것인데 지금은 여러 다양한 조직으로 흡수되었다. (Lindahl, 1996)

팀빌딩 팀빌딩은 수많은 방법의 인터벤션을 넓게 포함하는 하나의 범주이다. 기존에는 보통 이런 활동에 팀 상황에서 팀원끼리 서로를 알아갈 수 있도록 고안된 아이스브레이커(Ice breakers)라고 불리는 인위적인 과제나 게임이 있었다. 그러나 최근에는 실제 업무 환경에서 팀빌딩을 하는 추세로 바뀌어 가고 있다. 베커드(Beckhard, 1969)는 팀빌딩의 목표를 다음과 같이 제시했다.

1. 목표와 목적을 확립하고 이를 명확히 한다.
2. 역할과 책임을 결정하고 이를 명확히 한다.
3. 규정과 절차를 수립하고 이를 명확히 한다.
4. 대인 관계를 향상시킨다.

팀 개발·팀 효과성 팀 개발의 목적은 팀이 운영되는 방법을 개선하고 팀의 효과성을 높이는 데에 있다. 여기서 조직개발 전문가의 주된 역할은 팀원들의 모습을 비춰 주는 거울이 되어 팀원 자신들이 어떻게 서로 관계를 맺으며 팀 수행을 하는지 스스로 잘 바라볼 수 있도록 하는 것이다.

미팅 퍼실리테이션 팀을 효과적으로 운영하기 위해서는 역할의 파악과 기술, 시간 순서에 따른 미팅 의제 작성, 적합한 미팅 참여자 선정과 같은 훈련된 스킬을 바탕으로 하는 개념이 필요하다. 이를 위해 조직개발 전문가는 바람직한 퍼실리테이션을 모델로 제시하고 피드백을 제공하며 팀 참여자들을 훈련시켜야 한다.

갈등관리 · 대면 미팅 개인 간의 건전한 갈등이 인정되는 것처럼 팀 간의 건전한 갈등도 인정된다. 갈등은 보통 억제되는 면이 강하므로 드러낼 필요가 있을 때가 있다. 여러 가지 방법들을 사용하여 팀 간 갈등을 관리하거나 팀의 갈등을 표출화해서 직면하도록 할 수도 있다.

피시볼(Fishbowl, 원형 관찰 기법)이라는 방법은 팀원들이 팀 운영에서 팀원의 상호관계의 영향력을 잘 알고 있지 못할 때 사용한다. 피시볼상에서 역할이 주어질 수도 있고 또는 팀 업무 상황에서 팀원들이 평소대로 서로에게 대하듯이 할 수도 있다. 소그룹이 중앙에 자리 잡고 역할극을 하거나 평소대로 팀 운영을 하는 동안 다른 사람들은 소그룹 바깥쪽을 빙 둘러싸서 관찰하기 때문에 소그룹이 '어항(fishbowl)' 안에 있는 셈이 된다. 바깥 쪽 원에 있는 사람들은 안쪽 소그룹 안에서 일어나는 상호 관계에 대해 피드백을 제공한다.

전략정렬진단 셈러(Semler, 2000)에 따르면, "조직상의 정렬이란 조직원의 행동과 조직 내 시스템이 조직의 목표와 비전을 위해 얼마나 잘 공조를 이루고 있는가를 측정하는 것이다. 이는 조직의 비전, 전략, 문화, 시스템 간의 완전한 일치와 협력을 반영한다."(p.757) **전략정렬진단(Strategic alignment assessment)**의 중점은 한 팀이 그 자체적으로 또한 조직의 전략적 포지셔닝과 연계해서 얼마나 잘 정렬되었는지 파악하는 것이다. 셈러는 조직이 정렬된 정도를 측정하는 도구를 개발했다.

프로세스 차원의 인터벤션

앞서 개인 및 팀 차원의 인터벤션 항목은 사람에 초점이 맞춰져 있었다. 이번에 간략하게 설명할 프로세스 인터벤션은 조직의 프로세스를 개선하는 데 역점을 둔다.

식스시그마(Six sigma) 쵸더리(Chowdhury, 2001)에 의하면, 식스시그마는 생산성 향상을 위한 통계적 도구이면서 또한 경영 철학이다. 이는 전사품질관리(TQM) 운동에서 파생되었는데 전사품질관리 바로 다음에 설명되어 있다.

지속적 프로세스 개선ㆍTQM 전사품질관리는 2차 세계 대전 이후 일본에서 널리 알려진 후 1980년대에 들어 전 세계로 전파되었다. 특히 데밍(Deming)과 주란(Juran)이 이 분야에 기여한 바는 여전히 전 세계 비즈니스에 영향을 미치고 있다. 데밍(Deming, 1986)은 통계 프로세스 통제를 통한 데이터에 기반한 관리를 주로 강조하면서 14개의 경영 주안점을 개발했다.

프로세스 재설계 해머와 챔피(Hammer & Champy, 1993)가 비즈니스 프로세스 재설계(Business Process Reengineering, BPR)의 개념을 알렸는데 1990년대에 유행한 이 개념은 다운사이징과 비인도적인 방법들과 관련되어 있던 탓에 좋지 않은 평판이 나기 시작했다. 기본적으로 비즈니스 프로세스 재설계(BPR)는 생산성과 성과를 극적으로 향상시키기 위해 비즈니스 프로세스를 철저하게 새로 다시 디자인하는 데(즉, 기존의 프로세스를 없애고 새로운 프로세스로 교체) 중점을 두고 있다.

벤치마킹(benchmarking) 많은 조직들은 자신들이 얼마나 잘 하고 있는지 파악하기 위한 수단으로 다른 조직과 자기 조직을 비교하고 싶어 한다. 벤치마킹을 하는 방법에는 두 가지가 있다. 결과물 비교(동종업계의 유사 조직과 컨소시엄을 통하여 입수 가능)와 업무 프로세스 비교(유사 프로세스를 쓰는 조직들은 대부분 경쟁사일 경우가 많기 때문에 비교하기가 어려움)가 그것이다. 유사 프로세스를 사용하는 조직의 협조를 얻을 수만 있다면, 프로세스 개선이라는 목표를 가지고 프로세스를 비교함으로써 많은 것을 배울 수 있다고 생각한다. 보통 조직은 결과물을 가지고 비교하길 원하지만 그런 결과물에 대한 정보를 통해서는 어떤 프로세스, 설비, 원자재 등이 쓰였는지를 알 수가 없기 때문에 결과물 비교는 별로 의미가 없다.

사회기술 시스템(Sociotechnical System, STS) 영국의 탄광 지대에서 에릭 트리스트(Eric Trist)가 사용하면서 알려진 방법인데, 사람들의 필요(사회적 측면)와 조직에서 사용하는 도구와 장비(기술적인 측면)의 균형을 이루고 이 둘을 통합하는 프로세스를 만들도록 고안되었다.

글로벌 차원의 인터벤션

조직이 자국 내에서 머무르다가 해외로 나가게 되고 더 나아가 글로벌한 조직으로 발전하면서, 조직개발 전문가들이 모든 문화로부터 가장 좋은 것을 한데 모아서 여러 문화의 경계를 뛰어넘어 일할 수 있는 법을 익혀야 할 필요가 늘어나고 있다. 점점 글로벌화 되어가는 이 시대에 발 맞춰 조직들은 어쩔 수 없이 그들의 시야와 역할을 좀 더 글로벌화해야 한다. (이 주제에 대한 상세한 논의는 프리드만(Friedman, 2005)을 참조) 다음에 소개될 인터벤션들은 조직의 이러한 요구를 충족시키는 글로벌 인터벤션 (Global intervention)이다.

가상 팀빌딩(Virtual team building) 조직과 사람들이 세계 곳곳의 다른 조직이나 사람들과 상호 교류하는 일이 늘어나면서 이러한 상호교류의 상당 부분이 온라인상에서 이루어지게 될 것이고 나아가 **가상 팀(Virtual teams)**이 만들어 질 것이다. 단한 번도 직접 만나지 못한 (앞으로도 만날 가능성이 없는) 타인과 상호 교류하기 위해서는 특별한 스킬이 필요하다. 같은 문화권에서도 온라인으로 커뮤니케이션을 할 때 잘 못 이해하는 경우가 종종 있는데, 문화가 다른 사람들이 업무를 같이 한다면 커뮤니케이션상의 문제는 더욱 빈번히 발생할 것이다. 조직개발 전문가는 온라인상에서 비교적 자주 일어나는 오해나 마찰을 해결할 새로운 방법을 연구해야 한다.

이문화 팀빌딩(Cross-cultural team building) 이문화 팀을 개발하는 것은 가상 팀빌딩과 마찬가지로 서로 다른 문화권 사이의 신뢰를 형성하고 솔직한 피드백을 주고받는 데 중요하다. 가상 팀빌딩과 이문화 팀빌딩 간의 다른 점은, 한 방법은 직접 대면 상태에서 이루어지는 것이고 다른 한 방법은 서로 다른 사이버 공간상에서 이루어진다는 것이다.

자기 문화 이해(Cultural self-awareness assessment) 이문화 팀빌딩에서 가장 먼저 해야 할 과제는 일종의 가치 명료화 작업인 자기 문화 이해이다. 자신의 문화를 먼저 이해하지 않고서 다른 문화를 이해하기는 사실상 불가능하다. 대부분의 사람들은 자신의 문화를 암묵적으로만 이해하고 있다. 그 결과 타인뿐만 아니라 자기 자신에게도 자신의 문화를 명확하게 설명하지 못한다. 조직개발 전문가는 적합한 테크닉을 사용하여 개인이 자신의 문화를 이해하고 다른 이들에게 설명할 수 있도록 도와야 한다.

이문화 훈련(Cross-cultural training) 이문화 훈련 방법에는 여러 가지가 있는데, 랜디스와 바갓(Landis & Bhagat, 1996)은 훈련 효과가 작은 것부터 큰 순서대로 나열해 보았다.

· 인지적 훈련(지식)
· 행동 수정 (개인의 행동을 수정할 수 있도록 피드백 제공)
· 경험적 훈련 (시뮬레이션 혹은 다른 문화에서 실제 경험)
· 자기 문화 이해
· 타문화 출신의 사람과 상호교류 (가상 훈련 세트, 타문화 출신 사람들이 모여 있는 동네, 대학교 캠퍼스 등에서)
· 귀인 훈련 (문화 검사지: 주어진 이문화 상황에서 몇 가지 대응책 중 최선의 대응책을 선택하게 하는 시나리오를 제시)
· 통합적 훈련 (위의 방식 중 두 개 이상을 통합)

스토리텔링(storytelling) 많은 문화권에서는 이야기를 전함으로써 자신들의 문화를 공유한다. 내레이션(narration)은 조직개발 전문가에게 요구되는 중요한 전문 역량 중 하나이다. 조직개발 전문가들의 내레이션에 대한 전문성을 해당 문화의 특성과 잘 결합하여 스토리텔링으로 만들면 조직이 글로벌화될 수 있도록 준비시키는 데 효과적이다.

조인트 벤처(Joint ventures) 점점 더 많은 조직이 진출하고 싶은 지역에 있는 조직과의 합작 사업을 통해서 다른 문화에서 일하는 데 필요한 전문성을 개발한다. 물론, 현장훈련(On-the-job training)의 형태로 이문화 학습이 이루어진다는 문제가 있고 조인트 벤처를 만들고 실행하는 과정에서 서로 다른 문화로 인한 오해가 생길 수도 있다.

국제적 다양성(International diversity) 조직에서 세계 각국의 사람들을 채용할 필요성이 점점 더 많아지고 있다. 히난과 펄머터(Heenan & Perlmutter, 1979)는 조직의 글로벌 성숙도 단계에 따라 어떤 인력을 채용하고 승진시킬지 결정하는 과정에 도움을 주는 모델을 만들었다.

현지파견(채용) 및 관리 조직이 글로벌 경쟁에 대처하기 위해 조직 내에서 승진하기 원하는 사람들에게 해외 근무 경험은 필수적인 조건이 되어 가는 추세이다. 단순히 직원을 해외로 파견근무 보내는 것에 국한하지 않고(해외주재 근무자), 외국에서 직원을 뽑아 오는 것(국내 거주 외국인 직원)과 해외에서 직원을 뽑아 해외에 배치하는 것도 포함된다.

문화융합(blending) 조직개발 전문가들은 점점 더 많은 융합 전략을 관찰하고 있다. 즉, 조직이 글로벌 사업을 할 때 조직의 고유한 문화 중 가장 좋은 요소를 다른 문화의 특정 요소와 융합하여 고유의 조직문화를 향상시키는 것이다. 미국 문화 요소와 일본 문화 요소를 혼합한 케이스(McLean, Kaneko & van Dijk, 2003)를 제9장에서 다룰 예정이다.

조직 차원의 인터벤션

여기서는 전체 조직에 영향을 미치도록 설계된 조직 차원의 인터벤션을 중점적으로 다룰 것이다. 하지만 시스템 이론에 입각하면 앞서 설명된 모든 차원의 인터벤션들 또한 어떤 면에서든 전체 조직에 영향을 미친다는 것을 주지해야 한다.

조직설계 이 인터벤션은 종종 사람들이 조직개발의 전반적인 특성을 잘 모르는 상태일 때 조직개발하면 떠올리는 인터벤션이다. 이는 조직을 변화시키기 위한 구조상의 방법으로, 누가 누구에게 보고하는지를 한 눈에 파악하도록 만든 조직도에 드러나게 된다. 이 접근방식은 '조직개발'(이 분야를 설명하는 용어로써 '조직'의 끝에 '적'이라는 형용사형 접미사가 붙지 않는다.) 분야와는 다른, '조직적 개발'이라고 불리기도 한다.

전사설문조사 제4장에서 이미 언급했듯이, 진단의 한 방법으로 전사설문조사를 한다. 설문조사가 착수되기만 해도, 직원들의 기대치가 변하기 때문에 변화는 이미 일어나기 시작한다.

학습조직 셍게(Senge, 1990)에 의해 알려지게 된 개념인 **학습조직(Learning organization)**은 "학습하고 적응하고 변화하고자 하는 지속적이고 강화된 능력을 조직문화로 한데 엮어 낸 조직이다. 조직의 가치, 규정, 관행, 시스템, 구조를 통해 모든 조직원들의 학습을 지원하고 촉진한다."(Nevis, Debella, & Gould, 1995, p.73)

조직학습(Organizational learning) 이는 조직이 학습하는 조직으로 되어 가는 프로세스이다. 조직학습을 이루려면 조직이 실패와 성공 모두를 통해 배워 나가려는 자세가 되어야 한다. 실패를 서로의 탓으로 돌리는 조직이 아니라 서로 칭찬하고 배우는 조직이 되는 것이다.

문화변화 이 장에서 다루어진 모든 인터벤션은 대부분 조직문화 향상을 꾀하고자 고안되었다. 우탈(Uttal, 1983)에 의하면 기업문화는 기업의 직원, 조직구조, 통제 시스템과 긴밀하게 연관되어 행동 규범(현 조직에서 일을 하는 방식)을 만들어 내는 가치(What, 중요하게 여기는 것)와 신념(How, 효과적 일 처리 방법)을 공유하는 시스템이다.

책임과 보상 시스템 조직은 조직 나름대로 직원들의 동기부여를 위해 필요한 책임 보상 시스템을 만들기 위해 많은 시간과 자원을 투자한다. 하지만 기본적 욕구가 일단 충족되고 나면 대부분의 직원들은 내적인 만족감을 통해서 보상받기를 더 원한다. 책임과 보상 시스템 영역은 인사 관리부서의 담당이지만, 조직개발 전문가는 인사관리 담당자가 책임 및 보상규정과 그 적용이 조직 전체에 어떻게 영향을 미치는지를 이해하는 데 도움을 줄 수 있다.

승계기획 대다수 산업화된 국가들이 직면한 인구 구성의 변화 때문에 오늘날 대부분의 조직에서는 **승계기획(Succession planning)**을 그 어느 때보다 중요시하고 있다. 급속히 진행되는 노령화로 노동 인구는 소수의 젊은이들로 채워지게 되었다. 결과적으로 많은 조직에서 상위급 리더층이 가파르게 감소하는 문제가 생길 것이다. 이러한 젊은 인력의 부족 때문에 많은 기업들은 이미 퇴직한 사람이 가지고 있는 지적 자본을 활용하기 위해 퇴직한 이들을 다시 고용하는 방침을 세워야 할지도 모른다. 따라서 고참 관리자와 임원들이 조직에서 리더십을 발휘하고 나아가 조직을 떠나는 사람들로부터 지적 자산을 획득하기에는 많은 시간이 필요한 나이 어리고 경험이 부족한 하위 리더들을 도와줄 수 있도록 그들을 활용하고 배치하기 위한 방법을 심사숙고해서 계획적으로 마련해야 할 것이다. (McLean, 2004)

차이와 다양성 존중 성별, 나이, 민족적 배경, 인종, 종교, 국적, 성적 취향, 지역적 출신, 사고방식, 정치, 이데올로기 등 수많은 요인으로 말미암아 다양성(diversity)은 모든 조직에 존재한다. 조직 상황에서 다양성은 새로운 아이디어나 새로운 시도를 장려하고, 다양한 고객 기반을 다질 수 있으며, 혁신과 창조성을 도출할 수 있는 긍정적인 요소이다. 하지만 조직이 가진 다양성을 이렇게 활용할 수 있으려면 다양성을 긍정적인 시선으로 바라볼 수 있는 환경을 조성해야 한다. 다양성을 최대한으로 활용하려면 다양성을 단순히 인정하는 수준이 아니라 소중하게 여길 수 있어야 한다.

이런 방향으로 조직을 이끌어 가는 것은 그리 쉽지 않다. 실제 체험, 자기 성찰, 소규모 그룹 간의 상호 교류, 어느 정도의 교육 훈련은 다양성의 잠재력을 극대화할 수 있는 긍정적인 환경을 만드는 데 도움이 된다.

환경 검색과 시나리오 플래닝을 포함하는 전략기획 전략기획은 의사결정 구조(Decision trees)를 이용한 1년, 3년, 5년 전략기획에서부터 전통적 방법인 SWOT(Strength · Weaknesses · Opportunities · Threats, 강점 · 약점 · 기회 · 위협) 분석 방법과 **환경검색** (**Environmental scanning**, 그 사업에 영향을 미치는 요소와 시장 경쟁 상황을 파악하는 것)까지 이른다. 또 다른 방법으로는 조직에 영향을 주는 요인을 분석하는 **PEST**(**Political · Economic · Social · Technological**, 정치 · 경제 · 사회 · 기술) 분석 방법이 있다. 그러나 이 방법은 시간 소모적이며 다소 정적이라는 단점이 있다. 다이내믹한 시장 환경에서는 변화에 대한 신속한 전략적 대응을 요하는 인터벤션이 필요하다.

또 다른 방법으로는 과거에 한동안 사용되었다가 요즘 다시 각광받는 **시나리오 플래닝**(**Scenario planning**)이다.(Chermack, 2004) 시나리오 플래닝에는 환경상 가능한 모든 변화를 추적해 보고, 환경이 실제로 어떻게 변할지 알 수 없는 상황에서 예측한 변화에 대응 가능한 모든 전략을 강구하고 개발한다.

미션, 비전, 가치개발 조직개발 전문가들이 제공할 수 있는 가장 중요한 인터벤션 중 하나는 조직의 미션과 조직의 미래 비전, 그리고 그 비전을 실현하는 데 필요한 가치를 개발하도록 돕는 것이다. 미션과 비전에 대해서는 일반적으로 명확하게 내려진 정의가 없다. 때론 두 용어가 정반대의 개념으로 쓰이기도 한다. 하지만 필자가 이해하기로는, 미션이란 기본적으로 그 조직의 존재 이유라고 할 수 있다.

대규모 상호교류 이벤트(Large Scale Interactive Events, LSIE) 댄밀러와 제이콥 (Dannemiller & Jacobs, 1992)이 얘기한 것처럼, 대규모 상호교류 이벤트는 모든 조직 원(백 명에서 몇 천 명)을 한 장소에 모아 놓고, 그들을 수직적, 수평적으로 조직 내 대 표성을 갖는 소그룹으로 나누어 조직에게 중요한 이슈 (대개는 미션과 비전을 중심으로) 에 대해 서로 의견을 나누도록 하는 방법이다. 대규모 상호교류 이벤트는 하부조직으 로 단계적으로 하달되는 느린 프로세스보다는 조직원들에게 주인의식을 넓게 전파하 고 모든 조직원들과 신속하게 의사소통할 수 있도록 만들어졌다.

오픈시스템매핑(Open systems mapping) 이 인터벤션의 목적은 시스템 안에서 필요한 변화를 포착하는 것이다. 이를 위해 시스템 이론을 적용하는데 이는 즉, 조직 과 같은 시스템은 그 시스템이 처한 환경과 상호관계를 맺고 또한 항상 변하고 있는 오픈 시스템이라는 것을 의미한다. 시스템의 현재 상황은 어떠한지, 시스템이 미래 에 어떤 모습을 하고 있을지를 상세히 그려봄으로써 현재와 미래 희망치 사이의 간격 을 채우기 위해 필요한 방법을 파악하도록 돕는다. 그 간격을 메우기 위해서는 시스 템, 관계의 성격, 그 관계에 대한 감정에 영향을 미치는 요소를 면밀히 연구해야 한다. (Heap, n.d.)

미래탐색 와이즈보드(Weisbord)와 제노프(Janoff)에 의해 개발된 '미래탐색'의 개념은 시스템 안에서 분야별로 각기 나뉘어 있는 구성원들이 대규모 그룹 계획 미팅에 동참 하여 특정 중심 과제에 대한 과거, 현재, 미래를 탐구하는 프로세스이다. 미래탐색을 함 으로써 얻게 되는 성과는 그 프로세스에 참여한 사람들이 소중하게 생각하는 가치에 근간하여 행동 방안을 만들기 때문에 조직구성원들이 그 방안을 수용한다는 것이다.

오픈스페이스(Open space technology meetings) 심층대화세션 개념에 기초한 오픈스페이스는 전략적인 이슈를 포함한 광범위한 조직 내 이슈를 해결하기 위해 쓰 인다. 조직 내의 중요한 이슈를 찾아낸 뒤, 참여자들은 각각의 이슈에 해당하는 큰 종이를 벽에 붙이고 그 위에 해당 이슈를 해결하기 위해 다루어야 할 사안과 구체적인 미팅 시간을 적는다. 참여자들은 어떤 이슈를 논의하는 미팅에 참여할지 결정하고 심층 대화법(Dialogue technology)을 활용해 대화한다. 이슈 해결을 위한 아이디어는 플립차트에 기록되어 결과물을 게시하는 벽에 붙여진다. 사람들은 어떠한 이슈도 제기할 자유가 있으며, 그 이슈에 대한 어떠한 의견도 개진할 수 있는 자유가 있다.

요약

이 장에서는 실행계획 수립 단계에서 사용되는 프로세스에 대해서 알아보았다. 실행계획 수립 시 책임과 역할을 명시하는 데 활용할 실행계획서 양식과 실행계획서 샘플을 제시했다. 실행계획 수립은 진단과 피드백 단계부터 시작되어야 하고 피드백 세션에서 직원들이 진단 결과에 대처하기 위한 방안을 제안하면서 사실상 실행계획 수립 프로세스가 시작될 수도 있다. 이 장에서는 또한 개인, 팀 또는 그룹, 글로벌, 프로세스, 조직 수준의 인터벤션을 간단히 설명했다.

다음 다섯 개의 장에서는 각각의 차원에 해당되는 인터벤션을 몇 가지 샘플 인터벤션 프로세스와 함께 자세히 설명할 것이다. 또한 이어서 지역사회와 국가 차원에 새롭게 적용되는 조직개발에 대해서도 따로 한 장을 할애할 것이다.

토의 및 성찰을 위한 과제

1. 실행계획 수립 프로세스에 누가 참여해야 하는가? 그 이유는 무엇인가?

2. 공식 실행계획을 사용해야 하는 기준에 부합하는 과제를 선택한 뒤, 이 장에서 설명된 프로세스를 따라서 실행계획을 완성하라.

3. 이 장에서 여러 가지 인터벤션의 종류가 소개되었지만 그것도 단지 조직개발 전문가가 사용할 수 있는 인터벤션의 일부에 지나지 않는다면, 이들 인터벤션을 효과적으로 사용하기 위해 당신에게 필요한 것이 무엇이라고 생각하는가? 이러한 스킬을 습득하기 위해서 당신만의 실행계획을 어떻게 세우겠는가?

4. 몇 가지 인터벤션은 하나의 차원에만 해당하지 않고 여러 가지 차원에 해당하는 인터벤션일 수 있다. 어떤 인터벤션이 서로 다른 두 가지 이상의 차원에 해당하는 인터벤션이 될 수 있을까? 그 이유는?

5. 당신은 어떤 인터벤션을 가장 잘 알고 있는가? 실제로 당신이 경험한 것은 어떤 것인가? 당신에게 가장 생소한 것은 어떤 것인가?

6. 제시된 인터벤션 중 어떤 인터벤션에 대해서 당신이 전부터 갖고 있었던 편견이 있다면 무엇이고, 어떤 이유로 그러한 편견을 가지게 되었는가?

실행계획(샘플)

실행계획

목표 : _____

전략 : _____

전술(혹은 성과) : _____

팀장 : _____

No.	과업	책임자	마감일자	수정일자	수정No.	완성일자	예산	실집행액
1								
2								
3								
4								
5								
6								
7								

부록 5.1

실행계획(샘플)

실행계획

목표 : _____

전략 : _____

전술(혹은 성과) : _____

팀장 : _____

No.	과업	책임자	마감일자	수정일자	수정No.	완성일자	예산	실집행액
8								
9								
10								
11								
12								
13								
14								
15								

부록 5.2

완성된 실행계획

실행계획

목표 : 올해 매출액 20% 신장

전략 : 고객 서비스 향상

전술(혹은 성과) : 고객 서비스에 관한 문제점을 파악하고 이에 적절한 새로운 실행계획 작성하기

팀장 : 매리 미첼

No.	과업	책임자	마감일자	수정일자	수정No.	완성일자	예산	실집행액
1	문제점규명을 위한 브레인스토밍	팀 전체	7/31					
2	고객 접점부서 및 직원 대상 설문조사	매리, 존, 미구엘	8/31					
3	설문지 검토	팀 전체	8/31					
4	전체직원들의 설문 참여를 요청하는 협조문을 이메일이나 사내 게시판에 공지	IT분야 소피아, 매리	9/15					
5	재확인 메일 발송	IT분야 소피아, 매리	9/30					
6	설문결과 분석	매리, 존, 미구엘	10/15					

부록 5.2

완성된 실행계획

실행계획

목표 : 올해 매출액 20% 신장

전략 : 고객 서비스 향상

전술(혹은 성과) : 고객 서비스에 관한 문제점을 파악하고 이에 적절한 새로운 실행 계획 작성하기

팀장 : 매리 미첼

No.	과업	책임자	마감일자	수정일자	수정No.	완성일자	예산	실집행액
7	피쉬본 도표를 이용하여 문제의 근본원인 규명	매리, 팀 전체	10/15					
8	특성요인도를 통해서 문제의 근본원인 파악	팀 전체	11/01					
9								
10								
11								
12								
13								

개요

이 장의 주제는 제5장에서 간단히 소개한 개인 차원의 조직개발 인터벤션이다. 제5장에서는 개인 차원의 인터벤션을 간단히 설명했지만, 이 장에서는 그 인터벤션들을 적절히 적용할 때 각 인터벤션 방법의 강점 및 약점과 더불어 실행 프로세스를 중점적으로 다루고 있다. 이 장에서 다룰 인터벤션은 실험실 훈련집단, 코칭, 멘토링, 자기이해 도구, 성찰, 훈련 · 교육 · 개발, 리더십 개발, 다면평가(360도), 피드백, 직무설계, 직무기술서, 전결규정, 근무규정, 가치명료화와 가치통합, 갈등관리, 액션러닝 등이다.

개인 차원의 인터벤션은 아마도 조직개발 전문가들에게 가장 어려운 인터벤션일 것이다. 왜냐하면 자신들의 역량의 한계 범위를 잘 파악해야 하기 때문이다. 이 장에서 논의할 인터벤션 중 다수가 조직개발 전문가의 역량 밖에 해당하는 개인의 정신적 건강과 연관될 수 있는 소지가 있다. 이러한 상황에서 조직개발 전문가의 역할은 문제의 원인을 파악하고 해당 개인에게 적당한 전문가(심리치료사, 심리학자, 정신과 의사, 사회복지사 등)를 의뢰해 주는 것이다. 이에 관한 내용은 제15장 '조직개발의 윤리와 가치'

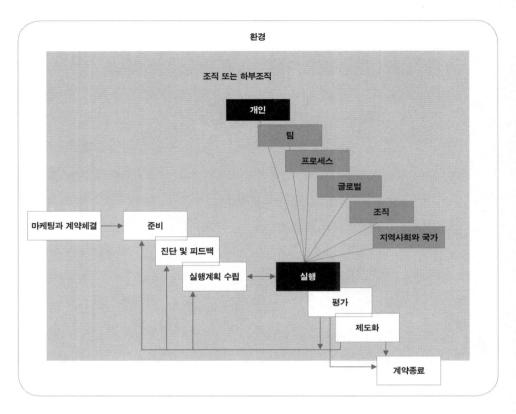

그림 6.1 조직개발 프로세스 모델 5단계, 개인 차원의 실행

에서 좀 더 자세히 알아보도록 하겠다.

　이 장은 현존하는 모든 개인 차원의 인터벤션을 열거하고 있지는 않지만, 독자들이 조직에서 개인과 관련된 문제들을 무리 없이 다룰 수 있도록 조직개발 전문가가 개입할 수 있는 최대한 폭넓은 범위를 보여 줄 것이다. 독자들이 기억해야 할 것은 개인 차원의 문제가 조직의 안녕에 영향을 미칠 가능성이 있기 때문에 조직개발 전문가가 관심을 가져야 한다는 것이다. 조직에 속해 있는 개인들, 특히 지도자 위치에 있는 개인들이 강해진다면 조직 역시 굳건해질 것이다.

　그림 6.1은 조직개발 프로세스 모델에서 개인 차원의 인터벤션이 실행계획 수립 단계 다음에 위치하고 있다는 것을 보여 준다.

실험실 훈련집단

실험실 훈련집단(Training group)의 약자인 T-그룹은 자신이 누구인지, 다른 사람에게 자신들이 어떻게 이해되는지 개인이 되돌아보도록 돕는 프로세스이다. T-그룹은 1960, 1970년대 무렵에 전성기를 구가한 이후 현재는 그 추세가 많이 떨어졌다. 이러한 하락세는 같은 T-그룹에서 깊은 속내를 드러냈던 사람과 다시 일하는 것이 어렵다는 이유로 T-그룹 활동이 조직에서 사라졌기 때문이다. T-그룹 진행 시나리오는 간혹 개인이 지닌 한계선을 넘어서서 당혹감과 불편함을 느끼게 한다. 그래서 진행 후에 서로 얼굴을 마주하며 일하기가 어려워지는 경우가 생긴다. T-그룹 방식의 또 다른 문제점은 자격이 완벽하게 갖추어지지 않은 사람들에 의해서 T-그룹이 운영된다는 점이었다. 결과적으로 참여자가 피드백을 잘못 받게 되고 따라서 다른 참여자와의 올바른 상호작용이 이루어지지 못한다.

그럼에도 불구하고 적합한 퍼실리테이터가 진행하고 적절한 그룹이 사람들로 이루어져 있다면 아직도 해 볼 만한 가치가 있는 프로세스로 여겨진다. 조직에서는 개인이 깊은 자아 통찰력을 얻고 타인이 어떻게 자신을 바라보는지를 알기 위해서 T-그룹이 아직도 유용하다고 본다. 단, T-그룹 실행 초기에 그랬던 것처럼 조직이 내부적으로 T-그룹을 실행하지 않고, 요즘은 대부분 사람들을 미국 메인 주에 있는 내셔널 트레이닝 래버러토리스(National Training Laboratories, NTL)와 같은 전문 기관에 보내 자격을 갖춘 퍼실리테이터에 의해, 그룹 안의 서로 모르는 사람들과 함께 진행한다. 조직개발 전문가들은 T-그룹에 참여해서 그 과정을 충분히 체험하고, 그룹을 진행할 수 있는 자격증을 얻기 전까지 T-그룹을 운영해서는 안 된다.

T-그룹보다는 통제력을 좀 더 갖춘, 즉 T-그룹의 변형된 형태인 파워 랩(Power lab)이라는 프로세스를 영국의 타비스톡 인스티튜트(Tavistock Institute)에서 개발했다. 파워 랩은 T-그룹과 달리 사람들에게 특정 역할을 맡긴 후에 그룹에 배치시킨다. 정해진 협의 사항이 없는 가운데 진행되지만 파워 랩의 목표는 참가자들에게 더 분명해진다. 즉, 어떻게 사람들이 여러 가지 다른 리더십 형태에 반응하는지, 개인이 선호하는

리더십 스타일은 무엇인지, 다른 사람들은 다양한 리더십 스타일에 어떻게 반응하는지를 알아내는 것이다.

최근 타비스톡 인스티튜트는 역사적으로 의미가 있었던 요소를 지속적으로 강조하고 있다. 다음은 그들이 현재 다루고 있는 몇몇 구성 요소를 설명해 놓은 것이다.

집단, 조직, 사회적 역학, 권한과 권력의 행사, 전통과 혁신·변화 사이의 상호작용, 사회·정치·경제적 환경과 조직과의 관계에서 참여자들은 다음 사항에 대한 능력이 개발될 것이라 기대할 수 있다.

- 현대의 리더십에 필요한 여러 가지 역할을 수행하기 위한 자기관리
- 자기감정 인식능력을 활용한 자기행동 표현
- 자신과 타인이 가진 변화에 대한 부정적 측면의 이해와 극복
- 공식, 비공식적인 리더십 역할의 훈련 (Tavistock Institute, 2004)

타비스톡 인스티튜트 프로세스는 자신을 드러내는 정도가 낮기 때문에 개인에게는 위험부담이 적지만, 자아를 발견할 수 있는 가능성에는 어느 정도 한계가 있다.

코칭

코칭이란 '스스로를 발전시키고 보다 더 유능해지기 위해 개인에게 필요한 도구와 지식, 기회를 마련해 주는 프로세스'라고 앞에서 언급한 바 있다.(Peterson & Hicks, 1996, p.14) 최근 들어 코칭은 조직개발 전문가나 자격을 갖춘 전문가뿐만 아니라 내부 혹은 외부 전문가로부터 제공되는 프로세스로써 광범위하게 이용되고 있다.

다른 사람을 코칭할 때 정해진 법칙은 없지만 분명한 것은 코칭을 하는 사람과 받는 사람 사이에 기대하는 바가 서로 맞아야 한다는 사실이다. 따라서 코치와 참여자를 서로의 역할에 맞춰 연결시켜 주기 위한 도구들이 많이 제시되고 발전되어 왔다.

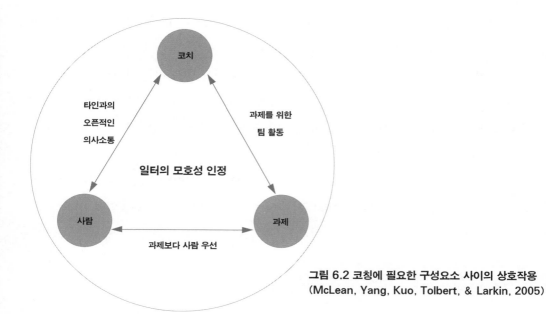

그림 6.2 코칭에 필요한 구성요소 사이의 상호작용
(McLean, Yang, Kuo, Tolbert, & Larkin, 2005)

'코칭 포 더 골드(Coaching for the gold)'가 이런 방법 중 하나이다.(Tolbert, Larkin & McLean, 2002, 참조에 수록된 홈페이지 주소에 샘플 항목이 나와 있다.) 코칭을 받는 사람들이 원하는 방식으로 코칭이 제 기능을 발휘하여 그 능력을 최대화시키는 것이 이 도구들의 핵심이다. 또 코칭을 개선하거나 코치에게 코칭 방식에 대해서 피드백을 할 경우에도 사용된다.

최근 많은 사람들이 코치 역할을 하는 관리자가 되고자 한다. 이때 각 도구들은 관리자가 코치로 발전하는 데 도움이 된다.(예, Sussman & Finnegan, 1998) 웹 사이트들을 검색해 보면 조직 내 코칭과 관련된 자격증을 발급하는 여러 기관에 대한 정보를 얻을 수 있을 것이다.

그림 6.2를 보면 코칭 활동에는 코치, 사람, 과제의 세 가지 요소가 포함된다는 사실을 알 수 있다. 유능한 코치는 과제보다 사람을 소중히 여기고, 사람들이 그 과제를 수행할 수 있도록 도와주며, 솔직하게 터놓고 의견교환을 하고, 일터의 모호성이 존재한다는 것을 인정한다. 이들 요소는 일터에서 코치를 개발하려고 할 때 염두에 두어야

할 사항이다. 또한 코칭을 조직개발의 한 인터벤션으로 사용하길 원하는 조직개발 전문가를 위한 자기평가 방법으로 쓰일 수 있다.

코칭이 원래 개인에 초점이 맞추어진 프로세스이지만 팀을 위한 인터벤션으로도 매우 유용하다. 개인이 팀 내에서 기능을 발휘하고 있기 때문에 개인적 코칭은 팀 구성원들을 발전시킬 수 있다. 코칭은 또한 팀빌딩에도 적용될 수 있는데 이는 다음 장에서 자세히 다룰 예정이다.

에버레드와 셀먼(Evered & Selman, 1989)에 따르면, 코칭의 10가지 본질적 요소와 특징은 코칭을 다른 방법과 구분해 줄 뿐 아니라 코칭의 핵심이 무엇인지 명확히 설명해 준다.

- 파트너십 개발
- 결과 도출과 비전 실현을 위한 헌신
- 동정심과 포용력
- 실천으로 이어지는 말하기와 듣기
- 직원들에 대한 빠른 반응
- 직원들의 개성 존중
- 실습과 준비
- 코치와 피코치로서의 적극적 의지
- 개인뿐 아니라 그룹에 대한 민감성
- 이미 성취된 것을 넘어서려는 의지

그러나 코칭이 관리자 역할의 일부로서 좀 더 폭넓게 받아들여지지 않는 이유가 있다.

코칭이 관리자로부터 등한시되는 이유에 대한 두 가지 관점은 시간적 제약과 관리자들의 태도 변화이다.

많은 조직에는 코칭을 수행하기 위한 사내 분위기가 조성되어 있지 않고 관리자는 직원을 개발하는 것에 대해 보상을 받지 못한다. 결과적으로 관리자는 코치라는 새로운 역할을 이끌어 내는 일에 동기 부여를 받지 못하는 것이다. 다른 말로 표현하자면 전 조직 차원으로 코칭을 시행하고자 노력하는 경영 스타일이 아니라면 관리자들은 코칭이 자신이나 직원들에게 가져다 줄 혜택을 깨닫지 못할 수도 있다는 것이다. (McLean et al., 2005, p.160)

관리자는 아마도 직원들을 다루고 영향력을 행사할 수 있는 권위를 잃을까 두려워할지 모른다. 또한 기존의 명령과 통제 중심의 관리자에서, 직원을 지원하고 코칭하는 관리자로 변하는 데 요구되는 자신들의 능력에 대해 염려하고 있을지도 모른다.

교육과 훈련은 코치가 되고자 하는 관리자를 위해 꼭 필요한 요소이다. 또한 관리자들의 코칭 업무에 대해 코칭을 해 주면 관리자들 자신의 코칭 스킬을 발전시킬 수 있는 즉각적인 피드백을 제공할 수 있다. 시간적 제약에 관해서는, 모든 직원들에게 코칭을 하기보다는 높은 발전 가능성을 지닌 직원들과 문제점이 있는 직원들에게만 코칭을 하도록 할 수도 있다.

자격을 갖춘 조직개발 전문가가 제공하는 코칭은, 조직 내부 코치든 외부 코치든 관리자에 의한 코칭과 유사한 프로세스를 가지고 있으며 애매모호한 (코치와 관리자로서의) 역할의 혼란이 훨씬 감소된다. 조직개발 전문가들은 관리자 역할을 하지 않는다. 단지 코칭을 받는 사람의 이야기를 듣고 깊이 생각해 보고 질문을 던지고 심층 조사해서 코칭 받는 사람 스스로가 자신의 문제가 무엇인지, 어떻게 해야만 그 문제를 극복하고 문제 해결 능력을 함양해 앞으로 나아갈 수 있는지 그 방법을 돕는 것이다.

멘토링

멘토링은 지도적 역할이 가능한 위치에 있는 사람이 어떤 한 사람을 키워 주거나 전문가로 발전시키고자 할 때 이루어지기 때문에 흔히 비공식적 형태로 일어나게 된다. 그러나 여기에서는 조직 내에서 이루어지는 정식 프로세스로써 의도적으로 멘토링을 도입하려는 경우를 다룰 것이다. 공식 멘토링은 특정 분야에서 전문적으로 발전하길 바라는 사람(멘티, mentee)과 이 특정 분야에서 상당한 경험을 가진 사람(멘토, mentor) 사이의 관계를 맺고 멘토가 지정 받은 멘티에게 멘토링을 통하지 않으면 얻을 수 없는 충고와 피드백, 기회를 주는 것이다. 각자의 경험과 서로 다른 관점을 나눔으로써 멘토와 멘티 모두에게 도움이 된다.

여기서 잠깐 다른 얘기를 하자면, '멘티'라는 단어가 문헌에서 널리 사용되고 있긴 하지만 어떤 사람들은 이 단어의 사용을 반대하면서 프로테제(protégé, 피후견인)라는 단어를 쓰자고 주장한다. 하지만 이 또한 누군가에게는 지배와 굴종을 암시하는 남성 중심의 부정적인 의미를 전달하는 단어이며 이는 멘토링의 개념과 완전히 반대되는 의미이다. 따라서 이 책에서는 멘티라는 용어를 사용하겠다.

때로는 큰 잠재력을 가진 특정 직원을 키우기 위해 멘토링을 도입할 수 있고, 여성이나 소수집단과 같이 개발 기회에서 종종 소외되고 배제되는 사람들을 위해 멘토링을 활용할 수 있다. 또는 멘토링을 원하면 누구나 제공받을 수 있도록 할 수도 있다. 코칭과는 다르게 멘토링은 코칭의 주 목표인 일터에서의 수행능력 개선보다는 경력 개발에 대부분 초점이 맞추어져 있다.

좀 더 효율적인 멘토가 되기 위해서 개인이 해야 할 일은 다음과 같다.

- 멘티와 정기적이고 적극적으로 교류해야 한다.
- 약속된 미팅에는 제시간에 도착해야 한다.
- 목표와 기대치에 대해서 멘티에게 솔직한 피드백을 해 주어야 한다.
- 멘토인 자신도 모든 정답을 알고 있는 것은 아니라는 것을 깨달아야 한다.
- 기밀성을 존중해 준다.
- 힘을 합쳐 일하기 위한 새로운 방법을 항상 강구해야 한다.

조직개발 전문가가 효과적인 멘토링을 진행하기 위해 필요한 전략에는 다음 사항들이 포함되어야 한다. (다음 목록은 미네소타 대학 인적자원개발 학과에서 개발한 '학생들을 위한 멘토링 파일럿 프로젝트'의 개요를 수정한 것이다.)

긍정적 태도 목표와 목적을 세울 때 멘티를 격려하며 열정적으로 임하고 자신과 타인을 받아들이도록 한다.

가치 검토 개인적 가치와 목표를 정립할 수 있도록 멘티의 신념과 이상을 점검해 보도록 한다.

열린 마음가짐 주어지는 모든 아이디어를 받아들일 수 있도록 멘티를 독려한다.

상호관계 멘토와 멘티의 사이가 나누고 돌보고 공감하는 관계가 되도록 노력한다.

창의적인 문제 해결 창의적인 문제 해결 프로세스를 사용하도록 멘티를 지도한다.

효과적인 의사소통 멘티가 주의 깊게 듣고 적극적으로 질문하도록 지도한다.

자기발견 멘티가 독립적인 사고를 할 수 있도록 독려한다.

강점과 개성 개인의 강점과 개성을 인식하고 더 발전시키도록 지도한다.

자신감 멘티가 자신감을 키울 수 있도록 도와준다.

깨어 있는 의식 주변 환경을 주시하고, 직관을 이용하고, 민감하게 문제를 감지하고, 기회를 최대한 활용할 수 있는 준비를 할 수 있도록 지도한다.

위험 감수 위험을 감수하고, 방관자가 아닌 적극적인 참여자가 되도록 유도한다.

유연성 태도와 행동이 유연하고 적응을 잘하는 것, 대안을 찾아내는 것과 다른 관점에서 상황과 사람을 바라보는 것이 중요하다는 것을 알려준다.

자기이해 도구

T-그룹이 자기이해를 돕도록 만들어진 것과 같이, 자기이해 증진을 목적으로 이용할 수 있는 수많은 자기이해 도구들이 있다. 오랫동안 사용되어 온 모델인 **조하리 윈도우** (**Johari window**)는 창안자들의 이름 앞 글자를 따서 만들어졌는데, 자기이해와 더불

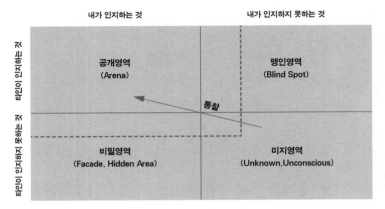

내가 인지하는 것   내가 인지하지 못하는 것

타인이 인지하는 것

타인이 인지하지 못하는 것

공개영역
(Arena)

맹인영역
(Blind Spot)

통찰

비밀영역
(Facade, Hidden Area)

미지영역
(Unknown, Unconscious)

그림 6.3 조하리 윈도우

어 타인으로부터 피드백과 정보를 받는 것, 커뮤니케이션을 향상시키는 것이 중요하다는 점을 이해시키는 데 유용하게 쓰인다. (그림 6.3 참고)

   조하리 윈도우의 기본 개념으로는 자기 자신에 대해서 자신이 알고 있지만 다른 이들은 보지 못하는 비밀영역(Facade, 왼쪽 아래)과 반면에 자신에 대해서 다른 이들은 알고 있지만 우리 자신은 보지 못하는 맹인영역(Blind spot, 오른쪽 위)이 있다. 그리고 자신에 대해 다른 이들도 알고 있고 우리 자신도 알고 있는 공개영역(Arena, 왼쪽 위)이 있다. 나머지 한 부분은 미지영역(Unknown, Unconscious, 오른쪽 아래)으로 자신에 대해서 다른 이들은 물론 우리 자신도 모르는 영역이다. 이 네 가지 부분 중 하나라도 변하게 되면 나머지 부분도 모두 변한다. 왼쪽 위 부분, 공개영역이 넓어질수록 커뮤니케이션이 향상된다. 자기이해의 목표는 우리 자신에 대한 통찰력을 얻어서 맹인영역를 최소한으로 줄이는 것이고 더욱 바람직한 것은 비밀영역과 미지영역, 왼쪽 아래와 오른쪽 아래를 줄이는 것이다.

   자기이해 도구는 타인으로부터 피드백을 받는 것뿐 아니라 또한 맹인영역과 미지영역의 사분면을 줄이는 데 폭넓게 사용된다. 자기이해 도구가 흔히 가진 문제는 신뢰도와 타당도가 부족하다는 점과 적절한 통계 분석(예를 들어, 요인 분석)으로 확인되지도 않은 개발자의 선험적인(사실 이전의) 결론에 따라 분류한다는 점이다. 적절한 심리측정(psychometric) 기준에 맞지 않는 도구를 사용하게 되면 사람들이 자기 자신을 정확히 이해하지 못하게 된다. 또한 조직은 조직원들이 자기이해에 대한 마음의 준비가 되지 않았거나 적절히 훈련된 퍼실리테이터와 전문가의 후속 지원이 없는데 조직이 강제로 자기이해 도구를 활용하게 하면 자기이해 도구를 올바로 사용하지 못하게 된다. 적절한 심리측정 기준에 맞추어 개발된 도구를 이용하고 자발적 참여, 해석과 후속지원을 제공할 수 있는 전문가가 확보된다면 자기이해 도구는 사람들이 자기 자신을 이해하는 데 매우 유용한 도움을 줄 수 있다.

현재는 다음에 나오는 두 가지 자기이해 도구가 널리 사용되고 있다. MBTI(the Myers-Briggs Type Indicator)와 DiSC이다.

MBTI

1943년에 처음 개발된 후 MBTI에는 상당한 변화와 발전이 있었다. MBTI는 카를 융의 심리학이 기초가 되어 발전한 것으로 알려져 있다. 이 도구는 사람의 성격 유형을 4가지의 이분법으로 구분하고 있는데 외향형(Extroversion)-내향형(Introversion)(E-I), 감각형(Sensing)-직관형(Intuitive)(S-N), 사고형(Thinking)-감정형(Feeling)(T-F), 판단형(Judging)-인식형(Perceiving)(J-P)이 그것이다. 각 항목의 특징이 표 6.1에 나와 있다.

표 6.1 MBTI의 이분법적 특성

외향형 특성	내향형 특성
· 행동을 먼저 하고 나중에 생각하고 숙고한다. · 외부 세상과의 교류가 단절되면 빈곤함을 느낀다. · 보통 외부 세상의 사람들과 일에 열려 있고 이를 통해 동기부여를 받는다. · 인간관계에서 폭넓은 다양성과 변화를 즐긴다.	· 생각을 먼저 하고 그 다음 행동에 옮긴다. · 충전을 위해서 일정한 개인 시간이 필요하다. · 내적으로 동기부여를 받고, 마음이 생각으로 너무 분주해서 가끔 바깥세상과 단절을 한다. · 일대일 대화와 관계를 선호한다.
감각형 특성	**직관형 특성**
· 현재의 기회를 주목하며 정신적으로 현재에 살고 있다.	· 정신적으로 미래에 살고 있으며, 미래의 가능성에 주의를 기울인다.

뒷 장에 계속 ▶

· 상식을 바탕으로 현실적인 해결방안을 내는 것이 무의식적 본능이다.	· 상상력을 이용하고 새로운 가능성을 만들어 내는 것이 무의식적 본능이다.
· 사실과 과거 사건을 매우 세부적으로 기억할 수 있는 기억력을 가지고 있다.	· 패턴, 문맥, 관계를 강조하는 기억력을 가지고 있다.
· 과거의 경험을 즉흥적으로 잘 활용한다.	· 이론적인 이해를 즉흥적으로 잘 활용한다.
· 명확하고 구체적인 정보를 선호한다. 사실이 모호할 때 추측하는 것을 싫어한다.	· 모호하고 불명확한 자료를 다루고 그 의미를 추측하는 것이 편하게 느껴진다.

사고형 특성	감정형 특성
· 결정을 내려야 할 상황에서 본능적으로 사실과 논리를 찾는다.	· 결정을 내려야 할 상황에서 본능적으로 개인적 감정과 사람들에게 미칠 영향을 고려한다.
· 성취해야 할 과제와 일을 자연스럽게 알아낸다.	· 천부적으로 사람들의 욕구와 반응에 민감하다.
· 객관적이고 비판적인 분석을 쉽게 제공한다.	· 자연스럽게 합의를 추구하고 많은 사람들이 선호하는 옵션을 찾는다.
· 갈등을 사람들과의 관계에서 자연스럽고 일상적인 부분으로 이해한다.	· 갈등을 불편해 한다. 불화합에 심한 부정적 반응을 보인다.

판단형 특성	인식형 특성
· 행동에 옮기기 전에 먼저 여러 세부사항을 계획한다.	· 계획 없이 행동에 옮기는 것이 편하다. 실행 중에 계획한다.
· 과제에 관련된 행동에 중점을 둔다. 실행에 옮기기 전에 중요한 요소들을 완료한다.	· 한번에 여러 작업을 하는 것을 좋아하며 다양성을 갖고, 일과 놀이를 혼합한다.
· 마감일까지 시간적 여유가 있을 때 일을 가장 잘 하고 스트레스도 덜 받는다.	· 천부적으로 시간의 압박을 잘 견딘다. 마감일에 촉박할 때 일의 능률이 가장 좋다.
· 삶의 관리를 위해 자연스럽게 목표와 날짜, 표준 일과를 사용한다.	· 융통성과 자유, 다양성에 지장을 주는 책임은 본능적으로 피한다.

(출처: *PersonalityPathways.com*의 C. Ross Reinhold의 허락하에 사용)

이 도구를 통해 각각의 4가지 분야에서의 개인의 선호도를 기초로 하여 개인 프로필을 만든다. 이 4가지 변수를 여러 가지로 조합하여 16가지 성격 유형이 만들어지는데 이에 대한 세부적인 설명은 여기에서 다루지 않겠다. 이 도구는 Myers-Briggs Type Indicator Trust에 저작권이 있고 출판사인 CPP사(구 Consulting Psychologists Press)에 의해 철저히 관리된다. 또 퍼실리테이터들은 CPP가 인증하는 자격증을 취득해 해석과 후속조치를 제공할 자격을 갖추지 않는 이상 이 도구를 사용할 수 없게 되어 있다.

DiSC

1972년에 처음 개발된 **DiSC**는 이 도구가 심리측정 기준에 부합한다는 증거를 제공하기 위해서 1994년에 광범위한 연구를 통해 개정되었다.(Inscape Publishing, 1996) DiSC는 강제적 선택 형식으로 디자인되었으며 자기이해뿐만 아니라 함께 일하는 타인에 대한 이해를 높이기 위한 목적을 지닌다. DiSC는 Dominance(주도형), Influence(사교형), Steadiness(안정형), Conscientiousness(신중형)의 약자이다. 이러한 척도 중 하나를 지배적인 성격으로 가진 사람들의 특징은 다음과 같다.(Inscape Publishing, 연도미상)

주도형(Dominance: 직접적이고 결단력 있는) 주도형의 사람들은 의지력과 결단력이 강한 사람들로 도전을 받아들이고 행동으로 실천하며 즉각적인 결과를 좋아한다.

사교형(Influence: 긍정적이고 외향적인) 사교형의 사람들은 팀에 참여하고 아이디어를 공유하며 타인에게 활력을 주고 타인을 즐겁게 해 주기를 좋아하는 사람 중심의 사람이다.

안정형(Steadiness: 동정적이고 협력하는) 안정형의 사람은 뒤에서 드러나지 않게 일관되고 예측 가능한 방법으로 일하고 타인의 말을 잘 들어 주는 사람이다.

신중형(Conscientiousness: 심사숙고하고 정확한) 신중형의 사람은 품질에 까다로운 사람으로, 앞서서 계획하고 체계적인 접근 방식으로 정확성을 위해 확인하고 또 재확인하기 좋아한다.

성찰

성찰(reflection)은 앞에서 보았던 조하리 윈도우의 맹인영역과 미지영역의 사분면을 줄일 수 있는 또 하나의 방법이다. 숀(Schon, 1987)은 성찰을 행동으로 옮길 때 필요한 단계를 다음과 같이 설명했다.

성찰은 놀람을 가져온다. 과거의 생각을 되짚어 봄으로써 놀라게 되는 반응인 것이다. 우리가 무언가 하고 있는 와중에 무엇을 하고 있는지 생각해 보고, 상황에서의 문제를 새롭게 조정하고, 현장에서 새로운 문제를 해결하기 위한 실행 연습을 한다. 그러한 연습을 통해 상황을 새롭게 바라보는 우리의 시각을 시험하고 또한 상황을 좀 더 나은 모습으로 바꾸려고 노력한다.

손은 이 성찰을 말로 나타낼 필요가 없으며 심지어는 명확하게 표현할 필요도 없다고 했다. 또한 성찰을 하려면 때로는 산만함을 피해 홀로 떨어져 있는 공간이 필요하며 정해진 시간이 필요하기도 하지만 성찰은 주로 직관을 바탕으로 한다고 주장했다. 더불어 미래에 행해질 실행 중의 성찰을 향상시키기 위해서 현재의 성찰에 대해 깊이 생각해 보는 것도 중요하다는 것이다.

조직개발 전문가가 손의 설명을 바탕으로 사람들에게 실행 중의 성찰을 깊이 생각해보라고 자꾸 일깨울 수도 있지만 이 외에 다른 방법도 있다. 가령, 성공과 실패에 대한 성찰을 하는 방법 중 하나는 일기를 쓰는 것이다. 성찰을 글로 적음으로써 사람들은 어떤 것이 성공을 했고 어떤 것이 실패를 했는가에 대한 자신들의 생각을 명료하게 나타낼 수 있다. 이를 통해, 힐책하거나 비난하는 조직문화보다는 학습하는 조직문화가 자리 잡을 수 있다. 명상도 성찰을 위한 효과적인 방법이다. 명상은 힌두 전통을 가진 인도의 몇몇 조직에서 매일 일과에 규칙적으로 포함되기도 한다. 또한 멘토나 코치가 성찰을 장려하는 것도 좋은 방법이다.

교육·훈련·개발

교육·훈련·개발에 대한 수많은 문헌이 있다. 어떤 이들은 훈련과 개발(T&D)을 조직개발의 인터벤션으로 보는가 하면 또 다른 이들은 이를 조직개발과는 구별되는 다른 분야로 보기도 한다. 훈련과 개발에 대한 더 많은 정보를 얻기 원하는 독자들에게 유용한 몇 개의 유명한 문헌자료를 소개하자면, 골드스타인(Goldstein, 1993), 스토로비치와 킵스(Stolovitch & Keeps, 1992), 스완슨(Swanson, 1994) 등이 있다.

교육 · 훈련 · 개발 이 세 가지 기능은 인적자원개발에 대한 나들러의 1970년 정의에 포함되어 있다.(Nadler & Nadler, 1989) 이 책은 훈련을 실무에 즉시 적용될 수 있는 지식과 기술을 획득하는 것이라고 정의하고 있으며, 교육 역시 실무에 적용이 되지만 조금 긴 시간을 갖고 미래 어느 시점에 적용할 수 있는 것이라고 풀이한다. 그리고 개발은 업무와 관련된 것보다 좀 더 개인적인 것으로 본다. 다음 단락에 나오는 용어들을 보면 알 수 있듯이, 개발은 나들러가 사용했던 훈련이나 교육과 같은 뜻으로 자주 사용된다.

훈련은 영업 훈련, 기술 훈련, 컴퓨터 훈련, 고객서비스 훈련, 감독자 개발, 관리자 개발, 임원 개발 그리고 다음 섹션에 나올 리더십 개발 같은 세부적 분야에 중점을 두고 있다. 또한 훈련은 다양성, 성희롱, 안전, 신제품, 신입 사원 오리엔테이션 등을 포함한 수천 가지의 콘텐츠 영역에 적용된다.

리더십 개발

리더십 개발을 통해 얻을 수 있는 효과가 무엇인지 가늠하기 힘들다 하더라도 거의 모든 조직은 어떤 형태로든 리더십 개발을 하고 있다. 수많은 교육서비스 업체가 리더십 개발 상품을 내놓는데 그중 가장 유명한 곳이 창의리더십 센터(the Center for Creative Leadership, CCL)이다. 오늘날에는 리더십 개발을 둘러싼 너무 많은 접근법들이 존재하기 때문에 흔히 쓰는 접근 방식을 정하기란 거의 불가능하다. 리더십 개발이 제시되는 방식은 조직 내의 구성원들의 직위 수준이나 참여자의 경험, 얻고자 하는 목표나 결과, 조직의 지원 정도, 개발 활동에 대한 타인들의 기대 수준 등에 달려 있다. 리더십 개발을 권하고자 하는 조직개발 전문가들이 분명히 해 두어야 할 것은 사람들이 리더십 개발 인터벤션에 기대하는 바가 저마다 다양하고 차이가 많이 난다는 사실이다. 다수의 프로그램들이 이 장에서 설명된 자기이해 도구와 다면평가 피드백과 같은 인터벤션에 기초하여 이루어져 있다.

이 주제를 좀 더 상세히 연구하고 싶다면 다음 문헌을 참고하길 바란다. 바스(Bass, 1990), 카터, 기버, 골드스미스와 베니스(Carter, Giber, Goldsmith & Bennis, 2000), 매컬리와 반벨솔(McCauley & van Velsor, 2003), 슈토그렌(Shtogren, 1999)

다면평가(360도) 피드백

다면평가(multirater) 혹은 다중출처(multisource) 피드백은 두 명 이상의 사람이 한 직원에 대한 피드백 프로세스에 참여하여 피드백을 제공하는 모든 상황을 일컫는다. 360도 피드백 방식은 자신, 동료, 후배, 상사, 고객을 모두 포함하는 피드백 시스템을 의미한다. 위의 평가자를 여러 가지 모습으로 조합할 수도 있는데 이와 같은 피드백은 주문제작되거나 표준화된 도구, 이메일이나 개인 인터뷰를 통해서 이루어질 수 있다. 내용이 풍부한 이야기를 얻기 위해서라면 인터뷰가 가장 좋겠지만 이 방법은 비용과 시간이 많이 든다.

다면평가 피드백은 다른 목적으로도 폭넓게 사용될 수 있다. "승진이나 퇴사 같은 일반적 인사에 관한 의사결정을 하기 위하여,"(Hedge & Borman, 1995, p.453) "현재는 자격이 안 되지만 훈련 프로그램으로 개발할 수 있는 직원 스킬과 역량을 찾아냄으로써 훈련과 개발의 니즈를 파악하기 위하여,"(Hedge & Borman, 1995, p.453) "선발과 개발 프로그램의 타당성 증명의 기준으로 사용하기 위하여,"(Hedge & Borman, 1995, p.453) "직원들의 의견을 회사 주요 경영진이 경청하고 있다고 직원들로 하여금 믿도록 하여 직원 만족도 증진에 기여하기 위하여,"(Bernardin & Beatty, 1987) 그리고 조직의 문화와 분위기를 개선하기 위하여 활용된다.

승진과 보상에 대한 결정을 위해 다면평가 피드백을 사용하는 것에 대해서는 의문점이 있어 왔다. 왜냐하면 몇몇 출처로부터의 피드백에서 서로 의견이 일치하지 않기 때문이었다. 예를 들면 매클린, 시츠마, 컬윈 라이버그(McLean, Sytsma & Kerwin-Ryberg, 1995)의 연구에서 밝혀진 바로는 자신, 상사, 동료, 부하 등 여러 피드백 출처 사이에 어떠한 상관관계도 조직의 주요한 인사 결정을 보증할 만큼 높지 않았다. 일반적으로 서로 의미가 있다고 볼 수 있는 상관계수를 .70으로 했을 때 위의 연구에서 밝혀진 상관계수는 표 6.2와 같다.

표 6.2 그룹별 최고상관관계 지수 1, 2차 비교

그룹	자신	동료	부하직원
동료	.24/.08		
부하직원	.40/.29	-.23/.12	
상사	.36/-.15	.28/.21	.22/.20

노에, 홀렌벡, 거하트와 라이트(Noe, Hollenbeck, Gerhart & Wright, 1997)에 따르면, 360도 피드백 프로세스는 다면평가 피드백을 이용하는 이유인 직원의 개발에 초점을 맞추고 있다.

관리자는 주어진 다면평가 결과를 보고 특정 직원에 대한 자기평가와 타인평가의 차이를 알게 된다. 보통 관리자는 피드백 결과를 검토하고 다른 평가자들의 명확한 평가를 요구하며, 드러난 장점과 약점을 바탕으로 구체적인 개발 목표를 세우기 위한 실행계획에 착수한다.

이용 목적에 관계없이, 다음에 나오는 제안들은 다면평가 피드백을 활용하는 데 도움을 줄 것이다. (Mclean, 1997)

- 다면평가 피드백이 사용되는 목적을 확실히 하고 이와 관련된 모든 사람에게 그 목적을 알린다.
- 다면평가 피드백에 참여하는 평가자(rater)와 피평가자(ratee)는 자발적으로 참여해야 하고 특정 피드백의 출처는 익명성을 보장해 주어야 한다. (어떤 사람들은 피평가자(ratee)라는 단어 사용에 반대할 수도 있겠지만, 멘티(mentee)와 마찬가지로 이제는

문헌에서 흔히 쓰이고 있다.)

- 다면평가 피드백을 실행하는 조직은 피드백 프로세스 내내 피평가자들에게 일관되고 지속적이며 흔들림 없는 지원을 제공해야 한다. 여기에는 임상심리학자를 포함한 유능한 지원 인력이 프로세스 중간뿐만 아니라 이후에도 필요시 언제나 준비되어 있다는 약속도 포함한다.
- 평가자, 피평가자, 제3자는 각자의 역할에 대한 충분한 훈련이 되어 있어야 한다.
- 평가 도구는 심리측정 기준에서 건전해야 한다. 즉, 높은 타당도와 신뢰도를 가져야 한다. 이런 이유 때문에 극히 드문 경우를 제외한 대부분의 조직에서는 심리측정 전문가에 의해 상업적으로 개발된 평가 도구를 사용한다. 급하게 만들어진 사내 평가 도구를 이용하면 이득보다는 손실을 가져올 수 있다.
- 평가 질문지를 관리·운영할 때 조직 내에서 발생할 수 있는 다른 요소들을 인지하고 있어야 한다. 제공되는 피드백에 영향을 미치는 요소를 이해하고 피드백을 받아들이는 방법을 이해하기 위해서는 시스템 사고가 필수적이다.
- 목적을 달성하기 위해 다면평가 피드백에만 의지해서는 안 된다. 여기서 또 다시, 시스템 사고가 필요하다. 일대일 대화 혹은 그룹 대화가 평가 도구를 돕는 보조적 방법으로 유용하다고 알려져 있다. 또 통계 자료 혹은 업무 결과물은 보충적 정보자료를 수집하는 데 유용한 방법이다. 이런 부가적 방법들이 다각적인 타당도 검증(triangulation) 프로세스가 되고 있다.

전형적인 성과 평가제도는 개인의 성과가 주로 그 개인에 의해 영향을 받는다고 전제하고 있지만, 많은 학자들(McLean, Damme & Swanson, 1990)이 밝혔듯이, 개인의 성과는 상당 부분이 그가 일을 수행하는 조직 시스템의 영향을 받는다. 다면평가 피드백에 대한 자세한 문헌 조사와 이것이 사용되는 네 가지 목적에 관한 자세한 논의 사항은 매클린(Mclean, 1997)의 글에 자세히 나와 있다.

직무설계

캐나다의 직장건강 안전센터(the Canadian Centre for Occupational Health and Safety, 2002)에 따르면, 직무설계란 수행업무의 묶음이나 전체적인 직무를 편성하는 방법을 의미한다. 직무설계는 그 목적에 따라 프로세스 인터벤션으로 비춰질 수 있다. 직무설계가 이 장에 포함된 이유는 직무설계가 개인의 업무 만족도를 향상시키기 위한 목적으로 자주 사용되기 때문이다.

직무설계는 다음 사항을 결정하는 데 유용하다.

• 어떤 업무를 해야 하는지
• 어떻게 업무가 행해지는지
• 얼마나 많은 업무를 수행하는지
• 어떤 순서로 업무가 행해지는지

직무설계는 직무에 영향을 주는 요소들을 고려하면서 직무 내용과 수행 업무를 잘 편성해서 전체적인 직무를 볼 때 직원에게 해가 될 만한 요소를 되도록 없애고(예를 들어 반복적인 손동작을 최소화하는 것 등) 조직과 직원 모두에게 이익이 되도록 한다. 다음과 같은 항목으로 직무설계를 할 수 있다.

• 직무교대 (Job rotation)
• 직무확장 (Job enlargement)
• 수행 업무와 기계의 속도 조절
• 휴식시간
• 근무시간

직무설계에 있어서 요즘 이용되는 방식은 시스템 관점을 취한다. 그래서 개인의 직무에 치중하기보다는 다른 사람의 직무, 사람, 장비, 프로세스, 업무환경, 보상 시스템 등 모두가 상호작용하는 것에 더 초점을 둔다. (제8장 프로세스 인터벤션의 '사회기술 시스템'을 참고하기 바란다.) 과학적 관리 시대에 단순 기계적 접근법은 직무를 너무 단순화시켜 근로자들에게 권태감을 느끼게 했다.

직무설계에서 요즘 이용되는 방식은 직무를 설계할 때 직원의 의사를 반영하는 것이다. 탁월한 직장 생활이 되려면 효과성과 효율성이 함께 뒷받침되어야 한다. 하부시스템도 그 직무를 지원해야 하며 직무도 하부시스템을 지원하도록 설계되어야 한다.

직무설계의 첫째 목적은 직무 수행 성과의 편차를 줄이는 것이고, 또 다른 목적은 직원들의 자율성과 직무의 우수성 유지 및 지속적인 개선이다. 직무설계는 생산, 서비스, 사무, 관리 등 모든 종류의 직무에 적용된다.

하지만 이와 같은 직무설계에 대한 최근의 접근방식에는 한계가 있다. 첫째로 모든 조직이 직원에게 자율성을 부여할 준비가 되어 있는 것은 아니고, 또 모든 직원이 자율성을 받아들일 준비가 되어 있는 것도 아니다. 둘째로 이런 종류의 직무설계가 성공적으로 적용된다면 감독자와 관리자의 필요성이 줄어든다. 셋째로 결과적으로 많은 감독자와 관리자가 새로운 직무설계하에서의 자신들의 새로운 역할에 대해 명확하게 알지 못하게 된다. 마지막으로, 새로운 직무설계를 정착시키려면 시간이 오래 걸리고 비용이 많이 든다.

직무설계를 실행하기 위해서, 캐나다의 직장건강 안전센터에서 다음과 같은 단계를 제시했다.

현 업무에 대한 진단을 하라. 직무설계가 필요하거나 적합하다고 생각하는가? 관계된 직원 및 관리자들과 프로세스에 대해서 논의하고 관련된 프로세스와 변화와 교육훈련을 사전에 명확하게 설명한다.

업무 분석을 하라. 직무를 검토하고 수행업무를 정확하게 결정한다. 어떤 장비와 작업장소가 업무를 완수하는 데 중요한지를 생각한다. 문제점이 있는 부분을 찾아낸다.

직무를 설계하라. 일하는 방법, 근무시간과 휴식시간 스케줄, 필수 교육훈련, 필요 장비,

작업 장소 변경을 확인하고 정한다. 다른 종류의 업무들이 어우러지도록 하여 다양한 정신적 활동과 신체 자세가 배분되도록 한다.

새로운 직무설계는 점진적으로 실행하라. 직무설계를 작은 규모로 시작하거나 파일럿 프로젝트로 시작하는 것이 좋다. 직원들에게 새로운 방법과 장비의 사용에 대한 훈련을 한다. 새 직무설계에 대한 적응기간과 경험을 쌓을 수 있는 시간을 갖도록 한다.

직무설계를 지속적으로 재평가하라. 필요하면 수정한다. 관련된 다양한 그룹을 반영하는 위원회를 세워도 된다. 직무설계에는 직원, 건강 안전 위원회, 노조, 관리자 등 모두를 포함해야 한다. 각 분야에서 모두 참여하면 커뮤니케이션과 이해가 증진된다. 직무설계의 목적은 직무 수행과 업무 능력을 강화하려는 것이지 일자리를 없애거나 일련의 기술을 없애는 것이 아니라는 사실을 확실히 해야 한다.

직무기술서

직무기술서는 조직 내의 개인들이 수행하는 일에 직접적인 효과를 준다. 조직원 개인이 어떤 일을 어떻게 수행하는가는 조직에게 매우 중요하다. 따라서 직무기술서 작성을 인사부에서 맡아야 한다고 주장하는 사람들도 있지만, 조직개발 전문가들 또한 직무기술서를 개발하는 프로세스에 많은 관심을 가지고 있다. 직무기술서 개발 작업은 인사 부서와 조직개발 전문가 사이에 협력할 수 있는 좋은 기회가 된다.

제5장에서 언급했듯이 직무기술서를 쓰면 일터에서 유연성이 떨어질 수 있다는 우려에도 불구하고 직무기술서를 개발하자는 결정을 내린다면, 앞서 제시한 직무설계 프로세스가 직무기술서를 만드는 훌륭한 첫 번째 단계가 될 것이다. 업무 분석이 특히 중요한데 개인 직무의 모든 구성 요소를 밝혀야 한다. 직무기술서에서 요구되는 융통성을 부여하기 위해서는 보통 '필요 시 부여되는 추가 업무' 또는 '상호 동의된 추가 업무'를 추가한다.

직무기술서를 작성할 때 참고할 수 있는 양식은 많이 있다. 다양한 직업군에 맞는 양식 샘플은 웹 사이트를 활용하기 바란다.

전형적으로 직무기술서는 최소한 다음과 같은 요소를 담고 있어야 한다.

- 직무명
- 직무 시작일
- 작업장 위치
- 연락 정보
- 정원
- 주당 근무 시간
- 필요한 경력 년수
- 필수 학위 또는 정규 교육
- 필수 자격증 및 등록증
- 초봉
- 복리후생

업무분장 및 전결규정

업무분장 및 전결규정은 의사 결정시 책임 소재를 분명히 하길 원할 때 이용하기 적합한 프로세스이다.

....

나는 지리적으로도 다양하게 흩어져 있는 세 개의 유제품 회사의 인수합병 작업에 참여한 적이 있었다. 이 세 회사를 인수합병하고 관리하는 모회사도 본래의 모회사가 있었다. 혼란스러운가? 그렇다. 당사자들도 혼란스러워했다. 다섯 그룹의 관리자와 임원들이 모였는데 그들 모두 비슷한 직무와 책임을 맡고 있었다. 그래서 업무를 진척시킬 때 어떤 업무에 대한 책임을 누가 져야 하는지, 또는 어떤 실행 조치가 취해지면 누구에게 보고해야 하는지 분명하지 않았다. 여러 명이 각기 다른 부서에서 똑같은 일을 불필요하게 반복하는가 하면 업무를 제대로 끝내지도 않고 넘어가는 경우도 있었다. 말할 필요도 없이, 이런 상황은 몹시 혼란스럽고 비효과적이며 비효율적이었다. 이 문제를 해결하기 위해서 나는 관련된 모든 사람들에게 이틀 일정의 워크숍에 참여하도록 결정했고 이 때 나는 업무분장 및 전결규정을 가장 중요한 해결 방법으로 사용했다. 이 워크숍의 결과물인 한 페이지짜리 업무분장 및 전결규정이 이 장의 뒷부분에 부록 6.1로 첨부되어 있다. (업무분장 및 전결규정 견본)

....

업무분장 및 전결규정을 만들 때는 8~12명으로 이루어진 소그룹이 모여서 각각의 업무와 관련된 사람이 그 업무를 완수하고 의사결정을 내리기 위하여 필요한 책임의 수준을 행렬 도표의 빈 칸에 명시한다.

업무분장 및 전결규정을 작성하는 단계는 다음과 같다.

1. 참여 인원이 많으면 벽에 붙인 큰 도화지에, 빔프로젝트를 이용할 땐 컴퓨터에, 그밖의 경우에는 플립차트에 빈 도표를 만든다. 왼쪽 열의 제목은 '결정 사항'이라고 적어 넣는다. 이 열의 오른쪽에는 조직에서 그 결정 사항에 어느 정도라도 책임을 지고 있는 사람들의 이름이나 직책 하나하나를 제목으로 넣어 한 열을 배치한다. 그런 다음 현재 고려 대상인 결정 사항을 모두 첫 번째 열의 행마다 채워 넣는다.

2. 사용하는 코드를 통일한다. 이것은 각 조직에서 가장 잘 통용될 것이라면 어떤 것도 가능한데, 예를 들면 다음과 같이 쓸 수 있다.

   S-승인(sign off)

   C-상담 (consulted)

   R-책임(responsible)

   I-보고 (informed)

3. 각 참여자들은 첫 번째 빈 행을 다른 사람과 상의 없이 각자 채워 넣어 본다. 실제 상황을 반영해야 하며 정해진 것이나 바라는 바를 반영하면 안 된다. 그런 다음 옵션이 있다. 전체 도표 양식을 완성한 후 제출하고 다음 미팅을 위해 잘 모아 둔다. 또는 그룹에서 결정 사항을 한 번에 하나씩 처리할 수도 있다.

4. 각 반응을 비교하고 논의한다. 의견 불일치가 있으면 합의가 이루어질 때까지 논의를 계속한다. 발생하는 갈등에 대해 준비한다. 결정 사항이 복잡하면 (간단한 결정 사항은 해당되지 않지만) 갈등이 생기기 마련이다.

5. 결정 사항 관련자 각각의 열을 집어 보면서 도표를 검토한다. 한 사람이 너무 높은 수준의 혹은 너무 낮은 수준의 의사결정 사항에 대해서 너무 많은 혹은 너무 적은 책임을 지고 있는가? 책임 수준을 줄일 수 있는가? 적절하게 수정하고 적당한 것으로 수정해 넣는다.

6. 각 결정 사항을 하나씩 집어 보면서 도표를 검토한다. 누가 책임을 맡고 있는지, 빠진 곳은 없는지, 너무 많은 승인과정이 필요하진 않은지, 정말로 모든 사람들이 보고를 받아야 하는지를 검토하고 적절하게 수정한다.

근무규정

근무규정을 개발하고 업데이트하는 일은 인사부서와 조직개발 전문가의 협력이 또 다시 필요한 기회이다. 조직의 근무규정은 그 조직문화에 직접적인 영향을 주기 때문에 근무규정의 개발과 유지는 조직개발 전문가에게 중요한 사안이다.

대부분의 조직은, 지금 막 시작한 조직이 아닌 이상 근무규정을 갖추고 있다. (사규 (Employee handbook)로 알려져 있기도 하다.) 웹상이나 소프트웨어 형식으로 근무규정 샘플이 많이 나와 있어서 근무규정을 개발하려고 할 때 견본으로 쓸 수 있다. 이전에 규정집을 만들었다 할지라도, 개인과 조직의 요구사항을 만족시키고 있는지 지속적으로 확인할 필요가 있다. 조직개발 전문가들은 단독으로 규정집을 개발하면 안 되며 인사부나 법 관련 부서와 협력하여 일을 진행해야 한다. 근무규정은 시스템 이론에 의해서, 직장생활의 질과 조직의 모든 부분에 영향을 주기 때문에 근무규정 개발과 유지에 있어 조직개발 전문가가 자주 참여할 수밖에 없다.

다음은 존스홉킨스대학교의 근무규정 목차의 샘플이다.

목차

1. 목적과 범위

2. 일반 규정

3. 신입 채용과 고용

4. 전근, 승진, 강등, 그리고 재등급

5. 급여 관리 프로그램

6. 직위 체계

7. 근무시간과 잔업

8. 고충처리

9. 직무수행 기준

10. 퇴사

11. 휴가

12. 휴무일

13. 결근

14. 병가

15. 육아휴가 및 병가

16. 산재 관련

17. 무급 휴가

18. 병역관련 결근

부록

A. 고용 평등 규정

B. 장애인을 위한 편의 규정

C. 성희롱 방지와 해결

D. 직장 내 성추행 관련 규정

E. 음주, 약물 남용과 마약 없는 환경 조성에 관한 규정

F. 교내 소화기 배치

G. 교수와 임직원 지원 프로그램

H. 조직의 개발 서비스

I. 금연 규정

J. 휴교일

K. 입양 지원 계획

L. 소프트웨어 복제 규정

M. 관리자와 직원 교육훈련 규정

N. 퇴사와 결근 규칙

O. 직원 복리후생

P. 직무 분류 시스템

Q. 직원 근무시간 전자 기록

R. 교내 폭력 방지 규정

가치명료화와 가치통합

개인의 가치관을 명확하게 하고 난 후 자신의 행동, 가치, 신념, 가능하다면 가정을 통합시키기 위한 많은 방법들이 사용된다. 필자의 경험상 유용했던 한 가지는 사람들이 각자 부록 6.2의 가치명료화 워크시트를 채운 뒤 소그룹을 구성하여 이에 대한 반

응을 논의하는 것이다. 요구되는 가치명료화의 수준에 따라 참여자들은 난해한 케이스 스터디를 가지고 소그룹에서 토의를 할 수도 있고 또는 가치에 관한 난해한 질문에 답하면서 토의를 할 수도 있다. 스스로 특정 분야에서 굳은 신념을 가지고 있다고 생각하는 사람들이 이러한 토의를 거치면서 자신들의 가치와 신념, 가정과 행동에 온전한 일치가 이루어지지 못한다는 것을 깨닫게 되기 때문에 이들에게 이것은 도전적이고 고통스러운 프로세스가 될 수 있다. 조직개발 전문가가 이 방법을 진행할 때에는 그러한 불일치에 대해 설명하고, 서로 일치하는 가치, 신념, 가정, 행동을 도출하는 것이 아니라 서로의 차이점과 왜 그런 차이점이 존재하는지를 사람들에게 이해시키도록 노력해야 한다.

갈등관리

개인에 초점을 맞춘 이 장에서는 갈등관리가 개인들 사이의 좋지 않은 갈등을 줄이거나 없앨 수 있도록 도와주는 인터벤션 중 하나로 등장한다. 갈등관리의 목표는 토마스 킬만(Thomas-Kilmann)의 갈등진단 도구(TKI)로 측정되는 회피, 경쟁, 타협, 순응보다

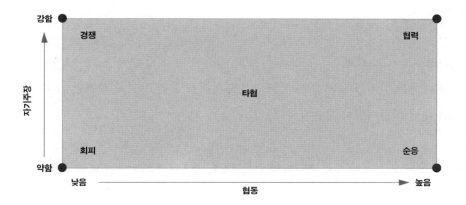

그림 6.4 갈등에 대한 접근 방식(Marvin Dunnette)

는 협력에 의한 해결방안에 서로 관심을 가지고 찾아갈 수 있도록 돕는 것이다. 그림 6.4에는 갈등에 대한 다양한 접근 방식이 도식화되어 있다.

두 개인 사이의 갈등은 각자 다른 욕구, 이해 수준, 감성, 느낌, 힘 그리고 가치 등에 그 근원을 두고 있다. 따라서 조직개발 전문가들의 역할은 갈등상황에서 이런 개인 간 차이점이 어떻게 존재하는지를 명확하게 분석하도록 도와주는 것이다. 또 하나의 역할은 갈등을 겪고 있는 이들에게 갈등진단 도구(TKI)를 이용하여 그 갈등의 종류가 무엇인지 인지시켜 주는 것이다. 그러고 나서 두 사람을 각각 면담하여 그들에게 어떤 갈등이 일어났는지 조사하고, 개인의 입장을 확실히 이해했다고 판단했을 때 두 사람을 같은 방에서 만나게 하여 조직개발 전문가의 중재하에 대화를 갖게 한다. (대화에 대한 자세한 설명은 다음 장에서 다룰 것이다.) 이 과정이 언제나 자연스럽게 넘어가지는 않을 것이다. 서로에게 해로운 갈등에 관련된 양쪽 모두가 갈등을 해결하려는 결의를 가지지 않는다면 숙련된 조직개발 전문가를 포함한 그 어느 누구도 갈등을 일으키는 행동에 대해 왈가왈부할 수 없다. 골먼(Goleman, 1995)에 의해 알려진, 감성지능의 개념 또한 골먼과 그 외 다수가 개발했던 도구와 함께 갈등에 대처하는 데 도움을 줄 수 있다.

액션러닝

액션러닝(Action Learning, AL)의 정의는 제5장에서 이미 설명한 바 있다. 기본적으로 액션러닝은 현실 사회의 문제를 통해 학습하고 협력을 통해 문제를 해결한다. 다음과 같은 상황에서 액션러닝이 사용될 수 있다.

- 어느 누구도 문제에 대한 해결방안이나 복잡한 상황에서 벗어나는 법을 알지 못하는 경우
- 시도해 볼 명확한 해결방법이 없거나 어느 누구도 해결방안을 이끌어 낼 준비가 되어

있지 않은 경우
- 조직과 조직의 임원급 경영진이 액션러닝 테크닉에 전념하고 미리 제안된 해결책을 실행해 볼 준비가 되어 있는 경우

다음 상황에서는 액션러닝을 사용해서는 안 된다.

- 문제에 대해 해결책이 이미 존재하는 경우(이것은 퍼즐이지 문제라고 보기 어렵다.)
- 기존의 프로그램화된 학습방법으로도 해결책이 도출될 경우
- 체계적 분석으로 해결방안을 얻을 수 있는 경우
- 임원 경영진이 결국은 자신들이 원하는 바를 그대로 관철시키려 할 경우

액션러닝을 실행하는 데 있어 다양한 프로세스가 있지만 보통 사용되는 프로세스는 다음과 같다.

- 일반적으로, 여러 조직에 걸쳐 각기 다른 프로젝트나 문제에 관여하고 있는 소그룹(8~10명의 인원)이 한 명의 코치와 함께 한다. 경쟁적인 입장의 조직은 같은 그룹에 속해서는 안 된다.
- 최근에는 액션러닝이 한 조직 안에서 이루어지기도 한다. 종종 한 팀이 공통의 업무과제나 문제를 가진 사람들로 구성되곤 한다. 이때 퍼실리테이터가 있어도 되고 없어도 된다.
- 그룹의 중심 과제는 프로그램화되거나 계획된 지식과 학습에 초점이 맞춰져 있는 동시에 개개인이 그룹에 가져오는 현실적 문제가 중심이 된다. 이는 단순히 문제 해결에 대한 여러 가지 대안적 방법을 제시하는 것뿐만 아니라 프로세스를 통한 학습에 의의를 두고 있다.

스미스와 피터스(Smith & Peters, 1997)가 밝힌 바와 같이 액션러닝 프로그램의 이점

은 여러 가지가 있다.

- 조직에 맞게 디자인된다.
- 가장 뛰어난 사람들이 중요한 문제 해결에 뛰어든다.
- 액션러닝을 통한 결과는 가시적이고 현실적이며 실질적이다.
- 프로세스를 통해서 문제를 일단락 짓는 데 중점을 둔다.
- 리더십이 자연스럽게 개발된다.
- 신입사원과 숙련된 직원들이 함께 발전한다.
- 멘토링 스킬과 육성 스킬이 자연스럽게 발전한다.
- 현재와 미래 지도자 간에 네트워크가 성립된다.
- 다양성 이슈가 자연스럽게 다루어진다.
- 능력·경력 평가가 실제 결과를 기초로 한다.
- 직원 개발의 속도가 빠르다.
- 직원이 전인적으로 개발된다.
- 미리 정해진 학습과 우연히 발생하는 학습이 함께 일어난다.

진단 결과와 특정 인터벤션의 연결

진단 결과를 특정 인터벤션과 연결하는 것은 그리 쉬운 일이 아니지만 이는 '실행계획 개발에 광범위한 노력을 쏟는 것이 왜 필요한지', '경험이 많은 조직개발 전문가가 어떻게 이 과정에 도움이 될 것인지'에 대한 이유가 될 수 있다. 많은 경영진들은 진단 결과와 인터벤션 사이에 '~이면 ~이다.'식의 완벽한 상관관계를 찾기를 원한다. 즉, '우리가 X를 밝혀내면, Y를 실행해야 한다.'처럼 말이다. 그러나 이 책에서 이미 수차례 언급되었던 조직개발의 모호성과 시스템 관점에서 보면 이런 결론이 가능할 리 없다.

만약 특성요인도(Fishbone diagram)를 통해 문제의 근본 원인이 개인 차원에 있다고

206

밝혀지면 이 장에서 나온 인터벤션 중 하나가 도움을 줄 것이다. 반면에 분석 결과를 통해 근본 원인이 팀, 프로세스, 글로벌, 또는 조직 차원에 있다고 밝혀지면 앞으로 여러 장에 걸쳐 설명될 인터벤션들이 더 적합할 것이다.

요약

이 장에서는 개인 차원에서 적용할 수 있는 인터벤션 중 몇 가지를 살펴보았다. 다시 한 번 강조하지만 이 장에서 개인 차원으로 적용할 수 있는 모든 인터벤션들을 소개한 것은 아니다. 그렇지만 꽤 종합적으로 개인 인터벤션의 유형을 다루었다고 할 수 있다. 각 인터벤션과 그 인터벤션을 실행할 때의 기본 과정들을 강조했고 각 인터벤션을 사용할 때 고려해야 할 요소들도 언급했다. 여기서 완벽한 인터벤션은 존재하지 않으며 특정 문제에 대해 단순히 하나의 해결방안만 존재하는 것이 아니라는 점을 잘 알아야 한다. 인터벤션을 결정하는 데는 주어진 상황과 조직개발 전문가의 전문성이 고려되어야 한다.

토론 및 성찰을 위한 과제

1. 어떤 인터벤션이 전체 조직에 가장 큰 영향을 준다고 생각하는가? 그 이유는?

2. 어떤 인터벤션이 전체 조직에 가장 적은 영향을 줄 것이라고 생각하는가? 그 이유는?

3. 이 시점에서 퍼실리테이션하기에 가장 쉽다고 생각하는 인터벤션은 무엇인가? 그 이유는?

4. 이 시점에서 퍼실리테이션하기에 가장 어렵다고 생각하는 인터벤션은 무엇인가? 그 이유는? 이를 수정하기 위해서는 어떤 조치를 취하겠는가?

5. 왜 이러한 각각의 인터벤션이 다른 전문가들보다 조직개발 전문가들이 실행하기에 더 적합한지를 논의해 보자.

6. 이 장에서 소개된 인터벤션 중에 더 알고 싶은 인터벤션 하나를 선정하고 웹 사이트에서 좀 더 많은 내용을 찾아보자. 결과를 동료에게나 수업 시간에 공유하도록 한다.

부록 6.1

업무분장 및 전결규정 (견본)

업무(과제)	T.P.	K.C. L.G. D.T.	D.S	P.G.	T.M.	J.S.	B.H.
가격 결정 · 현지 일반 시장	I	CCP	I	C	I	I	I
가격 결정 – 현지 특수 거래처	I(Maj.)	PII ·		I		I	
가격 결정 – 지역에 분포된 도매, 상품		C	C	P		I	
가격 결정 – 지역에 분포된 도매, 부가가치품		I	P	C		I	
가격 결정 – 새로운 시장			P	I		I	
가격 결정 – 교차판매 가격		C/P		P/C			
마진에 대한 보고서	I	I	I	I	I	P	I
판매* – 현지	I	P	C	C	I		
판매* – 각자의 도매상	I	C	C	P	C		
판매*– 새로운 시장			P(LOL)	I			
판매* – 교차판매	I	C/P	C	P/C	I		
기능별 신규고객판매팀 지원	I	P		P	I		
기능별 판매팀 지원		Pt	Pt	PtI			
현지중심/경쟁적 판촉안 개발	I	P	C	C/P	I		
주요 교차 판촉안	I	C	P	C	I		
판매 프로세스 교육 실시		C		P			C
카테고리 관리방법 개발	I	Pt	PtI	Pt			
제품 분류 프로세스 개발	I	C	P	C	C		

코드: P = 주요 책임, C = 상담, I = 보고, * = 첨부 서류에 정의된 부분, t = 팀, I = 리더

※맨 윗줄에 인용된 알파벳은 참여자들의 이니셜이다.

부록 6.2

가치명료화 워크시트

각 행의 항목에 대해 지배적 문화·하부문화·자신이 부여하는 가치에 당신이 생각하는 바를 빈 칸에 적어 보시오.

요소	당신이 현재 살고 있는 국가의 지배적인 문화의 가치	당신이 현재 살고 있는 국가의 하부문화의 가치	당신의 가치
시간			
테크놀로지			
직업윤리			
종교			
윤리적 행동			
비즈니스에서 정치의 역할			
여성의 역할			
남성의 역할			
본국중심주의, 글로벌 관점			
계층			
평등			
권력, 통제			

부록 6.2

가치명료화 워크시트

각 행의 항목에 대해 지배적 문화·하부문화·자신이 부여하는 가치에 당신이 생각하는 바를 빈 칸에 적어 보시오.

요소	당신이 현재 살고 있는 국가의 지배적인 문화의 가치	당신이 현재 살고 있는 국가의 하부문화의 가치	당신의 가치
교육			
우정			
오락			
스포츠			
노인			
어린이			
결혼			
경쟁			
교사			
관리자			
근로자			
정치인			

부록 6.2

가치명료화 워크시트

각 행의 항목에 대해 지배적 문화·하부문화·자신이 부여하는 가치에 당신이 생각하는 바를 빈 칸에 적어 보시오.

요소	당신이 현재 살고 있는 국가의 지배적인 문화의 가치	당신이 현재 살고 있는 국가의 하부문화의 가치	당신의 가치
돈			
협력			
인종의 다양성			
품질			

개요

이 단계의 인터벤션은 팀과 그룹을 강화하고 팀 간, 그룹 간 관계를 개선하기 위한 인터벤션이다. 여기에는 심층대화세션, 팀빌딩(조직개발의 인터벤션 중 가장 많이 쓰임), 프로세스 자문, 미팅 퍼실리테이션, 피시볼, 브레인스토밍, 팀 간 갈등 관리, 그리고 전략 정렬 진단이 있다.

카젠바흐와 스미스(Katzenbach & Smith, 1993)는 팀이란 하나의 공통 목표를 추구하고 같은 작업 방식을 공유하며, 서로 의지하며 이끌어 주는 자율적인 사람들의 모임이라고 정의 내렸다. 이 장에서는 조직 내에 존재하는 팀에 초점을 맞출 것이다. 팀·업무그룹·팀과 팀 간 인터벤션은 그림 7.1의 조직개발 프로세스 모델의 실행 단계 중 일부이다.

팀이나 그룹에 초점을 맞추는 인터벤션의 종류는 수없이 많다. 이 장에서는 그 중에서 조직개발 전문가가 팀과 그룹의 기능 향상에 도움을 줄 수 있는 적절한 사례로 몇

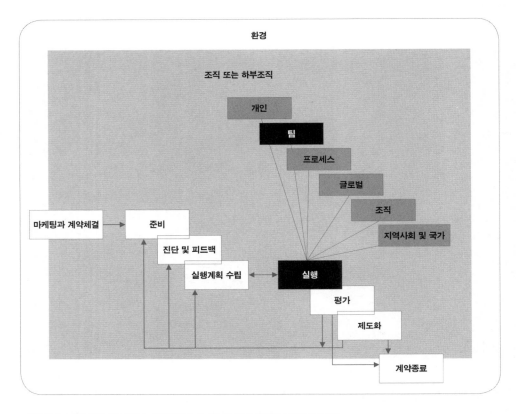

그림 7.1 조직개발 프로세스 모델 5단계, 팀 차원과 팀 간 차원의 실행

몇 인터벤션을 자세히 설명하고자 한다. 조직개발 전문가는 반드시 사람들이 팀이나 그룹을 이뤄 서로 의지하며 함께 일해야 할 필요가 있을 때만 팀 인터벤션을 사용해야 한다. 팀을 변화시키려는 목적 없이 단순히 아무 인터벤션이나 해 보려는 의도로 팀 인터벤션을 한다면 아무런 효과나 이득이 없을 것이다. 여기 나온 여러 인터벤션에 대한 기본 정의는 제5장에서 이미 소개한 바 있다.

팀 체제로 일할 때, 커밍스와 월리(Cummings & Worley, 2005)는 팀 인터벤션의 효과에 영향을 미치는 요소를 다음과 같이 설명했다. "인터벤션 활동에 필요한 시간의 양, 팀 프로세스를 지켜보고자 하는 팀의 의지, 팀원들이 한 팀으로써 함께 일해 온 기간, 팀의 지속성"이 모두 팀 인터벤션의 중요한 요소이다.

심층대화세션

제5장에서 말했듯이 심층대화세션이란 대립적 양상을 초래할 수 있는 문제를 탐구하도록 고안된 구조화된 대화세션으로써, 설득보다는 깊은 이해를 통한 결과 도출을 목표로 한다.(Lindahl, 1996) 심층대화세션은 갈수록 점점 더 많이 쓰이는 인터벤션으로, 주로 그룹 내 존재하는 갈등을 인정하고 대면해 보고자 할 때 사용된다.

다른 조직개발 인터벤션과 마찬가지로 대화를 하는 데 있어서 하나로 정해진 방법은 없다. 필자가 이 인터벤션을 진행할 때는 8~12명의 작은 그룹과 함께 다음과 같은 과정을 거치며 작업했다.

1. 대화 과정에서 중점이 될 문제를 확인하고 밝힌다.
2. 그룹 구성원에게 모든 구성원은 동등하며 구성원과 관련된 어떤 외부의 권력도 이 대화에서는 배제된다는 점을 강조한다.
3. 다른 모든 그룹 활동에서와 마찬가지로 기밀성 혹은 익명성의 중요성을 재차 강조한다. 기밀성을 택할지, 익명성을 택할지를 결정해야 한다. 언제나 그렇듯, 그룹 밖에서는 참여자들의 이름이(누가 어떤 말을 했는지) 거론되어서는 안 된다. 대화내용을 그룹 내부에서만 유지할지, 그룹 외부와 나눌지에 관해서는 그룹이 결정해야 한다. 이처럼 경계선을 긋는 이유는 참여자들이 후환을 두려워하지 않고 자신의 느낌과 생각을 보다 솔직하게 나누기 위해서다.
4. 구성원들이 한 명씩 차례로 그 문제에 대해 기본적으로 가지고 있는 가정(assumption)을 말해 보도록 한다. 이런 질문을 던질 때에는 노골적이지 않게 가볍게 질문하도록 한다. 이때 중간에 끼어들어 방해하지도 말고 질문하지도 않는다. 가정은 인식의 깊은 곳에 묻혀 있기 때문에(제1장의 샤인의 문화 빙산 모델을 기억하라.) 참여자들이 자신이 가지고 있는 가정을 명확하게 표현해 내는 것 자체가 불가능할 수 있다. 그러므로 이 단계에서는 중심 문제에 대한 참여자들의 사연이나 에피소드를 나누는 과정도 포함할 수 있는데, 이를 통해 깊은 곳에 숨겨져 있던 가정을 찾아낼 수 있다.

이 단계의 목적은 참여자가 가지고 있는 가정을 밖으로 끌어내 남은 과정 동안에 유보해 두기 위함이다.

5. 위의 과정 중에, 참여자들은 다른 사람들이 나누는 이야기를 듣고 자신이 어떻게 반응하는지 개인 노트에 기록해 둔다. 사람들은 다른 사람의 의견을 듣자마자 판단부터 하는 데 익숙해져 있는데, 심층대화세션에서는 상대방에 대해 판단을 하면 안 된다. 어떤 의견에 동의하거나 반대할 때, 언제 자신의 감정이 고조되는지를 인식하게 되면 자신이 지닌 가정의 핵심을 빠르게 파악할 수 있다.

6. 참여자들은 자신이 들은 말에 대한 자신의 반응을 표현할 때 '나'대화법을 사용해야 한다. (예를 들어, "나는 이렇게 느낀다…….") 진행자는 "당신은……해야 한다."와 같은 발언이나 "우리 생산 팀은 이렇게 생각한다."와 같이 그룹 전체의 입장에서 하는 답변이 있는지에 특히 주의를 기울인다.

7. 다른 사람이 말할 때 그를 이해하려는 순수한 목적 하나만을 가지고 주의 깊게 들어보라고 요청한다. 이렇게 경청하는 동안은 오로지 듣기만 해야 한다. 논쟁하거나 끼어들거나 설득하려 해서는 안 된다. 의미를 명확히 파악하려는 질문은 할 수 있으나 질문하는 듯이 간접적으로 자신의 의견이 담긴 발언을 하는 행위는 허용되지 않는다.

8. 해결책을 제시하거나 동의를 이끌어 내는 게 심층대화세션의 목표는 아니다. 구성원들이 서로의 입장을 더 잘 이해하게 되었다면 대화가 성공한 것이다. 그러므로 이 과정의 마지막 단계에서는 그룹을 돌면서 각 참여자에게 이 대화세션을 통해 서로에 대해 새롭게 이해하게 된 점은 무엇인지 나누게 하는 것으로 마무리를 하는 게 좋다.

내가 어느 다국적 대기업과 여러 소수계층 권익보호 지원 그룹에 관한 일을 하고 있었을 때다. 각각의 소수계층을 지원하는 그룹의 직원들은 직장에서나 개인의 생활 속에서 여러 가지 차별을 경험한 적이 있었는데, 다른 모든 소수계층 그룹들이 남녀 동성애자, 양성애자, 성전환자를 포함한 GLBT(Gay, Lesbian, Bisexual, Transsexual) 그룹을 꺼려하는 분위기가 조성되고 있었다. 소수계층 그룹의 직원들은 GLBT 그룹으로 인해 자신들이 중시하고 추구하는 목적이 흐려진다고 믿고 있었다. 이들은 소수계층 그룹 이외의 회사 사람들이 GLBT 그룹에 대해 부정적인 시각을 가지고 있을 것이라고 믿었고 이것이 그대로 그들의 부정적인 의견으로 투영된 것이다. 그래서 소수계층 지원 그룹의 대표를 한 방에 모아서 성적 취향에 대한 심층대화세션을 가졌다. 이 과정을 마친 후 성적 취향에 대한 그들의 포용도가 훨씬 높아진 것으로 나타났다.

....

팀빌딩

팀빌딩은 조직개발에서 가장 핵심적인 인터벤션으로 자리해 왔으며 지금도 널리 쓰이는 방법이다. 하지만 이 용어는 너무나 넓은 범위의 활동을 포함하기 때문에 이 단어 자체가 팀에서의 인터벤션이 어떤 모습으로 될 것인지 명확하게 보여주지 못한다. 제5장에서 말한 바와 같이, 베커드(Beckhard, 1969)는 팀빌딩의 목표에 대한 우선순위를 다음과 같이 정했다.

1. 팀의 목적과 목표를 확립하고 명확히 한다.
2. 팀원의 역할과 책임을 결정하고 명확히 한다.
3. 규정과 절차를 확립하고 명확히 한다.
4. 팀원 간 대인관계를 향상시킨다.

이 순서에도 불구하고 아주 많은 시중의 상업적인 팀빌딩 도구들은 가장 중요하지 않은 네 번째 항목의 목표에 초점을 맞추고 있다. 아이스 브레이킹이라 분류되는 이러한 활동들 중 일부는 이제 막 형성되고 있는 그룹의 구성원들이 서로를 잘 알 수 있도록 고안되어 있지만, 이는 거의 표면적인 수준에만 머무른다. 예를 들어 진행자는 팀원들이 질문지에 답하고 이를 파트너와 함께 공유한 후 자신의 파트너를 소개하는 활동을 진행한다. 어떤 질문은 아주 간단하고 설명 위주의 것들이다. (좋아하는 음식은?

휴가기간에는 무엇을 합니까?) 또한 상징적이고 피상적인 질문도 많다. (당신이 나무라면 어떤 종류의 나무가 될 것입니까?) 게임을 하거나, 특정한 질문에만 답하여 자신만의 문장(紋章)을 그리거나(문장의 각 파트는 특정 질문에 해당하는 답), 사람들과 편하게 서로에 관한 정보를 나눌 수 있게 하는 활동도 있다. 팀이 형성되는 초기에는 이러한 활동들이 재미있고 유용할 수 있지만 성인들은 보통 일과 별 관계없는 내용으로 활동이 진행되면 불편함을 느낀다. 팀원들이 이런 고정관념에서 벗어나 생각할 수 있도록 저항감을 점차 줄이는 것도 좋은 방법이다. 그러나 조직개발 전문가는 그룹의 반응을 세심히 주목하면서 때로는 적절한 타이밍에 다른 활동으로 넘어갈 수도 있어야 한다.

베커드가 확립한 4가지 목표는 팀의 실제 업무를 통해서도 달성될 수 있다. 예를 들어, 팀이 모일 때면 왜 모여야 하는지 확실히 하는 게 중요하다. 이를 위해서 팀은 목적과 목표를 확립하고 각각의 역할과 책임소재를 명확히 하며 규정과 절차를 결정해야 한다. 이 목표들을 달성하려는 과정에서 서로를 더 잘 알게 되고 관계를 발전시킬 수 있다.(4번 목표) 그리고 반드시 팀이 효과적으로 움직여서 각각의 목표가 이뤄지도록 해야 한다. 하지만 베커드는 팀은 한 번에 하나의 목표에만 집중해야 한다고 강조했다. 그렇지 않을 경우 팀원들은 서로 다른 우선순위를 마음에 두게 된다는 것이다. 따라서 베커드의 충고대로 위에 정해진 우선순위에 따라 각 목표들을 달성해야 한다.

오랫동안 써 왔지만 아직까지도 논쟁의 여지가 있는 팀 발전단계론은 터크만(Tuckman, 1965)이 확립했다. 이 이론은 형성기(forming), 격동기(storming), 규범기(norming), 성취기(performing)로 구성되어 있다. 형성기에서는 앞에서 언급했던 질문 항목들과 베커드가 제시한 모든 목표들이 다루어진다. 형성기에서는 명확성이 많이 결여되기 때문에 적당한 팀빌딩 인터벤션을 이용해 팀의 목적을 확실히 할 수 있다. 단, 그 과정에서 혼돈과 갈등이 드러나게 되는데 이로써 다음 단계인 격동기로 넘어가게 된다. 팀의 목표를 설정할 때만 갈등이 생기는 게 아니라 팀 리더의 자리를 얻기 위한 마찰도 일어난다. 결국 팀의 방향과 리더십이 어느 정도 확립되면 팀 내 목표로 제시되는 규범(역할, 책임, 규정, 절차)이 확립된다. 어떤 팀은 기본행동규칙(ground rules, 다음 문단에서 설명됨)을 먼저 정하고 규범기로 일찍 진입하기도 한다. 최종적으로는 성취기에 진입하게 된다. 이처럼, 터크만의 팀 발전단계와 베커드의 팀 목표는 긴밀하게 연관되어 있다.

기본행동규칙은 형성기 초반에 세워진다. 플립차트 종이에 써서 팀이 만날 때마다 붙여 놓는다. 팀의 운영 방향을 정하고 브레인스토밍 방식으로 기대되는 행동규칙들을 나열해 본다. 다음은 다소 길기는 하지만 선택적으로 사용하기에는 유용한 목록이다.

기본행동규칙(예)

1. 준비하여 참여한다.
2. 가끔 필요시 합의에 의한 예외 상황을 제외하고는 정해진 시간에 시작하여 예정 시간에 마친다.
3. 할 일을 마치면 예정된 시간 전이라도 끝낸다.
4. 항목당 할애할 시간을 정하고 시간 계획표를 짠다. 보통 한 항목에 30분 이상 초과하지 않도록 한다. 시간을 초과할 때는 합의가 있어야 한다.
5. 모임을 시작할 때는 항상 그 안건을 살펴보고 합의하에 수정한다.
6. 안건에는 모임의 목적, 참고 자료, 그리고 기대되는 결과를 적어서 모임을 시작하기로 합의한 시간 전에 나눠준다.
7. 실행 사항을 체크하기 위해서 모든 미팅에는 회의록을 남긴다.
8. "나는 이렇게 생각해요.", "나는 이렇게 느껴요.", "나는 ~을 원해요."와 같이 일인칭 대화법을 사용한다.
9. 다른 사람이 발언을 마칠 때까지 기다렸다가 말을 한다. (중간에 끼어들지 않는다.)
10. 다른 사람이 한 발언이나 질문을 간과하지 않는다. (의견 무시 금지, no plop)
11. 동의하지 않는다면 그 이유를 밝히되 그 사람을 공격하지 않는다. (깎아 내리기, 인신공격)
12. 개인적인 안건이 있다면 솔직하게 밝힌다. 당신이 무엇을 원하고 필요로 하는지 일찍 얘기하도록 한다.
13. 다른 사람의 말을 경청한다. 이해가 되지 않으면 자기가 이해한 수준으로라도 적어

놓는다.

14. 갈등으로 이어질 소지가 있더라도 개인적인 감정을 나누도록 한다. 비난하는 듯한 발언보다 '나'대화법을 사용하여 적극적으로 대처한다.

15. 다른 사람을 이름으로 호칭한다.

16. 미팅 중 미팅 프로세스에 대한 피드백을 그때그때 제공한다.

17. 동등하게 참여한다.(독점하거나 회피하지 않는다.)

18. 토의 중에는 모든 사람이 목표를 향하여 기여하도록 한다.

19. 더 이상의 의견이 없다면 다음 단계로 넘어간다.

20. 리스크를 감수한다. 리스크를 감수하는 것은 칭찬받을 만한 일이다.

21. 주의를 산만하게 하지 않는다.(모임 중간에 전화 받기, 편지봉투 열기, 사적인 대화나 자기들끼리의 모임)

22. 결정은 만장일치로 이루어지게 한다.

23. 참여자들의 수준을 올린다. 과제 수행에 도움이 된다면 외부 연사를 초청하는 것도 좋다.

24. 이 기본행동규칙에 따라 원활하게 진행한다. 진행자는 관찰하는 사람을 한 명 지정한다.

25. 새로운 이슈가 생기면 이 목록에 추가해도 좋다. 더 이상 필요하지 않은 사항은 목록에서 삭제한다.

26. 긴급 상황으로 불참한 사람이 있다면 참가자 중 한 명이 책임지고 미팅 후 불참자가 미팅 내용을 파악할 수 있도록 전달한다.

이러한 기본행동규칙들을 집행하는 책임이 조직개발 전문가에게만 있는 것은 아니다. 팀에서 하지 않기로 결정된 행동을 모니터하는 것은 팀원 모두의 책임이다.

팀빌딩에는 시작과 끝이 있는 게 아니다. 팀이 지속적으로 모이는 동안에는 팀을 구축하고 재구축하는 프로세스가 계속 일어난다. 예를 들어 팀에 새로운 구성원이 왔다면 그 구성원이 팀에 동화되는 동안 그 팀은 형성기로 다시 돌아와야 한다. 기억해야 할 사항은, 팀빌딩은 어떠한 인위적인 활동으로 이뤄지는 게 아니라 팀이 함께 업무를 수행하는 동안 자연스레 이루어져야 한다는 것이다.

프로세스 자문

프로세스 자문 또한 조직개발에서 핵심이 되는 활동이다. 팀빌딩의 목표에도 부합하는 프로세스 자문의 주된 목적은 팀의 효과성을 증진시키기는 것이다. 제5장에서 나왔듯이 프로세스 자문에서 조직개발 전문가의 핵심 역할은 팀 구성원들의 거울 역할을 하여 그들이 어떻게 상호작용을 하고 있으며 어떻게 수행하고 있는지 자신을 비춰볼 수 있게 하는 것이다. 이 역할을 하는 데에는 여러 방법이 있다.

조직개발 전문가는 팀의 구성원들에게 이미 합의로 세워진 기본행동규칙을 환기시키고 그 원칙을 지켜야 할 상호 책임이 있다는 것을 주기적으로 상기시켜 줄 필요가 있다. 또한 조직개발 전문가는 정기적으로 팀원의 행동을 관찰하여 학습기회로 활용할 수 있는데, 이는 관찰된 상황과 그 상황에 대처할 대안들을 찾는 데 도움이 될 피드백을 제공한다.

객관적으로 드러나는 피드백을 주는 방법으로 몇 가지 도구들이 있다. **소시오그램**(sociogram)은 팀 내 상호 의사소통(communication)이 어떻게 이루어지고 있는가에 대하여 구체적인 피드백을 제공할 때 쓰인다. 예를 들어 대화를 독점하는 사람이나, 전혀 참여하지 않고 있는 사람(**소외자, isolates**)이 있는가? 짝을 이루어 둘만 이야기하고 있는 사람들은 없는가? 조직개발 전문가(또는 다른 사람들도 이러한 도구를 사용하는 법을 쉽게 배울 수 있다.)는 팀의 구성원들을 원으로 표시한 다이어그램을 그린다. 이 다이어그램은 완성되기 전에는 공개하지 않는다.(필자는 보통 플립차트 뒤에 서서 필자가 무엇을 하는지 사람들이 보지 못하도록 한다.) 대화를 시작하는 사람의 원에서 출발하여 다음으로 발언을 하는 사람의 원으로 선을 이어 그린다. 선을 끊지 말고 다음에 발언을 하는 사람의 원으로 계속 옮기며 이어간다. 이 과정을 10∼15분 정도 계속하다가 그때까지 그려진 다이어그램을 참여자들에게 보여 주고 토론을 시킨다.

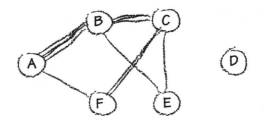

그림 7.2 토론에서 나타난 소시오그램 결과

그림 7.2에서 D는 전혀 대화에 참여하지 않았다. 즉, 소외자이다. B는 D를 제외한 모든 사람에게 연결되었기 때문에 그가 리더라고 추정될 수 있다. 주로 대화는 A와 B 사이에 일어난다. 이러한 결과는 대화의 내용과 참여자들의 전문성 때문에 발생한 것일 수 있다. 하지만 이는 또한 팀의 상호작용을 반영하는 것일 수도 있다. 팀은 왜 이런 패턴이 나타나는지, 납득할 수 있는지 토론해 본다. 소시오그램의 두 번째 부분은 대화 중에 각 개인이 차지한 시간을 계산해 보는 것이다. 이러한 경우에 시간의 분량이 소시오그램의 선의 개수와 비례할 수 있지만 다르게 나타날 수도 있다. 참여자 E는 단 한 번밖에 발언을 하지 않았지만 그 발언이 몇 분 동안 지속된 긴 이야기였을 수도 있는 반면에 참여자 A는 여러 번 발언을 했지만 모두 한두 마디의 짧은 답변에 불과했을 수도 있는 것이다. 참여자들이 서로 발언을 가로막거나 끼어드는 문제가 생긴다면 이것 역시 소시오그램에 누가 누구의 발언을 방해하는지를 표시해서 남자가 여자를 방해한다거나, 한 참여자가 특정한 다른 참여자를 지속적으로 방해한다거나 하는 패턴을 읽어 낼 수 있다. 필자의 경우는 방해하는 사람으로부터 방해받는 사람에게로 가는 화살표를 그어서 나타낸다.

이밖에 팀원들에게 피드백을 주는 다른 방법으로는 팀원들과 주기적으로 팀 프로세스에 대한 토론을 하는 방법, 팀원들이 익명으로 서로에게 피드백을 줄 수 있는 간단한 설문조사를 하는 방법, 프로세스 자문 전문가(조직개발 전문가)와 일대일 코칭과정을 가지는 방법이 있고 팀의 구성원들이 스스로 다른 제안을 내놓을 수도 있다.

미팅 퍼실리테이션

팀이 효과적으로 기능하도록 하기 위하여 사용할 수 있는 방법들은 이미 언급했다. 첫째, 어떤 일을 해내려고 하는지 팀이 모이는 이유를 명확하게 해야 한다. 둘째, 미팅에 실제로 필요한 사람들이 모여야 한다. 전문적인 지식을 제공하기 위해 초청연사가 필요한지 확인한다. 셋째, 미팅의 안건은 모든 팀원들로 하여금 안건 수립에 참여하게 해서 모든 팀원이 참여하여 함께 만들어야 한다. 이전 미팅이 끝나기 전에 다음 미팅 안건을 만들기도 한다. 넷째로 안건의 각 항목에 시간을 적절하게 할당해야 한다. 이 장의 부록에 이러한 요소를 갖춘 미팅계획서 견본이 첨부되어 있다. (부록 7.1)

팀 미팅 효과성을 증진시키기 위한 또 하나의 방법은 팀 미팅 중 팀원의 역할을 정해주고 맡은 일을 자세히 설명하는 것이다. 이러한 역할 확인과 설명이 어떻게 이루어지는지 보여 주는 PDCA모형(제1장 참조)에 기반한 사례가 이 장의 끝에 부록 7.2에 나타나 있다. 이러한 역할이 모든 팀에 적용되지는 않겠지만 이 사례와 유사한 형식이라도 팀 미팅의 효과를 증진시킬 것이다. 조직개발 전문가는 적절한 미팅 퍼실리테이션 방법을 제시하고 피드백을 제공하여 팀의 미팅 참여자들을 교육시켜야 한다.

피시볼

팀원들이 자신의 다이내믹스(dynamics)를 이해하도록 도와줄 수 있는 또 다른 방법은 **피시볼(fishbowl, 원형 관찰 기법)**이다. 이 방법은 규모가 큰 팀에 효과적이다. 주로 5명으로 구성된 소그룹이 원 모양으로 앉고 나머지 팀원들은 그 원을 둘러싸고 앉는다. 5장의 종이에 각각 한 가지씩 역할을 적은 다음 안쪽에 앉은 소그룹에게 무작위로 한 장씩 뽑게 한다. 각 팀원은 자기가 뽑은 종이에 묘사된 역할을 수행하면서 원하는 주제를 정해서 토론한다. 바깥쪽 원에 앉은 팀원들은 안쪽에 앉은 소그룹 팀에서 일어나고 있는 상호작용에 대해 피드백을 주면서 각 팀원이 어떤 역할을 하고 있는지 알아맞힌다. 다른 팀원이 소그룹 팀원이 되어 안쪽으로 들어갈 때는 "평소에 팀에서 했던 것처럼 행동하라."라는 역할 한두 개를 더한다. 계속 하다 보면 결국 팀원들이 무작위로 뽑게 될 역할이 모두 평소에 팀에서 하던 대로가 된다. 이렇게 되면 바깥쪽의 팀원들이 안쪽의 소그룹 팀원들의 평상시 팀 안에서의 역할에 대한 피드백을 기탄없이 들려줄 수 있게 된다.

브레인스토밍

아이디어를 떠올리기 위해 팀에서 흔히 쓰는 방법은 브레인스토밍(brainstorming)이다. 브레인스토밍은 친화도법(Affinity diagram)의 필수적인 요소로써 이미 제4장에서 언급되었다. 팀이 이전에는 생각해 보지 못했던 방향으로 창의적인 생각을 하도록 만드는 것은 쉽지 않다. 브레인스토밍은 그룹 차원에서 특정한 문제나 주제에 대해 최대한 많은 종류의 아이디어를 생산해 내기 위한 효과적인 방법이다. 브레인스토밍을 할 때 지켜야 할 몇 가지 규칙과 진행 절차는 다음과 같다.

브레인스토밍의 규칙

1. 한 사람도 빠지지 않고 모든 참여자가 아이디어 제시에 참여한다.
2. 즉흥적이고 자유분방한 아이디어를 환영한다. 창의적이어야 한다.
3. 다른 사람이 제시한 아이디어를 응용해서 덧붙여 생각한다.
4. 중요한 것은 아이디어의 질이 아니라 양이다.
5. 모든 아이디어가 다 기록되기 전까지는 제시된 아이디어에 대한 논의나 비평은 금지된다.
6. 비언어적(표정이나 바디랭귀지) 표현을 통한 부정적인 반응을 보이지 않는다.
7. 진행자는 모든 아이디어를 플립차트에 적는다.

진행 방법

1. 구체적인 문제나 주제를 정한다.(모이기 전에 미리 주제가 무엇인지 알려 줄 수도 있지만 반드시 그래야만 하는 것은 아니다)

2. 그룹의 구성원들에게 규칙을 알려 준다. 모든 사람이 볼 수 있도록 규칙을 적어서 붙여 놓는다. 의미가 명확하지 않은 규칙은 명확히 설명한다.

3. 참여자들이 아이디어를 자발적으로 외치게 한다.(그룹의 규모가 크다면 서로 방해가 되지 않기 위해 손을 들고 나서 아이디어를 말하게 한다.)

4. 아이디어가 제시될 때 바로 바로 플립차트, 칠판, 컴퓨터 또는 프로젝터에 기록해서 모든 사람이 볼 수 있도록 한다.

5. 처음에 아이디어가 잘 나오지 않거나 중간에 막히는 경우를 대비하여 실마리가 될 만한 아이디어 몇 가지를 미리 준비해 놓는다.

6. 아이디어들이 다 나온 것 같으면 브레인스토밍을 마친다. 단, 참을성을 가지고 기다릴 필요가 있다. 그룹에 침묵이 흐른다고 해서 아이디어가 모두 다 제시되었다고 볼 수만은 없다. 어떤 사람들은 생각할 때 다른 이보다 더 많은 시간이 필요할 수도 있다.

응용된 진행 방법

1. 브레인스토밍을 시작하기 몇 분전에 참여자가 아이디어를 종이에 적을 시간을 준다. 어떤 사람들은 그룹 내 반응 없이 혼자 조용히 생각해 내는 것을 잘하기도 한다.

2. 참여하고 있지 않은 사람이 있다면 한 사람씩 순서대로 말하는 방법을 사용한다. 아이디어가 없을 때는 순서를 지나쳐도 괜찮다. (이 방법은 명목집단기법(Nominal Group Technique, NGT)이라고 한다)

팀 간 갈등관리

태스크포스, 기능부서 또는 팀 간에 부정적인 갈등이 종종 발생할 수 있다. 만약 이 그룹들이 서로 협력해서 일해야 할 입장이라면 이러한 갈등은 생산성과 창의성을 저해한다. 조직개발 전문가는 개인 간의 갈등을 조정했던 방법과 비슷한 방법을 팀 차원에도 적용할 수 있다. (제6장 참조) 활용할 수 있는 또 다른 방법은 **거울기법(Mirroring process)**이다.

거울기법

목적

1. 팀 간의 관계를 더 발전시키기 위해
2. 팀이나 직무 그룹 간에 가지고 있는 서로에 대한 인식을 알아보기 위해
3. 관계를 개선하기 위한 계획을 세우기 위해

방법

1. 전체 그룹이 함께 기본행동규칙 목록을 작성하여 피드백과 토론 과정에서 오픈적인 분위기가 조성될 수 있도록 한다.
2. 각 그룹은 플립차트와 필기구를 가지고 서로 다른 방에 배정된다. 조직개발 전문가는 두 그룹 사이를 왕래한다.
3. 각 그룹은 최대한 솔직하고 충실하게 다음의 질문에 답하고 플립차트에 적어 놓는다.
   - 우리 그룹을 가장 잘 표현하는 특성이나 특징은 무엇입니까?
   - 상대 그룹을 가장 잘 표현하는 특성이나 특징은 무엇입니까?
   - 상대 그룹이 우리 그룹을 어떻게 표현했을 것이라 생각합니까?
4. 질문이 작성된 플립차트를 가지고 두 그룹이 함께 모인다. 각 그룹당 한 명이 나와서 결과를 발표한다. 상대 그룹은 발표자에게 보충 추가 설명을 요구할 수는 있지만 상대 그룹의 의견을 비난하거나, 자기 그룹을 변명하거나 방어하는 어떠한 발언도 할 수 없다.
5. 두 그룹은 다시 원래 배정된 방으로 돌아간다. 이때쯤이면 서로 간에 많은 오해와 인식의 차이가 존재한다는 사실이 드러나게 된다.
6. 두 그룹은 서로 간에 인식의 차이에 대한 이유를 분석하고 재검토한다. 문제를 해결하

고 오해를 줄이는 데 초점을 맞춘다. 옳고 그름을 가리는 게 아니라 "어떻게 이러한 인식이 생기게 되었는가?", "우리의 어떤 모습과 행동이 이러한 인식을 낳게 했는가?" 등의 질문에 답해야 한다. 그러고 나서 이러한 차이를 줄이기 위해 할 수 있는 방법이 무엇인지 생각해 본다.

7. 두 그룹이 다시 모여서 서로의 분석 내용과 해결 방안을 나눈다. 자유롭고 오픈적인 토론 분위기를 조성하고, 어떤 갈등과 의견 차이가 더 남아 있는지에 초점을 맞춘다.

8. 두 그룹간의 특정 문제를 해결하고 서로의 관계를 발전시키기 위하여 취할 수 있는 구체적인 실행방안을 함께 고민한다.

9. 후속미팅의 일정을 잡는다. 후속미팅에서는 실행된 방안에 대한 결과를 공유하고, 향후 문제점을 파악하고, 추가적인 실행방안을 고민하도록 한다.

기대성과

1. 상대 그룹을 더 잘 이해할 수 있게 될 것이다.

2. 오해와 의사소통 문제가 줄어들 것이다.

3. 관계를 발전시킬 수 있는 구체적 방법들이 제시될 것이다.

4. 장기적으로, 서로에게 해로운 갈등은 줄어들고 점점 더 건전한 방향의 갈등으로 나아갈 것이다. (그렇게 하면 결국 모두에게 유익할 것이다.)

나의 경험에 따르면 거울기법은 회사의 합병이나 인수 과정에서 매우 유용하게 쓰였다. 예를 들면, 나는 언젠가 동료와 함께 한 회사를 도와 다른 세 개의 회사를 동시에 인수하는 과정을 조정하기 위한 작업을 하고 있었다. 총 네 개 회사의 조직문화는 모두 매우 상이했지만 인수합병이 이루어지자 네 개 조직의 구성원들이 모두 인수 주체 회사의 주요 팀에 배치되었다. 이내 그들이 기존의 문화에 적응하기를 거부하고 있다는 사실이 드러났다. 그래서 네 조직의 간부 간 연례모임에서 거울기법을 사용했다. 앞에서 설명한 예와 달리 두 개가 아닌 네 개의 그룹을 대상으로 했기 때문에 적용과정이 다소 복잡했다.

어떤 피드백은 이전까지 분리되어 있던 회사들의 입장에서 수용하기가 매우 힘들었다. 다행히 나와 나의 동료까지 두 명의 진행자가 있었기 때문에 우리는 각각 두 그룹씩 맡아 그들이 받은 피드백을 수용하려 애쓰는 과정을 도울 수 있었다. 그들이 관계를 발전시키고자 하는 의지는 매우 강해서 궁극적으로는 긍정적인 결과를 얻을 수 있었다. 계속해서 갈등을 일으키고 있었던 시스템과 업무 프로세스를 개선하기 위한 실행방안들이 정해졌다. 거울기법을 사용한 지 1년이 지나자 팀들은 서로 훨씬 더 긍정적인 모습으로 함께 일하게 되었고 부정적인 갈등은 현저히 감소했다.

어떤 조직개발 전문가들은 MBTI나 DiSC와 같은 진단 도구들을 팀 구성원들 사이에 내재하는 성격 차이를 확인하는 데 사용하여 팀 간에 존재하는 갈등의 원인에 대한 설명을 찾아내기도 한다. 진단 도구는 진단결과가 각 개인의 특성을 완벽하게 설명하는 도구로 인식되지만 않는다면, 서로가 다르다는 사실에 대한 논의를 이끌어 내는 데 유용하게 쓰일 수 있다.

전략정렬진단

셈러(Semler, 2000)에 의하면, 조직의 어떤 부분이든 효과를 거두기 위해서는 조직 그 자체와 정렬(일치)되어야 한다. 그러므로 어떤 팀이건 자신의 조직과 특정한 요소를 공유해야 한다. 샘러는 이 요소를 비전, 가치, 목적, 전략, 문화, 보상체계, 구조, 관행, 시스템, 행동이라고 했다. 그러므로 조직개발 전문가는 이러한 영역에서 팀과 조직 간에 어떠한 괴리가 있는지 확인해야 한다. 다시 말해, 전략정렬진단(Strategic alignment assessment)을 하는 것이다. 이 분석을 통해 조직의 요소와 일치를 이루지 못하는 팀 요소에 대한 조정이 필요할 수 있다.

물론 팀이 자신의 조직보다 앞서 있다면 조직의 요소를 조정함으로써 팀과의 정렬을 이루는 방법도 가능하다. 팀 부분에 대한 자료 분석이 이루어진다면, 조직과 팀과의 정렬상 차이는 진단 과정에서도 찾을 수 있다. (제4장 참조)

요약

최근에 조직에서 행해지는 대부분의 일들은 팀이나 직무 그룹 단위로 이루어진다. 팀들이 더 효과적으로 협력할수록 조직의 목표에 더 많이 기여할 수 있다. 여러 프로세스와 인터벤션을 이용하여 조직 내에서의 팀 기능을 향상시킬 수 있다. 총망라된 논의는 아니었지만 이번 장에서는 팀을 지원하고 팀 역량을 향상시킬 수 있는 몇 가지 방법을 설명했다. 다양한 방법 중에서 특별히 심층대화세션, 팀빌딩, 프로세스 자문, 미팅 퍼실리테이션, 피시볼, 브레인스토밍, 팀 간 갈등관리, 그리고 전략정렬진단에 대하여 알아 보았다.

토론 및 성찰을 위한 과제

1. 두 사람이 짝을 이루고, 감정적인 반응을 이끌어 낼 소지가 있는 동시에 두 사람 간의 차이점이 드러날 수 있는 주제를 하나 선정하라. 심층대화세션을 실행하라. 끝난 후 심층대화세션을 직접 해 본 소감을 서로 나눠라.

2. 한 사람을 뽑아서 수업 중 토론시간에 잠시 소시오그램을 작성해 보고 결과가 의미하는 바를 토론하라.

3. 이 장에서 제시된 각각의 인터벤션에 대하여 장점과 단점을 논하라.

4. 당신이 속해 있는 팀은 어떤 인터벤션이 필요할지 생각해 보아라. 이 장에서 제시된 인
터벤션 중 하나를 선택하여 그것을 어떻게 적용해야 팀이 가진 문제를 해결할 수 있을
지 논의하라.

5. 당신에게 해결책이 필요한 문제가 있는지 적어 보라. 이 문제를 해결할 수 있는 여러
가지 방법을 브레인스토밍을 통해 열거해 보라.

6. 당신이 팀에서 겪었던 경험에 대해 논하라.(직무에서나 학업에서) 팀이 얼마나 효과적
으로 일을 수행했는가? 팀을 위한 인터벤션이 당시의 그 팀에게 어떤 도움이 될 수 있
었을지 생각해 보라.

부록 7.1

품질 혁신을 위한 팀 미팅 임시 안건

오후 1:00 미팅 안건을 확인하고 필요하다면 수정한다.

　　　　　서기와 프로세스 코치를 정한다.

　　　　　미팅 기대성과(expected outcome, EO)를 합의를 거쳐 정한다.

오후 1:05 이전 회의록을 검토하여 본 미팅 안건에 수정할 부분이 있으면 수정한다.

　　　　　기대성과: 이전 회의록 재검토·합의

오후 1:10 정보 업데이트 및 공유

　　　　　기대성과: 정보의 공유

오후 1:30 바라는 목표 상태를 제시하고 현재 잘 진행되고 있는 점과 어려움이 있는 점에 대한 초안을 발표한다.

　　　　　기대성과: 두 번째 안으로 발전시킬 수 있을 정도로 충분한 피드백

오후 3:00 휴식

오후 3:15 남은 초안 발표 계속

오후 4:45 다음 미팅에서 할 일과 안건을 작성한다.

　　　　　기대성과: 팀원의 각자 맡은 바에 대한 확실한 숙지

오후 4:55 오늘 미팅을 평가한다.

　　　　　기대성과: 개선이 필요한 부분 지적하기

오후 5:00 종료

부록 7.2

팀·미팅 프로세스의 역할과 책임

팀·미팅 리더의 역할

리더는 팀과 미팅을 관장한다. 이 역할은 팀원들과 지속적인 연락이 이루어져야 하기 때문에 돌아가면서 맡지 않는다. 여섯 달에 한 번씩 이 역할 수행에 대해 재검토한다.

계획(Plan): 미팅 전

- 안건의 항목을 점검하고 미팅이 필요한지 여부를 결정한다.
- 팀 미팅의 날짜, 시간, 장소를 결정하고 팀원들의 참여를 확실히 한다.
- 팀원들로부터 받은 의견을 반영하여 시간별 안건을 작성한다.
- 팀에서 요구한 대로 모임 전에 보충자료와 함께 미팅안건을 나눠 준다.
- 프로세스 코치와 상의한다.
- 만약 모임이 취소된다면 사람들에게 최대한 빨리 알린다.
- 어떤 도구를 사용할지 결정한다.

실행(Do): 미팅 중

- 기본행동규칙 차트를 붙여 놓는다.
- 시간의 경과를 살핀다.
- 계획된 안건의 항목에 초점을 맞출 수 있도록 팀을 인도한다.
- 발표자의 진행을 돕는다. (각 항목을 마친 후 요약하기, 설명이 더 필요한 부분 명확히 하기, 참여자들의 고른 발언기회 유도하기, 요령껏 절충하여 진행하기, 적절한 도구 사용 하도록 돕기)
- 팀원으로서 맡은 바 역할을 충실히 한다.
- 실행 항목은 책임지고 완수하도록 한다.

점검(Check): 미팅 마무리

- 제시된 주제들을 요약한다.

- 다음 미팅에서 다룰 안건 항목을 정하도록 돕는다.
- 미팅 프로세스를 반드시 평가한다.

실천(Act): 미팅 후

- 평가에서 제시된 개선사항이 잘 지켜지고 있는지 점검한다.
- 새로운 안건 항목을 첨가한다.
- 프로세스 코치의 자문을 구한다.
- 모든 자료를 유지 및 보관한다.

프로세스 코치의 역할

프로세스 코치는 팀과 미팅 프로세스에서 자문을 담당한다. 그는 팀과 미팅 프로세스를 개선하기 위하여 도구, 방법, 피드백을 제공한다. 이 역할은 미팅 때마다 교대로 돌아가며 할 수 있다.

계획(Plan): 미팅 전

- 리더를 도와 팀과 그룹의 상호관계에 대한 자료를 수집할 방법을 계획하고 계획된 항목을 실행하기 위한 방법을 개발한다.
- 요청된 자원을 어디에서 구할 수 있는지 알아낸다.
- 미팅 후에 팀에게 피드백을 제공하기 위한 방법을 결정한다.

실행(Do): 미팅 중

- 프로세스 코치는 팀의 도움을 받아 다음의 항목을 책임지고 수행한다.
- 상황에 대한 대안을 제시한다. (특히 팀이 한 문제에 막혀 있을 때)
- 거북한 주제를 다루어 보도록 독려한다.
- 팀원 모두에게 협조적이어야 한다.
- 품질 개념을 특히 데밍의 원리를 사용하여 필요하다면 그 원리를 팀에게 상기시킨다.
- 팀 미팅 프로세스를 경청하고 관찰한다.

- 기본행동규칙이 위반되었을 때 지적한다.
- 팀 구성원들이 자료와 PDCA 사이클을 사용하는 것을 돕는다.
- 미팅 프로세스를 위한 도구들을 제안한다.
- 자료를 적절히 사용하고 있는지 감독한다.
- 팀원으로서의 맡은 바 역할을 충실히 한다.

점검(Check): 미팅 마무리

- 팀이 미팅 프로세스를 평가할 수 있도록 돕는다.
- 관찰된 행동들을 요약하여 말한다.
- 팀이 이전보다 개선된 점을 찾을 수 있도록 돕는다.

실천(Act): 미팅 후

- 팀 미팅 프로세스를 개선할 수 있도록 돕는다.
- 피드백 자료를 분석한다.
- 다음 미팅 안건을 계획하는 것을 돕는다.

서기의 역할

서기(Scribe)는 팀 미팅에서의 활동을 기록하는 책임을 지닌다. 이 역할은 보통 팀 미팅별로 교대한다.

계획(Plan): 미팅 전

- 필요한 준비물을 갖고 미팅에 참석한다. (종이와 펜, 플립차트, 노트북 등)

실행(Do): 미팅 중

- 결정 사항을 필기한다.
- 결론과 논의를 요약하여 작성한다. 만약 의미가 명확하지 않다면 설명을 요구한다.
- 결정된 조치에 대한 사항, 누가 어떤 일에 책임을 맡았으며 언제 하기로 했는지를 기록한다.
- 리더가 각 안건 항목이 끝나고 요약하는 일을 돕는다.

- 다루지 못한 항목이 있다면 지적한다. 그 항목이 다음 미팅에 포함될 수 있도록 한다.
- 이번 미팅 중에 제기되어 다음 미팅에서 다룰 항목을 기록한다.
- 팀원으로서 맡은 바 역할을 충실히 한다.

점검(Check): 미팅 마무리

- 기록할 주제에 대하여 의미가 명확하지 않으면 설명을 요구한다.
- 팀원들에게 피드백을 받아서 지난 미팅 회의록을 개선한다.

실천(Act): 미팅 후

- 이틀 안에 회의록을 준비하여 나누어 준다.

팀원의 역할

계획(Plan): 미팅 전

- 지난 미팅의 회의록을 읽고 수정이 필요한 것을 지적한다.
- 이번 미팅 안건을 살핀다.
- 맡겨진 실행방안이 있다면 완수한다.
- 참석할 수 없을 경우 리더에게 알린다.
- 논의해야 할 안건이 있다면 필요한 시간을 알리고 보충자료를 리더에게 제공한다.

실행(Do): 미팅 중

- 필요한 자료를 지참한다.
- 기본행동규칙에 따라 팀 스킬을 발휘하여 팀원으로서 역할을 충실히 한다.
- 가능하다면 자신의 의견보다는 사실에 기반을 둔 발언을 한다.
- 필요하다면 모임 중 리더와 프로세스 코치를 돕는다.
- 자신의 주제를 발표할 때는 리더로서 행동한다.
- 팀원으로서 맡은 바 역할을 충실히 한다.

점검(Check): 미팅 중과 종료

- 기본행동규칙에 따라 행동하고 있는지 자신을 관찰한다.

- 미팅 프로세스를 평가할 때 참여한다.

실천(Act): 미팅 후

- 자신에게 맡겨진 일을 실천한다.
- 미팅 프로세스를 개선하기 위해 결정된 실행방안을 실천한다.

후원자의 역할

후원자는 팀의 활동을 관찰하고 돕는다. 후원자는 보통 자원을 제공하고 논의 중인 프로세스에 수정을 가할 권한이 있다. 이 역할은 교대로 바뀌지 않고 한 사람이 지속적으로 맡는다.

계획(Plan): 미팅 전

- 회사 경영진으로부터의 설명과 지시 사항을 확인한다.
- 직원들에게 팀의 구성원이 될 것을 권유한다.
- 팀원들을 만나 할당된 직무를 이해하고 수행했는지 확인한다.
- 팀 리더를 만나 안건 작성에 도움을 준다.

실행(Do): 미팅 중

- 필요한 정보를 가지고 있다면 팀원에게 제공한다.
- 지속적으로 격려한다.
- 팀원으로서 맡은 바 역할을 충실히 한다.

점검(Check): 미팅 종료

- 다음 모임 전에 팀이 자신에게 바라는 게 무엇인지 확인한다.

실천(Act): 미팅 후

- 회사 경영층에게 팀의 진전 상황에 대한 피드백을 제공한다.
- 실행 팀이 필요로 하는 자원을 확보한다.
- 프로세스를 진행하는 담당자와 그 과정에서 쓰이는 자원을 조율하는 전담자를 만나 협조를 구한다.

• 팀원들을 만나서 맡겨진 실행방안을 수행하기 위하여 필요한 도움이 무엇인지 물어보고 제공한다.

• 팀 리더에게 필요한 도움이 무엇인지 물어보고 제공한다.

개요

프로세스 단계는 조직의 프로세스에 초점을 맞추며, 지속적 프로세스 개선 및 전사품질 관리(TQM), 식스시그마, 업무프로세스 재설계(BPR), 벤치마킹과 베스트 프랙티스, 사회기술 시스템(STS)과 같은 품질개선(Quality improvement)에 관한 개념들을 포함한다.

프로세스(process)라는 단어는 매우 다양하게 사용된다. 사실 이 책의 대부분은 프로세스에 관한 내용이다. 다른 사람들과 관계 맺는 방법, 조직에서 새로운 조직문화를 만들어 내고 변화를 촉진하는 방법, 다문화 배경에서 일하는 방법 등이다. 이 장의 초점은 조직개발 전문가로서 다루는 프로세스에 관한 것이 아니라 한 조직이 상품을 생산하고 서비스를 제공하는 데 사용하는 프로세스에 관한 것이다. 이 책을 구성하는 모든 카테고리와 마찬가지로 이 프로세스 수준도 다소 인위적으로 구분시킨 면이 없지 않다. 어떤 상품과 서비스는 팀 단위로 이루어지기에 팀 차원의 프로세스는 이미 제7장에서 다루었고, 제6장, 제9장, 제10장, 제11장은 주로 사람 관련 프로세스(People process)를 다루고 있다. 이번 장에서는 조직적 프로세스를 개선하는 데 유용한 인터

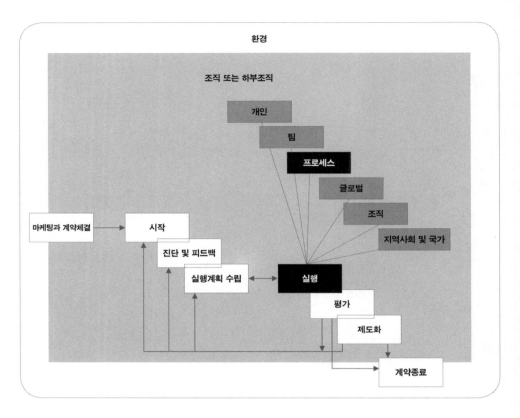

그림 8.1 조직개발 프로세스 모델 5단계, 프로세스 차원의 실행

벤션을 살펴볼 것이다. 그림 8.1은 프로세스 인터벤션이 실행 단계의 한 부분임을 보여준다.

프로세스 개선에 대한 수많은 책들이 나와 있고 이 단계에 쓰이는 인터벤션들 중 각각 하나의 인터벤션만을 위해 쓰인 책도 나와 있다. 그러므로 이 장에서는 프로세스 인터벤션들을 간략히 소개하고 어떻게 조직에서 실행할 수 있을 것인가를 설명하고자 한다.

지속적 프로세스 개선 및 전사품질관리

전사품질관리(Total Quality Management, TQM)는 한때 미국에서 잠시 유행하고 사라졌다는 주장이 있기도 하지만, 사실 데밍(Deming, 1986), 쥬란과 고드프리(Juran & Godfrey, 1998) 등의 연구 성과에 기반하여 2차 세계대전 이후 일본의 재건 사업에서 처음으로 도입 실행된 이후로 꽤 긴 역사를 가지고 있다. 지속적 프로세스 개선(Continuous Process Improvement, CPI) 또는 지속적 품질 개선(Continuous Quality Improvement, CQI)이라고 불리는 전사품질관리는 경영진이 데이터를 바탕으로 관리할 수 있게 해 주는 이론적 원리(philosophy)이자 도구이며 기법이라고 할 수 있다. 도구와 기법은 매우 구체적인데, 스콜티스(Scholtes, 1988)가 비교적 알기 쉽게 잘 설명했다.

미국의 많은 기업들이 전사품질관리를 본격적으로 도입, 실행했다고 주장하지만 오직 5%의 미국 기업만이 전사품질관리를 진지하게 받아들였으며 효과적으로 실행했다는 것을 데밍이 여러 번 언급한 바 있다.

경영진은 전사품질관리가 요구하는 점진적인 프로세스 변화와 그러한 품질관리 철학을 조직에 체화시키는 데 상당히 긴 시간이 필요하게 되자 좌절했고 결과적으로 포기하게 되었다. 전사품질관리의 실행방법(전 직원을 대상으로 광범위한 교육과 훈련을 실시하는 기업 전반의 노력, 경영진과 관리자가 이전까지 직원들과 상호 교류했던 방식의 변화, 통계를 이용한 프로세스 관리, 연례 성과 평가나 목표관리(MBO)와 같은, 이제까지 즐겨 사용한 경영방식의 중단)을 진정으로 터득한 기업만이 계속해서 전사품질관리의 이론과 도구에 집중할 수 있었다. 오늘날, 이러한 기업들은 대부분 전사품질관리를 경영 철학과 관행에 융합시키기에 이르렀다. 그러므로 필자가 추측하기로는 최근 전사품질관리에 대한 관심이 1980년대보다는 훨씬 줄어들기는 했지만 겉으로 드러나지 않는 방식으로 지속되고 있다고 본다. 이는 샤인(Schein)의 문화 빙산 모델(Cultural ice berg)의 수면 위에서 수면 아래 부분으로 전이되어 경영진의 기본적 가치로 자리 잡게 된 것이라고 볼 수 있다.

지속적인 프로세스의 개선을 가져오기 위한 7단계 방법을 사용하는 것이 전사품질관리의 일반적인 모형이다. 이 모델은 슈하르트(Shewhart)의 PDCA모델(제1장 참고)에 근거하고 있다.

1. 시스템과 문제의 핵심을 정의한다.
2. 현재 상황을 진단한다.
3. 근본적 원인(Root causes)을 분석한다.
4. 개선작업을 시험적으로 수행한다.
5. 결과를 분석한다.
6. 개선작업을 표준화한다.
7. 지속적 개선방안을 수립한다.

필자는 전사품질관리 컨설팅을 하면서 결과보다는 프로세스에 초점을 맞춘다고 강조할 때 자주 갈등을 겪었다. 왜냐하면 경영진들은 전사품질관리를 지지하기 위해서는 결과가 중요하고 또 결과가 반드시 있어야만 한다고 생각하고 있었기 때문이다. 경영진들은 결과에 초점을 맞추어 일하지 않으면 원하는 결과가 나오지 않을 것이라고 우려했다. 하지만 전사품질관리가 주장하는 바는 결과에 초점을 맞추면 원하는 결과를 얻을 수 없다는 것이다. 이는 올바른 프로세스를 갖추어야만 상응하는 결과를 얻을 수 있기 때문이다.

샤퍼와 톰슨(Schaffer & Thomson, 1992)은 품질개선을 향한 노력이 원하는 만큼 빠르게 진행되지 않는다는 점에 많은 기업들이 우려를 표명하고 있다는 사실을 강조했다. 품질관리를 반신반의하는 기업들은 가시적인 성과를 원하고 지속적 품질개선 노력으로 인해 발생할 것으로 여겨지는 비효율적 요소들이 모두 제거되기를 원한다. 전사품질관리를 비난하는 사람들은 여러 품질개선 노력 중에서 손익계산의 결과만을 보고 품질관리의 실패율이 높지 않느냐고 지적한다. 그러나 이 주장이 간과한 것은 기업들이 3년 이상 품질관리 프로세스를 지속시키기만 하면 결국 성공에 이른다는 일관된 연구결과이다. 회의론자들은 결국 '활동 중심적 프로그램'과 '결과 지향적 프로그램'으로 양분하고 전자를 반대하고 후자를 지지한다. 하지만 흥미로운 것은 회의론자들은 전사품질관리에 대한 확실하고 실제적인 성공사례 자료가 부족하다며 비난하면서도 결과 지향적 프로그램을 찬성하는 주장의 증거로 단 두 개의 간략한 사례를 들 뿐이다.

생산라인의 결함이 2개월 안에 30%가 감소되었다는 사례와 같이 샤퍼와 톰슨이 제시하는 모든 사례는 쥬란(Juran)이 주장한 비약적 혁신절차 개념(Breakthrough sequence concept)안에 전부 해당된다. 즉, 전사품질관리 초반에 품질개선을 이룰 수 있는 기회가 많이 있지만, 지속적으로 프로세스를 개선하는 메커니즘이 자리 잡히지 않는다면 그런 개선은 금세 멈추게 된다.

샤퍼와 톰슨은 결과를 얻기 위해 임의로 목표를 정하라고 주장하지만 대다수의 품질관리 전문가들은 그러한 임의적 목표가 적합하지 않다고 한다. 페르시코와 매클린(Persico & McLean, 1994)에 따르면 품질관리에서의 목표는 항상 '타당'해야 한다. 즉, 목표는 다음의 조건을 만족시켜야 한다.

- 데이터는 통계적 관리 방식이 적용되고 있는 시스템으로부터 도출되어야 한다.
- 타당성 있는 방법론이 사용되어야 한다.
- 직원들이 성취 가능한 목표여야 한다.

품질관리 전문가들이 이의를 제기하는 두 번째 이슈는 "초조한 분위기가 돈다. 변화 프로세스는 장기적으로 전념해야 하는데도 경영진은 당장 결과를 보자고 한다."라는 샤퍼와 톰슨의 의견이다. 이 의견은 사실을 호도할 수 있는 애매모호한 주장일 뿐만 아니라 데밍(Deming, 1986)이 언급한 '치명적인 병폐 2: 단기 이익에 주력하기'에서 이미 설명한 하나의 예일 뿐이다.

이렇게 결과 지향적 방식과 프로세스 중심적 방식으로 나누는 것은 '둘 중 하나만 선택'하도록 강요하는 인위적인 구분이다. 데밍, 쥬란(Juran, 1988), 이마이(Imai, 1986), 크로스비(Crosby, 1984)는 모두 프로세스보다는 결과에 초점을 맞추어 품질의 저하를 초래한 기업의 관행을 노골적으로 비난했다. 그렇다고 이 학자들이 궁극적으로 향상된 결과에 이르지 못한 활동들을 지지한다는 것은 아니다. 이들 학자 역시 다른 이들과 마찬가지로 결과에 대해 관심이 있긴 하지만 멀리 봤을 때 결국 결과를 향상시킬 수 있는 유일한 방법은 오직 프로세스에 중심을 두는 것이라고 생각하고 있다.

전사품질관리가 뉴턴식 패러다임(순차적)과 복잡계 패러다임(혼돈 패러다임)의 중간에 놓여있는 긴장 상태를 지적하면서, 둘리, 존슨, 부시(Dooley & Johnson & Bush, n.d.)는 결과 지향적 사고에 대하여 우려를 표시한 바 있다.

엔트로피(조직의 정체 및 쇠퇴)를 피하기 위해서는 모든 기업이 전사품질관리를 시도해보고 그들 고유의 이론을 발전시켜야 한다. 하지만 신속한 결과에 대한 조급함 때문에 요리책처럼 단계별 지시대로 따라 하기만 하면 모든 것이 해결되는 방식을 선호해 미리 준비된 해결책을 찾는 경향이 있다. 다시 말하지만 이러한 사고방식은 결정론에 근거하고 있다. (p.15)

표 8.1은 즉각적인 결과 중심적 접근 방식과 프로세스 중심적 접근 방식의 개념의 차이를 보여 주고 있다.

그렇다면 요점은 무엇인가? 당연히 조직은 결과를 원한다. (요구해야 한다) 하지만 더 중요한 문제는 결과를 어떻게 얻느냐는 것이다. 조직이 프로세스에 관심과 주의를 기울이지 않고(샤퍼와 톰슨이 1992에서 제안한 바와 같이) 단기적인 성과에만 치중한다면 미봉책(tampering)에 머물고 결국 원하는 변화는 얻지 못하고 흐지부지 끝나게 된다. 또한 변화 이유를 이해하지 못한 채 프로세스에만 집중하면 조직의 **엔트로피**(entropy, 정체 및 쇠퇴)를 초래할 수 있다. 마지막으로 조직은 시너지 전략을 이용하여 적절한 활동을 조직문화에 융합시킬 수도 있는데, 이는 장기적이고 지속적인 개선으로 이어져 반드시 조직의 사명과 비전에 부합하는 결과를 가져오게 된다. 이러한 결과를 내지 못한다면 어떤 조직도 현재 직면한 '신경제시대'(데밍, 1986)에서 살아남을 수 없을 것이다.

이와 같이 두 접근법을 양분하는 것은 인위적인 분류일 뿐이다. 결과를 추구하되 프로세스 개선에 중점을 둠으로써 목표를 이루는 것이 가장 중요하다.

표 8.1 결과 중심적 접근 방식과 프로세스 중심적 접근 방식

결과 중심적 접근 방법(R 조직)	프로세스 중심적 접근 방법(P 조직)
단기적	장기적
즉각적 해결	지속적인 개선
고립된 시각	시스템적 시각
테일러	데밍, 쥬란, 이마이, 크로스비
예정된 결과	시스템을 기반으로 하는 지속적 개선
'당근과 채찍'식 보상과 징계	경영진의 지원
개인 성과 평가	그룹과 팀의 지원 중심
급진적이고 극적인 변화	점진적이고 극적이지 않은 변화
시스템에 대한 책임이 직원에게 있음	시스템에 대한 책임은 경영진이 부담
직감에 근거한 결정	사실에 근거한 결정
시스템이 단순하다는 비현실적 시각	시스템이 복잡하다는 현실적인 시각
프로세스의 변화가능성에 대한 무지	프로세스의 변화가능성에 대한 인식
행동 + 태도 = 결과	프로세스 + 시스템 + 행동 + 태도 + 조직문화 = 품질(결과)
"Just do it!"(일단 해 보는 거야!)	"우리가 하고 있는 방법을 어떻게 개선시킬 수 있을까?"

식스시그마

식스시그마(Six sigma)는 전사품질관리 운동에서 파생되었고 앞에서 언급된 7단계의 프로세스를 이용한다. 식스시그마는 지속적 개선 프로세스상에서(직감이나 관습이 아닌) 데이터를 통해 관리하는 방법이다. 현행 시스템은 전문성에 따라 그린 벨트, 옐로우 벨트, 블랙 벨트, 마스터 블랙 벨트와 같은 일련의 자격을 부여한다. 식스시그마에 대한 지식을 더 많이 얻을수록 그린벨트(파트타임 직책)에서 마스터 블랙 벨트(교육의 책임을 가진 정규직)로 승격된다.

시그마는 한 시스템에 존재하는 편차(variation)를 의미하는 통계학적 용어이다. 시스템이 가진 결함의 수를 파악하면 더 이상 결함이 생기지 않는 시스템에 가까워질 수 있다고 기대하는 것이다.

물론 무결점 상태는 있을 수 없지만 개선될수록 기대치도 높아진다. 편차는 점점 줄어들지만 지속적 개선의 목표는 결국 조직이 현재의 품질 수준에 결코 만족하여 안주하지 않는 것이다. 이상적인 식스시그마 수준에 이르려면 프로세스상에서 백만 번 중 3.4개 미만의 결함만이 나와야 한다. 이때 말하는 결함은 고객의 기대를 만족시키지 못하는 모든 것을 다 포함한다.

앞서 품질관리에 대한 설명에서 타당한 목표에 대해 언급했다. 전사품질관리와 마찬가지로 식스시그마의 타당한 목표는 프로세스 발전 능력, 즉 프로세스가 무엇을 제공할 수 있는지에 달려 있다. 타당한 목표의 또 다른 요소는 안정성이다. 이 개념 또한 식스시그마에서 중요하다. 말하자면 프로세스는 일정하고 예측 가능하여야 한다는 것이다. 그러므로 식스시그마는 안정적인 프로세스를 확보하기 위해 우선 프로세스 편차를 줄이는 데 집중한다. 그 후에 프로세스 개선에 중점을 둔다.

쵸더리(Chowdhury, 2001)는 피자 가게에 대한 흥미로운 예를 들었다. 그 가게는 자기 가게에 손님이 줄고 있다는 사실을 발견했다. 그래서 먼저 손님과 마주앉아 손님이 자기 가게에 대해 새롭게 바라는 점이 무엇인지 물어 보았다. 가게 쪽에서는 손님이 더 많은 토핑이나 다른 종류의 피자를 원할 것이라고 예상했으나 놀랍게도 손님들은 크러스트가 탔다는 점을 지적했다. 이것이 놀라웠던 이유는 이미 가게에서는 이 문제를 알고 있었고 피자 100개 당 치즈가 갈색으로 변하거나 크러스트가 완전히 타 버린 4~5개를 버리고 있었기 때문이다. 하지만 고객들은 크러스트 위에 아주 약간의 탄 흔적만 있어도 '탔다'고 했다. 이 기준에 따라 과거 기록을 살펴보니 하루에 12~15개의 피자가 탔다고 할 수 있었다. 이것을 식스시그마로 설명하면 먼저 가게는 고객의 요구를 들어야 하고 그 다음, 고객이 생각하는 결함을 줄이기 위해 프로세스를 어떻게 개선해야 할지 연구해야 한다. 그리고 그 가게는 식스시그마의 기준 내로 결함을 줄이기 위해 노력해야 한다. 다시 말하면 100만 개의 피자 중에서 태운 피자가 3.4개 미만이 되어야 하는 것이다!

업무프로세스 재설계

업무프로세스 재설계(Business Process Reengineering, BPR)에 관한 해머와 챔피(Hammer & Champy, 1993)의 책이 엄청난 인기를 끌었지만 동시에 그 책은 많은 비판을 받기도 했다. 이는 이후 챔피(Champy, 2002) 역시 증언한 것처럼 "업무프로세스 재설계가 한바탕 이루어진 후 초반에 얻어진 효율성은 대부분 고객과 직원보다는 주주들의 이익으로 돌아갔다."(p.2)라는 인식 때문이었다. 해머의 원 저서와 필자가 직접 들은 공개 강연(제목: 부상자는 데리고 가지만 낙오자는 쏘아 버려라!)에 의하면 둘 다 직원들에 대한 관심이 거의 없었고, 그 결과 근본적인 변화를 가능케 한 당사자들인 직원들을 감축의 대상으로 삼았다. 데이븐포트(Davenport,1995)는 더 나아가 업무프로세스 재설계는 '무분별한 유혈극의 상징어'가 되었다고 결론 내렸다. 결국에 업무프로세스 재설계의 평판이 나빠진 것도 놀랍지 않다고 생각한다.

물론 이러한 비판에도 불구하고 업무프로세스 재설계에 계속 관심을 보이는 경영진들도 있다. 하지만 챔피(Champy, 1995)가 지적했듯이 경영진은 업무프로세스 재설계 과정에서 경영진 본인은 제외하는데, 사실 조직 비효율성의 대부분은 경영 프로세스에 집중되어 있다. 챔피에 의하면 이는 업무프로세스 재설계가 더 많은 성공을 거두지 못했던 이유 중 하나이기도 하다. 데이븐포트는 업무프로세스 재설계가 실패하게 된 여러 원인을 분석한 뒤 이 프로세스가 가진 하나의 장점을 제시했는데 바로 업무프로세스 재설계가 업무에 초점을 맞춘다는 것이었다. 이는 프로세스가 사람들이 일을 수행해 나가는 핵심이기 때문이다.

해머와 챔피는 근본적인 재설계를 하기 위해서 다음의 7가지 단계를 따라야 한다고 제시한다.

1. 과업(tasks)보다는 구체적 결과(outcomes)를 중심으로 조직하라.
2. 조직의 모든 프로세스를 찾아 확인한 뒤 재설계가 가장 급한 순으로 우선순위를 매겨라.
3. 정보 처리 업무는 정보를 실제로 생산하는 업무에 통합시켜라.

4. 지리적으로 분산되어 있는 자원도 모두 한 곳에 있는 것처럼 취급하라.

5. 같은 목적을 가진 유사한 활동은 그들의 결과만 단순 통합하는 대신에 업무 흐름상의 활동들을 병렬적으로 연결하라.

6. 업무를 수행하는 곳에 의사 결정권을 위임하고 프로세스를 통제하라.

7. 정보는 정보원을 통해 한 번만 수집하라.

업무프로세스 재설계 성과에 대한 연구를 보면 이 프로젝트에 수십억 달러를 투입한 것에 비해 그만큼의 성공을 거두지는 못하고 있다. 커밍스와 월리(Cummings & Worley, 2005)가 6개 보고서를 종합해 본 결과, 생산성 향상이 없었거나 그 정도가 너무 작아서 투입한 비용에 비해 효과를 거두지 못하고 실패로 돌아간 비율이 60~85%라고 한다.

데이븐포트가 말했듯이 업무프로세스 재설계가 프로세스에 초점을 맞추었다는 것은 칭찬할 만하다. 그렇지만 인간에 대한 관심 부족과 엄청난 비용 절약에 대한 기대치 등을 볼 때 업무프로세스 재설계(BPR)가 주류로 다시 각광받을 가능성은 낮다. 이 장에서 설명한 다른 방법들도 프로세스에 초점을 맞추고 있기는 하지만 업무프로세스 재설계가 지니는 부정적 요소는 가지고 있지 않다.

벤치마킹과 베스트 프랙티스

벤치마킹(benchmarking)과 **베스트 프랙티스**(Best practice)는 종종 같은 의미, 혹은 같은 문맥으로 사용되는 용어이다. 조직이 제대로 기능하고 있는지 알아보기 위해서 조직의 결과를 다른 한 조직이나 여러 조직의 결과와 비교하는 게 그럴듯하게 여겨지기도 한다. 이런 방법의 문제점은 어느 정도 성과가 났는지 알아낼 수는 있지만 어떻게 그 성과가 났는지는 알 수 없다는 것이다. 또한 모든 조직은 서로 다르고 프로세스, 기반시설, 공급체계, 고객 등이 상이하기 때문에 다른 조직의 성과 정도를 아는 것이 별로 유용하지 않을 수 있다.

나는 한때 중동지방의 150개 정유회사 컨소시엄에 속해 있었던 어느 정유회사와 일한 적이 있다. 매년 외부 회사 한 곳이 익명성을 보장하는 조건으로 방대한 양의 익명 통계수치를 수집하여 책으로 발간했다. 그 회사가 수집한 벤치마킹 정보에 따르면 내가 일하고 있었던 바로 그 정유회사는 인력이 필요치보다 상당히 과잉인 상태였다. 그러자 그 정유회사의 모회사는 벤치마킹의 대상이었던 회사의 직원 수 정도로 인력 감축을 실시하라고 종용했다.

하지만 이런 접근 방식이 문제를 일으켰다. 먼저 벤치마킹 대상이 된 다른 정유회사들의 평균 기업 연한에 비해 이 정유회사가 훨씬 더 오래되었고 기술적으로 효율적이지 않았기 때문에 운영에 더 많은 인력이 필요했다. 또한 정제되고 있는 원료가 벤치마킹된 회사마다 달랐다. 마지막으로 최종 생산물은 유사했지만 생산물의 조합에 차이가 있었다. 그런데 이들 중 어떤 요소도 벤치마킹에 고려되지 않았다. 그러므로 벤치마킹만을 기준으로 인력을 감축하라는 결정은 적절하지 않았던 것이다. 이는 프로세스에 대한 이해와 벤치마킹의 효용가치를 제대로 이해하지 못하고 있다는 것을 나타낸다.

프로세스에 대한 벤치마킹이 결과물에 대한 벤치마킹보다 훨씬 더 가치가 있다고 할 수 있다. 하지만 막상 프로세스 벤치마킹을 하려고 하다 보면 문제점이 생긴다. 우선, 프로세스를 벤치마킹하기에는 경쟁사가 최적이다. 그러나 자신들의 경쟁업체에게 선뜻 프로세스를 공개할 경쟁업체가 몇이나 되겠는가? 또한 법적인 문제도 개입된다. 비용이나 가격에 대한 논의를 하게 되면 두 조직은 가격 담합 금지규정을 위반할 수도 있다. 그래도 비경쟁사의 마케팅 부분만 참고하는 등 여전히 벤치마킹할 가치는 있다. 하지만 배울 점이 있을 만큼 뛰어나면서 벤치마킹에 소요되는 긴 시간을 할애해 줄 회사를 찾기는 어렵다.

물론, 다른 회사에 직접 접촉하는 것 말고 다른 방법으로 정보를 얻을 수도 있다. 예를 들어 문헌이나 인터넷으로 쉽게 얻을 수 있는 정보도 도움이 될 것이다. 그러나 공개된 소스를 통해 충분한 정보를 찾을 가능성은 거의 희박하다.

베스트 프랙티스는 결과만 벤치마킹하는 것보다 확실히 나은 방법이다. 하지만 '베스트'의 개념은 산업, 상품, 고객, 공급체계, 기반시설 등 전체적인 맥락에서 성립되는 것이다. A회사의 베스트 프랙티스가 B회사의 베스트 프랙티스가 아닐 수도 있다. 두 조직의 시스템이 동일하지 않는 한(그런 경우도 절대 없겠지만) 한 회사의 베스트 프랙티스를 다른 회사로 그대로 옮겨 놓는 것은 불가능하다. 그러므로 당연히 필자는 외부 조직을 대상으로 한 베스트 프랙티스와 벤치마킹의 옹호론자가 아니다.

조직이 스스로를 대상으로 벤치마킹하는 것도 가능하다. 이를 위한 여러 가지 방법이 있는데 아마도 가장 유용한 방법은 지속적 프로세스 개선책에 채택된 프로세스를 이용하는 방법이다. 조직은 시스템상에서 성과를 추적해 기록해 놓기 때문에 통계적 프로세스 관리를 사용하면 해당 프로세스가 시간이 지남에 따라 더 향상된 성과를 내는지 확인할 수 있다. 여기서 향상된 성과란 좀 더 안정적이고 결함이 줄어든다는 뜻이다. 또한 거의 같은 프로세스를 가지고 있다는 가정하에 한 조직 내 다른 지역에 위치한 하부조직을 벤치마킹하는 것도 가능하다. 벤치마킹 과정에 포함된 모든 조직들은 같은 회사에 속하기 때문에 서로 협력하는 데는 문제가 없을 것이다. 그러므로 벤치마킹의 가장 큰 가치는 내부적이고 장기적이며 지속적으로 이루어질 때 창출된다. 필자 역시 다른 맥락에서 도출된 베스트 프랙티스를 참고해서 실제로 도움을 얻은 적이 없다. 그리고 '베스트'라는 용어 자체가 지속적인 개선의 기본 전제와 맞지 않다.

사회기술 시스템

업무프로세스 재설계의 문제점 중 하나는 시스템을 사회기술적 시각에서 바라보아야 한다는 기본적인 중요성을 망각했다는 것이다. 어떤 시스템이든 조직 내 사람들의 요구(사회성, socio)와 조직 내 도구 및 설비(기술성, technical)를 수렴하고 조화시키는 프로세스를 갖추어야 하고 그에 따라 업무를 설계해야 한다. 버니커(Berniker, 1992)에 따르면 사회기술 시스템(Sociotechnical Systems, STS)의 기본적 전제는 원하는 방향으로 통합을 이루기 위한 작업이 자율적인 그룹 안에서 가장 잘 이뤄질 수 있다는 것이다. 이와 같이 사회기술 시스템은 업무 설계 작업에 여러 분야로 이루어진 팀들을 이용하라고 권유한다. 이러한 팀들이 자체 조정을 통해서 필요할 때마다 지속적으로 직무설계를 하게 되는 것이 이상적인 모습이다. 사회기술 시스템은 사람이 문제 해결의 원천이지 문제점의 원인이 아니라는 것과 가능한 한 당사자가 의사결정을 내릴 수 있도록 해야 최선의 성과를 달성할 수 있다고 주장한다. 버니커는 사회기술 시스템의 철학과 가치는 관리적 통제보다는 효과적인 실행을 더 우선시한다고 주장했다.

사회기술 시스템의 원칙들은 오늘날 업무 환경의 여러 방면에 이미 스며들어 있다. 자율경영 팀, 직장 생활의 질에 관한 프로젝트, 그리고 재택근무는 모두 사회기술 시스템의 원칙을 적용한 예이다. 사회기술 시스템을 실행하기 위해 지켜야 할 정해진 방법은 없다. 오히려 프로세스 인터벤션을 성공적으로 수행하기 위해 필요한 철학적 기반과 마찬가지로, 사회기술 시스템의 원칙을 성공적으로 적용하기 위해서는 핵심 원칙을 철저히 고수해야 한다.

요약

이번 장은 조직이 제공하는 상품과 서비스를 생산하는 프로세스를 개선하기 위하여 고안된 인터벤션을 살펴보았다. 각 인터벤션은 경영진이 일정 기간 지속적으로 인터벤션에 전념해야 성공할 수 있다는 철학적 기반을 두고 있다. 이렇게 전념하지 않으면 득보다는 해가 되고 조직의 자원을 낭비하는 일시적 유행이 될 뿐이다. 전념하려는 의지를 가지고 적절한 자원을 사용하여 사람과 기술 모두를 고려하는 사회기술 시스템의 의도를 적용하면 프로세스 수준의 인터벤션들이 성공을 거둘 가능성이 높다.

토론 및 성찰을 위한 과제

1. 왜 조직의 프로세스를 지속적으로 개선하는 것이 중요하다고 생각하는가?

2. 베스트 프랙티스의 가치와 유용성에 대한 의견이 분분하다. 당신은 다른 조직의 최고 사례를 본받는 게 의미있다고 생각하는가? 그 이유는?

3. 당신의 회사나 학교를 벤치마킹하려 한다면 어떤 프로세스를 쓰겠는가? 어떤 단계를 거쳐야 하고 당신의 역할은 무엇이겠는가? 벤치마킹 프로젝트를 수행하는 데 고려해야 할 윤리적 문제는 무엇이 있을까?

4. 이 장에서 논의된 모든 인터벤션은 한번쯤은 핵심 경영 프로세스이라기보다는 일시적인 유행으로 취급된 적이 있었다. 일시적인 유행을 결정하는 기준은 무엇인가? 왜 기업들이 이 프로세스 인터벤션들을 조직문화로 수용하지 않고 일시적인 유행으로 취급했다고 생각하는가?

5. 사회기술 시스템 접근 방식은 조직의 인간적 면과 기술적 면 모두를 고려해야 한다고 한다. 이 장에서 논의된 프로세스들이 이 기준을 얼마나 제대로 충족한다고 보는가?

개요

이 장에서는 국가라는 맥락에서 문화가 가지는 의미를 알아보고 국가 차원의 다양한 문화 안에서 조직문화를 변화시키는 데 따르는 어려움을 살펴볼 것이다. 또한 국가의 다양한 문화와 하부문화들로 이루어지는 조직에서 조직개발을 실행하기 위한 대책을 제시할 것이다. 특별히 조직개발과 관련된 주제뿐만 아니라 학문 분야와 상관없이 적용되는 문화 이론을 논의해 보고, 글로벌화로 인한 정서적 이슈와 더불어 토의를 목적으로 만들어진 자기 진단 도구를 소개한다.

조직개발이 직면하고 있는 여러 이슈들 중에 가장 난해하면서도 중요한 이슈는 국가의 문화와 국경을 초월하여 조직개발 작업을 하는 것이다. 현재 우리는 컴퓨터(이메일이나 인터넷), 인공위성, 케이블 TV, 휴대폰 등의 기술 발달 덕분에 세계의 어느 곳이든 언제라도 즉시 연결될 수 있는 좁은 세상에 살고 있다. 따라서 몇몇을 제외한 모든 기업 조직은 확산되는 글로벌 경제의 영향을 받는다. 투자 자본은 세계를 넘나들고 화폐가 상품과 같이 거래되며, 저임금 국가로부터 상품을 구입하거나 이들 나라에서 장소 이동 없이 노동자들을 고용한다. 원자재들이 전 세계에서 수입되고 우리가 먹는 음식, 우리가 입는 옷 또한 각양각색의 나라에서 건너온다. 또한 직무들이 아웃소싱되기도 하는데 예를 들어 영국의 고객 서비스 문제를 인도에 있는 직원이 해결할 수도 있다. 이처럼 우리가 글로벌 경제 환경 속에 살고 있다는 사실에 의심의 여지는 없다.

조직개발에 종사하는 사람들에게 이와 같은 현실은 비즈니스 측면으로나 개인적 측면으로나 가능성과 도전으로 가득 찬 상황일 것이다. 기업들이 세계 무대로 빠르게 진출하는 상황에서 조직개발 전문가가 확실히 알아야 할 것은 첫째, 자신의 문화를 철저히 이해해야 하고 둘째, 다른 나라 문화를 열심히 배우며 셋째, 문화적으로 민감하다는 것이 무엇인지 이해하고 넷째, 조직이나 그 조직의 하부시스템이 속한 나라의 문화가 조직개발 전문가나 그 조직의 상위조직문화와 다를 때 생기는 변화 도출의 어려움을 이해해야 한다. 이번 장에서는 이런 주제들을 다룰 것이다. 다른 형식의 실행 방법인 '글로벌 차원의 실행'은 그림 9.1에서와 같이 5단계에 해당한다.

논의를 시작하기에 좋은 방법으로 제6장의 가치 명료화 인터벤션에 쓰이는 워크시트를 들 수 있다. 이 워크시트를 완성하는 일이 그리 쉽지는 않을 것이다. 우리 자신의 가치에 대해서도 명확히 표현하기 어려운데 우리가 살아가는 나라의 지배적인 가치나 국가 내 여러 하부문화를 명확히 알고 있기란 더 어렵다. 더욱이 다른 나라의 문화에 대해 생각하는 것은 더더욱 쉽지 않은데 특히 그 나라에 대한 경험이 제한되어 있을 때는 훨씬 더 그러하다. 그러나 글로벌 문화를 수용하기 위한 출발점은 바로 우리 자신의 가치와 문화를 다른 사람에게 설명할 수 있을 정도로 잘 이해하는 것이다. 이것이 바로 우리가 접하게 될 다른 문화를 더 잘 이해할 수 있는 시작이다. 시인 T. S. 엘리엇은 말했다.

우리는 탐험을 멈추지 않으리니 우리 탐험의 끝은 우리가 시작한 곳에 도착하는 것, 그리하여 그 첫 시점을 알게 되는 것.

— '리틀 기딩(Little Gidding)' 중에서

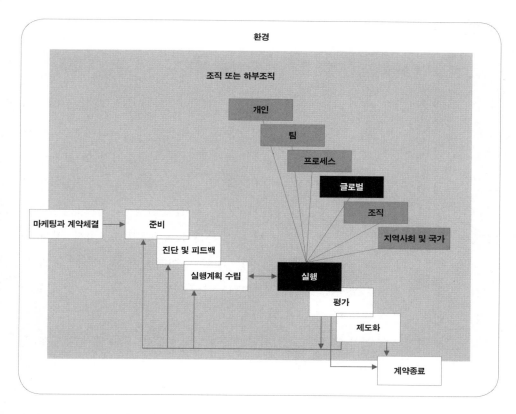

그림 9.1 조직개발 프로세스 모델 5단계, 글로벌 차원의 실행

국가의 문화를 설명하는 시스템

이 부분에서는 샤인(Schein), 홀(Hall), 홉스테드(Hofstede), 트롬페나아스 (Trompenaars), 클러크혼(kluckhohn), 스트로드벡(Strodtbeck)이 문화 이해에 어떤 기 여를 했는지 설명하겠다.

샤인의 이론

샤인(Schein, 1985)의 문화 빙산 모델이나 양파 모델은 제1장에서 조직문화의 이해를 높이기 위한 방법으로 이미 언급되었다. 여기서는 여러 나라의 문화를 더 잘 이해하기 위해 이 모델이 사용된다. 조직과 그 구성원들이 깊이 내재된 가정(assumption)을 가지고 있듯이 국가의 문화도 잘 인지되지 않기 때문에 쉽게 설명하기가 어렵다. 그러므로 문화에 관한 많은 책, 특히 여행 안내서는 언어, 관습(해야 할 것과 하지 말아야 할 것), 의복, 요리, 명소, 스포츠, 예술, 교통수단, 음악, 역사, 통화 등 쉽게 설명할 수 있는 것에 초점을 맞추게 된다. 신념과 가치체계에 관해서는 주로 종교, 미신, 정치 사상, 교육 철학, 선호하는 직업을 통해서 설명할 수 있다. 이러한 영역은 쉽게 눈에 드러나지는 않지만 제대로 된 질문을 묻고 답한다면 이런 영역에서 자신의 신념이나 가치가 무엇인지 대부분 나눌 수 있을 것이다.

이에 반해 가정은 우리가 엄연한 사실이라고 간주하는 것들로, 우리 중 누구도 의문을 제기하지 않는다. 많은 문화권에서 다음과 같은 가정이 의문의 여지없이 그대로 받아들여진다.

여학생과 남학생은 같은 학교에 다녀서는 안 된다, 직장여성이 결혼하면 직장을 나와야 한다, 결혼 후 계속 일을 하더라도 자녀를 낳은 후에는 반드시 일을 그만둬야 한다, 자녀 양육은 아내가 맡아야 하며 남편은 가정의 수입을 책임진다, 1년에 휴가는 4주 정도 받아야 한다,(이탈리아에 가서 1주의 휴가를 주겠다고 하면 어떤 반응을 보이겠는가! 회사에서 일한 기간과 상관없이 그들은 6주 휴가에 익숙해져 있다.) 정년퇴임은 65세여야 한다.

많은 문화권에서는 이러한 가정들을 한번쯤 의심해 볼 수도 있고 의심해 봐야만 한다는 생각이 전혀 없다. 가정에 대한 질문을 하기도 전에 정해진 정답을 제시한다. 그러므로 어떤 문화를 깊이 이해하려면 가정을 기본적으로 이해하고 있어야 한다.

지난 24시간 동안 나는 다음과 같은 일을 경험했다. 먼저, 나는 태국에 있는 전문가인 5명의 동료들에게 이메일을 보냈다. 나는 그들의 이메일 주소를 아무 순서 없이 입력했는데, 수신자 중 한 명이 자신의 이름이 맨 끝에 있다는 이유로 매우 화를 냈다. 그녀는 자신의 이름이 맨 끝에 있어서 가장 덜 중요한 사람으로 여겨졌다고 생각한 것이다. 그녀는 이름 순서에 아무 의미가 없었다면 당연히 알파벳 순서로 되어야 했다고 지적했다. 그녀가 가진 가정에 의하면 이름의 순서는 중요한 의미를 가진 것이고, 내가 가진 가정에는 이름의 순서는 아무런 의미가 없었다. 우리는 이에 대해 대화를 나눴고 서로가 가진 가정을 쉽게 이해하고 확인했다.

바로 그날, 나는 일본인 동료와 사무실에서 대화를 나누고 있었다. 나는 사무실의 책에 있는 먼지에 알레르기가 있어서 코를 풀었다. 미국 문화에서는 코를 푸는 게 코를 훌쩍이는 것보다 낫다고 여긴다. 그러나 일본을 포함한 몇몇 아시아 국가에서는 코를 푸는 것을 무례하다고 여긴다. 나는 이러한 문화에 대해 알고 있었기 때문에 등을 돌려 조용히 코를 풀었지만 그 동료는 나에게 이것 역시 실례라고 일러 줬다. 그러나 그것은 그녀 문화의 가정 아래에서 실례였지 내 문화에서는 아니었다. 이렇듯 자신이 지닌 가정을 이해하는 것이 서로 다른 문화와 일을 할 때 대단히 중요하다.

자주 인용되는 샤인의 기업문화(Corporate culture)에 대한 포괄적인 정의는 다음과 같다.

기업문화란 조직의 구성원들이 서로 공유하는 기본적인 가정과 신념으로써 무의식적으로 작동하고 조직과 조직의 환경을 바라보는 관점을 당연한 것으로 규정한다. 이러한 가정과 신념은 집단의 문제에 대한 학습된 반응이다. 이 가정과 신념으로 문제들을 반복적으로 의심 없이 해결해 왔기 때문에 당연하게 받아들여지게 된다. (pp.6~7)

이 정의는 기업이나 조직의 문화를 설명하는 데 사용되지만 국가나 국가 내의 하부 조직의 문화를 설명하는 데에도 동일하게 적용된다.

마쿠아트, 베르거, 론(Marquardt, Berger & Loan, 2004)에 따르면 문화는 다음의 요소를 포함한다.

- 문화는 생각하고 행동하며 살아가는 방식이다.
- 문화는 그 집단의 구성원들이 공유하는 것이다.
- 문화는 이전 세대가 다음 세대에 전수한다.
- 문화는 집단과 각 구성원의 의식적 가치, 잠재의식적 가치, 가정, 관점, 행동을 형성한다.
- 문화는 집단의 사고, 행동, 의례, 비즈니스에 대한 체계적인 가이드라인을 제공한다. (p.5)

문화를 논할 때 종종 논란을 일으키는 두 가지 전문 용어가 있다. 내부자관점 문화연구(Emics)는 그 문화에 속해 있는 사람들이 스스로의 문화를 연구하는 것으로 해당 문화권 안에 있는 사람들끼리 합의에 이르는 것이고, 외부자관점 문화연구(Etics)는 외부 사람이 타 문화를 연구하는 것으로 과학적인 타당성과 신뢰성 테스트를 통과하는 과학적인 방법으로 연구해야 한다.(Headland, Pike & Harris, 1990) 이러한 개념은 인류학 분야의 연구과정에서 창안된 것이지만 조직개발 분야에서도 널리 사용되어 왔고 교육이나 경영과 같은 다른 분야에서도 종종 재해석되어 쓰이고 있다.

세계무대에서 일하는 직원들은 자신이 일하고 있는 문화권의 내부자관점 문화연구와 외부자관점 문화연구에 대해서 잘 알아야 할 필요가 있다. 비행기로 쉽게 이동이 가능한 지금, 특별한 전문성을 갖춘 전문가, 경영자, 직원들이 한 주는 한 나라에서 또 다른 한 주는 다른 나라에서 머물게 되는 경우가 드문 일도 아니다. 그러므로 많은 수의 글로벌 단기 체류자들이 특정한 문화에 대해 배우는 것은 더 이상 가능하지도 효과적이지도 않을 수 있다. 왜냐하면 그 문화에 대해 제대로 배우거나 배운 것을 적용할 만큼 한 국가에 오래 머무르지 않기 때문이다. 그러므로 처해 있는 문화에 대해 충분히 이해하지 못한 채로 일하게 되는 경우가 많다.

홀의 이론

홀(Hall, 1976)은 고맥락 문화(High-context culture)와 저맥락 문화(Low-context culture)를 구분하는 5가지 주요 변수를 제시했다. 고맥락 문화에서는 가치가 내포되어 있고 암시적인데 반해 저맥락 문화에서 가치는 겉으로 명백히 드러나 있다. 즉, 고맥락 문화를 가진 일본에 체류하는 사람이 알아야 할 사실은, 일본 문화에서는 기대되는 행동은 드러나게 명시되어 있지 않다는 것과 결정을 내릴 때와 고려 중일 때 사람들이 옳고 그름을 스스로 알아서 판단한다는 것이다. 그에 비해 저맥락 문화를 가진 미국에 체류하는 사람은 기대 사항이 겉으로 드러나기 때문에(업무 기술서, 근무규정, 수행 목표 등을 통해서) 좀 더 도움이 될 것이다. 홀은 이러한 자신의 모델을 '무언의 문화 언어'라고 표현했는데 이는 문화가 개인에게 영향을 미치는 많은 부분이 말로는 잘 표현되지 않기 때문이다.

홀이 언급한 고맥락 문화와 저맥락 문화를 구분하는 기준은 다음과 같다.

- 시간 (모노: 단선적 vs 폴리크로닉: 다선적)
- 공간
- 물질의 소유
- 우정
- 합의

고맥락 문화와 저맥락 문화의 비교는 표 9.1에 나타나 있다. 저맥락 문화와 고맥락 문화를 비교하는 요소들은 정보의 교환이나 의사소통에 영향을 미친다. 홀은 또한 다선적 시간문화와 단선적 시간문화를 구분하기도 했다. (표 9.2)

표 9.1 홀의 이론에 따른 고맥락 문화와 저맥락 문화 비교

고맥락 문화	저맥락 문화
· 세부적인 정보의 교환을 요구하지 않는다. · 상호관계 이전에 이미 개인에 대해 가지고 있던 정보에 의존한다. · 개인의 지위가 의사소통에 영향을 끼친다고 믿는다.	· 두 명 이상이 사업을 수행할 때는 명백하고 세부적인 정보의 교환을 선호한다. · 알려진 사실, 수치, 미래에 대한 예측을 주로 사용한다.

홀의 이론(또한 문화의 차이점을 연구한 다른 학자들의 이론)을 이해할 때 중요한 것은 한 유형의 문화가 다른 유형의 문화보다 더 낫다고 말할 수 없다는 점이다. 단지 서로 다를 뿐이다. 협상이나 상호교류를 할 때 다문화적 관계에 경험이 없는 사람(심지어는 경험이 있는 사람도)은 좌절감을 느끼며 자신이 행동하는 대로 남도 행동할 것이라 기대하기 쉽다. 하지만 문화가 사람의 행동에 어떻게 영향을 끼치는지 이해한다면 우리가 단지 서로 다른 기대치에 따라 행동하고 있다는 사실을 알게 될 것이다.

표 9.2 홀의 이론에 따른 다선적 시간문화와 단선적 시간문화 비교

다선적 시간문화	단선적 시간문화
· 멀티태스킹에 익숙해져 있어 동시에 여러 일을 한다. · 방해받기 쉽다. · 인간 관계를 중시한다. · 계획을 자주 바꾼다. · 시간의 정확성이 만나는 사람과의 관계에 달려 있다.	· 순차적으로 한 가지씩 일을 한다. · 시간 사용을 일관되게 한다. · 장기 계획에 충실하다. · 사생활을 존중한다. · 사적 소유를 존중한다. · 시간 엄수를 중요시한다.

인도의 캘커타를 여행하던 중, 나는 공항에서 방글라데시의 다카에 가기 위해 체크인을 하려고 대기하고 있었다. 이 공항에서 체크인을 하는 과정은 매우 혼란스러웠다. 사람들이 한 줄로 서 있는 게 아니라 체크인 카운터까지 V자 모양으로 뭉쳐 있었다. 사람들은 줄 앞으로 가려고 여행 가방을 넘어 다니고 있었다. 우리가 줄을 정렬하려고 노력하는 동

안 내 앞에 있는 두 명의 유럽인은 눈앞에서 벌어지는 상황에 점점 화가 치미는 모양이었다. 나는 이런 경험을 이전에도 한 적이 있었고 기다리면 언젠가는 모두가 체크인을 하게 될 것이라는 사실을 알고 있었기에 그다지 걱정하지 않았다. 하지만 결국 두 유럽인의 인내는 한계에 이르렀고 그 중 한 명이 소리쳤다. "당신들의 문제는 시스템이 없다는 거야!" 당연히 그들도 시스템을 가지고 있었다. 단지 그 유럽인이 익숙해져 있는 시스템과 같은 시스템이 아니었을 뿐이다. 그는 "이것은 이래야 한다."라는 자신의 관습만을 떠올린 채 유럽에서 익숙했던 방식을 다른 사람들에게 기대하고 있었던 것이다. 그는 자신의 가정을 이해하지 못하고 다른 문화의 사람들도 유럽에서 통하는 방식으로 행동하길 기대하고 있었다. 캘커타의 방식에 적응하려는 노력은 하지 않고 말이다.

홉스테드의 이론

홉스테드(Hofstede)는 IBM과 계약을 맺고 공통의 기업문화에 기반을 둔 국가 간 문화 차이를 알아보기 위해 1960년대에 상당히 많은 직원들을 표본으로 삼아 연구했다. 다른 이들에게도 자신의 연구 도구를 사용하도록 허락한 덕분에 점점 더 많은 나라들이 참여해 각 나라별로 정보가 업데이트되는 매우 방대한 양의 데이터베이스가 구축됨으로써 한 기업만을 대상으로 한 초반의 표본에서 벗어나 크게 확장되었다.

최근에 홉스테드(2001)는 국가 간 문화를, 상당한 다양성이 존재하는 문화권까지 비교할 수 있는 5가지 요소를 제시했다.

- **개인주의 vs 집단주의(individualism vs collectivism)** 개인주의는 개인 간의 연결고리가 느슨하고 핵가족 제도가 특징적인 반면 집단주의는 사람들이 태어날 때부터 강한 결속력을 가지는 집단에 편입되고 대가족 제도를 지향한다.
- **권력거리(Power distance)**는 조직 내에서 상대적으로 권력이 적은 구성원들이 이러한 불균등한 권력의 분포를 받아들이고 예상하는 정도이다. 권력거리가 작으면 평등을

뜻하고, 크면 불평등을 뜻한다.

- **남성성 vs 여성성(masculinity vs femininity)** 전통적인 남성적 행동을 선호하는지 전통적인 여성적 행동을 선호하는지를 서양의 기준에 의거해 설명한다. 남성적 문화권에서 동기유발은 성취욕에서 비롯되고 사회적 성역할이 명확히 정해져 있으며 사람들은 '일하기 위해 산다.' 반면 여성적 문화에서는 동기유발의 요소가 관계 형성이고 사회적 성역할의 뚜렷한 구분이 없고 사람들은 '살기 위해 일한다.'
- **불확실성 회피(Uncertainty avoidance)** 한 문화의 구성원들이 불확실한 상황이나 미지의 상황으로 인해 위협을 느끼는 정도이다. 불확실성 회피가 낮은 사람은 기꺼이 위험부담을 감수하려 하지만 불확실성 회피가 높은 사람은 불확실한 상황을 불편해 한다.
- **유교적 역동성(Confucian dynamism)**은 유교 철학(중국, 한국, 일본과 같은 동아시아 지방에 만연)에 기반한 단기적 관점과 장기적 관점 차이를 의미한다. 구성원이 무엇을 믿고 있는지보다는 무엇을 행하는지를 중심으로 본다.

광범위하게 다양한 국가들에 대한 다섯 가지 변수의 측정값을 제공하는 몇몇 웹 사이트가 있다.(예, www.cyborlink.com) 검색 사이트에서 쉽게 찾을 수 있을 것이다.

최근 필자는 중국 광저우에서 온 경영진과 모임을 가진 적이 있다. 그때 우리는 미국과 중국 두 나라의 차이점과 공통점을 논의하는 데 홉스테드의 이론을 사용했다. 다음은 홉스테드의 자료에 따라 두 나라의 5가지 변수를 비교한 것이다.

요소	미국	중국
권력거리	40	76
불확실성 회피	46	36
남성성	62	50
개인주의	91	11
유교적 역동성(장기 지향)	29	96

이 자료에 관하여 흥미로운 대화가 이어졌다. 참여한 경영진은 신(新)중국의 모습은 전혀 그렇지 않다고 주장하며 홉스테드의 수치와는 달리 단기적으로 생각하며 개인주의적이라고 했다. (하지만 권력거리 수치에 대해서는 이의를 제기하지 않았다.) 이들의 관점은 홉스테드의 자료가 처음 나왔을 당시부터 제기되었던 비판이기도 하다. 바로 한 나라 안에도 많은 다양성이 존재하기 때문에 국가 전체를 대표하는 자료로 제공하기에는 위험하다는 것이다. 그러나 홉스테드는 이런 내부적 다양성에도 불구하고 이 수치들이 국가 간의 차이를 나타낼 수 있다고 주장했다.

트롬페나아스의 이론

트롬페나아스(Trompenaars, 1994) 또한 몇 가지 변수를 제시하며 그것이 문화를 설명하는 데 유용하다고 주장했다. 이 변수는 홉스테드의 것과 비슷한데 몇 가지 변수를 좀 더 세분화했다.

- 보편주의 vs 다원주의 (규칙과 절차 vs 관계)
- 개인주의 vs 공동체주의 (나 vs 공동체)
- 특정 vs 분산 (심층적 관계 vs 표면적 관계)
- 중립적 vs 감정적 (감정을 숨김 vs 감정을 표현)
- 내부 지향 vs 외부 지향 (우리 자신 vs 우리 주변의 환경)
- 성취 지위 vs 귀속 지위 (당신이 행한 것 vs 당신의 신분)
- 순차적 시간 vs 동시적 시간 (하나씩 vs 한 번에)

클러크혼과 스트로드벡의 이론

클러크혼과 스트로드벡(Kluckhohn & Strodtbeck, 1961)은 문화적 성향을 6가지 변수로 설명할 수 있다고 제시했다.

- 자연과의 관계 (정복, 조화, 또는 지배)
- 시간 성향 (과거, 현재, 미래)
- 기본 인간 본성 (악, 중립, 선)
- 활동 성향 (존재, 통제, 행동)
- 인간 관계 (개인주의, 공동체주의, 서열주의)
- 공간 성향 (사적, 혼합, 공개적)

고정관념과 일반화

수업시간에 문화의 이론에 대해 토론할 때면 학생들이 종종 이렇게 묻곤 한다. "이런 이론들로 인해서 고정관념이 더 강화되는 것은 아닙니까?", "미국 사람은 시끄럽고 무례하다거나 캐나다 사람은 모두 냉혈한이라는 말과 문화 이론이 뭐가 다른가요?" 이러한 반응은 고정관념과 일반화에 대해 논의해 볼 필요성을 제시한다.

고정관념(stereotype)이란 '각종 집단에 대한 과거의 경험을 토대로 향후 행동처신에 참고가 되어 주는 범주화의 한 유형'이다.(Konopaske & Ivancevich, 2004, p.148) 고정관념은 유용할 수도 있고 문제를 일으킬 수도 있다. 고정관념은 우리와 다른 문화에 대해 생각하는 출발점이 되기 때문에 유용하다. 만약 만나는 사람들에 대해 전혀 아는 바가 없다면 관계를 맺는 게 힘들 것이다. 그러나 만약 고정관념에 대해 아무런 의문도 가져 보지 않는다면, 고정관념에 해당하지 않는 사람에게 부적절하게 잘못 적용될 수 있기 때문에 문제가 될 수 있다. 예를 들어 대부분의 캐나다 사람들이(적어도 겨울에는) 추운 기후에서 사는 것은 사실이지만 일부 캐나다 인들은 비교적 온난한 기후에서 산다. (예, 밴쿠버나 브리티쉬 컬럼비아 같은 지방) 또한 다른 나라의 행동규범을 배우지 않은 몇몇 미국 여행자들로 인해서 많은 미국인들이 무례하다고 여겨지기도 하는데 다른 나라의 행동규범을 배우고 여행하는 미국인들이 훨씬 더 많다.

한편, 일반화(generalization)는 고정관념과는 다른 개념이다. 고정관념과 같이 경험에 바탕을 두는 게 아니라 데이터에 바탕을 두고 어떤 문화나 하부문화에 속한 대다수의 구성원들에게 적용된다. 편차가 있기 때문에 모든 사람들이 일반화의 결론에 들어맞는 것은 아니라는 인식이 존재한다. 또한 일반화가 가능한 결론은 추가연구를 통해 수정될 수 있다.

연구조사에 기반하여 고정관념과 일반화를 구분하는 것은 조직개발 전문가에게 매우 중요한 일이다. 마쿠아트와 그의 동료들(Marquardt et al., 2004)은 다음과 같이 충고했다.

미국 출신의 조직개발 전문가는 미국문화에 내재되어 있는 고정관념과 함께 '전형적인 미국사람'을 대표하게 된다. 미국인은 주로 참을성이 없고 개인적이고 부지런하고 자기중심적이고 외향적이고 솔직하고 부유하다고 묘사된다. 조직개발 전문가는 이러한 고정관념에 동반하여 기대되는 바를 알고 있어야 한다. (p.60)

국제적인 일을 할 때 내가 상대 문화에 대해 잘 알고 있고 새로운 음식을 기꺼이 시도해보려 하며 문화적, 종교적 가치에 예민한 것에 놀랐다는 사람들의 반응을 종종 접한다. 그리고 그들은 말한다. "아마 당신이 캐나다 출신이라서 그럴 거예요. 미국인들은 그렇지 않거든요." 물론 캐나다 사람들도 그렇지 않은 사람들이 있다. (그들이 말하는 "그렇다"라는 것이 무슨 의미이든 간에) 물론 그러한 미국인들도 많이 있다. (마찬가지로 "그렇다"가 무슨 뜻이든) 이러한 지나친 일반화는 사람들이 자신이 가진 고정관념을 충분히 검토하지 않을 때 생긴다.

글로벌화

글로벌화(globalization)는 상당한 감정적 반응, 주로 부정적인 감정을 불러일으키는 단어이다. 하지만 분명한 것은 글로벌화는 피할 수 없는 사실이고(McLean, 2001), 애들러(Adler, 2002)가 말했듯이 "이제는 사람들이 국제 경쟁의 위기를 인지하는 것을 넘어서서 세계무대에서 성공할 수 있는 능력을 개발하기 시작해야 할 때이다. 글로벌화는 경제적 권력과 사회적 권력 간, 가치와 취향 간, 위기와 기회 간의 차이가 수렴되는 것을 상징한다."(p.3)

『퍼스펙티브*Perspective*』라는 잡지는 글로벌화에 대해 다음과 같이 말했다.

세계화는 역동적이고 실제적이어서 거의 모든 지역에서, 아주 외딴 지역에서조차도 수많은 급진적 변화를 야기한다. 당신의 관점, 환경, 전망에 따라 그 글로벌화 프로세스는 매우 긍정적으로 보일 수도 있고 엄청나게 부정적으로 보일 수도 있다. 그러나 글로벌화 이슈와 그에 대한 우리의 반응은 누가 21세기에 번영할 것인지 도태될 것인지를 결정할 것이다.

글로벌화의 몇몇 측면이 초래한 고통은 부인할 수 없기 때문에 진정한 문제는 과연 그러한 급진적 변화 과정에서 부정적인 영향이 개선될 수 있는지와 긍정적인 효과가 강화될 수 있는지 하는 것이다. 왜냐하면 앞으로 글로벌화의 진행을 막을 수 없는 것은 확실하기 때문이다.

글로벌화의 부정적 영향은 현재 만연하는 물질주의적 패러다임을 넘어서 인류의 복지와 사회 정의를 중시하는 새로운 도덕적 가치 체계를 통한 새롭고 고차원적인 국제간 협력과 협의를 통해서만 완화될 수 있다. 전 세계의 인류가 서로 협력해야 할 필요성은 아무리 강조해도 지나치지 않다.(Perspective, 1998)

글로벌 조직이 되는 법

히난과 펄머터(Heenan & Perlmutter, 1979)는 조직이 스스로의 글로벌 경영 능력을 바라보는 관점에 따라 조직을 분류하는 유용한 모델을 제공했다. EPRG 모델은 조직을 운영하는 네 가지 방식을 제시한다.

본국중심주의(ethnocentric) 본국중심주의는 세계 어느 곳이든 자기 나라 사람만 중요한 직위에 배치하고 성과에 대해서도 더 큰 보상을 주는 성향을 지칭한다. 자국민들이 현지인보다 더 지적이고 능력 있으며 신뢰할 만하다고 여기는 경향이 있다.

현지중심주의(polycentric) 여러 나라의 문화는 상이하며 다른 나라 사람들을 이해하기는 어렵다고 간주하므로 현지 조직이 이익을 창출할 수 있는 한 개입하지 말고 그대로 현지 체제를 유지하는 방식을 택한다.

지역중심주의(regiocentric) 지역을 기반으로 채용, 개발, 평가, 관리자 임명하는 것에 이점이 있다고 생각한다.

세계중심주의(geocentric) 의사결정에 이르기 위한 글로벌 시스템적 방법을 통하여 서로 다른 지역 간에 통합이 일어나게 한다.

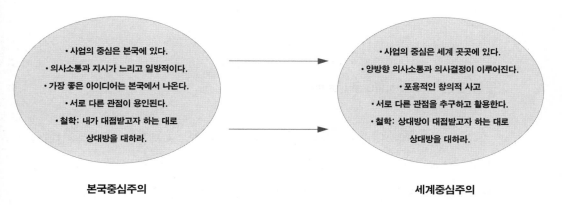

그림 9.2 기업의 세계관 (Tolbert, McLean & Myers, 2002, p.464)

본국중심주의와 세계중심주의의 차이점은 그림 9.2에 나타나 있다.

이러한 모델에 해당하는 조직에서 일하는 조직개발 전문가는 과연 어떤 모델이 자신의 조직을 가장 잘 나타내는지 이해할 필요가 있다. 그러고 나서 이 모델에 대한 정보를 진단 및 피드백 단계의 일환으로 고객조직에 알려줄 수 있다. 예를 들어, 어떤 조직이 스스로를 실제보다 더 세계 중심적이라고 생각하고 있을 수도 있다. 조직이 이네 가지 모델을 이해하도록 돕는 것은 조직의 초점을 재조정하기 위해서 무엇을 할지결정하는 데 도움이 된다.

글로벌 차원에서 실행되는 조직개발 인터벤션

글로벌 조직을 개발하는 데 역점을 둔 조직개발 인터벤션들은 각각의 문화적 차이에 따라서 보완이 필요하다는 점을 제외하고는 이 책에서 언급된 다른 인터벤션들과 크게 다르지 않다. 글로벌 차원에서 주로 사용되는 인터벤션은 훈련(training)이다. 여기서 언급할 또 다른 인터벤션들은 글로벌 학습조직, 가상 팀빌딩, 이문화 팀빌딩, 자기문화이해, 스토리텔링, 현지파견(채용) 및 관리, 문화융합 등이다. 각각의 방법은 제5장에서 간단히 언급했으니, 사용방법에 대해 추가적인 설명이 필요한 것들에 대해서만 설명하겠다.

이문화 훈련(Cross-cultural training)

제5장에서 말했듯이 이문화 훈련을 하는 데에 다양한 방법을 사용할 수 있다. 그러나 불행히도 현재 제공되는 많은 훈련은 이론에 근거를 두고 있지 않고 주로 다른 문화권을 여행할 때 해야 할 것과 하지 말아야 할 것만 일러 주는 데 그치고 있다. 미국 정부 홈페이지에서 세계 대부분의 나라에 관한 정보를 열람할 수 있는데, 이 자료는 유

용하면서도 비교적 최신 정보이며, 시중의 여행 가이드 정보와 함께 체류자에게 필요한 대부분의 인지적 정보를 제공해 준다. 제5장에서 이미 언급한 바와 같이(p.162), 이러한 정보는 사람들이 국제적 이문화 직무 수행을 준비할 때 쓸 수 있는 다른 모든 방법 중 가장 효과가 적은 준비 방법이라고 할 수 있다.

제5장에서 언급한 목록의 끝으로 갈수록 훈련의 효과가 더 높아진다. 여러 가지 경험적인 방법을 사용할 수 있다. 매우 감동적이며 인생관을 바꿀 만큼 참여자들로부터 꾸준히 호평을 받고 널리 쓰이는 모의 경험 방법은 '**바파 바파(Bafa Bafa)**'이다. (Shirts, 1977) 바파 바파에서는 두 개의 팀이 각각 두 개의 가상 문화를 상징하고 각 문화는 세부적이고 서로 상이한 규칙들을 가진다. 참여자들은 상대방의 문화를 찾아가서 그 문화의 규칙이 무엇인지 알아보고 그것을 따르려고 하면서 그 문화에 적응하려고 노력한다. 게임 결과에 대해 보고할 때 늘 놀라운 것은, 게임에 들어간 지 불과 한 시간 반밖에 지나지 않았을 시점의 사람들이 게임에서 자신이 속한 문화가 그들의 개인적 가치와 불일치하더라도 이미 게임 속 자신의 문화와 일체감을 가지고 다른 문화에 통합되려고 하지 않으려 하는 모습이다. 또한 참여자들은 상대편 문화에 빠르게 고정관념을 형성한다는 것을 깨닫게 된다. 이렇게 짧은 시간 동안 이런 현상이 일어난다는 사실을 알게 된 참여자들은 자신의 고정관념이 얼마나 깊이 뿌리 박혀 있는지, 다른 문화에 다가간다는 게 얼마나 어려운지를 깨닫게 된다. 이는 단순한 인지적 훈련을 통해서만은 얻을 수 없는 풍부한 경험이다.

목표하는 문화권에서 온 사람들과 관계를 맺는 것도 그 문화권에 미리 적응하기 위한 좋은 준비책이다. 그러한 경험을 가지기 위해 그 나라에 꼭 직접 갈 필요는 없다. 대부분의 대학교에는 다른 나라에서 교환학생으로 온 학생들이 있다. 예를 들어 필자가 재직했던 미네소타 대학의 인적관리개발 프로그램에는 36개의 각기 다른 나라에서 온 학생들이 있었고 대학 전체로는 100개가 넘는 나라에서 학생들이 와 있었다. 보통 이런 외국 학생들은 자기 나라에 대해 이야기하면서 현지 사람들과 사귀는 것을 좋아한다. 또한 대도시에 사는 사람들 역시 여러 문화를 경험해 볼 수 있다. 세인트 폴과 미니애폴리스 지역에는 인디언, 멕시코인, 중국인, 베트남인, 라오스인, 캄보디아인, 한국인, 카리브 지역 사람, 캐나다인, 아프리카인 등 여러 나라의 사람들이 살고 있다. 이 대도시 지역만 해도 이들 각 문화권 그룹마다 만 명이 넘는 사람들이 살고 있다. 매년, 스코틀랜드 축제, 켈트인 축제, 신코 데 마요 멕시코 축제, 몽 축제, 카완자 아프리칸 행사 등이 열린다. 이 모든 축제들은 다른 나라로 떠날 필요 없이 관심 있는 나라의 문화를 직접 체험할 기회를 준다.

조직의 경우 비교적 쉽게 여러 문화권에서 온 사람들을 패널로 모아 조직이 속한 나라에 와서 겪은 경험을 나누게 할 수 있을 것이다. 또한 그들 나라로 여행할 때 그곳 문화에 대해 미리 알고 가면 좋을 것들을 나눌 수도 있다. 어떤 회사는 다른 나라로 파견 예정인 직원과 가족들을 일주일에서 한 달 정도 미리 그 나라로 여행을 보내서 그 나라의 문화를 먼저 경험해 보도록 한다. 너무 많은 비용이 드는 방법일 수도 있지만 성공적인 파견 업무에 기여한다면 충분히 가치가 있다고 본다.

문화검사지(Culture assimilator)는 짧은 이야기로 이야기와 관련된 질문과 함께 훈련자가 생각하기에 질문에 가장 적절한 반응을 고를 수 있는 몇 가지 답으로 이루어져 있다. 문화검사지는 대상 문화권의 여러 사람들과 그곳을 여행한 경험이 있는 사람들을 인터뷰하여 만든다. 첫 번째 인터뷰에서는 그 장소를 여행했던 사람들이 겪었던 문제나 현지인들이 여행객들로 인해 겪었던 문제에 대한 이야기를 수집한다. 이야기를 모두 수집한 후 두 번째 인터뷰를 통해 문제가 되었던 상황에서 어떻게 대응했는지를 물어본다. 마지막 세 번째 인터뷰에서는 그 문화를 잘 아는 사람이 그 상황에서 가장 적절한 대응이 무엇인지 알려 준다. 또한 그것이 가장 적절한 대응이 되는 이유와 다른 대응들이 부적절한 이유를 근거를 들어 설명한다. 훈련 대상자들은 가장 적절하다고 생각하는 답을 선택한 후 자신의 선택에 대해 소그룹으로 토론한다. 그 후 진행자는 문화검사지의 정답과 그 이유에 대해 설명한다. 부록 9.1에 베네수엘라를 대상으로 한 문화검사지의 예시가 있다. (Tolbert & McLean, 1995)

통합접근방식(Integrated approach)은 훈련 대상자들에게 한 가지 이상의 훈련 방법을 제공하는 것을 말한다. 효과는 확실하지만 시간과 비용이 많이 소비된다.

글로벌 학습조직(Global learning organization)

기업 조직 안에 글로벌 학습조직을 만드는 프로세스가 개발되었다.(Tolbert, McLean, Myers, 2002) 그 과정은 그림 9.3에 도표로 설명되어 있다.

톨버트와 그의 동료들(Tolbert et al., 2002)에 따르면 글로벌 차원을 아우르는 글로벌 학습조직이 되기 위한 변화 프로세스에 필요한 원칙은 다음과 같다.

- 모든 계층으로부터 변화에 대한 지원과 참여를 이끌어 낸다.
- 효과적인 리더십 모델과 분명한 글로벌 비전을 제공한다.
- 조직개발 인터벤션을 설계하기 위하여 질적, 양적 문화 진단을 한다.
- 모든 직급과 직무에서 조직개발 인터벤션에 대해 주인의식을 가지게 한다.
- 철저한 팀빌딩과 권력위양의 기회를 준다.

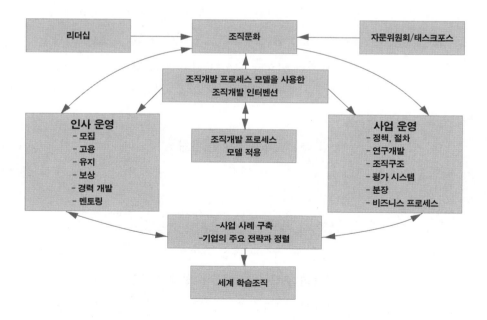

그림 9.3 글로벌 학습조직을 구축하는 프로세스(Tolbert, McLean & Myers, 2002)

- 인지적, 정서적, 행위적 차원에 따른 개인과 조직의 활동을 중심적으로 다룬다.

- 학습자의 준비 정도를 감안하여 훈련과 교육 과정을 설계한다.

- 글로벌화에 대한 책임의식을 직원·경영진 성과관리 시스템을 통해 부여한다.

- 기업의 다른 모든 추진 계획과 글로벌화를 향한 노력을 연결시킨다.

- 조직개발 작업의 진척도를 측정한다.

- 모든 직원들에게 글로벌화에 대한 도전과 지원을 아끼지 않는다. (p.468)

가상 팀빌딩(Virtural team building)

가상의 다국적, 이문화 팀빌딩이 직접 만나서 팀빌딩을 하는 것보다 어떤 면에서는 더 쉽고 효과적일 수 있다. 동시에 하던지 시간차를 두고 하던지 웹 채팅으로 여러 문화권의 사람을 한데 모으는 것은 어떤 문화에 속한 사람들에게는, 특히 권력거리가 고려 사항이 될 때, 직접 사람들 앞에서 의견을 말하게 하는 것보다 덜 위협적으로 느껴질 수도 있기 때문이다. 이 과정에서 언어가 흥미로운 변수가 될 수 있다. 사람들은 종종 외국어를 사용할 때 말로 대화를 나누는 것보다 읽고 쓰는 것을 더 쉽게 여긴다. 반면 어떤 이들은 채팅상에서 그들이 쓰는 말을 다른 사람들이 모두 읽을 것이라는 사실에 불편함을 느낄 수 있다.

그러나 웹 채팅이 가상 팀빌딩을 하는 유일한 방법은 아니다. 비디오 회의, 화상 회의, 웹캠을 이용한 회의 등도 가상으로 팀빌딩을 하는 방법이다. 그러나 공통 언어가 모국어가 아닌 사람들에게는 이 방법들이 불편할 수도 있다.

가상 팀빌딩은 특히 웹상에서 여러 가지 방법으로 활용할 수 있다. 먼저 참여자들에게 자신의 사진이나 가족과 함께 찍은 사진을 공개하도록 하는 것이 좋다. 간략한 자기소개도 유용하다. 참여자들의 문화를 고려하여 웹 채팅을 할 때 예의를 지키기 위한 에티켓을 제시한다면 서로 너무 거리낌 없이 대함으로 자주 발생할 수 있는 문제를 예방할 수 있다. (에티켓 가이드라인은 부록 9.2에 있음) 참여자들의 문화를 모두 파악한 후에는 모든 참여자들에게 각 문화에 대한 간략한 설명을 제공하고 추가 정보를 얻을 수 있는 웹 사이트 주소를 알려 주는 것도 좋다. 문화에 대해 경험이 많은 개인(아마도 조직개발 전문가)이 채팅을 중재하는 역할을 하는 것도 좋다. 문화적인 이해와 배려가 깨지는 경우, 조직개발 전문가가 개입하여 문제가 무엇인지 지적하고 다음부터 그것을 피할 수 있는 방법을 설명해 주도록 한다. 하지만 이때 주의해야 할 점은 어떤 문화권의 사람들은 이 지적을 공개적 비난으로 받아들여서 몹시 불쾌하게 여길 수 있다는 것이다. 이러한 경우에 중재자가 문화적 실례를 저지른 사람에게 따로 이메일을 보내 알리는 것도 좋은 방법이다.

이문화 팀빌딩(Cross-cultural team building)

가상 이문화 팀빌딩과는 달리 여기서 언급될 팀빌딩은 직접 만나서 이루어지는 팀빌딩이다. 제7장에서 언급되었듯이 가장 효과적인 팀빌딩은 자연스럽게 직무를 수행하는 동안 일어나는 것이다. 서로 다른 문화권에서 온 사람들이 함께 업무 팀을 이루는 상황이라면 조직개발 담당자는 문화적 환경을 포함한 그들의 성장 배경에 대해서 서로 이야기를 나누게 하는 것이 도움이 된다. 조직개발 전문가는 팀원들에게 서로 다른 문화의 사람들이 함께 일하는 것이 어떤 의미가 있는지를 설명하고, 팀원 개인이 지닌 각 문화에 대한 일반화된 생각과는 차이가 있을 수도 있다는 것을 일러 주는 게 좋다. 더 나아가 조직개발 전문가는 가상 팀빌딩 때와 마찬가지로 프로세스 자문 기법을 통해서 문화적 예의가 준수되지 않는 경우 팀원들을 상기시켜 줄 준비를 해야 한다. 이를 위해서 조직개발 전문가는 자기 자신의 문화에 대해 확실히 이해하고 다양한 문화권에 대한 해박한 지식을 갖추어야 한다. 따라서 여러 문화권을 다루어야 할 때는 한 명 이상의 조직개발 전문가가 필요할 수도 있다.

자기문화이해 진단(Cultural self-assessment)

자기문화이해 진단의 중요성은 아무리 강조해도 지나치지 않는다. 제6장(부록 6.2)에서 다른 문화와 더불어 자신의 문화에 대해 생각해 보는 연습문제를 풀었을 것이다. 이 장에는 부록 9.3에 자신의 가치체계에 대한 이해를 돕는 연습문제가 있다. 이번 장에 있는 또 하나의 연습문제는(부록 9.4) 아직 개발 중인 진단지로써 자기 자신을 다른 문화적 맥락에서 바라볼 수 있도록 해 준다. 자신의 문화와 자신의 문화 이해 정도를 알게하는 데 도움을 주기 위해 쓰일 수 있는 모든 것은 타국에서 직무를 수행하거나 다른 문화권의 사람들과 팀 활동을 원활히 하도록 도와줄 것이다. (부록 9.3, 9.4에 대한 더 자세한 정보는 이 장의 마지막 부분인 '토론 및 성찰을 위한 과제'에 있다)

스토리텔링(Storytelling)

스토리텔링은 특정 문화에 대해 배울 수 있는 풍부한 문화 정보 공급원이 될 수 있다. 자신의 삶을 글로 써 보는 것(Karpiak, 2005)도 자신 뿐만 아니라 다른 이들의 삶을 뒤돌아보게 하는(문화적 맥락에서 생애 사건과 삶의 의미에 관한) 소중한 자료가 된다. 다른 문화권에 가서 일하게 될 사람들이나 여러 문화권에서 온 팀원들이 자신의 삶에 대한 글을 써 보게 되면 그 과정에서 많은 것을 배울 수 있다.

　이야기를 통해 문화에 대한 정보를 풍부하게 제공하는 다른 방법도 있다. 예를 들어 각각의 나라에서 회자되는 속담만 보더라도 그 문화의 가치체계에 대해 많은 것을 얻을 수 있다. 다음의 예를 보고 이들이 각각의 문화에 대하여 어떤 의미를 내포하고 있는지 생각해 보자.

• 미국 속담
　낭비하지 않으면 궁하지도 않을 것이다.

돈이 있는 자는 법 위에 있다. 황금을 가진 자가 법을 만든다.

처음 시도에서 실패하면 또 다시, 또 다시 시도하라.

일찍 일어나는 새가 벌레를 잡는다.

- **중국 속담**

입을 벌리고 구운 오리가 날아 들어오기를 기다린다면 아주 오래 기다려야 할 것이다.

할 수 없다고 말하는 자는 그것을 하고 있는 자를 방해하지 말라.

물고기를 주면 하루를 살고 그물을 주면 평생을 살 것이다.

- **기타 속담**

스스로 노력한 결과가 아니라면 부유함도 가난함도 진정 자신의 것이 아니다. (독일)

말만 한다고 빵이 나오지 않는다. (이탈리아)

부정한 방법으로 얻은 돈은 금세 사라질 것이다. (이집트)

이러한 속담의 문화적 의미를 논하고 의미를 부여해 보는 것이 새로운 문화권에 입문할 때 유용하게 쓰일 것이다.

이와 마찬가지로, 전래 동화나 어린이 동화를 살펴보는 것은 조상들이 자손들에게 문화의 어떤 가치를 전수하려고 하는지를 알게 해 준다. 예를 들어 「골디락스와 곰 세 마리」라는 영국 동화의 주제는 모든 일에 중도를 지키라는 것이다. 또한 은유법과 직유법적 표현들도 그 문화에 대해 풍부한 통찰력을 제공한다. 물론 이런 자료를 찾는 데 많은 시간이 소모되고 개인에게는 비용 대비 효과가 크지 않을 수 있다. 그러나 여러 명이 함께 한다면 그만한 시간을 들일 가치가 충분하다.

공개적인 자료는 아니지만 훈련을 받는 동안 혹은 다른 문화권에서 직무를 수행할 때 쓰는 메모와 일기도 자기 자신의 문화와 새로 경험하고 있는 문화를 성찰해 보는 데 유용한 정보가 될 수 있다. 또한 특정 문화 상황에 대한 자신의 반응을 분석해 보면 그 경험으로부터 여러 가지를 배울 수도 있고 다음에 비슷한 상황에 처했을 때 자신의 반응을 수정할 수도 있다.

현지파견(채용) 및 관리(Job assignments)

다른 문화권에서 업무를 수행해야 하는 사람들을 위한 가장 효과적인 방법은 파견 전과 파견기간 동안 그리고 귀국할 때에 적절한 지원을 충분히 제공하는 것이다. 해외로 파견하기 전 준비를 도와주는 방법에 대해서는 앞서 다루었다. 파견기간 동안에는 웹사이트, 활발한 이메일 교환, 그 문화권의 현지 지원인력을 이용하여 파견인력을 지원할 수 있다. 귀국 후의 지원 방법으로는 귀국 업무보고를 하게 하고 모국 문화에 재적응할 시간을 충분히 제공하며 파견지에서 새로 얻은 지식과 전문성이 활용될 것이라는 확신을 주고 비슷한 경험을 한 사람들을 연결해 주며 파견 전에 맡았던 업무에 손색없는 업무를 맡기는 방법이 있다. 여기서 강조할 것은 다른 문화권에서 일하는 사람들이 직접 얻은 경험을 최대한 활용하기 위해서 이를 도와주는 길잡이가 필요하다는 사실이다.

문화융합(Blending)

세계 여러 곳에 흩어져 있는 조직이 지닌 최고의 사례를 찾아내 적절히 섞어 어우러지도록 하는 것은 어렵지만 그만큼 가치가 있는 일이다. 이 과정에서 변경 불가능한 문화적 규범을 위배하지 않으면서 상대적으로 중요성이 덜한 문화적 규범을 과감히 어겨 보기도 하려면 문화적 상황을.충분히 이해하고 있어야 한다. 스미토모 3M의 사례에서 이 과정이 어떻게 수행되는지 확실히 알 수 있다. (McLean, Kaneko & van Dijk, 2003)

....

이 사례 연구는 스미토모 3M의 다케카즈 가네코가 미국 미네소타의 세인트폴에 있는 3M 본사에 3년간 파견근무를 다녀온 후 자국 일본의 스미토모 3M의 부사장으로서 인적자원관리 규정과 그 시스템을 변화시킨 21가지 실행계획을 고안한 이야기에 관한 것이다. 여기서는 21가지 실행계획을 어떻게 고안했는지, 일본에서 그것을 수행한 과정, 그리고 그 결과에 대한 사례 연구를 소개한다.

• 문화변화를 위한 실행계획

다케카즈 가네코는 재무부서의 총책임자로, 1997년 외환위기 때 다른 회사들이 상당한 손실을 내고 있는 상황에서도 3M은 이익을 창출해 내는 데 성공하며 3M의 '영웅'으로 꼽혔다. 이 후 그는 세인트폴의 본사에 파견되었는데 이는 본사 문화의 이해, 향후 일본 3M의 고위 경영진으로서의 역할에 대한 준비, 3M의 아시아·태평양 지역 최고 재무 관리자로서의 업무 수행이라는 목적을 위해서였다. 이 위치에서 그는 많은 출장을 다니게 되었는데 이를 통해 "3M의 최고 경영자들과 함께 서로를 잘 알아가며 여러 주제에 대한 각자의 시각을 교환할 수 있게 되었다."(Gundling, 2003, p.312) 이때 가네코의 일련의 업무를 적극적으로 지원한 컨설턴트 군들링은 실행계획이 개발된 과정을 간략하게 언급하고 있다.

가네코의 파견근무 목적 중 하나는 파견업무가 끝나면 일본 지사의 인적자원관리 부사장직을 맡을 수 있도록 준비하는 것이었다. 그는 본사와 유럽에서 온 인적자원관리 전문가들과 많은 대화를 나누었다. 또한 그는 일본에 있는 주주와도 많은(약 120차례) 대화를 나누었다. 자국인 소유와 외국인 소유의 다른 일본 회사들의 인적자원관리 전문가들과도 여러 번의 벤치마킹 회의를 가졌다.

실행계획 구상에 영향을 준 또 다른 중요한 요소는 3M 본사의 유망한 인적자원관리자들을 대상으로 한 주간 세미나에 1년 동안 참석한 것이었다. 이 세미나는 인적자원관리와 노사관계를 전문으로 하고 또한 미네소타 대학의 교수이기도 한 존 포섬(John Fossum)과 인적자원개발을 전문으로 하는 내가 지도하고 있었다. 우리가 할 일은 최신 연구결과에 근거하여 3M의 조직문화에 도전을 주기 위한 주간 세미나를 진행하는 것이었다. 나는 가네코가 일본으로 돌아가서 적용하고자 준비 중이었던 실행계획을 검토하기 위해 가네코와 군들링을 두 번 만난 적이 있다.

그 실행계획의 목적은 '직원의 혁신과 사업의 성장을 개인의 자유, 신명, 책임의식과 함께 가속화 할 수 있는 새로운 기업문화'를 창조하는 것이었다.(Kaneko, 2000, p.1) 여기에는 변화 대상이 되는 21개의 시스템이 실행지침과 함께 제시되어 있다. (후에 '인적자원관리계획 21'이라 불리게 된다.) 이 실행계획으로 영향받게 될 21개의 시스템과 그에 따른 실행지침은 다음과 같다.

1. 보상 : 관리자를 위한 보상체계를 재정비하고 전 직원을 대상으로 실시하는 새로운 보상 제도를 도입한다.
2. 업무 등급(Job grade) : 관리자급 업무 등급을 정의하고 공개한다. 직원 전체에 걸쳐서도 업무 등급을 적용한다.
3. 이중승진제도 : 기술직 인력을 끌어들일 수 있도록 재설계한다.
4. 승진 : 최소 연령 제한을 낮춘다. 능력 있는 젊은 직원을 적극적으로 승진시킨다.
5. 핵심인재 : 높은 잠재력을 지니고 있는 핵심인재를 발굴하고, 리더십 훈련을 실시한다.
6. 사내공모제 : 관리직 이하 일반 사원들에게도 공석을 공모할 시스템을 만든다.
7. 고위직을 위한 교육훈련 프로그램 : 새로운 프로그램을 개발한다.
8. 정보 공유와 직원 참여 : 더 많은 의사소통 채널을 만든다. 정보 공개를 장려한다.
9. 기업구조 : 이사회원의 숫자를 변경하고 관리 직위를 한 단계 줄인다.
10. 노조와의 관계 : 노사 간 의사소통과 협력을 증진한다.
11. 정년퇴직 : 시스템의 구조를 재설계한다.
12. 교육과 훈련 : 프로그램을 개발하고 현존하는 프로그램을 개선한다. 식스시그마와 코칭을 도입한다.
13. 여성인력 활용 : EVE21 활동을 촉진한다. 소수 직장여성 판매원을 육성한다. 멘토링 시스템을 시도한다.
14. 승계기획 : 현재 프로세스를 개선한다.
15. 직무 순환 : 핵심 잠재인력에 초점을 맞춘다.
16. 인적자원관리 부서 개편 : 인적자원관리부서의 패러다임을 바꾼다.

17. 채용 : 선발과정을 개선한다.

18. 해외 파견 직무와 해외 출장 : 젊은 직원에 초점을 맞춘다. 해외 출장 방침을 변경한다.

19. 연금 : 전사적 자원부채 관리를 아웃소싱하고 투자은행을 바꾼다. 연금 체계를 개선한다.

20. 사무 환경 : 여성 직원의 의견을 반영하여 시설을 개선한다.

21. 복장 : 비즈니스 캐주얼을 도입한다. (Kaneko, 2000, p.2~3)

함께 협력해서 고안했음에도 불구하고 나는 이 실행계획들의 성공여부에 대해서는 회의적인 의견을 피력했다. 특히 나는 이 실행계획을 일본 기업에서 현존하는 연공서열제와 낮은 여성고용 현실을 고려할 때 과연 문화적으로 적절할 것인가에 대한 염려를 했다. 가네코는 이들을 실천하는 게 어려울 것이라는 점에 대해서는 동의했으나 이 실행계획들은 자기 자신의 가치체계와, 미국 본사와 일본 지사의 경영진의 시각 양면 모두에서 볼 때 중요한 계획이라고 말했다. 2000년, 가네코는 인적자원관리(또한 몇몇 다른 기능부서)부서의 부사장직을 수행하기 위해 일본으로 돌아갔다.

• 실행계획의 적용

가네코가 일본에 돌아갔을 때 그의 회사는 아직도 전형적인 일본식 회사였다. 한마디로 '평생고용, 연공서열식 승진, 노동조합'이 지배적인 조직문화였다.(Gundling, 2003, p.312) 이 실행계획을 실행하기 위해 첫 번째 할 일은 고위경영층의 지지를 얻어 내는 것이었다. 놀랍게도 이 과정은 매우 쉽게 진행되었다. 하지만 두 분야의 이해관계자들은 쉽게 설득되지 않았다. 바로 노조(그리고 연장자 직원들)와 작업장 관리자들이었다. 가네코는 노조와 작업장 관리자들과의 수차례 회의를 통해 각 실행계획의 의미를 명확히 하고 그것이 그들에게 가져다 줄 수 있는 이익에 대하여 논했다. 일본 경제의 불황이 더 심해져 조기 은퇴와 더 강화된 성과관리가 필요하다는 게 강조되었고 정식으로 몇몇 조치가 취해졌다. 가네코는 "회사 주요 여론 형성자들로 이루어진 인적자원 개혁 추진위원회와 서로 다른 사업 부서, 연령대, 성별을 대표하는 직원 자문단을 만들었다."(Gundling,

2003, p.314) 가네코는 또한 여성 한 명을 관리자로 임명했고 사업 경험이 많은 사람을 인적자원관리 부서에 영입했으며 복장 규정을 바꾸고 직원의 예술품을 전시하는 것과 같은 몇 가지 기본정책을 바꾸었다. 또 다른 실행계획들은 전사적으로 도입하기 전에 사전 테스트를 거쳤다.

• 실행계획 적용의 성공

그로부터 3년이 지난 2003년, 나는 도쿄의 스미토모 3M 지사에서 가네코를 만나 실행계획의 결과에 대해 얘기를 들었다. 그 당시 실행계획 아래 21개의 시스템들이 정도는 다르지만 모두 실행되고 있었다. 내가 2000년에 예상했듯이 가장 어려웠던 두 가지 영역은 일본 문화와 깊은 연관이 있는 여성 역할 확대와 연공서열제 관련 영역이었다. 이에 관해 군들링이 지적했다.

이전엔 모두가 불가능할 것이라고 생각했을 법한 많은 변화들이 스미토모 3M의 인적자원관리부에서 일어나고 있다. 이 모든 변화들은 성장의 속도를 높이는 동시에 전체적인 운영 효율성을 높이자는 기업의 목표에 부합하는 것이었고 가네코의 계획 21개 중 19개는 이미 실행되었거나 그 과정에 있었다. 이러한 변화 노력은 예상대로 회사 전체 분위기에 영향을 주었고 어려운 경제상황에도 불구하고 스미토모 3M은 전 세계의 모든 3M사에서 가장 많은 이익을 창출하는 지사가 되었다. (pp.314~315)

'인적자원관리계획 21'이 완료된 후 기업 이사를 필두로 한 특별 태스크포스 팀에서 그 성과를 평가했다. 그들이 내린 결론은 새로운 기업문화를 도입함으로써 업무환경이 개선되었고 직접적인 인과 관계를 입증할 수는 없지만 '인적자원관리계획 21'을 실행한 뒤 괄목할 만한 개선이 이루어졌다는 것이었다. (표 9.3)

표 9.3 '인적자원관리계획 21'로 창출된 재무 이익

항목	1998~2001 실행 전의 연 성장률(%)	2002~2003 실행 후의 연 성장률(%)
매출	4.6	8.1
수익률	7.1	22.0
신제품 매출	8.5	11.1
생산성	5.0	11.7

이렇게 훌륭한 성과가 드러난 수치에도 불구하고 직원들에게 더 많은 자유로움와 신명을 제공할 수 있는 좀 더 현대적인 기업문화로 나아가야 할 필요성이 인지되었다. 가네코는, "우리는 목표한 대로 실행계획 도입을 2003년 3월 말에 이루었다."(2003, p.1)라고 결론을 내렸다. 가네코는 조직문화가 변화되었다는 것을 인정했지만 지속적인 발전이 필요하다는 것 또한 인정하면서 다음과 같이 말했다.

이제 회사 내에서 나이와 성에 대한 제한으로부터 자유로워졌습니까? 당신의 업무 실적에 대해 받은 피드백이나 코칭이 진실하고 솔직하다고 생각합니까? 조직의 울타리를 넘어 활동할 수 있습니까? 당신의 경력개발을 위하여 새로운 경험을 계획하고 어려움 없이 달성할 수 있습니까? 정보의 전달이 조직 곳곳에 적절하고 알맞게 이루어지고 있습니까? 이러한 질문을 곰곰이 생각해 보면 당신의 대답은 아마 이럴 것입니다, "충분하지 않습니다." 또는 "아직 아닙니다."(p.1)

가네코는 '도전 정신을 가진 독립적이고 활력이 넘치는 직원들을 양성함으로써 어떤 경제 상황에서든 성장할 수 있는 회사'를 만들 수 있도록 고안된 새로운 2개년 기업문화변화계획의 중요성을 강조했다. (p.2) 이러한 지속적인 문화변화를 이루기 위해 태스크포스팀이 식스시그마 기법을 활용한 필수 기업문화 요소를 도입했다.

• 문화융합의 결론

위의 사례를 볼 때 일반적으로 기업의 변화를 이끌어 내기 위해서, 특히 서로 다른 문화
권에 있는 조직의 변화를 이끌어 내기 위해서는, 다음 요소들이 필요하다는 사실을 알게
된다.

1. 본사 최고 경영진의 지원은 필수적이다.
2. 스미토모 3M의 경우 직원들과 경영진의 포괄적인 참여가 변화를 더 용이하게 했다.
3. 변화프로세스를 준비하는 과정에서 변화관리자들에게 철저한 훈련과 개발 기회를 제
   공한 것이 도움이 되었다.
4. 성공 사례 경험이 풍부한 변화관리자를 고른 것이 성공의 가능성을 높였다.
5. 다른 일본 기업의 프로세스를 벤치마킹함으로써 일본 문화에서 문화적 변화가 성공할
   수 있는 영역이 어디인지 알게 되었다.
6. 충분하고 철저하게 시간을 투자하여 심사숙고한 세부적인 실행계획을 개발했다.
7. 자국 문화와 상충되는 민감한 문화적 변화도 가능하다.
8. 변화에 영향을 받는 사람들에게 변화로 얻는 이득을 명백히 알려 주면 문화 변화를 더
   욱 쉽게 이룰 수 있다.
9. 전사적 확대 운영 전에 시범 실행과 더불어 PDCA(계획-실행-점검-실천) 싸이클을 이
   용한 것이 결과를 향상할 수 있는 프로세스 변화를 찾아내도록 도와주었다. (McLean,
   Kaneko & van Kijk, 2003, 1-1-1-7)

글로벌 조직개발 전문가가 갖춰야 할 특성

모든 조직개발 전문가가 다문화적 직무를 수행할 능력을 갖추고 있지는 않다. 이문
화간, 국제적 직무를 수행하는 사람들이 갖춰야 할 요건을 찾아내려는 많은 연구가
진행되어 왔다. 예를 들어 마쿠아트와 그의 동료들(Marquardt et al., 2004)은 문헌 조

사를 통해 성공적인 글로벌 인적자원개발 전문가가 갖춰야 할 특징과 능력을 다음과 같이 제시했다.

- 자기문화이해
- 타 문화에 대한 지식과 이해
- 세계적인 시각과 사고방식
- 타 문화의 가치와 관습에 대한 존중
- 문화적 유연성, 적응력, 탄력성
- 훈련 프로그램과 행사에 문화적 관점 주입
- 의사소통 능력
- 문화적 감정이입
- 인내심과 유머감각
- 지속적인 학습

매클린, 톨버트, 라르킨(McLean & Tolbert, Larkin, 2005)은 문헌을 철저히 조사하여 부록 9.4의 도구를 개발했다. 여기 제공되는 도구는 단지 논의를 위한 것이다. 아직도 개발 중에 있기 때문이다. 우리는 이문화간 직무를 전문적으로 수행하기 위해서는 다음과 같은 특성을 갖추어야 가장 성공적이라는 결론을 내렸다.

- 유연성
  사려 깊다.
  과감히 고정관념을 깨고 생각하려 한다.
  기꺼이 행동을 바꾸려 한다.
- 적응력
  실제로 행동을 바꿀 수 있다.
- 문화에 대한 중요성 인식 및 존중

다른 문화를 소중히 여긴다.

자신의 문화를 소중히 여긴다.

자신의 문화를 이해한다.

다양성을 소중히 여긴다.

타문화를 이해한다.

- 애매함

불확실하더라도 불안해 하지 않는다.

언제나 옳아야 한다고 생각하지 않는다.

해답이 제시되지 않아도 개의치 않는다.

다수의 해답이 존재한다는 것을 안다.

- 관계

탄력적이고 유연한 관계를 유지한다.

진심으로 사람을 좋아한다.

유머감각이 있다.

의사소통 능력이 뛰어나다. (말하기, 듣기)

- 동기(이문화간 업무를 수행하고자 하는 동기)

경력 개발을 고려한다. (업무에 긍정적 영향 미침)

개인적인 성장에 관심이 있다. (업무에 긍정적 영향 미침)

모험심이 있다. (업무에 긍정적 영향 미침)

다른 사람을 돕고자 한다. - 상호협력 (업무에 긍정적 영향 미침)

현재 환경을 벗어나고자 한다. (업무에 부정적 영향 미침)

특권을 과시하려 한다. (업무에 부정적 영향 미침)

다른 사람을 '돕는 척'한다. - 일방적 관계 (업무에 부정적 영향 미침)

위의 것들은 부록 9.4의 도구로 측정될 수 있는 요인(factor)이기도 하다.
마쿠아트와 그의 동료들(Marquardt et al., 2004)에 따르면,

이문화간 업무를 효과적으로 실행하려면, 조직개발 전문가는 언어(언어적, 비언어적)의 중요성을 이해해야 한다. 또한 프로그램의 수행에 영향을 끼치는 문화적 측면을 인식하고 그에 따라 수행 방식을 수정해야 한다. 또 세션 일정이나 식사와 같은 세부 계획도 해당 문화의 기준에 맞게 준비해야 하며 사후에는 결과를 평가하고 피드백을 제공하는 데 가장 적절한 방법을 사용해야 한다.

글로벌 조직개발 전문가가 직면하는 과제

글로벌 환경에서는 조직개발 직무가 흥미로운 만큼 어려움도 많다. 그 어려움 중 일부는 다음과 같다.

- **부정부패**는 어떤 나라에서는 당연시 여겨져서 그 나라에서 일을 하려면 어느 정도의 부패는 용납해야 한다. 조직개발 전문가는 자기 자신의 가치체계와 부정부패가 자신이 하고 있는 일에 미치는 영향 사이에서 갈등과 고민을 해야 할 것이다. (부정부패에 대한 내용은 제15장을 보시오.)
- **언어**는 문화를 전달하는 주요 수단이다. 당신이 언어를 잘 모르는 나라에서 일을 하게 되면 고객이 당신의 언어를 구사하거나 통역을 사용하는 일이 생길 텐데, 이렇게 되면 문화와 사업 환경에 대한 많은 정보를 잃을 수 있다. 또한 통역을 사용하는 것은 의사소통의 양을 제한할 수 있다. 어떤 말을 하든 시간이 두 배나 더 걸리기 때문이다. 필자는 단순통역 이상의 일을 하길 원하는 통역사와 일할 때 곤란했던 적이 있다. 통역사 자신의 관점과 의견을 더하고 싶어 해서 필자는 무엇이 실제 전해지는 말이고 무엇이 통역사의 의견인지 분간하기가 아주 어려웠다.
- **출장**을 가게 되면 가족이나 친구와 잠깐이나 오랫동안 떨어져 있게 된다. 호텔에서 자고 매일 외식을 하며 이 나라 저 나라를 왕래하는 것은 처음에는 흥미로울 수 있으나 곧 외로움을 느끼고 스트레스를 받게 된다. 만약 내향적인 사람이라면 그러한 스트레

스를 견디지 못할 수도 있다.

• **자원의 부족** 또한 문제가 될 수 있다. 조직개발 전문가가 함께 일하고 싶어 하는 조직이 여행경비 이상을 지원해 줄 여력이 없을 수 있다. 이는 일부 국가에서는 특히 심하다. 이 경우 필자가 내린 답은 자신이 이 직무를 통해 인류에 기여할 수 있고 무엇인가를 배울 수 있다고 생각한다면 그 직무를 맡으라는 것이다. 필자는 출장 경비가 3개월이 지나도 입금되지 않아서 과연 그 돈을 받을 수 있을지 고민한 적도 있다. 다행히도이제까지 돈을 받지 못한 적은 없다. 그러나 많은 조직개발 전문가들의 경우 경비 지불의 연체를 그렇게 오랫동안 참을 수 없을 것이고 보수가 기대 이하일 경우에는 국제 컨설팅 업무를 맡지 못하는 경우도 있다.

• **직업윤리**의 차이도 주요 문제로 부각될 수 있다. 필자는 철저한 직업윤리를 가지고 있다. 다른 나라에 출장을 갈 때는 필자는 그곳에서 시간을 최대한 활용하려 하기 때문에 최대한 많은 것을 이루기 위하여 오랜 시간 열심히 일할 의지를 가지고 있다. 하지만 어느 국가에서는 이것은 이해할 수 없는 행동으로 여겨진다. 예컨대, 이른 오후 휴식시간이나 4시간에 걸친 저녁식사를 위해서 일을 멈추지 않으면 관계 형성을 이룰 수 없는 나라도 있기 때문이다. 그러므로 고객의 문화에서 바라는 수준을 맞춰 주기 위해서 조직개발 전문가 자신의 직업윤리와 갈등하는 경우도 꽤 있다.

• 북미인으로서 필자는 '시간은 사용하지 않으면 없어진다.'와 같은 **시간개념**을 가지고 있다. 이는 필자의 직업윤리 문제와 관련이 있는데 필자는 그 나라에서 용인되는 관습에 맞춰서 시간을 사용하려고 노력한다. 사실 시간을 '충실히 다 써야 되는 것'이라고 인식하지 않고 시간에 구애 받지 않은 채 어느 정도는 느긋할 수 있는 문화권에서 일하는 것은 즐거운 경험이다.

• **갈등**은 조직개발 전문가가 잘 알아 두어야 할 부분이다. 프로세스 전문가로서 조직개발 전문가의 임무 중 하나는 피드백을 주는 것이다. 하지만 피드백을 받는 것, 특히 공개적으로 받는 것은 어떤 문화에서는 체면을 떨어뜨리는 일일 수 있다. 그와 마찬가지로 공개적으로 이의를 제기하는 것도 특정 문화에서는 용인되지 않는다. 미국에서 합동 강연을 했을 때 강연자였던 필자와 동료 교수가 특정 이론에 대해서 공개적으로 서

로 다른 견해를 펼쳤는데 청중들 중 아시아 학생들은 눈에 띄게 불안해 하고 있었다. 무슨 일이냐고 묻자 아시아 학생들은 이러한 논쟁이 물리적인 충돌로 이어질까 봐 불안하다는 것이었다. 우리는 이것을 훌륭한 배움의 기회로 삼아서 의견 불일치의 학문적 가치를 설명했고 필자와 동료는 단지 서로 같은 의견이 아닐 뿐이지 여전히 좋은 친구라고 일러 주었다.

- 애들러(Adler, 2002)는 **여성과 남성의 역할**이 확연히 다른 문화에서라도 국제적 업무에서는 여성들에게 주어지는 업무의 기회가 남자들과 비슷하다고 주장하지만, 다수의 문화권에서는 여전히 여성이 선택할 수 있는 업무 역할이 제한적이다. 사우디아라비아에서 많은 일을 해 본 바로는 사우디 여성이 아니더라도 전통적인 여성의 역할이었던 간호사, 교사, 행정보조자를 제외하고는 사우디에서 여성으로서 일하기란 매우 힘들다. 남성으로서 이 문제를 어떻게 대처하는가를 보면 그의 가치체계를 알 수 있을 것이다. 그곳에서 일하는 것이 그 문화를 변화시킬 수 있는 기회를 열게 될 것인가? 자기 자신의 가치에 대한 강한 신념 때문에 작은 부분이라도 남의 문화를 바꿔 보려고 하는 것이 과연 올바른 일인가?

- **관료주의** 또한 조직개발 전문가가 몇몇 나라에서 맞부딪힐 만한 문제이다. 관료제가 만연하지 않거나 좀 더 유연한 나라 출신의 조직개발 전문가라면 더욱 그렇다.

이러한 어려움에도 불구하고 필자는 필자가 속한 문화권보다 타문화권에서 하는 일에서 많은 보람을 느꼈다. 이 말은 자국의 문화와 일하고 있는 나라의 문화에 대해 지속적으로 인식하지 않아도 된다는 말은 아니다. 물론 스트레스가 심하게 쌓일 때도 있다. 그러나 얻을 수 있는 보람이 어려움보다 훨씬 크다. 새롭게 일을 맡아 해낼 때마다 계속 성장한다고 느낀다. 여러분들이 국제 업무를 할 기회가 있다면 이와 같은 보람된 경험이길 바란다.

요약

현재 글로벌 경제에서 경쟁력을 갖추고자 하는 조직이라면 세계로 나아갈 준비를 하는 것은 필수 불가결하다. 글로벌화에 따른 문제점도 있지만 지속될 것은 분명하다. 그렇다면 조직개발 전문가로서 우리의 역할은 고객조직이 글로벌 조직이 될 수 있도록 돕는 것이다.

많은 이론가들이 자신이 속한 문화뿐 아니라 다른 문화까지 이해할 수 있도록 도와주는 모델을 제시해 왔다. 모델로 그 문화권에 속한 개인을 정확히 묘사하는 것은 불가능하지만 이들 이론과 연구에서 도출된 일반화는 조직개발 전문가에게 큰 도움을 줄 수 있다. 조직개발 전문가가 사용할 수 있는 구체적인 인터벤션에는 이문화 훈련, 글로벌 학습조직, 가상 팀빌딩, 이문화 팀빌딩, 자기문화이해, 스토리텔링, 현지파견 (채용) 및 관리, 문화융합 등이 있다.

마지막으로, 이번 장에서는 타 문화권에서 성공적으로 일하기 위한 요건과 글로벌 환경에서 일하는 조직개발 전문가가 직면하는 문제에 대해 알아보았다.

토론 및 성찰을 위한 과제

1. 이 책을 읽고 있는 장소 안에서 보이는 모든 것들의 목록을 작성해 보아라. 각 물건이 어디서 생산되었는지 유추해서 적어 보아라. 대부분의 물건에 원산지를 표시하는 라벨이 부착되어 있다. 오늘(혹은 어제) 먹은 음식을 떠올려 보아라. 그 음식 재료는 어디에서 재배가 되었을까? 이 과제가 시사하는 바는 무엇인가?

2. 당신의 핵심 가치가 무엇인지, 그 가치가 어디로부터 왔는지 다른 사람에게 설명해 보아라.

3. 누군가에게 당신이 사는 나라의 주류문화와 그 나라 내에 있는 하부문화를 적어도 한 가지씩 설명하라.

4. 당신의 가치와 문화를 설명할 수 있는 것이 다른 문화를 더 잘 이해하는 데 도움을 줄 수 있는가?

5. 홉스테드의 이론에 관한 웹 사이트 중 하나에 들어가서 당신의 나라와 당신이 관심 있는 또 다른 나라의 가치가 무엇인지 확인하라. 이 결과에 대해 동의하는가?

6. 이 장의 부록 9.3에 논의된 몇 가지 변수에 대해 당신 자신을 측정할 수 있는 자기진단 도구가 있다. 이 항목들은 삶의 목적, 공간, 시간, 가치와 관련된 몇 가지 요소들을 양분된 변수로 표현하고 있다. 내가 수업시간에 이 도구를 사용할 때에는 인간 막대그래프를 활용한다. 즉 학생들은 관심 있는 몇 가지 항목을 선택하고 그들의 답변에 따라 줄을 선다. (1에서 5까지) 그들이 인간 막대 그래프를 만든 상태에서 왜 그 숫자를 선택했는지 이야기를 나눈다. 이를 통해 '맞다', '틀리다'가 아니라 단지 '서로 다를 뿐이다'라는 결론에 다다르게 된다. 다른 방법으로는 자기진단 도구를 다 풀고 점수를 낸 다음 파트너와 답변에 대해 토의해 보는 것이 있다.

7. 여러 문화에 대해 당신이 가지고 있는 고정관념을 적어 보라. 그러한 고정관념이 얼마나 정확하다고 생각하는가? 그 고정관념을 믿는다면 해당 문화권에서 온 사람과 관계하는 데 고정관념이 어떤 영향을 끼치겠는가?

8. 부록 9.1의 문화검사지를 작성하고 파트너와 그에 대해 토의하라.

9. 당신이 좋아하는 동요, 전래동화 4~5가지를 떠올려 보라. 그것들이 당신의 문화와 문화에서 중시하는 가치를 어떻게 얘기하고 있는가?

10. 자라면서 들었던 속담 4~5가지를 떠올려 보라. 그것들이 당신의 문화와 문화에서 중시하는 가치를 어떻게 이야기하는가?

11. 부록 9.4를 완성하라. 글로벌 환경에서 조직개발 전문가로 성공하려 할 때 당신의 강점과 약점을 확인하라. 결과에 대해 토의하라.

부록 9.1

베네수엘라 문화검사지

(Tolbert & McLean, 1995, pp.14~15)

미국인 사업가 에드워드는 인쇄회사의 소유주인 카를로스와 사업 목적으로 점심을 함께 하고 있었다. 에드워드는 카를로스에게 회사 공식 편지지 인쇄를 맡기고 있었다. 헤어지면서 에드워드는 레이아웃에 대한 새로운 아이디어를 카를로스와 이야기하고 싶어 했고 카를로스도 흔쾌히 승낙했다. 에드워드는 다음 날까지 사무실에 레이아웃을 가져가서 30분 정도 의논을 해 보자고 했고 카를로스는 그렇게 하라며 2시쯤 들르라고 했다.

에드워드는 다음 날 2시에 카를로스의 사무실에 갔지만 카를로스는 보이지 않았다. 비서가 카를로스는 1시 반쯤 이미 사무실을 나갔고 오늘은 더 이상 사무실에 들르지 않을 것이라고 했다. 에드워드는 어제 점심에 분명히 약속을 했다고 항변했지만 비서는 스케줄상에 약속된 것이 없다며 유감을 표시했다. 에드워드는 헛수고했다는 사실 때문에 매우 화가 났다. 그는 카를로스와의 약속을 취소하고 좀 더 대우가 좋은 곳과 계약을 맺을지 고민하게 되었다. 당신은 카를로스가 약속을 지키지 않은 이유를 무엇이라고 생각하는가?

a. 카를로스는 레이아웃 변경에 별 관심이 없었고 그 사실을 에드워드에게 어떻게 알려야 할지 몰랐다. 카를로스는 에드워드가 약속에 대해 잊어버리길 바라며 별 생각 없이 약속을 한 것이다.

b. 점심식사 동안에 약속을 했기 때문에 카를로스는 그것을 기억하거나 비서에게 적어 놓으라고 말할 정신이 없었을 것이다. 그래서 약속을 잊어버린 것이다.

c. 비서들이 모든 일정을 관리하는데 만약 비서가 약속에 대해 듣지 못했다면 그 약속은 없는 것이나 마찬가지다. 베네수엘라에서는 보통 사업가들이 자기 일정을 직접 관리하지 않는다.

d. 카를로스는 그 제안을 심각하게 받아들이지 않았다. 그저 만날 수 있는 가능성만 있었을 뿐이었다.

베네수엘라 문화검사지의 해석적 근거

a. 당신은 a를 선택했다. 카를로스가 에드워드에게 거부의 뜻을 어떻게 나타내야 할지 몰랐을 수도 있지만 위의 시나리오에서는 카를로스가 에드워드가 잊어버리길 바란다는 말은 어디에도 없다. 단지 에드워드와 카를로스 혹은 카를로스와 비서 사이에 의사소통에 문제가 있었던 것으로 보인다. 다시 선택해 보라.

b. 당신은 b를 선택했다. 이는 아마 베네수엘라 사람들은 별로 체계적이지 못하다는 고정관념 때문일 것이다. 어떤 문화에서든 비공식적인 약속은 무시될 수 있다. 그러나 베네수엘라에서는 모든 약속은 비서와 맺는다는 전제가 있다. 에드워드가 비서에게 전화를 걸어서 약속을 확정짓지 않았기 때문에 카를로스는 에드워드가 계획된 만남을 취소했다고 생각한 것이다. 다시 선택해 보라.

c. 당신은 c를 선택했다. 이것이 정답이다. 어떤 사업가들의 경우에 만남을 예약하고 스케줄을 관리하는 역할은 비서에게 있다고 믿는다. 당신이 만나고자 하는 사람의 비서와 약속을 재확인하고 확정지어라. 특히 약속이 점심식사와 같이 친목적 분위기에서 맺어졌을 때 비서와의 재확인 절차는 절대적으로 필요하다.

d. 당신은 d를 선택했다. 약속에 대해서 진심이든 아니든 에드워드가 비서와 약속을 재확인하지 않은 한 카를로스는 에드워드가 약속에 대해 별 생각이 없다고 생각할 것이다. 보기들 중에 베네수엘라의 사업 관습에 대해 더 정확히 서술하는 보기가 있다. 다시 선택해 보라.

부록 9.2

웹 채팅과 이메일 사용에 관한 가이드라인

- 답변을 받는 시간을 현실적으로 생각하라. 적어도 48시간을 기다릴 준비가 되어 있어야 하고 만약 주말이 끼어 있거나 그 사람이 부재 중이라면 더 오래 걸릴 것이다.

- 인터넷상으로 보낸 메시지는 비언어적인 피드백을 제공할 수 없다는 사실을 기억하라. 직접 말로 하면 아무런 문제 없이 적절한 메시지도 인터넷을 통해 전달되었을 때 무례하고 부적절하게 받아들여질 수도 있다. 비언어적 피드백을 제공하는 데는 몇 가지 방법(예, :-) 웃는 얼굴)이 있지만 별로 효과적이지 않다. 특히 비꼬거나 풍자하는 표현은 인터넷상에서 종종 뜻이 잘 전달되지 않는다.

- 한마디 답변만 받았다고 무시당했다고 생각하지 말라. 인터넷의 장점 중 하나는 짧고 효율적인 메시지가 적절하게 이용될 수 있다는 것이다. 또한 당신이 메시지를 보낼 때도 길이를 짧게 하도록 하라. 묻고 싶은 것을 묻고 의견을 써 보낸다. 이메일 메시지가 한 문단을 넘는 일은 거의 없다.

- 대문자로 쓰지 말라. 읽기도 힘들고 마치 '소리 지르는' 것처럼 인식된다. 단, 한 메시지 안에 여러 가지 답변을 해야 할 때는 예외가 될 수 있다. 그러한 경우, 즉 메시지에 답장을 할 때 원문 중간에 대문자로 쓴 당신의 답변을 끼워 놓을 수 있다.

- 공식적인 의사소통을 할 때 지키는 모든 에티켓을 적용하라. 인터넷 메시지는 공식문서이고 법적인 효력을 지닐 수도 있다. 공적으로도 하지 않을 이야기라면 인터넷상에서도 하지 말라.

- 정성을 다해 쓰라. 공식적인 글을 쓸 때와 마찬가지로 당신의 글 쓰는 방식을 통해 당신에 대해 많은 것을 알 수 있다.

부록 9.3

가치 자가 진단

(Harris & Moran, 1979, pp.46~47)

서로 상반되는 태도가 한 쌍을 이루어 제시되어 있다. 만약 왼쪽의 항목에 전적으로 동의한다면 1을, 오른쪽의 항목에 전적으로 동의한다면 5를, 중간이라면 3을 써 넣으라. 또한 전적으로는 아니지만 부분적으로 동의한다면 2나 4를 써 넣으라.

___ 1. 개인이 미래를 바꿀 수 있다. (의지가 있는 곳에 길도 있다.) 인생은 정해진 길로 진행되고 사람의 행함도 신의 뜻에 달려 있다.

___ 2. 개인이 환경을 바꾸고 개선시킬 수 있다. 사람은 환경을 바꾸기보다는 적응하도록 되어 있다.

___ 3. 개인은 자신의 바람에 대해 현실적으로 생각해야 한다. 현실성 여부와 상관없이 이상은 추구할 가치가 있다.

___ 4. 우리의 목적을 달성하기 위해 열심히 일해야 한다. (청교도적 윤리) 열심히 노력만 한다고 성공하는 것은 아니다. 지혜, 행운, 시기 등이 따라야 한다.

___ 5. 서약은 반드시 지켜져야 한다. (사람들은 자신이 하겠다고 한 일을 할 것이다) 상충되는 요구가 생기면 서약을 철회할 수도 있다. 약속은 단지 의중을 알릴 뿐이고 실제 이행하는 것과는 아무런 관련이 없다.

___ 6. 시간을 효과적으로 사용해야 한다. (시간은 돈과 같이 절약할 수도 있고 낭비할 수도 있다) 정해진 스케줄은 중요하지만 다른 우선 순위에 따라 조정될 수 있다.

___ 7. 직원은 조직을 우선으로 생각해야 한다. 직원은 가족과 친구를 우선으로 생각해야 한다.

___ 8. 고용주와 직원은 관계를 끊을 수도 있어야 한다.

평생 고용이 보장되어야 한다.

___ 9. 한 번에 한 회사에서만 일해야 한다. (두 명의 주인을 섬길 수 없다.)

다른 사업하는 사람들을 개인적으로 도와주는 일은 괜찮다.

___ 10. 가장 능력 있는 사람이 고용되어야 한다.

혈연, 지연과 같은 다른 요소가 고용을 결정한다.

___ 11. 좋은 성과를 내지 못하면 해고되어야 한다.

어떤 직위에서 해고를 시키는 것은 위신을 크게 해치는 것이기 때문에 신중해야 하며 가급적 피해야 한다.

___ 12. 유능하고 적합한 사람이라면 경영층의 모든 단계에 진출할 수 있어야 한다. (사무 보조원도 사장이 될 수 있다.)

교육수준이나 혈연관계가 승진을 위한 주요 수단이다.

___ 13. 직관적인 결정은 지양하고 관련 정보를 수집하는 데 주력하여야 한다.

의사결정을 통해 권위자의 지혜가 드러난다. 그 결정에 의문을 표하는 것은 그의 판단을 의심하는 것이다.

___ 14. 회사의 정보는 회사 내에서 필요로 하는 모두에게 공개되어야 한다.

권력을 얻고 유지하기 위하여 정보를 독점하는 것은 괜찮다.

___ 15. 다른 동료의 시각과 다르더라도 모든 사람은 자신만의 의견을 가지고 자유롭게 피력해야 한다.

권력자, 권위자를 존중해야 하고 자신의 상급자와 다른 의견을 내놓는 것은 상상할 수 없는 일이다.

___ 16. 결정권자는 그 결정을 내리려는 영
역에 대해 유용한 정보를 제공할 수
있는 사람과 상의하여야 한다.

결정권자가 결정을 내리고 다른 사람과 상
의할 필요는 없다.

___ 17. 높은 위치에 오르기 위해 직원들은
열심히 일해야 한다.

개인적인 야망은 그리 보기 좋지 않다.

___ 18. 경쟁은 더 나은 성과를 유도한다.

경쟁은 불균형으로 이어지고 이는 조화를
깬다.

___ 19. 맡겨진 직무를 수행하기 위해서 필
요한 모든 방법을 동원해야 한다.
(불법적인 일도 기꺼이 할 수 있어
야 한다.)

직무에 있어서 그 지위에 높고 낮음이 있다.
어떤 직무는 자신의 '명예'나 조직 내의 직
위에 걸맞지 않은 것도 있다.

___ 20. 변화를 통해 발전하고 현실을 역동
적으로 바꿀 수 있다.

관습을 존중해야 하고 안정적인 구조의 지
속 하에서 지도부의 권력이 형성된다.

___ 21. 바라는 결과를 낼 수 있느냐가 중요
하다.

상징적 의미와 과정이 결말보다 중요하다.

___ 22. 사람과 시스템을 긍정적이든 부정
적이든 정직하게 평가해야 한다.

평가를 하되 부정적인 평가를 받는 사람들
이 곤란해지거나 체면이 깎이지 않도록 해
야 한다.

부록 9.4

글로벌 업무 적합성 검사

(McLean, Tolbert & Larkin, 2005)

아래에 나오는 각 서술항목 뒤에 6개의 숫자가 있다. 각 서술항목에 강하게 동의한다면 6을 선택하고 강하게 부정한다면 1을 선택하라. 만약 확실하지 않다면 가운데 쪽의 숫자를 선택하라. 어떤 숫자를 선택하든지 동의하는 편이나 동의하지 않는 편 중 어느 한편에 서게 된다.

만약 어떤 항목에 서술되어 있는 내용과 같은 경험이 없었다면 그 상황에 자신이 있다고 상상해 보고 그 상황에서 어떻게 행동할지, 무엇을 선호할지 결정하라.

답변 내용을 타인에게 공개하지 않는다는 것을 잊지마라. 자신이 원해서 다른 사람과 답변을 나누지 않는 이상 이 프로필은 연구자와 자신밖에 보지 않는다. 만약 자신이 진정 느끼는 바가 아니라 바람직해 보이는 결과를 얻기 위한 답변을 작성한다면 아무것도 배워 가는 것이 없을 것이다.

예) 나는 식당을 고를 때 우리 나라에서 흔히 먹는 음식을 만드는 곳을   1 2 3 4 5 6
    선호한다.

만약 자신의 나라에서 흔히 먹을 수 있는 음식을 만드는 식당을 확실히 선호한다면 6을 선택하라. 만약 자신의 나라에서 흔히 먹는 음식을 제공하는 음식점을 선호하지만 그 정도가 강하지 않다면 4나 5를 선택하라. 마찬가지로 자신의 나라에서 흔하지 않은 음식을 만드는 곳을 선호한다면 1을 선택하라. 2나 3은 역시 이 문장에 부정을 표시하지만 그 정도가 강하지 않다는 것이다. 사용될 점수 단계는 다음과 같다.

	1	2	3	4	5	6
강한 부정				**강한 긍정**		

1. 새로운 장소를 여행하는 것보다 내가 좋아하는 장소를 다시 여행하는 것이 좋다. 1 2 3 4 5 6

2. 다른 나라에 있을 때 그 나라에서 부적절하다고 여겨지는 손짓을 실수로 사용했을 때 다른 사람이 내 잘못을 지적하면 사과한다. 1 2 3 4 5 6

3. 나는 외국어를 잘한다. 회사에서 이러한 능력을 발휘할 기회가 있다면 언제든 환영이다. 1 2 3 4 5 6

4. 해외 사업 경험을 얻고자 하는 주된 이유는 개인적인 성장이다. 1 2 3 4 5 6

5. 식당에서 주문할 때 나는 시도해 본 적이 없는 음식을 주문하는 것이 좋다. 1 2 3 4 5 6

6. 내가 모르는 언어로 진행되는 연극이나 콘서트에 초대받았을 때 나는 그 초대를 받아들인다. 1 2 3 4 5 6

7. 글로벌 프로젝트의 전문가가 되어 달라는 요청을 받았다. 그런데 나의 충고가 계속해서 다국적 팀에 의해 무시당했다. 그러면 나는 한 발 뒤로 물러나서 그들이 물어볼 때만 충고해 준다. 1 2 3 4 5 6

8. 국제적인 업무 경험을 얻고자 하는 주된 이유는 내 경력에 도움이 되기 때문이다. 1 2 3 4 5 6

9. 내가 일하는 회사가 글로벌 규모의 지속적 품질향상 계획을 시작했다. 나는 이를 위해서 과거의 발전과 진보가 어떻게 현재의 일에 영향을 미치는지 생각해 보는 게 중요하다고 생각한다. 1 2 3 4 5 6

10. 나는 일하던 타국에서 병을 얻었다. 의사가 나의 모국어를 할 수는 없지만 잘 치료해 줄 것이라고 믿는다. 1 2 3 4 5 6

11. 나는 큰 규모의 국제 기업 행사를 마치고, 지속적인 교제를 위하여 비공식적인 다국적 만남에 합류한다. 1 2 3 4 5 6

12. 국제적 업무 경험을 얻고자 하는 주된 이유는 모험심을 느끼고 싶기 때문 1 2 3 4 5 6
이다.

13. 다른 나라에서 2년간 직무 수행을 준비할 때 나와 아내는 자녀들의 학교 1 2 3 4 5 6
문제를 이야기하게 되었다. 나는 자녀들이 지금 현재 다니는 학교와 비슷
한 곳에 다녔으면 좋겠다.

14. 다른 나라를 여행할 때 그 문화권에서 통용되는 인사법을 사용한다. 1 2 3 4 5 6

15. 국제업무를 수행할 때 회사에서 지역사회 프로그램 자원봉사자를 모집한 1 2 3 4 5 6
다. 나는 지원하지 않기로 한다.

16. 국제적인 업무 경험을 얻고자 하는 주된 이유는 내 동료들에게 좋은 이미 1 2 3 4 5 6
지를 주기 위해서이다.

17. 다른 나라에서 이메일을 보낼 때는 우리 나라에서 작성하는 방식과 다르 1 2 3 4 5 6
게 해야 하는지 고려한다.

18. 다른 문화권의 사람들을 만날 때는 그들의 문화에 대해서 묻는 것은 피한 1 2 3 4 5 6
다. 나의 무지를 드러내거나 그들을 불편하게 만들고 싶지 않기 때문이다.

19. 다른 나라를 방문할 때 모든 사람이 나의 모국어를 사용하는데도 웃음을 1 2 3 4 5 6
유발하는 코멘트를 이해할 수 없다. 왜 웃게 만들었는지 이유를 알아내려
고 한다.

20. 국제적인 업무 경험을 얻고자 하는 주된 이유는 다른 사람을 도울 수 있 1 2 3 4 5 6
기 때문이다.

21. 국제 업무를 수행하러 목적지에 도착했는데 나를 마중하기로 한 사람이 1 2 3 4 5 6
없다. 나는 이 나라에 와 본 적도 없고 언어를 할 줄도 모르고 숙소로 가
는 방법도 모른다. 몇 시간이 지나도 계속 기다리면 고객이 도착할거라
확신한다.

22. 문화적 차이를 이해하기 어려운 나라에서 업무를 수행하게 되었다. 같이   1 2 3 4 5 6
일하게 된 동료와도 잘 맞지 않는다. 나는 왜 협력이 잘 이루어지지 않는
지 문화적 이유를 분석한다.

23. 아이디어를 내기 위한 여러 국가 사람들과의 브레인스토밍 시간을 진행   1 2 3 4 5 6
할 때 나는 제시된 아이디어를 판단하기 전에 모든 아이디어가 제시될 때
까지 기다린다.

24. 국제적 업무 경험을 얻고자 하는 주된 이유는 별로 맘에 들지 않는 현재   1 2 3 4 5 6
의 환경을 벗어나 새로운 시작을 하기 위해서이다.

25. 해외 출장 시 다른 나라에서 제공된 식사도구가 익숙하지 않다. 나는 내   1 2 3 4 5 6
가 원하는 식사도구로 식사하기로 한다.

26. 다른 나라에서 프레젠테이션을 준비하는데 한 동료가 그 나라에서 겪었   1 2 3 4 5 6
던 경험을 공유하려고 한다. 나는 다른 사람의 시각 때문에 편견을 가지
면 안 된다고 생각해서 듣기를 거절한다.

27. 다른 나라에서 온 동료와 내가 사업 문제에 서로 다른 해결 방안을 가지   1 2 3 4 5 6
고 있다면 먼저 그의 충고를 완전히 들은 다음 내 의견을 제시한다.

28. 국제적 업무 경험을 얻고자 하는 주된 이유는 하인을 거느리고 더 좋은   1 2 3 4 5 6
집에서 더 적은 생활비로 살면서 지금의 생활보다 더 향상된 삶을 경험하
고 싶기 때문이다.

29. 외국 고객의 저녁식사에 동료와 함께 초대되었다. 저녁식사 동안 그들은   1 2 3 4 5 6
내가 알아들을 수 없는 그 나라 말로 대화한다. 나는 당황하고 초조하다.

30. 외국 저녁 파티에서 내 동료가 나의 문화에서 가장 소중하게 여기는 가치   1 2 3 4 5 6
가 무엇이냐고 묻는다. 나는 평소에도 나의 문화적 가치체계에 대해 생각
해 왔기 때문에 쉽게 대답할 수 있다.

31. 다른 나라에서 내가 유머를 시도할 때 보통 썰렁한 반응이 돌아온다. 내   1 2 3 4 5 6
가 유머를 잘했던 경험이 있기 때문에 나는 계속 시도한다. 그 사람들이
나를 알게 되면 이 나라에서도 나의 유머가 잘 통할 것이라고 생각하기
때문이다.

32. 국제적 업무 경험을 얻고자 하는 주된 이유는 다른 문화권에서 어떻게 사   1 2 3 4 5 6
업이 이뤄지는지 배우기 위해서이다.

33. 해외 출장 중에 나는 오늘 저녁까지 끝내야 하는 일거리를 가져갔다. 그   1 2 3 4 5 6
런데 나의 고객은 나를 위해 이번 저녁에 다른 계획을 세워 놓았다. 그 계
획에 참여하고 싶지는 않지만 일거리를 포기하고 참여하기로 한다.

34. 다른 나라 사람이 우리 나라의 종교관을 물을 때 나는 이 질문이 너무 사   1 2 3 4 5 6
적이고 부적절하다고 생각해서 대답을 피한다.

35. 나는 국제 R&D 팀의 고문이다. 팀 모임에서 실행에 옮기기가 거의 불가   1 2 3 4 5 6
능한 아이디어가 채택된다. 이미 팀이 결정을 내렸기 때문에 나는 가만히
있는다.

36. 국제적 업무 경험을 얻고자 하는 주된 이유는 다양성에 관한 최상의 사례   1 2 3 4 5 6
와 원리를 배워서 나의 나라에서 적용하려 하기 때문이다.

37. 나는 세 나라에서 온 회사 대표들을 맞이하는 자리의 음식 준비를 맡았   1 2 3 4 5 6
다. 대부분의 참석자들은 우리나라 사람들이기 때문에 주로 우리나라 음
식으로 준비하기로 했다.

38. 타국에서 업무를 맡게 되었다. 나는 그 나라의 전통적인 음식과 함께 나   1 2 3 4 5 6
오는 음료를 마시고 싶지 않다. 나는 미리 연락해서 내가 좋아하는 음료
를 준비해 달라고 말한다.

39. 일을 할 때 나는 종종 유머를 사용한다. 하지만 다른 나라 사람과 같은 상   1 2 3 4 5 6
황에 놓이게 되면 나는 나의 유머와 그 나라에서의 유머의 차이가 오히려
우리 사이에 장벽을 만들게 될까 봐 논리에 맞는 말만 한다.

40. 국제 업무 경험을 얻고자 하는 주된 이유는 서로 다른 종류의 조직구조에 　1 2 3 4 5 6
대하여 배우고 경험하고 싶기 때문이다.

41. 외국에서 나를 위한 연회에서 내가 한 번도 먹어 본 적이 없는 음식이 메 　1 2 3 4 5 6
인으로 나왔다. 그 음식이 이상하게 보이지만 한 번 시도해 본다.

42. 다른 사람들을 소중히 여기기에 모두 동일하게 대하려고 한다. 　1 2 3 4 5 6

43. 국제적인 리셉션에서 나는 어떤 사람이 다른 나라에서 온 동료에게 실례 　1 2 3 4 5 6
가 될 수 있는 유머를 하는 것을 듣는다. 나는 같이 웃지 않는다.

44. 국제 업무 경험을 얻고자 하는 주된 이유는 다른 나라의 사업 구조와 스 　1 2 3 4 5 6
타일을 개선하는 데 도움을 주고 싶어서이다.

45. 글로벌 사업 프로젝트를 수행할 때 나는 그 최종 결과가 정확히 어떻게 　1 2 3 4 5 6
될지 알지 못해도 마음이 편안하다.

46. 다른 나라에 출장 중에 나와 주최 측의 의견이 서로 많이 다르다. 나는 그 　1 2 3 4 5 6
들과 나의 의견이 어떻게, 왜 다른지 알아보기 위해 질문을 한다.

47. 다른 나라에 처음 출장을 갔을 때 특정한 사업 상황에서 어떻게 해야 하는 　1 2 3 4 5 6
지에 대한 질문을 받는다. 나는 몇 가지 제안을 하지만 질문을 한 사람은
단 한가지 해답만을 원한다. 나는 가장 좋은 제안을 택해서 알려 준다.

48. 국제 업무 경험을 얻고자 하는 주된 이유는 명성을 얻기 위해서이다. 　1 2 3 4 5 6

49. 국제 팀 중 한 멤버가 팀이 최종 승인을 얻어 내기 위해 몇 개월 동안 애 　1 2 3 4 5 6
써 온 글로벌 프로젝트에 개선 사항을 제안한다. 하지만 우리는 이전에도
그가 충분히 제안할 시간이 있었는 데도 하지 않고 이제 와서 하는 제안
을 무시하고 그냥 밀고 가기로 한다.

50. 다른 나라에 출장을 갈 때 나는 효과적으로 일하기 위해 나의 행동을 어 　1 2 3 4 5 6
떻게 변화시켜야 하는지 알아내려고 노력한다.

51. 나와 다른 언어를 쓰는 사람과 내 모국어로 대화할 때 나는 평소의 속도 1 2 3 4 5 6
와 발음으로 이야기하지만 동시에 잘 알아듣고 있나 살핀다. 만약 알아듣
지 못하는 것 같으면 평소보다 천천히 말하고 발음을 명확히 한다.

52. 국제 업무 경험을 얻고자 하는 주된 이유는 더 힘든 일을 맡아서 더 높은 1 2 3 4 5 6
급여를 받기 위해서이다.

53. 다른 나라에 있는 우리 회사 시설을 방문했는데 모국에서 사용된 프로세 1 2 3 4 5 6
스가 그 곳에서는 제대로 작동하지 않는다는 것을 알게 되면 나는 프로세
스가 그 나라에서 제대로 운영될 수 있는 방법을 알아본다.

54. 다른 나라에 가서도 평소에 주던 대로 팁을 준다. 1 2 3 4 5 6

55. 다른 나라에서 분쟁 조정자로 일하게 되었는데 서로 다른 나라 출신인 나 1 2 3 4 5 6
와 나의 동료가 문제에 대한 해결책에 대하여 의견이 서로 다르다. 갈등
을 피하기 위해 나는 동료의 의견을 따른다.

56. 국제 업무 경험을 얻고자 하는 주된 이유는 다른 언어를 배우고 연습해 1 2 3 4 5 6
보기 위해서이다.

57. 나는 담배 연기를 싫어 한다. 그런데 내가 참석하는 국제 미팅에서는 담 1 2 3 4 5 6
배를 피우는 사람들로 가득하다. 나는 주최자에게 미팅기간 동안에는 금
연으로 정해 달라고 요구한다.

58. 새로운 나라에 출장 갈 때 나는 다른 사람들의 경험을 듣고 편견을 가지 1 2 3 4 5 6
지 않기 위하여 내가 직접 그 나라에 도착하기 전까지 그 나라에 대해서
알아보려 하지 않는다.

59. 내가 쓰는 언어가 모국어가 아닌 사람과 대화할 때 잘 이해되지 않으면 1 2 3 4 5 6
나는 대화를 짧게 끝내려고 한다.

60. 국제 업무 경험을 얻고자 하는 주된 이유는 낮은 가격에 물건을 살 수 있 1 2 3 4 5 6
기 때문이다.

61. 여러 국적의 청중에게 프리젠테이션을 하던 도중 비디오에서 소리가 나   1 2 3 4 5 6
지 않는다. 나는 비디오의 내용을 알기 때문에 비디오를 계속 틀고 청중
에게 그 내용을 요약해 준다.

62. 1/4 정도가 외국인 참석인 리셉션에서 나는 외국인들과 대부분의 시간을   1 2 3 4 5 6
보내려 한다.

63. 다른 사람과 의사소통을 할 때 그들의 생각과 감정을 이해하려고 한다.   1 2 3 4 5 6

64. 국제 업무 경험을 얻고자 하는 주된 이유는 회사가 제공하는 비용으로 여   1 2 3 4 5 6
행을 할 수 있기 때문이다.

65. 4주 동안 해외로 출장을 갔는데 현지 주최 측이 컴퓨터를 제공해 줄 수   1 2 3 4 5 6
없다고 한다. 나는 이러한 환경에서 내 직무를 완료할 수 없다고 설명하
고 주최 측은 나에게 컴퓨터를 제공해 주어야 한다고 주장한다.

66. 나는 다른 나라에서 나와 다른 성(性)의 사람을 대할 때 적절한 관습이   1 2 3 4 5 6
무엇인지 알고 있다. 그럼에도 상대방이 먼저 어떻게 행동하는지 보기 위
해 기다려 본다.

67. 나는 나와는 상당히 다른 종류의 다른 문화권 출신의 사람들을 만나고 관   1 2 3 4 5 6
계하는 게 편하다.

68. 국제 업무 경험을 얻고자 하는 주된 이유는 내 가족에게 교육적으로 좋은   1 2 3 4 5 6
경험을 주고 싶기 때문이다.

글로벌 업무 적합성 검사 피드백

아래 표의 문항에 해당하는 빈 칸에 당신이 선택한 숫자를 써 넣어라. 만약 문항 번호 다음 R이라는 문자가 있으면 6점 대신 1점, 5점 대신 2점, 4점 대신 3점, 3점 대신 4점, 2점 대신 5점, 1점 대신 6점을 넣어라. 빈 칸을 채운 뒤 각 열의 합을 구하라.

유연성 적응력 모호함에 대한 오픈성	문화적 이해	관계	동기
1R.	2.	3.	4.
5.	6.	7R.	8R.
9.	10.	11.	12.
13R.	14.	15R.	16R.
17.	18R.	19.	20R.
21.	22.	23.	24R.
25R.	26R.	27.	28R.
29R.	30.	31R.	32.
33.	34R.	35R.	36.
37.	38.	39.	40.
41.	42R.	43.	44R.
45.	46.	47R.	48R.
49R.	50.	51.	52R
53.	54R.	55R.	56.
57R.	58R.	59R.	60R.
61.	62.	63.	64R.
65R.	66.	67.	68R.

해석 각 열의 합을 보라. 가장 합이 높은 열의 항목이 당신의 가장 큰 강점이고 가장 합이 낮은 항목이 개발시켜야 할 부분이다. 가능한 최저점은 17이고 최고점은 102이다. 표준적인 자료는 아직 확립되지 않았지만 앞서 수집된 자료를 볼 때 80점 이상이면 강점이고 60점 이하이면 약점이라고 볼 수 있다. 신뢰도는 확립되었지만 타당도는 아직 확립되지 않았다.

제10장

조직 차원의 실행

개요

조직 차원에서 가장 중요한 인터벤션은 전략적 사고와 전략적 정렬을 향상시키는 것이다. 이번 장에서는 이 프로세스에 기여하는 조직개발 인터벤션으로 조직설계, 전사 설문조사, 학습조직, 조직학습, 문화변화, 책임과 보상 시스템, 승계기획, 차이와 다양성 존중, 미션·비전·가치 및 철학 개발, 전략기획, 대규모 상호교류 이벤트, 오픈시스템매핑, 미래탐색, 오픈스페이스를 설명하려 한다.

우리가 지금부터 살펴볼 인터벤션은 조직 전체에 영향을 주기 위해 고안되었다. 제5장에서도 언급되었듯이 시스템 이론에서 보면 이 책의 앞에서 다룬 다른 모든 차원의 인터벤션도 어느 정도로는 조직 전체에 영향을 미칠 수 있는 것들이다. 필자가 인터벤션의 영향력이 미치는 영역에 따라 서로 다른 차원으로 나누어서 인터벤션을 분류해 놓았지만 차원별로 구분하는 것(이 책의 장마다 나눠 놓은 것)은 다소 부자연스럽기도 하다. 그림 10.1에도 제시되었듯이 조직 차원에 특별히 초점을 맞춘 실행도 실행 단계의 한 측면이다.

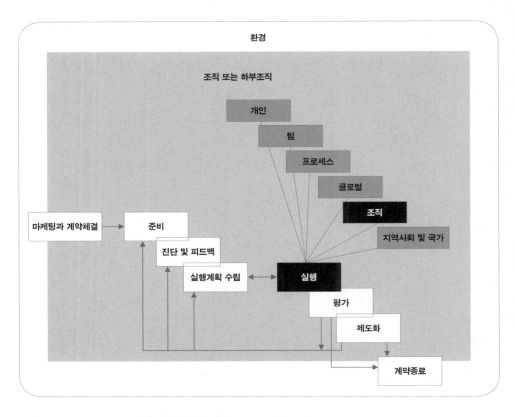

그림 10.1 조직개발 프로세스 모델 5단계, 조직 차원의 실행

실행 단계에 속한 다른 장에 있는 인터벤션들과 마찬가지로 조직 전체의 효과를 꾀하기 위한 인터벤션들은 셀 수 없이 많다. 이 장에서는 그런 인터벤션의 일부만 중점적으로 다뤄 보겠다.

조직설계

조직개발 전문가가 개입될 시점에서는 대부분 조직이 이미 형성되어 존재하고 있는 상황이므로(반드시 그런 것만은 아니지만) 조직개발 전문가가 수행하는 조직구조화나 조직설계(Organization design)에는 주로 조직구조조정, 합병과 인수, 아웃소싱, 다운사이징 등과 같은 프로젝트들이 포함된다.

커밍스와 월리(Cummings & Worley, 2005)는 환경, 조직 규모, 테크놀로지, 조직 전략, 그리고 해외사업 운영, 이 5가지 요소가 조직 구조조정에서 고려되어야 한다고 제안했다. 이들 각 요소는 조직구조화 방법에 영향을 준다.

조직구조화 또는 구조조정

조직개발에 대해 잘 모르는 경영자들은 조직개발을 생각할 때 가장 먼저 조직의 구조를 떠올린다. 흔히 조직구조 재편성을 기업성과 향상을 위한 한 방법으로 여긴다. 하지만 조직구조 재편성을 위한 어떤 하나의 방법이 다른 방법보다 더 나은 성과를 가져온다는 연구 결과가 거의 없다. 조직구조에 대한 다소 단순한 모델 몇 가지를 여기서 간략하게 설명할 것이다. 하지만 대부분 조직의 실제 구조는 훨씬 더 복잡하다.

기능별 구조(Functional structure) 기능별 구조는 아마도 만들기도, 이해하기도 가장 쉬운 구조일 것이다. 기본적으로 운영, 생산, 연구개발(R&D), 인사, 재무, 법률, 마케팅 등과 같은 각각의 기능 분야가 그 분야의 전문지식을 쌓은 관리자에 의해 운영된다.

사업부제 구조(Divisional structure) 기능별 구조와는 대조적으로, 사업부제 구조는 제품 라인별로 구조화된다. 각 제품라인 부문은 독립적으로 운영된다. 또한 각 제품 라인은 기능별로 조직된다. 각 라인에는 상급 관리자가 있고 생산라인 안의 각 기능에도 별도의 관리자가 있어서 사업부문 관리자(division manager)에게 보고한다.

매트릭스 구조(Matrix structure) 매트릭스 구조는 지금까지 설명한 두 구조보다 훨씬 더 복잡하다. 이 구조는 기능 구조와 사업부제 구조의 장점은 극대화하고 단점을 최소화시킨 것이다. 직원들은 기본적으로 두 명의 관리자(기능담당 관리자와 제품담당 관리자)에게 보고한다. 지역 관리자를 추가하면서 이 구조가 더 확대될 수 있다.(예: 아시아 담당 관리자)

프로세스 구조(Process structure) 기업은 대개 비슷한 프로세스를 중심으로 생겨난다. 비슷한 프로세스라 함은 양질의 고객 서비스 제공, 새로운 상품과 서비스에 대한 조사, 제품 시장 유통, 회사 조직 관리 등을 예로 들 수 있다.

이 기본적인 프로세스 구조는 무한히 많은 방법으로 조정될 수 있다. 조직개발 전문가에게 중요한 것은 구조조정의 목적을 이해하는 것이다. 변화 자체를 위한 변화는 자원을 비효율적으로 사용하고 조직 내에 상당한 불안과 손실을 초래할 수 있다.

또 조직의 기능을 중앙 집중화할 것인지 아니면 분산할 것인지에 대한 문제가 조직 구조에 대해 지속적으로 제기되는 문제인데 버크(Burke, 2002)는 이와 같은 질문은 더 이상 적합한 질문이 아니라고 했다. 둘 중 하나를 선택하는 것이 아니라 필요하다면 어떻게 두 가지 방법을 동시에 쓸 수 있는지를 질문해 봐야 한다는 것이다. 예를 들어, 재무기능은 중앙 집중화되는 것이 좋지만 인사기능은 분산시키는 것이 좋을 수 있다.

인수합병

조직을 구조화하는 방법이 많은 것처럼 인수합병을 통해서 조직구조가 새롭게 이루어지는 방법도 많다. 슈미츠(Schmidt, 2002)는 인수합병 후에 기업을 구조화하는 4가지 방법을 제안했다:

- **제한적 통합(Limited integration)** 기본적으로 제한적 통합은 두 개의 회사가 계속해서 인수합병 전처럼 운영되고, 지주회사가 두 회사를 관장하는 대표 조직으로서 기

능한다.

- **인수 회사 중심의 통합(Dominant company)** 인수 회사 중심의 통합 방법은 우세한 회사 즉, 인수를 하는 회사가 인수 당하는 회사를 흡수해서 동화시킨다.
- **상호 강점 통합(Mutual best of both)** 이름에서 알 수 있듯이, 이 방법은 인수합병의 대상인 두 회사의 최선의 강점만을 합쳐서 통합된 하나의 객체로서 새로운 회사로 탄생하는 것이다.
- **재창업형 통합(Transformation to new company)** 상호 강점 통합과 비슷하지만 이 방법은 완전히 새로운 회사 운영법과 외부 우수 사례 운영법을 도입하여 통합한 새로운 기업을 만드는 것이다.

인수합병으로 생기는 여러 가지 문제, 특히 새로 회사가 통합되는 방법에 대해서는 최선의 정답이라는 것이 존재하지 않는다. 인수합병은 결국 두 조직의 다운사이징을 의미하기 마련이다.

요한슨(Johansen, 1991)은 근거이론(Grounded theory)을 사용하여 개인이 중대한 조직변화에, 특히 인수합병 후 조직이 다운사이징이 되는 변화에 어떻게 반응하는지에 대한 모델을 만들었다. 이 모델에서는(그림 10.2 참조) 각 단계가 논리적 순서에 의해 이루어지는 것처럼 보이지만 이건 단지 명쾌한 해석과 이해를 돕기 위해 모형화한 것임을 주지하기 바란다. 변화와 이 변화에 대한 사람들의 반응은 순차적으로 이어지는 것도 아니며 논리적으로 도식화할 수 있는 성질의 것도 아니다. 어떤 변화이던지 그것을 이해하기 위해서는 전체 맥락 안에서 고려되어야 한다.

사람들은 앞으로 닥칠 수 있는 중요한 변화가 생기기 전에 자신들의 환경을 먼저 자세히 조사한다. 서로 변화 상황에 대해 이야기해 보고 이 과정을 통해서 일어나려는 변화가 어느 정도 중요한지를 파악하게 된다. 변화가 잠재적으로 중요하다고 파악되면 이러한 변화가 그들에게 어떤 의미가 있을지 분석한다. 이 분석은 스트레스를 가져오므로 사람들은 변화가 일어나는 과정을 바꿔보려 하거나 자신들이 느끼는 스트레스를 낮추기 위한 조치를 취할 수도 있다. 시간만 충분히 주어지면, 조치를 취하고 변

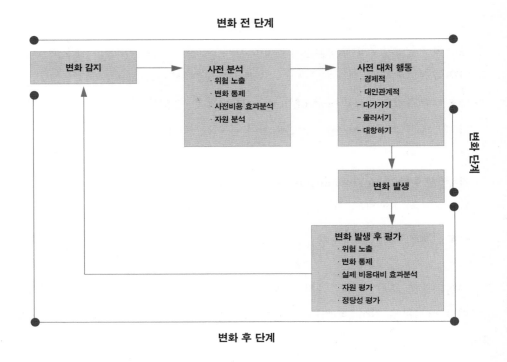

변화 전 단계

| 변화 감지 |

사전 분석
· 위험 노출
· 변화 통제
· 사전비용 효과분석
· 자원 분석

사전 대처 행동
· 경제적
· 대인관계적
– 다가가기
– 물러서기
– 대항하기

변화 발생

변화 단계

변화 발생 후 평가
· 위험 노출
· 변화 통제
· 실제 비용대비 효과분석
· 자원 평가
· 정당성 평가

변화 후 단계

그림 10.2 조직의 중대 변화에 대한 개인의 반응(Barry Craig Johansen)

화가 일어날 때 자신들의 위치가 어떤 영향을 받을지 재평가할 것이다. 그리고 추가적인 대처 방안을 취할 수도 있다. 어떤 시점이 되면 실제로 변화가 일어난다. 어떤 변화는 그 시작과 끝을 정확히 표시하기가 쉽지만 어떤 상황은 쉽지 않을 수도 있다.

일단 변화가 일어나게 되면 사람들은 변화가 미치는 영향력을 검토해 본다.

이를 통해서 스트레스를 받을 수도 있지만 변화가 미치는 영향에 대처하기 위한 행동으로 이어질 수도 있고 또 그 행동에 따르는 스트레스를 받을 수도 있다. 이 과정은 다른 변화가 생기고 그에 따른 새로운 스트레스가 이전 것보다 더 급박하게 느껴질 때까지 계속된다. 이 시점에서 과거의 상황은 새로운 변화에 대해 대응하는 동안 뒤로 밀려나거나 혹은 잊힌다. 그 상황은 환경과 다른 상황이 어떻게 전개되느냐에 따라 미래에 다시 한 번 거론되는 경우도 있다. 조직개발 전문가와 기업의 경영진은 이러한 순환이 직원들에게 어떤 작용을 하는지 이해해야 한다.

아웃소싱과 다운사이징

조직이 다운사이징을 하게 되는 데는 많은 이유가 있다. 기술 향상이나 인수합병을 통한 직원의 중복, 경기 침체나 조직의 제품·서비스에 대한 수요의 감소, 프로세스 향상, 줄어든 중간 관리자로 인한 조직의 수평화, 중간 관리자 감원, 정규직원의 계약직으로 대체, 그리고 아웃소싱(조직의 일부 기능을 다른 외부 조직으로 옮기는 것으로 국경을 초월한 아웃소싱이 점점 늘어나고 있다.) 등이 주요 원인이다.

 아웃소싱은 대부분 동급의 품질을 제공하는 조직이나 회사로 생산 라인이나 서비스의 일부를 옮기려는 노력의 결과로 일어난다. 많은 조직의 IT산업 분야와 고객 서비스 분야가 인도로 옮겨지는 것을 필두로 1990년대부터 아웃소싱이 더욱 빈번하게 이루어졌고 지금까지 계속되고 있다. 한때 한국과 일본, 대만으로 이전되었던 제조업은 현재 중국, 인도네시아, 필리핀 등으로 이전해 가고 있는데 이는 모두 낮은 인건비를 이용하기 위해서다.

 다운사이징을 해야 하는 경우 조직은 자연적 감원, 조기퇴직, 계획적 퇴직, 통상적 이직, 다른 부서나 지사로의 전보, 무급 휴가 연장 등과 같은 방법을 통해 직원들에게 가능한 한 최소한의 충격이 미치도록 노력해야 한다. 해고는 최후의 방법이다. 조직이 어떤 식으로 다운사이징을 하느냐는 현재 직원을 유지하고 나아가서 미래의 직원의 관심을 끌기 위한 조직의 잠재력과 평판에 영향을 미친다.

내가 전사품질관리를 컨설팅했던 컴퓨터 부품회사가 있었는데 그 회사가 속해 있던 사장이 동종업체 간의 과다한 경쟁으로 갑작스럽게 붕괴되었다. 회사는 정규직 인원만큼은 유지하려고 노력했지만 한 달이 지나자 인건비를 대폭 삭감해야 하는 상황이 오고 말았다. CEO는 직원 단체와 어떤 선택을 취할 것인가에 대해 토의하는 자리를 마련했다. 일시 해고를 제안했지만 직원들은 그런 대응에 이구동성으로 반대했다. 대신에 직원들이 제안한 것은 모든 직원들의 근무 시간을 닷새에서 나흘로 바꾸는 것이었다. 몇몇 직원들은 임시 무급 휴직을 자원하기도 했다. 일부는 임금을 받지 않고 연장 휴가를 가지는 것에 대해 동의했다. 이런 상황이 1년 정도 이어졌고, 그 기간 동안에 전사품질관리의 노력으로 회사는 다시 업계 최고의 자리를 되찾게 되었을 뿐만 아니라 위기 이전보다 두 배 이상의 인력이 더 필요하게 되었다. 회사의 다운사이징 대처 방법에 직원들이 깊은 감명을 받았으며 이 과정을 통해 이미 충성도가 높아진 직원들은 더욱 더 회사에 헌신하게 되었다.

· ·

또 다른 사례로 내가 전사품질관리 컨설팅 업무를 맡았던 어느 제조품 업체는 노조가 형성되어 있는 상황이었다. 노조는 전사품질관리 활동을 탐탁지 않게 생각했다. 왜냐하면 노조원들은 전사품질관리 활동으로 프로세스가 향상되면 직원이 감축될 것이라고 우려했기 때문이다. 회사는 직원들 신상 기록을 차근차근 살펴본 후 회사가 생각하기에 과잉이라고 여겨지는 수만큼의 직원들이 은퇴가 가까워 있다는 것을 알아냈다. 회사는 전사품질관리 활동의 결과로 직원들을 해고하지 않을 것이고 대신 예정된 퇴직자들이 퇴직함으로써 잉여 인력 문제를 해결할 것이라는 합의를 보았다. 전사품질관리 결과 약 10개의 자리가 잉여직으로 드러났고 퇴직 예정자들이 퇴직함으로써 문제를 해결하게 되었다.

· ·

경험으로 미루어 보건대 미국 내에서 기업의 다운사이징은 성공적이라고 이야기할 수 있다. 그러나 미국 내에서 행해져 온 조직의 다운사이징이 성공적이라는 명백한 연구 결과는 아주 적다. 잘 대처하지 않으면, 남은 직원들은 대개 배신감을 느끼고 자신들도 다음 차례가 될 것이라고 두려워하게 된다. 남은 이들은 떠난 사람의 몫까지 두 배의 일을 하면서 스트레스를 받아 때로는 질병에 걸리는 경우도 있고 가정에도 피해를 입는 등 불쾌한 경험을 하게 된다. 이러한 직원들의 반응으로 생산성이 저하될 수도 있다. 생산성과 품질을 향상시키기 위한 목적이라면 다운사이징을 선택하기 보다는 시장점유율과 수입원을 늘려서 생산단가를 줄이는 등 다른 대안을 찾아볼 수 있다.

전사설문조사

제4장에서 전사설문조사(Company-wide survey)를 하는 방법에 대해서 자세하게 설명했다. 설문조사를 한다는 것 자체가 인터벤션이다. 설문조사가 제대로 이루어진다면 설문 기획에서 뿐만 아니라 데이터를 분석하고 직원들에게 피드백을 주는 단계까지 직원들의 기여와 참여를 이끌어 낼 수 있다. 반드시 잊지 말아야 할 것은 설문조사를 하게 되면 직원들은 설문조사 결과를 통해 조직이 뭔가 해 보고자 한다는 기대를 갖게 된다는 것이다. 만약 조직이 설문조사를 통해 얻은 정보를 무시한다면 직원들의 사기가 저하될 것이다. 사실 설문조사 결과에 의해 어떤 대응책이 행해지더라도 직원들의 기대에 부합하지 못한다면 마찬가지로 부정적인 결과를 불러올 수 있다. 설문-계획-실행의 전체 프로세스는 조직개발 전문가에게 기본적이고도 중요한 인터벤션이다.

학습조직

셍게(Senge, 1990)에 의해 널리 알려지게 된 학습조직(Learning organization)이란 "학습하고 적응하고 변화하려는 조직의 지속적이고 강화된 능력을 조직문화의 한 부분으로 만든 조직으로써 조직의 가치, 규정, 관행, 시스템 및 구조가 모든 직원들의 학습을 지원하고 촉진한다."(Nevos et al. 1995, p.73)고 정의할 수 있다. 학습조직의 몇 가지 행동 특성은 다음과 같다.

- 변화를 수용한다.
- 관리자들이 학습을 위한 코치, 멘토, 퍼실리테이터 역할을 할 수 있도록 적극 독려한다.

- 피드백과 정보를 공개하는 문화를 조성한다.
- 조직과 시스템, 프로세스, 관계에 대한 전체적이면서 시스템적인 시각을 갖는다.
- 전사적으로 조직의 비전과 목적, 가치를 공유한다.
- 학습내용을 공유하고 실무현장에 적용하는 시스템을 개발한다.
- 경험으로부터 배울 수 있는 기회를 자주 제공한다.
- 전사적으로 신뢰의 분위기를 조성한다.
- 지속적 향상을 위해 노력한다.
- 예상치 못한 상황을 배움의 기회로 받아들인다. (Marquaidt & Reynolds, 1994, p.23)

위 목록에 포함되지 않은 또 다른 하나는 성공과 실패 모두로부터 학습하고, 실패했을 때 누군가를 징계하지 않고 오히려 배울 기회로 삼는 능력이다. 조직 스스로도 마찬가지겠지만 조직개발 전문가의 숙제는 어떻게 조직을 학습조직으로 만들 것인가이다. 목록에 있는 것처럼 원하는 결과를 말하는 것은 쉽지만, 조직의 행동과 원하는 결과가 같아지도록 만드는 것은 훨씬 어려운 일이다. 관리자의 역할이 전통적인 역할에서 학습 퍼실리테이터의 역할로 변하도록 하는 책임은 경영진의 몫이 될 것이다.

왓킨스와 마식(Watkins & Marsick, 1996)은 학습조직 창출을 열망하는 관리자들이 알아야 할 7가지 필수 사항을 제안했다.

- 지속적으로 학습할 수 있는 기회를 만들라.
- 탐구와 토론을 장려하라.
- 협력과 팀별 학습을 장려하라.
- 학습의 순간을 포착하고 공유하는 시스템을 만들라.
- 공통된 비전을 가지도록 하라.
- 조직을 외부환경과 연결하라.
- 개인, 팀, 조직 수준에서 학습의 모범을 보이고 지원해 주는 리더를 활용하라.

조직개발 전문가가 학습조직이 되고자 하는 조직을 도와주기 위한 가장 효과적인 방법은 관리자들이 넓은 의미에서 학습 퍼실리테이터가 될 수 있도록 코칭하는 것이다.

학습조직이라는 개념에서 한 가지 고려해야 할 것은 학습조직이 조직의 성과를 향상시켰음을 단적으로 보여 주는 명백한 연구 결과가 없다는 점이다. (Ellinger, Yang & Howton, 2002)

조직학습

조직학습(Organizational learning)은 학습조직과 동의어로 사용되기도 한다. 이 둘 간의 구별은 그리 중요하지 않을 수 있으나 조직학습은 조직이 학습조직이 되기 위하여 사용하는 프로세스이다. 조직 내에 조직학습을 뿌리내리도록 하기 위하여 앞서 인용된 왓킨스와 마식의 7가지 필수 요소를 반드시 행하도록 한다.

문화변화

문화변화(Culture change)는 조직개발의 핵심이다. 하지만 제1장에서 본 샤인의 문화 빙산 모델에 근거한다면 단지 '수면 위'의 표면상의 변화를 이끌어 내는 것은 '수면 아래'의 조직의 핵심 가정과 리더십에 영향을 미치는, 완전히 새롭고 향상된 문화를 창조하는 것보다는 훨씬 쉽다. 제9장에서 본 스미토모 3M사의 사례를 보면 복장규정을 바꾸는 '수면 위'의 변화는 쉬웠지만 여성 중역관리자와 서른 살 이하의 중역관리자를 늘리려고 하는 승진 프로세스의 변화를 이끌어 내는 것은 가장 힘들었다. 그 조직에 깊이 뿌리 박혀 있는 '수면 아래'의 가정이 도전을 받는 것이었기 때문이었고 국가문화도 그와 같은 변화를 이끌어 내기 어려운 이유 중의 하나였다.

버크(Burke, 2002)에 의하면,

획기적인 조직변화가 성공한 몇몇 실제 사례들은 아주 예외적인 경우이다. 대부분 조직의 변화는 획기적이지도 성공적이지도 않다. 조직향상은 흔히 잘 이루어진다. 하지만 규모가 크고 근본적인 조직변화가 실제로 잘 이루어지는 경우는 드물다. (p.1)

버크는 그 이유를 다음과 같이 설명했다. 조직 깊은 곳으로부터의 변화는 어렵다. 그리고 변화는 사실 조직이 최고 정점에 있을 때 필요한 것인데 조직의 리더들에게 이 사실을 설득하는 일이 쉽지 않다. 게다가 그러한 변화를 이끄는 조직 전문가들의 지식과 스킬에도 한계가 있기 때문이다.

하지만 이상하게도 문화에 부정적인 방향으로 영향을 주는 것은 쉬운 듯하다. 예를 들어 무능하고 무신경한 리더나 경영인을 고용했을 때 얼마나 빠르게 문화가 변질되는지 생각해 보라. 그렇기 때문에 거의 모든 조직개발의 임무는 조직문화를 향상시키는 데 도움을 주는 것이다. 이 책에서 논의된 모든 것은 조직과 그 조직문화에 직접적으로 긍정적인 영향을 준다. 이 책에서 이야기하고 있는 모든 것이 조직문화에 긍정적인 영향을 주기 위한 의도를 지니고 있다.

시스템 관점에서 볼 때, 조직의 모든 구성요소들이 함께 조직문화를 만들어 낸다. 그래서 문화차원의 변화를 이끌어 내려고 할 때 중요한 것은 조직과 그 문화를 전체적으로 보는 것이다. 문화의 어떤 한 요소가 잠시 부각되고 다른 요소들은 뒤로 물러나 있는 것처럼 보일 수 있지만 조직은 늘 전체적으로 긴밀하게 연결되어 있다.

조직문화를 바꿀 때 봉착하는 다른 어려움은 대부분의 조직이 단 하나의 문화만 가지고 있지 않다는 것이다. 대개 문화는 많은 하부문화들로 이루어져 있다. 그래서 조직문화를 바꿀 때는 조직개발의 주안점을 전체적인 조직문화뿐만 아니라 하부문화에도 두어야 한다. 또한 시스템 이론을 설명할 때 언급했지만, 하위그룹 문화의 변화는 조직문화의 변화를 이끌어 낸다. 하지만 어떤 변화가 될지는 예상할 수 없다.

문화를 바꾸는 데 중점을 둔 문화변화는 반드시 실패하게 된다. 샤인의 문화 빙산 모델을 고려해 볼 때 깊이 자리 잡은 가치, 태도, 신념, 가정은 직접적으로 언급하기에는 너무 심오하다. 문화를 변화시키기 위해서는 행동을 다루어야 한다. 특히 가장 쉽게 영향을 받는 행동부터 다루어야 한다. 즉, 문화를 바꾸려면 보다 깊숙이 내재한 태도에 영향을 줄 수 있는 행동에 초점을 맞추어라. 이렇듯 조직문화 변화는 상당히 복잡다단하다.

책임과 보상 시스템

책임과 보상 시스템(Accountability and reward system) 모두 보다 더 큰 시스템인 성과관리 시스템의 일부이다. 성과관리와 연관된 대부분의 이슈는 인사관리의 책임영역이다. 하지만 성과관리 부분이 조직문화에 큰 영향력을 미치기 때문에 성과관리와 연관된 조직개발 이슈 몇 가지를 여기에서 설명하고자 한다.

조직개발 전문가는 인사부서를 도와서 조직의 목표 달성을 지원하고, 원하는 조직문화를 만들기 위한 성과관리 시스템을 구축하기 위해 다음과 같은 질문을 제시할 수 있다.

- 성과에 도움이 될 수도 있고 도움이 되지 않을 수도 있는 모든 사람들이 한 시스템에서 일할 때, 조직에 대한 개인의 기여도를 어떻게 측정할 수 있는가?
- 개인, 팀, 부서, 조직 중 어떤 차원의 보상 시스템을 고려해 봐야 하는가?
- 내적인(내부로부터) 동기부여와 외적인(외부로부터) 동기부여는 어떤 관계인가?
- 직원들은 자신들이 얼마나 일을 잘 하고 있는지 어떻게 알 수 있는가?
- 직원들의 성과관리 시스템을 만들 때 직원들이 직접 맡은 역할은 무엇인가?
- 성과관리 시스템을 어떤 방법으로 직원들에게 알려 주어야 하나? 월급과 상여금 등에 대해서 비밀로 해야 할 것이 있는가?

이런 질문에 인사담당자가 답할 수 있도록 조직개발 전문가가 어떤 역할을 할 수 있을까?

첫째, 조직개발 전문가는 인사 담당자에게 시스템의 중요성을 지속적으로 상기시킬 필요가 있다. 한 개인의 성과를 볼 때 어느 정도가 개인의 노력과 스킬로 기인한 것이고 어느 정도가 시스템 자체에 기인한 것인지는 확실하지 않지만, 시스템이 개인의 성과에 중요한 역할을 하고 있는 것은 확실하다. 그러므로 개인의 노력과 스킬이 개인의 성과를 결정짓는 유일한 요소라고 간주해서는 안 된다.

또한 조직개발 전문가는 조직이 구축하고자 하는 성과평가 시스템이 아직 만들어지지 않았다는 것을 인사 담당자가 인정하도록 도와줄 수 있다. 관리자와 감독자가 정기적이고 지속적이며 즉각적인 피드백을 주는 코치가 되도록 준비시키는 것이 흔히 성과평가상에서 1년에 한 번 주는 피드백보다 훨씬 뛰어난 방법이다. 또한, 제 6장에서 언급 했듯이 다면평가(multirater appraisal)는 성과에 대한 서로 다른 관점과 그룹 간 의견 불일치로 인해 그다지 실용적이지 못하다. 지속적인 피드백 시스템을 통하여 부적절한 위치에 배치되었거나 충분한 훈련을 받지 못했거나 잘못 고용된 직원들을 신속히 파악할 수 있다.

흔히 직원들은 외적인 보상만으로 동기부여가 된다고 생각한다. 그 결과로 많은 조직들이 상여와 복리후생을 지나칠 만큼 강조하게 되었다. 하지만 자신들이 공평하게 외적인 보상을 받아 왔다고 느끼게 되면 대부분의 직원들은 내적으로 동기부여가 된다. 그들은 자신들의 업무에서 탁월한 성과를 내고, 뭔가 중요한 것을 이뤘다고 느낄 수 있으며, 다른 사람들의 칭찬 한 마디로 자신들의 공헌이 인정받을 수 있는 기회를 원한다.

급여와 상여 시스템은 흔히 비밀로 하고 공개하지 않는 것이 보통이다. 특히 관리자들 사이에서는 더 그렇다. 이는 불공정한 대우에 대한 인식이 조금이라도 있으면 사기가 떨어질 것이고 개인들 간의 갈등으로 이어질 것이라고 생각하기 때문이다. 하지만 또 다른 관점에서 보면 비밀로 한다는 것 자체가 불공정성이 존재하고 있다는 것을 내포하기 때문에 실제 직원들이 정당하게 대우받고 있더라도 불공정한 대우에 대한 인식이 직원들 사기에 부정적인 영향을 미친다. 가장 좋은 방법은 숨김없이 공개하는 방향으로 하고, 공정한 시스템이 자리 잡고 있다는 것을 직원들에게 확인시켜서 차이 나는 대우가 있더라도 그 이유를 분명하게 이해할 수 있도록 하는 것이다.

목표설정도 성과관리의 또 다른 범주이다. **목표관리**(Management by objectives, MBOs)는 오래 전부터 행해져 왔지만 이에 수반된 여러 문제점으로 더 이상 많은 기업들이 사용하지 않게 되었다. 목표관리에서 목표설정은 특정 시스템 맥락 안에서 정해지기 때문에 전체적인 시스템의 능력에 기반한 것이 아니다. 또한 목표가 조직 곳곳에 고르지 않게 적용되는 경향이 있다. 한 해의 목표를 달성하고 나면 다음 해를 위한 목표를 비현실적으로 높이 잡을 수도 있다. 목표는 실제로 성과를 제한할 수 있다. 목표가 일단 달성되고부터는 직원들이 태만해지기도 하고, 별로 중요하지도 않은 목표가 세워지기도 하는 등 여러 가지 문제점이 있다. 바람직한 목표설정은 제8장에서 이미 자세히 다룬 바 있다.

친구가 대형 중고 컴퓨터 시스템을 판매하는 회사의 세일즈맨으로 근무하고 있었다. 그는 상당히 유능한 사람으로 회사 내 어떤 사람들보다도 제품을 훨씬 많이 판매했다. 그런데 그는 자신이 한 해 목표치를 달성했을 때 회사에서 아무런 추가 보상도 제시하지 않고 오히려 다음 해의 목표치를 더 많이 올려 버린다는 사실을 알게 되었다. 그는 자신의 급여에 대해서 만족하고 있었기 때문에 다음부터는 회사가 그에게 정해준 목표치만큼만 실적을 내기로 결심했다. 그러고는 자신의 월급을 최대한 끌어올릴 만큼의 실적에 도달했을 때 그는 더 이상 판매를 하지 않고 휴가를 쓰거나 여행을 떠났다. 또 만약 그가 해당 급여일까지 할당된 목표액을 초과하는 판매고를 올리게 되면 초과분의 판매실적은 다음 달로 돌려서 다음번 급여에 반영되도록 만들었다. 이런 방식으로 이익을 볼 사람은 누구인가? 당연히 회사는 아닐 것이다. 회사는 잘못된 목표관리를 함으로써 더 올릴 수 있는 수익고를 놓치게 된다. 회사는 판매자가 일 년 내내 판매를 하게 하는 시스템에서 더 큰 이익을 얻게 될 것이다. 판매자는 자신에게 불이익 없이 1년 내내 판매를 할 수 있을 때 더 많은 급여를 받음으로써 이익을 얻게 될 것이다. 이것은 회사와 직원 모두에게 별로 도움이 되지 않는 목표관리 시스템의 한 예이다.

보상 시스템에 관한 결정에 대한 직원들의 의사를 반영하는 방법도 보상 시스템을 공정한 시스템으로 여기게끔 하는 하나의 방법이다.

....

나는 한 가족이 운영하는 취미용품 유통회사가 전사품질관리의 기본 방침을 뒷받침하기 위해 본인들의 조직문화를 변화시켜 달라는 의뢰를 받은 적이 있다. 우리는 먼저 직원 대상 설문조사와 인터뷰를 실시했고 그 결과 지역사회의 동종 업체들과 비교해 자신들의 급여가 낮다고 생각하고 있다는 것과 복리후생에 대해 불만이 상당하다는 것, 직원들이 조직 내부에서, 특히 연말 상여금 급여 방식에 대해서 불공정한 부분이 있다고 믿고 있다는 것을 알게 되었다.

직원, 감독관, 관리자로 이뤄진 품질관리 운영 팀은 전사품질관리의 일환으로 보상 시스템을 조사해 보는 것이 좋을 것이라고 합의했다. 현재 보상 시스템을 전반적으로 조사해 보기 전에 운영 팀은 우선 회사의 보상 시스템을 동종업계와 지역사회에서 주는 수준의 어느 선에 맞출지를 결정해야 했다. 그들은 신규직원 유치와 핵심인재 유지를 위해 지역사회와 업계 평균치보다 조금 높은 수치로 올리되 회사의 기존 운영 방침에 저해가 되지 않는 선을 유지하기 원했다. 그래서 그들은 보상 수준을 업계 상위 60%에 위치할 수 있도록 지급하기로 결정했다. 다음 단계는 기존 보상 시스템을 조사하고 지역사회와 동종 업계에 비교해서 어느 정도로 맞추어야 할지 결정하는 것이었다. 인사팀 관계자들은 지역사회와 동종업계의 보수 수준을 정기적으로 조사해 왔으나, 인사과에서 내부적으로만 알고 있을 뿐 조직 전체에 공개하지 않은 터였다.

그래서 다음 단계로 지역사회와 동종업계의 임금 분포도를 알아보기 위해 어떤 데이터베이스를 사용해야 할지 운영 팀이 함께 결정했다. 조사를 해 본 결과 그 회사의 현재 임금 수준은 업계 상위 60% 바로 아래 수준이었다. 그래서 운영 팀은 임금을 상위 60% 이상으로 소폭 조정할 것을 권고했다. 복리후생도 그 데이터베이스에 포함되어 있었는데 복리후생은 이미 목표 수준을 맞추고 있다는 것을 알아냈다. 그리하여 보상 시스템에서 눈에 띄는 큰 변화는 없었지만 모든 직원들의 사기가 크게 진작되었다. 왜냐하면 그들의 임금과 상여금 수준이 운영 팀이 정한 목표수준에 맞추어졌거나 이보다 상회한다는 사실을 알게 되었고 또한 보상 시스템에 있어서 더 이상 비밀이 없어지고 투명해졌기 때문이다. 또한 운영 팀은 연공서열식 접근법과 기술에 기반한 인사 시스템을 혼합하여 적용하는 게 모든 직원들에게 공평할 것이라고 결정했다.

위원회가 토론한 마지막 이슈는 상여금 시스템에 관한 것이었다. 이것은 회사의 고위 임원 세 명이 고안한 것으로 공개적으로 공유되거나 논의된 적이 없었다. 운영 팀은 이 상여금 시스템을 면밀히 살펴보고 관련된 개개인에게 공평하지 못하다고 결정하고 회사 성과에 따른 새로운 상여금 시스템을 개발했다. 운영 팀은 고위 경영진이 이 제안을 받아들일지 염려했지만 놀랍게도 가감 없이 원안대로 통과되었다. 새로운 시스템은 명확했고 어떤 특정 개인에게 특혜를 주는 것도 없어졌다. 새로운 시스템하에서는 기존에 상급 관리자들만을 위한 보너스 시스템을 기본급 기준으로 전체 직원에게 적용하도록 했다. 시스템을 전 직원에게 공개했던 이 시도는 대단한 성공으로 간주되었다.

....

승계기획

인사이동이 빠르게 일어나고 고령화가 되어가는 요즘 사회에서 개인들을 미래의 직급에 대비해 준비시키는 것이 조직의 성공을 좌우한다는 인식이 팽배해지고 있다. 하지만 여전히 많은 조직들은 승계기획(Succession planning)을 실행에 옮기기보다는 구호로만 외치고 있다.

티핀스(Tippins, 2002)는 다음 네 단계를 통해 승계기획을 이룰 수 있다고 주장했다.

1. 승계기획에 중요한 핵심 포지션을 파악한다.
2. 중요한 핵심 포지션에 필요한 관련 지식, 스킬, 능력을 결정한다.
3. 관련 지식, 스킬, 능력을 보유한 핵심인재 집단을 심사한다.
4. 일부 영역에서 부족한 점이 드러나는 직원들을 개발시킨다. (p.252)

많은 회사에서는 높은 잠재력을 가진 핵심인재들은 심리학적 검사지와 미니 시뮬레이션으로 이루어진 어세스먼트 센터(Assessment center)나 또는 지속적인 인사평가 시스템을 통해서 파악된다.

이들 'Hipos'(High potentials, 핵심인재)에 속하는 직원들은 육성을 위한 특별업무 기회가 주어지고 별도의 육성개발 활동에 참여할 수 있는 추가적인 기회가 종종 제공된다. 그러나 이 방법을 통해서 승계가 필요할 경우를 대비해 몇몇 인재들을 준비시키더라도 이들이 조직에 계속 남아 있을 것이라는 보장은 없다. 게다가 이런 방법의 단점은 선택받지 못한 직원들을 낙담시켜서 전체적인 사기 저하를 가져올 수도 있다는 것이다. 하지만 높은 퇴직율과 이직률이 염려되는 회사는 다른 대안이 없을 수도 있다.

조직개발 전문가에게 있어 또 다른 관건은 누가 이러한 정보에 접근할 수 있을지 결정하는가이다. 일부 조직에서는 핵심인재(Hipo) 그룹에 속한 이들도 그들이 선택되었다는 것을 모르는 경우도 있다. 반면, 핵심인재들을 공공연하게 알리는 조직도 있다. 필자는 비록 부정적인 결과가 생길 가능성이 있다고 해도 승계기획을 공개할 것을 주장하는 편이다. 왜냐하면 물론 각 조직이 처한 상황이 다 다르기는 하겠지만 꼭 필요한 경우가 아니라면 비밀이라는 것은 결국 루머와 불만, 기형적인 커뮤니케이션을 양산하는 조직문화를 초래하기 때문이다.

차이와 다양성 존중

대부분의 조직은 어느 정도는 다양성(diversity)을 중요하게 다루어야 한다는 것을 인정해야 한다. 이러한 사실은 성, 나이, 종교, 국적, 민족, 인종, 성적취향 등과 같은 특정 소수 집단에 중점을 둔다. 지리적 출신(시골 혹은 도시, 서쪽 혹은 중부, 남과 북)과 개인적 신념, 정치성향, 이데올로기를 포함한 조직 안에 존재하는 많은 다양성 요소들이 보호받지 못하고 있다. 적어도 생각의 다양성은 새로운 아이디어와 접근방법을 촉진하고 고객 기반을 강화하며 조직을 혁신과 창조로 이끌 때 꼭 필요하다.

여러 조직들은 훈련의 관점에서 다양성을 다룬다. 그러나 훈련을 통해 다양성에 대한 조직의 인식이 실제로 어떻게 바뀌는지에 대한 연구결과는 거의 없다. 사람들은 직감적으로나 이성적으로 조직의 문화를 평가해서 그 조직에서 다양성이 긍정적으로 받아들여지는지, 그저 용납되는 정도인지, 전혀 관심도 못 받는지를 알게 된다. 회사를 법적 소송에서 보호하기 위하여 소수 집단들에게 흔히 립서비스 수준의 배려는 한다. 다양성이 주는 혜택을 최대화하기 위하여 진정으로 다양성의 가치를 높이 평가하는 환경을 조성하는 것은 쉽지 않지만 이 또한 조직의 책임이다. 직접적인 체험, 자기성찰, 소그룹 활동과 어느 정도의 훈련은 모두 긍정적인 환경을 조성하는 데 도움이 될 것이다.

다양성은 세 가지(혹은 그 이상) 이유로 기업에 중요한 이슈이다. 세 가지 이유 모두 성과와 관련되어 있다. 첫째, 만약 조직이 다양성을 높이 평가하지 않는다면, 조직 내에서 적소에 가장 알맞은 적임자를 못 찾아내고 지나칠 수 있다. 둘째, 대부분의 나라(특히 미국)의 인구 구성을 보면, 소비자와 산업체 구매자의 인구에서 점점 더 소수 집단이 증가하고 있음을 알 수 있다. 이런 다양한 소비자나 구매자와 유사한 그룹의 사람들을 조직의 주요 자리에 배치하면 경쟁력 측면에서 유리한 강점이 될 수도 있다. 하지만 연구 결과에 따르면 이런 명백한 논리에도 불구하고 실제로는 반드시 그렇지만은 않다고 한다.(Gary, 2005) 마지막으로, 소수 집단에 속한 직원들 자신이 존중받지 못한다고 느낀다면 이는 그들의 사기에 영향을 미치고 생산성이 저하될 것이다.

조직이 다양성을 중심으로 해서 앞으로 나아가도록 돕는 것은 매우 어려운 일일 뿐만 아니라 어떤 과정을 거쳐야 하는가에 대한 답도 쉽지 않다. 가장 효과적인 방법 중 하나는 조직의 높은 자리에 롤모델을 배치함으로 본보기를 제시하는 것이다. 이 때 분명히 해야 할 것은 단지 모양새만 갖추는 것이 아니라 누가 봐도 그 업무에서 능력을 발휘하는 사람을 배치해야 한다.

다양성을 중요시하는 조직문화를 만들기 위해 가장 많이 쓰는 방법 중 하나는 훈련이다. 하지만 어떤 훈련을 제공해야 하는지, 이 어려운 주제에 대한 훈련이 과연 얼마나 효과적일지는 장담하기 힘든 문제이다. 아마도 다양성 훈련을 통해 얻을 수 있는 가장 최선의 결과는 서로 존중하지 않거나 차별하는 행동은 용인될 수 없다는 확실한 메시지를 전하는 것이다. 단지 훈련만을 통해서 다양성을 중요시 여기는 조직으로 이끌려면 아마도 꽤 오랜 시간이 걸릴 것이다.

　일부 회사들이 이미 시도해 본 또 다른 방법은 서로 다른 소수 계층의 직원들끼리 그룹을 만들어서 자신들에게 불리하게 적용되는 비즈니스 이슈들을 건의하게 하는 것이다. 이 방법의 취지는 직원들이 후에 다양성이 온전히 받아들여지지 않게 하는 장애물에 대해서 경영진과 논의하기 위해서이다. 이 방법은 경영진이 다양성 확보를 기업 성공의 우선 가치로 뒀을 때에만 효과를 발휘한다. 그러나 경영진이 다양성 존중을 무시한다면 이런 팀을 구성한 것조차가 기대를 저버리는 결과를 낳음으로써 더 큰 좌절을 초래하고 그룹의 이슈를 하찮은 것으로 치부하는 결과를 유발할 수 있다.

미션, 비전, 가치 및 철학 개발

조직개발 전문가는 전략기획이나 전략 재검토 인터벤션의 일환으로 조직의 미션, 미래 비전, 그 비전을 달성하기 위해 쓰일 가치·철학을 개발하는 일을 도와달라는 요청을 종종 받는다. 유감스럽게도 공통적으로 받아들여지는 미션과 비전의 의미는 없으며 이 두 용어가 실제로 서로 바뀌어서 쓰이기도 한다. 필자에게 있어서 미션은 기업의 목적이나 존재 이유이다. 비전은 미래 어느 시점에 조직이 어떤 모습을 하고 있을 것인가에 대해 묘사한 진술문으로써 조직이 추구하는 가치와 철학까지도 포함한다.

　미션 선언문은 쉽게 기억되고 조직의 목적을 잘 알릴 수 있도록 보통 짧고 외우기 쉬운 문장으로 되어 있다. 조직 경영에 도움이 될 정도로 아주 명료하고 경쟁 업체와는 확연히 구분될수록 좋은 미션 선언문이라고 할 수 있다. 또한 테크놀로지와 미래의 시장에 대한 변화를 수용할 수 있을 만큼 넓은 의미여야 한다. 다음에 나오는 미션 선언문은 위의 기준에 부합하는 적절한 예이다. 이것은 나중에 비전 선언문 개발을 설명할 때 다시 인용될 것이다.

1990년대, 델타 항공은 다음과 같은 미션 선언문을 만들었다.

'우리는 델타가 최상의 세계적 항공사가 되길 원한다.'

(We want Delta to be the WORLDWIDE AIRLINE OF CHOICE.)

비전 선언문의 목적은 미래에 대한 조직의 비전을 제시하는 것이다. 비전 선언문은 상위 경영팀, 각 부문 직원 대표팀, 이사회 임원, 또는 실행 가능한 조직 비전 개발 담당자들이 만든다. 비전 선언문은 미션 선언문보다 긴 서술문으로 조직이 하는 일은 무엇이고, 누구를 위해 존재하며, 비전을 이루기 위해 어떤 가치를 추구할 것인지 구체적으로 설명해야 한다.

다음에 이어지는 질문은 조직이 조직의 미래와 나아갈 방향을 생각해 보는 데 활용할 수 있는 질문이다. 그렇다고 이 모든 질문들의 답을 비전 선언문에 단순히 포함시키기만 하면 된다는 것은 아니다. 그보다는 이 질문들을 통해서 비전 개발에 참여하는 사람들이 조직의 미래를 생각해 볼 수 있게 되는 것이다. 비전 개발 팀은 이 질문에 대한 답변을 토대로 조직과 직원들을 위한 방향성을 정하기 위해 비전 선언문을 구성할 때 무엇을 포함시켜야 할지 결정한다.

사단법인 XYZ사의 비전 선언문 개발을 위한 질문

1. XYZ사의 서비스와 상품이 충족시켜야 할 소비자의 욕구는 무엇인가?

2. XYZ사는 어떤 서비스와 상품을 제공하는가?

3. XYZ사는 누구에게 서비스와 상품을 제공하는가?

4. XYZ사는 서비스와 상품을 어디에 제공하는가?

5. XYZ사는 어떤 기술을 사용하는가?

6. XYZ사는 서비스와 상품을 어디로 제공하는가?

7. XYZ사 주주들이 기대하는 바는 무엇인가?

8. XYZ사의 앞으로의 경쟁자, 협력업체 그리고 파트너는 누구인가?

9. XYZ사가 추구하는 대중적 이미지는 무엇인가?

10. 당신은 직원들이 XYZ사에 대해서 어떤 이미지를 갖기를 원하는가?

11. 당신은 공급업체들이 XYZ사에 대해서 어떤 이미지를 갖기를 원하는가?

12. 당신은 고객들이 XYZ사에 대해서 어떤 이미지를 갖기를 원하는가?

13. XYZ사 업무의 바탕에 흐르는 가치와 기준은 무엇인가?

델타 항공은 그들의 미션 선언문에 맞추어서 다음과 같이 비전 선언문을 만들었다.

'세계적'이라는 의미는 우리가 현재와 마찬가지로 앞으로도 최상의 수준의 고객서비스로 전 세계로 향하는 교통수단을 제공하는 혁신적이고 적극적이며, 윤리적이고 성공적인 경쟁자로 남고 싶다는 뜻이다. 우리는 새로운 항로와 창의적인 글로벌 제휴를 통해서 우리 항공기가 뻗어 나가는 지역을 확장하기 위한 기회를 계속해서 모색할 것이다.

'항공사'라는 의미는 우리가 가장 잘 알고 있는 비즈니스인 항공 운송업과 관련 서비스업에 계속 종사하길 원한다는 뜻이다. 우리는 우리의 뿌리에서 벗어나지 않을 것이다. 우리는 장기적인 전망을 가지고 항공 산업이 이익이 많이 창출될 성장을 하리라고 믿고 있으며, 항공 사업부분에서 우리의 위상을 강화하는 데 시간과 관심, 투자를 지속적으로 집중할 것이다.

'최상'이라는 의미는 우리가 우리를 향한 고객, 직원, 투자자들의 믿음을 소중히 여긴다는 것이다. 승객과 화주에게 우리는 계속해서 최고의 서비스와 가치를 제공할 것이다. 직원들에게는 그들이 기여한 바를 인정하고 소중히 여기며 직원들에게 지속적으로 도전의식을 부여하고 보람을 느끼게 하며 성과를 우선시하는 근무환경을 마련해 줄 것이다. 주주들을 위해서는 변함없이 탁월한 수익을 창출할 것이다.

전략기획

SWOT(strengths, weaknesses, opportunities, threats, 강점, 약점, 기회, 위험)분석, PEST(political, economic, social, technological, 정치적, 경제적, 사회적, 기술적)분석, **시나리오 플래닝(Scenario planning)**을 포함하여 **전략기획(Strategic planning)**을 위한 방법은 많다. 전략기획은 이미 많은 관련서들이 출판된 바 있는 방대한 주제이기에 위의 방법들을 간략하게만 설명하고자 한다. 모두는 아니지만, 대부분의 전략기획은 다음과 같은 단계를 따른다.

1. 향후 10년 동안 유지 가능한 미션 선언문을 만든다.
2. 향후 15~20년은 유지 가능한 비전 선언문을 만든다.
3. 철학·가치 선언문을 만들거나 그것을 비전 선언문에 통합시킨다.
4. 환경검색을 실시하여(다음에 설명되어 있음) 외부환경과 경쟁사들을 분석한다.
5. 3년에서 5년 안에 실행에 옮길 전략 및 목표 카테고리를 만든다.
6. 각각의 전략 카테고리 안에서 그 전략을 달성하기 위해 다음 해에 필요한 전술을 고안한다.
7. 3년, 5년 전략에 대해서는, 목표가 제 시간에 달성되도록 단계별로 적절한 시점에 추진하기 위해서 매년 무엇을 이루어야 할지 정하기 위한 디시전트리(Decision trees, 이 장 후반에 설명됨)를 만든다.

전략기획을 위한 모든 방법을 사용하려면 조직이 환경검색(네 번째 단계)을 내부적으로나 외부적으로 능숙하게 할 수 있어야만 한다. 각 방법을 설명하기 전에 이 개념을 알아보고자 한다.

내 · 외부 환경검색

전략기획은 언제나 조직이 기능하고 있는 외부 환경과 조직의 내부 역량의 정황을 고려하여 만들어진다. 조직의 이러한 요소들을 이해하기 위해서 외부 환경검색(환경검토라고도 함)과 내부 환경검색 둘 다 필요하다. **외부 환경검색(External scan)**을 하기 위해서는 산업, 경쟁자, 시장, 정부 규정, 인구통계, 기술, 경제발전, 세계적 동향 등 어떤 것이든 조직의 미래에 영향을 줄 만한 정보를 모두 취합해야 한다. 이러한 자료들은 산업 보고서, 정부 보고서, 특정 산업에 대한 저널이나 산업 회의 등을 통해 얻을 수 있다. **내부 환경검색(Internal scan)**은 주로 과거와 현재 자료를 포함한다. 이러한 정보들은 주요 이해관계자와의 인터뷰, 연례 보고서, 계획서, 분석 보고서, 의원회 일지, 고객 설문조사, 직원 설문조사, 시장조사 보고서, 임원 회의 일지, 인사관리 자료 등 조직에 대한 정보를 제공하는 모든 것을 통해서 얻는다. 어느 한 사람이나 한 팀이 이 모든 정보를 보유하고 있을 거라고 생각하지 않아야 한다. 유용하고 필요한 자료는 조직 전반에 흩어져 있다.

SWOT 분석과 PEST 분석

이들 두 방법 모두 환경검색을 실시할 때 행해진 광범위한 연구 결과를 근거로 만들어졌다. 어떤 팀이건 전략기획을 하기 위해 모이게 되면 통상적으로 브레인스토밍(제7장 참고)을 통해 SWOT 분석을 위한 강점, 약점, 기회, 위협 범주와 PEST분석을 위한 조직에 영향을 미치는 정치, 경제, 사회, 기술의 각 범주 아래에 해당하는 중요한 요소들을 밝힌다.

이를 바탕으로 팀은(SWOT 분석을 했을 경우) 기회를 극대화하고 위협을 최소화하는 데 필요한 전략을 확립할 필요가 있다. 전략은 조직의 목표를 성취하기 위하여 사용되는 광범위한 개념이다. 그런 후에 팀은 결정된 각각의 전략을 달성하기 위한 구체적인 방법인 **전술**(tactics)을 하나 이상 만든다.

　마지막으로, 정해진 시간의 틀에서 전술이 실행될 수 있도록 하기 위해 디시전트리 (**Decisions trees**, Scholtes, 1988)가 종종 사용된다. 디시전트리는 전술이 완료되리라 예상되는 시간의 틀로부터 시작한다. 그리고 최후의 실행 단계까지 고려해야 하는 의사결정 사항들이 각 단계에 필요한 비용과 기간과 함께 점증적인 형태로 나열된다.

· ·

　소매업을 하는 조직을 위한 전략기획 프로세스에서 향후 5년 안에 자리잡을 '슈퍼스토어'시험 운영안에 대한 논의가 있었다. 기획팀이 디시전트리 프로세스를 적용해보니, 그 프로젝트를 5년 안에 완성할 수 없다는 것과 더 빨리 프로젝트를 완성하려면 그 비용이 애초에 계획한 수익을 넘어선다는 사실을 알게 되었다. 그 팀은 그 아이디어를 계속해서 진행하기로 결정했으나 5년 기한을 조정하여 향후 3년 동안의 준비 과정 기간을 거쳐서 5년이 아닌 8년 안에 프로젝트를 달성할 수 있도록 했다.

· ·

시나리오 플래닝

전략기획의 또 다른 방법인 시나리오 플래닝(Scenario planning)은 1974년에 다른 모든 석유회사에 큰 타격을 준 석유 통상금지조치로부터 쉘 석유회사를 구해 낸 것으로 아직도 회자되고 있다. 시나리오 플래닝의 프로세스가 다시 새롭게 부각되고 있는데 (Chermack, 2004) 이 시나리오 플래닝을 미래에 대하여 예측을 하는 접근 방법이 아니다. 시나리오 플래닝에 의하면 모든 가능한(심지어 있을 법하지도 않은) 환경 변화가 고려되어 하나의 이야기로 만들어진다. 그리고 그 환경 변화에 대한 전략적 대응이 실제 환경 변화와 상관없이 세워진다. 미래에 어떤 일이 발생하더라도 그 계획들이 필요할 때마다 적절하고 즉각적으로 실행되도록 하는 것이다.

규모가 큰 다국적 회사의 임원위원회는 시나리오 플래닝에 대해 듣고 한번 실행해 보면 좋을 것 같다고 생각했다. 회사는 향후 10년간의 시나리오를 만들기 위해 자신들의 임원위원들은 한 명도 넣지 않고 새로운 팀을 조직했다. 그 팀은 여섯 달 동안 주간 단위로 일을 하면서 방대한 조사를 수행했고 제조업자는 물론 심지어 경쟁업체와도 이야기를 한 후 12개의 광범위한 시나리오를 만들었다.

그 팀은 임원위원회를 만나 시나리오를 보여 주었다. 팀은 반나절동안 시나리오를 설명하기 위한 프리젠테이션을 했다. 프리젠테이션 후 임원위원회의 구성원들은 많은 질문을 했고 팀을 해산시켰다. 임원위원회는 남은 시간 동안 시나리오를 검토했다.

다음 회의에서 임원위원회는 그 팀에게 자신들이 가장 바람직하다고 생각하는 6번 시나리오를 선택했다고 통보했다. 그리고 그 시나리오에 대응하기 위하여 그들의 시간과 에너지와 자원을 배분하려고 했다. 그들은 시나리오 플래닝의 목적에 대해 이해하지 못했음이 분명했고, 시나리오 플래닝 팀이 여섯 달 동안 이룬 결과를 헛수고로 만든 셈이 되었다. 팀의 대표는 임원위원회를 만나서 시나리오 계획의 본래의 목적에 대해서 설명했으나 위원회는 응하지 않았다. 만일 버려진 다른 시나리오 중 어느 하나라도 실제로 발생한다면, 이 조직은 대처방안이 없는 상황에 처하는 것이다. 시나리오 플래닝 팀의 수고스러운 작업에도 불구하고 말이다.

대규모 상호교류 이벤트

대규모 상호교류 이벤트(Large Scale Interactive Events, LSIEs)에는 많게는 1500명까지도 참여 가능하며(Sullivan, 1997) 모든 참여자가 한 장소에서 모여 2~3일 동안 실시한다. 이러한 이벤트에는 직원, 주주, 고객, 공급업체 등 모든 이해관계자들이 다 참여한다. 대규모 상호교류 이벤트의 근본 의도는 느리고 점진적으로 변화를 진전시키기보다는 조직 전체 시스템을 통해 변화를 신속히 이끌어 낼 수 있도록 하는 것이다.

대규모 상호교류 이벤트의 특징들은 아래와 같이 요약할 수 있다. (McLean & Kamau, 1998)

- 대규모 상호교류 이벤트는 보통 100명 이상, 많게는 몇 천 명의 규모가 되기도 하지만 소그룹의 기본 행동규칙에 근간을 두고 있고(Dannemiller & Jacobs, 1992), 보통 2~3일 동안 진행된다.
- 대규모 상호교류 이벤트는 시스템 전체를 목표 대상으로 하기 때문에 조직의 모든 직급과 모든 지역 부문, 모든 기능 부문을 대표할 수 있는 대표자로 구성하는데, 이를 대규모 상호교류 이벤트 용어로 **최대혼합집단(Max-mix)**이라고 부른다. (Sorenson, 1996)
- 대규모 상호교류 이벤트의 목적은 민주주의적 환경에 맞도록 되어 있어서(Sorenson, Girondam Head, Larsen, 1996) 모든 참여자가 동등한 기회를 가지고 기여할 수 있다. 단, 이러한 문화가 이미 그 조직문화의 일부가 아니라면 며칠 사이에 그러한 문화가 조성되기는 어렵다.
- 참여자 개개인 모두 대규모 상호교류 이벤트 프로세스에 참여하기 때문에 변화에 대한 책임감이 늘어날 거라고 예상된다.
- 조직 전체가 점차적으로 변화를 공유할 필요가 없기 때문에 더욱 빠른 속도로 변화가 이행된다.
- 대규모 상호교류 이벤트는 기존의 **부서 간 장벽(Silos)**을 없애는 효과도 있다. 대규모 상호교류 이벤트를 하는 동안 관계가 형성되어 부서 간 경계가 사라지게 된다.
- 대규모 상호교류 이벤트는 본래 양방향 소통 지향이고 합의와 협력과 의사결정권 공유를 지향한다.

드보겔, 설리반, 매클린, 로스웰(DeVogel, Sullivan, McLean & Rothwell, 1995)은, 대규모 상호교류 이벤트가 많은 사람들이 의사 결정을 내리기 위해 상호 작용하며 소통하지만 결국 결정은 기존의 의사 결정권자가 내리고 나머지는 '참여했다'는 환상을 갖게 할 가능성도 있다고 했다.

....

나는 따로 고용된 조직개발 컨설턴트 팀이 진행하고 대규모의 주정부 기관에서 주관하는 대규모 상호교류 이벤트에 박사과정 학생 한 명과 함께 외부 평가자로서 참여한 적이 있다. (McLean & Kamau, 1998) 이 기관의 임원과 관리자들이 모여서 회사 전체에 대규모 상호교류 이벤트를 시행하기로 결정했다. 또한 이를 위해 전 조직의 대표자들로 이뤄진 디자인 팀을 구성하여 대규모 상호교류 이벤트를 계획해 나가기로 결정했다. 디자인 팀은 대부분 서로 모르는 9명의 자원자와 2명의 조직개발 전문가가 함께 구성되었다. 나와 박사과정 학생에게는 평가 업무 외에는 어떤 책임이나 역할도 주어지지 않았다. 우리는 디자인 팀이 진행하는 사흘간의 계획 회의와 대규모 상호교류 이벤트가 진행되기 바로 전날 있었던 최종 준비 회의를 관찰했다. 대규모 상호교류 이벤트는 두 명의 조직개발 전문가, 디자인 팀 그리고 지원 팀이 진행했다. 지원 팀 구성원은 전문가의 회사로부터 온 2명의 사무직원과 고객 기관에서 지원된 직원, 대규모 상호교류 이벤트를 배우려는 자원봉사자들로 이루어졌다. 마침내, 우리는 총 사흘 동안의 대규모 상호교류 이벤트를 관찰했다. 여기에는 534명의 직원이 근무하는 정부 기관에서 온 468명의 사람들과 조직개발 전문가, 스태프들이 참여했는데 이러한 참여는 자원이 아니라 의무였다.

우리는 대규모 상호교류 이벤트 시행 후 한 달 안에 22명과 1시간의 인터뷰를 진행했고, 아홉 달 후 22명중 21명과 다시 인터뷰를 했다. (한 명은 그 회사를 그만두었다.) 우리는 대규모 상호교류 이벤트가 자유로운 상호 작용을 도출해 냈고 무엇이 이루어질 것인가에 대한 높은 기대치를 낳았다는 것을 알게 되었다. 또한 대규모 상호교류 이벤트의 결과로 제시된 권고안들은 더디게 실행에 옮겨진다는 사실을 알게 되었으며 대규모 상호교류 이벤트 직후의 개인과 조직 차원의 변화는 매우 미미했다는 것도 발견했다. 후속(follow-up) 조치 활동에 참여하겠다고 자원한 사람들도 있었지만 실제로 대규모 상호교류 이벤트 후 처음 한 달 동안은 후속 조치가 거의 취해지지 않았다. 나와 박사과정 학생은 후속 조치 활동에 대한 고용된 전문가의 책임과 의무에 대해서 컨설턴트와 고객사와의 의견 불일치가 존재한다는 것을 알아냈다.

그 후 우리는 대규모 상호교류 이벤트가 끝난 아홉달 뒤에도 참여자들이 여전히 대규모 상호교류 이벤트를 기억하고 있다고 보고했다.(Kamau & McLean, 1999) 어떤 분야에서는 대규모 상호교류 이벤트가 몇 가지 변화를 가속화시키는 결과를 내기도 했다. 그러나 이 조직 내에서 일어난 변화들의 대부분은 대규모 상호교류 이벤트와 상관없이 일어난 것으로 보였다. 일부 참가자들은 대규모 상호교류 이벤트의 직접적인 결과로 시행된 변화를 '겉치레용'이라고 여겼다. 이벤트를 통해 모아진 정보를 통해서 내·외부 고객을 더 잘 이해할 수 있게 되었지만 대규모 상호교류 이벤트에 소요된 사흘이라는 기간은 너무 길다고 생각하는 듯했다. 참가자는 더 짧은 시간을 선호했다. 그들은 대규모 상호교류 이벤트가 전략기획보다는 정보를 모으고 나눠주는 데 더 역점을 두어야 한다고 말했다.

시간이 지나도 유지될 조직의 세력 기반을 파악하여 이를 조직변화 실행을 위한 타겟으로 삼아야 하므로 위의 경우는 관리자 팀이 대규모 상호교류 이벤트의 계획과 실행에 더 참여했어야만 했다. 왜냐하면 '진정성은 있지만 일시적인' 임원 팀보다 관리자 팀이 더 오래 지속되리라 여겨지기 때문이다.

....

대규모 상호교류 이벤트는 실행 중에 얻어진 정보에 많은 가치가 있다. 참가자들은 대규모 상호교류 이벤트에서 더욱 자유롭게 정보를 제공하고 공유하는데 이는 직원들이 대거 참여할 뿐 아니라 객관적이라고 여겨지는 제3자인 퍼실리테이터들의 중재로 인해 신뢰 수준이 상승하기 때문이다. 이렇게 모인 정보를 적절히 분석하고 활용하는 것은 중요하다. 또한 대규모 상호교류 이벤트를 이용하여 대규모 참가자에게 정보(예, 규정에 대한 것)를 전달할 수도 있다.

대규모 상호교류 이벤트 활용을 계획하고 있는 내부 혹은 외부 조직개발 전문가가 주의해야 할 점은 대규모 상호교류 이벤트 도중에 변화가 일어날 것이라고 기대하기보다는 대규모 상호교류 이벤트 이후의 실행 단계에 더 많은 시간을 투자해야 한다는 것이다. 후속조치 활동은 대규모 상호교류 이벤트 실시 계획만큼 중요하다. 조직개발 전문가는 조직이 직면할지도 모를 문제를 예상하고 그것에 따라 조직의 리더를 코치해야 한다.

오픈시스템매핑

오픈시스템매핑(Open systems mapping)은 시스템 이론의 용어로, 조직은 환경과 다양한 방법으로 상호작용하는 오픈시스템이라는 가정으로부터 시작된다. 오픈시스템매핑은 조직과 환경 간의 상호작용이 어떻게 이루어지는지 알아보기 위해 대규모 집단에서 종종 사용되는 프로세스이다. 오픈시스템매핑은 조직의 현재 상황과 추구하는 미래 상황을 바탕으로 조직의 미션을 수립하도록 돕는 데 종종 사용된다. 현재와 바라는 미래 간의 차이가 확인되면 조직은 바람직한 상태에 도달하기 위해 무엇이 필요한지를 결정할 수 있다. 현재 시스템의 매핑과 미래에 도달하고자 하는 상태의 매핑은 이러한 비전을 보다 구체적으로 만드는 방법일 것이다. 힙(Heap)은 말로 칸을 메우는 방법을 사용했다. 이 방법은 다음과 같다. (1)시스템 묘사 (2)시스템에 영향을 주거나 영향 받은 요소들의 리스트 작성 (3)관계의 속성에 대한 묘사 (4)그 관계에 대해 사람들이 느끼는 감정설명. 예를 들어 (1)경영자는 (2)부하직원과 상호작용을 하는데 (3)이들의 친근하거나 도움을 주는 방법으로 인해 (4)사람들은 행복감을 느낀다.

....

힙(Heap)은 또한 감정과 관계를 묘사하기 위해 사진을 이용할 수도 있다고 제안했다. 나는 오픈시스템매핑 회의에 두 번 참여한 적이 있다. 두 회의 모두 비슷하게 진행되었다. 큰 도화지들이 바닥에 흩어져 있었고 회사를 상징하는 큰 원이 도화지에 그려져 있었다. 그 다음 참여자들은 회사 혹은 우리의 기분이나 느낌을 표현하는 이미지를 그리기 시작했다. 나는 그림을 그리는 것보다 이야기하는 것을 선호하기 때문에 그 프로세스가 굉장히 힘들게 느껴졌다. 나의 느낌은 그룹 내 다른 사람들의 느낌과 비슷한 것 같았다. 하지만 참여자 대부분이 남자였기 때문에 아마도 남성이라는 특성이 이 결정에 특히 영향을 미쳤으리라 짐작된다.

....

미래탐색

많은 이들은 미래탐색(Future search)이 대규모 상호교류 이벤트를 구체적으로 응용한 기법이라고 본다. 와이즈보드와 제노프(Weisbord & Janoff, 2000)가 미래탐색의 개념을 개발했다. 제5장에서 묘사됐듯, 미래탐색은 시스템의 각 분야를 대표하는 구성원을 대규모 그룹 기획회의에 한데 모아 놓고 중심이 되는 과제와 관련된 과거, 현재, 미래를 구체적으로 탐색해 가는 것이다.

와이즈보드와 제노프는 30명에서 64명 정도의 이해관계자들이 미래탐색 회의에 참여하고 그 중 3분의 1은 시스템 또는 조직의 외부 관계자가 포함되는 것이 바람직하다고 주장한다. 미래탐색회의 프로세스는 참여자들이 공유하고 있는 과거의 이야기를 나누는 것으로 시작되는데 그 과정을 통해서 그들의 과거에 대한 정보가 서로 불일치하거나 반대가 된다는 것을 알 수 있다. 한편 시스템 또는 조직 외부의 참여자들도 그 나라의 역사, 유사한 조직과 가졌던 경험, 공통된 가치 등으로 인하여 정보를 공유할 수 있다. 그런 다음 참여자들은 현재를 탐색하고 그 현재에 영향을 미치는 세계적 흐름을 조사해 본다. 이런 정보들을 큰 종이에 기록한 뒤 흐름의 우선순위를 정해 본다. 조직의 5년, 10년, 20년 후의 모습을 상상해 보기 위해서는 특정 주제에 관심 있는 사람들로 구성된 다양한 하위그룹들이 함께 모여서 그 미래를 구체적인 언어적 이미지로 만들어 낸다. 각 하위그룹들은 자신들이 그려 놓은 미래로 향해 나아갈 때 극복해야 할 장애물도 설명한다. 또 모든 참여자들이 서로 공감하는 공통의 미래에 대해 나열해 보고, 그 미래로 향하기 위해 실행 가능한 프로젝트와 합의가 이루어지지 않은 차이점들을 나열해 본다. 그러고 나서 참여자 개개인이 어떤 구체적인 프로젝트에 참여하길 원하는지 결정한 뒤 같은 프로젝트에 관심을 가진 사람들끼리 함께 모여 다음 실행 단계를 정한다.

이 방법의 장점은 퍼실리테이터가 미리 마음속에 구체적인 성과 또는 예상 문제나 프로젝트 등을 염두해 두지 않는다는 것이다. 미래탐색을 실시할 때 얻는 이 모든 것들은 참여자들로부터 나오는 것이고 퍼실리테이터는 단지 프로세스를 살필 뿐이다.

....

나는 인적자원개발학회(Academy of Human Resource Development)와 미국교육훈련협회(American Society of Training and Development)가 공동 후원하는 미래탐색 회의에 참여했는데 인적자원개발(HRD) 전문직의 미래를 조망해 보는 것이 그 미래탐색의 목표였다. 관심이 있다면 드웨이와 카터가 설명해 놓은 전체 프로세스를 참조하길 바란다. 인적자원개발의 미래를 위한 12개의 공통 그룹 주제가 드러나 있다. (Dewey & Carter, pp.252~254)

- 연구와 실제 간의 시너지 창출
- 인간미와 학습상의 사회적인 요소를 잃지 않으면서 이용 가능한 기술을 잘 활용하는 것
- 직장에서의 삶과 개인적 삶의 건강한 양립
- 인도적인 근무 환경 조성을 위한 노력
- 지적 자산을 조직의 원동력으로 인정받는 것(진정한 '핵심')
- 사회적 책임감 증대
- 글로벌화의 수용
- 다문화주의의 수용
- 근본적으로 바뀌는 교육의 역할에 협력적 관계 증대
- 지식과 학습의 효과적 관리
- 조직의 내부적, 외부적 협력과 협동 증진
- 평생학습 육성

이 비전들은 조직개발 전문가들이 전문직으로서의 미래를 위해 인정할 수 있는 것들이

다. 하지만 나는 이 결과가 현재 시점에서 탁월한 인적자원개발에 대한 찬양을 나열해 놓은 것이라고 생각된다. 리스트에 있는 그 어떤 것도 미래의 비전을 제시하지 못한다. 단지 우리가 바라는 현재의 모습과 실제 현재의 모습 간에 차이가 있다는 사실을 제안하고 있는 것이다.

....

오픈스페이스

이 인터벤션은 제7장에 소개되었던 심층대화 프로세스에 기반을 두고 있지만 대규모 상호교류 이벤트의 한 종류이기도 하다. 코리건(Corrigan, 2002)의 말을 빌리면 오픈스페이스(Open space technology meeting)의 목적은 사람들이 자신들과 관련된 이슈에 심층적이고 독창적으로 참여할 수 있는 시간과 공간을 마련해 주는 것이다. 또한 '전략적 방향 설정, 미래 예측, 갈등 해결, 사기 증진, 이해관계자와의 협의, 공동체 사회 기획, 여러 현안과 관점에 대한 공동작업과 심화학습'등 폭 넓은 이슈를 논의하는 데에도 활용될 수 있다. (Corrigan, 2002)

다룰 주제들이 정해지면 각각의 주제별로 안건과 회의 시간을 명시해서 벽에 게시한다. 참여자들은 어떤 주제에 참여할지를 결정하고 심층대화 기법을 사용한다. 그런 뒤 아이디어를 플립차트에 적어서 결과 게시판에 붙여 놓는다. 사람들은 어느 주제든지 자유롭게 다룰 수 있을 뿐만 아니라 그 주제에 대해 어떠한 견해도 자유롭게 말할 수 있다.

코리건에 의하면 오픈스페이스에는 다음과 같은 원칙과 규칙이 적용된다.

- 어떤 사람이 참여하더라도 그는 그 회의에 적합한 사람이다.
- 어떤 일이 발생하더라도 그것은 유일하게 발생 가능한 일이다.
- 언제라도 시작한 때가 제때에 시작한 것이다.
- 언제라도 마무리가 되면 끝난 것이다.

또한 '두 발의 법칙'이 적용된다. 즉, 현재 당신이 처한 상황에서 기여하지도 배우지도 못한다고 생각한다면, 기여할 수 있거나 배울 수 있는 곳으로 속히 자리를 옮기라는 의미이다.

요약

모든 조직개발 인터벤션이 어떤 식으로든 조직 전체에 영향을 준다는 것을 알고 있지만 특별히 이번 장에서는 전체 조직에 초점을 둔 조직개발 인터벤션 중 몇 가지 예를 살펴보았다. 조직문화의 변화가 비록 이루어 내기 힘든 성과 중 하나이지만 이는 조직개발의 주된 목적이기도 하다. 그래서 조직개발 전문가들은 샤인의 문화 빙산 모델에서 수면 위에 드러난 행동과 규범을 다룸으로써 조직문화에 영향을 주길 바라는 것이다.

이번 장에서 논의된 인터벤션의 목표 대상에 대해서도 유사한 평을 할 수 있다. 가령, 다양성 존중은 마음속 깊이 품은 가정에 영향을 받지만, 조직개발 전문가는 드러난 행동을 다룸으로써 문화에 영향을 미치길 바라는 것이다. 개인의 신념과 가치관이 전략적 사고를 이끌기도 하지만 조직이 나아갈 방향을 제시하기 위해서는 어느 정도 형식을 갖춘 전략기획이 필요하다. 조직의 가치는 미션과 비전 선언문에 녹아들어 있다. 책임과 보상 시스템은 항상 연구 결과의 제언과 모순되는 방식으로 디자인되지만 그럼에도 이를 어떻게 구성하고 배치하는지를 보면 그 조직의 리더십이 어디에 가치를 두는지 엿볼 수 있다. 이러한 견해는 이번 장에서 논의된 여러 인터벤션에도 대부분 적용될 수 있다. 앞에서 언급한 바와 같이, 조직문화를 바꾼다는 것은 실로 복잡한 프로세스이다.

토론 및 성찰을 위한 과제

1. 이번 장에서 제안한 각각의 조직구조에 대해 토의해 보자. 각각의 조직구조가 가진 장·단점은 무엇인가?

2. 조직개발 전문가는 다운사이징, 아웃소싱 혹은 인수합병으로 인한 해고로 인해 야기되는 고통을 줄이도록 어떻게 도와줄 수 있을까?

3. 당신으로 하여금 학생으로서 최선을 다하도록 자극하는 가장 큰 동기는 무엇인가? 직원으로서는? 당신에게 내적인 동기부여와 외적인 동기부여 간의 관계는 어떠한가?

4. 개인적인 미션 선언문과 비전 선언문을 적어 보자. 이것의 가치에 대해 토의하라.

5. 자신의 미래를 위한 시나리오를 몇 개 만들어 보라. 그 중 한두 개를 골라 그 시나리오 플래닝이 어떤 면에서 정적인 전략기획보다 더 나은지에 대하여 서로 토론해 보라.

6. 원한다면 오픈스페이스를 구성하여 직접 참여해 보라.

지역사회 및
국가 차원의 실행

개요

비교적 최근의 현상 중 특별한 점은 세계 여러 곳에서 조직개발의 원칙, 가치, 기법을 지역사회와 국가 차원에 적용하는 것이다. 폭력의 위협이 심각해져 가는 세상에서 노련한 조직개발 전문가들이 가진 일련의 스킬을 이용하여 지역사회, 국가, 국가가 소속된 특정 지역권, 전 세계를 대상으로 하는 비정부 조직(NGO)들이 더 강해지고 만연해 가는 폭력을 막는 일을 도와 주기 위해 조직개발의 전문성을 제공할 수 있다.

제1장에서 논의한 대로 조직은 공통의 목적을 가진 두 명 이상의 사람이 모여 구성된 그룹이다. 역사적으로 볼 때 조직개발은 영리조직과 비영리조직, 그들의 하부시스템에 초점을 맞춰 왔다. 하지만 갈수록 지역사회, 국가, 국가가 소속된 특정 지역권, 전세계 비정부 기구의 조직개발에도 관심이 고조되고 있다. 이렇게 높아지는 관심은 조직개발 프로세스 모델의 실행 단계에 해당한다고 볼 수 있다. (그림 11.1 참조)

조직개발 인스티튜트(OD Institute)는 분쟁이 빈번한 지역에 조직개발 전문가 팀을 파견하는 데 중요한 역할을 해 왔다. 주로 활동한 지역은 북아일랜드, 남아프리카,

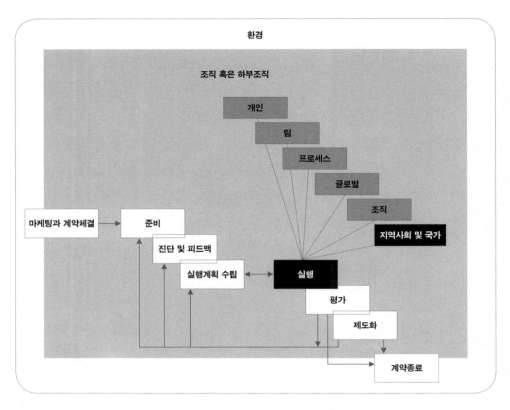

그림 11.1 조직개발 프로세스 모델 5단계, 지역사회 및 국가 차원의 실행

발칸반도 등이었다. 각각의 상황에서 조직개발이 꾀하고자 했던 바는 조직개발 분야가 지닌 갈등관리 스킬을 활용하여 갈등관계에 있는 그룹들이 갈등의 요소들을 직시하고 건전하게 상생할 수 있는 방법을 찾도록 도와주는 것이었다. 이런 파견 활동에서 확실히 검증된 문제해결 성과물을 꼬집어 밝히기는 어렵지만 많은 가능성을 발견한 것만은 분명하다. 이러한 지역에서 조직개발 전문가는 대부분 제한된 일정 속에서 활동할 수밖에 없는 외부인이기 때문에 분쟁 지역 내부에 있는 인력을 조직개발 전문가로 양성하는 것은 조직개발이 이런 분쟁 지역의 평화에 이바지할 수 있는 바람직한 방법이며 수행해야 하는 중요한 과제이다.

키르기스스탄에서 2001년 9월부터 2004년 12월까지 미국 정부가 발주한 조직개발 프로젝트를 진행한 적이 있다. 나와 내 동료는 초·중등학교(K-12) 운영에 대한 광범위한 요구진단을 내리고 교육, 행정, 리더십 분야의 두 개의 대학원 프로그램을 개발했다.(McLean & Karimov, 2005) 우리 프로젝트는 공공 유치원 재설립부터 대학교 이사회 설립과 초·중등학교(K-12) 운영자들을 위한 평생 교육 시스템 설립에 이르는 교육 정책 전반에 영향을 미쳤다. 키르기스스탄의 공동 책임이사는 우리가 한 일이 최근 부패한 정부를 평화적으로 전복하는데 근간이 된 민주주의의 토대를 깔았다고 말했다.

이 프로젝트에서 우리가 활용한 조직개발 스킬은 이문화 훈련, 협력, 네트워크 구축, 팀빌딩, 갈등관리, 교육이었다.

또한 잠재적으로 갈등이 발생할 수 있는 지역에 교육 프로그램을 제공하여 조직개발 전문기술을 함양할 수 있도록 노력하고 있다. 예를 들어 미국 미네소타 대학교는 1999년부터 사우디아라비아에서 조직개발 학과과정을 포함한 인력자원개발(HRD) 전문 자격증 프로그램을 제공해 오고 있고 특히 2005년부터는 대학원 과정도 시작했다. 오하이오 주립대학교도 쿠웨이트에서 유사한 프로그램을 제공하고 있으며, 아랍에미리트공화국은 지속적인 개발을 위하여 조직개발 원칙과 스킬을 정부 차원에서 적극적으로 활용하고 있다. 조지 워싱턴 대학교도 싱가포르에서 인력자원개발 프로그램을 수년간 진행해 오고 있으며, 어바나 샴페인(Urbana-Champaign)에 위치한 일리노이 대학교는 케냐와 태국에서 동일한 프로그램을 운영하고 있다.

지역사회 개발은 오랫동안 태국에서 중요한 이슈로 다뤄져 왔고(na Chiangmi, 1998), 실제로 사찰과 신도 발전을 위해 조직개발을 활용하려고 부단한 노력을 기울였다. 가장 성공적으로 조직개발을 통해 발전을 한 사찰에는 해마다 국가에서 상을 수여하고 있다. (Yamnill & McLean, 2005)

림(Lim, 2005)은 긴장과 대치 국면이 지속되는 필리핀의 민다나오에서 이뤄진 혁신적인 접근법을 소개했다. 이 프로그램은 여성권익 신장을 위한 노트르담 자선재단(NDFCA)과 여성기업개발(Women in Enterprise Development)의 후원으로 이뤄졌다. 이 지역은 필리핀 정부와 이슬람 민족해방전선(Moro National Liberation Front, MNLF) 간 맺은 평화조약이 무색하게 분쟁이 계속되어 왔다. 게다가 신인민군(New People's Army, NPA)이라 불리는 필리핀 공산반군이 다시 부활했으며, 루마드(Lumad)라 불리는 지역 토착민들은 심각한 불만으로 가득 차 있었다. 이 곳에 유네스코와 UN의 다기부자 프로그램, NDFCA와 어느 기독교 기관의 후원으로 지역사회 교육 센터가 설립되었다. 이 센터에서는 이슬람교, 기독교, 토착민 모두에게 차별 없이 교육 서비스가 제공되었다. 또한 기본적으로 역량 구축에 중점을 두고 다음과 같은 서비스를 제공했다. 학교를 다니지 못하는 아이들과 청소년을 대상으로 한 문자 교육, 성인을 대상으로 한 문자 교육, 평생 교육, 직업 훈련, 평화 교육, 성차별 없는 사회, 창업 그리고 정치에 관한 교육을 실시했다. 림은 다음과 같이 말했다.

> 지역사회 시민들에게 평화의 문화를 교육시키는 것이 가장 중요한 관심사이다. 교육 내용은 다음과 같다. 평화적이고 고유한 갈등 해결의 개념, 근본적인 권리와 자유에 대한 존중, 문화적 이해와 관용, 단결심의 증진, 내적인 평정심 배양 및 타인과 상호 배려의 마음으로 평화롭게 살아가는 법 등이다. (p.2445)

필리핀의 이 이야기는 여러 측면에서 볼 때 조직개발 전문가가 국가 차원에 기여할 수 있는 조직개발 스킬의 저력을 보여 준다. 림은 현재 보직인 중역을 맡기 전에 조직개발의 경력을 살려서 이 지역의 비즈니스 스쿨 학장을 역임하기도 했다.

지금까지 한 이야기가 특이한 것들은 아니다. 조직개발 전문가들은 조직개발 인스티튜트의 '조직개발 윤리강령'(제15장 참조)에 의거하여 자신의 지역사회에 자발적으로 봉사하는 무료봉사(pro bono, '좋은 일을 위해서' 혹은 무료 서비스라고 지칭됨) 활동을 개인적으로 해 오고 있다.

국가 차원의 조직개발이란 무엇인가?

조직과 그 하부시스템에서 성공적으로 사용된 조직개발 기술 활용이 이제 지역사회, 국가, 국가가 소속된 특정 지역권까지 더 광범위하게 확대되고 있다. 이런 움직임은 몇몇 학자들이(McLagan & Suhadolnik, 1989) 주장하듯 조직개발이 한 부분을 차지하는 인적자원개발(HRD)에서 불고 있는 흐름과 맥을 같이 한다고 할 수 있다. 이런 관점에서 다음과 같은 HRD의 정의를 생각해 보자.

> 인적자원개발은 개인, 그룹·팀, 조직, 지역 사회, 국가, 궁극적으로는 전 인류를 위하여 업무 지식, 전문성, 생산성, 만족도를 향상시킬 수 있는 장·단기적 잠재력을 지닌 모든 프로세스 또는 활동이다. (McLean & McLean, 2001, p.10)

나는 몇 가지 수정만 하면 인적자원개발(HRD)이라는 용어를 조직개발로 쉽게 바꿀 수 있다고 제1장에서 언급했다. 그렇다면 다음과 같은 조직개발에 대한 글로벌 정의를 다시 내려 볼 수 있다.

> 조직개발은 행동과학에 기반하여, 개인, 그룹·팀, 조직, 지역 사회, 국가, 궁극적으로는 전 인류를 위하여 더 높은 수준의 지식, 전문성, 생산성, 만족도, 수입, 인간관계 및 다른 바람직한 결과를 만들어 낼 수 있는 장·단기적 잠재력을 지닌 모든 프로세스 또는 활동이다.

국가적 인적자원 개발이라는 명칭하에 많은 국가에서도 이런 새로운 정의를 도입하고 있다. 이번 장에서는 대부분 이전의 학술논문(McLean, Osman-Gani & Cho, 2004)과 특히, 선정된 몇 개의 논문(McLean, 2004; Cho & McLean, 2004)을 중심으로 이러한 새로운 움직임에 대해 좀 더 논의해 보고자 한다.

국가적 관점에서 조직개발은 단순히 직장 차원의 조직 개념을 넘어서서 고용, 취업 준비, 교육, 건강, 문화, 안전, 지역사회, 관광 등 조직개발의 전통적인 영역에 포함되지 않은 수많은 요소를 포함하고 있다. 하지만 지금과 같이 국가나 지역에 대한 오픈적 시스템 사고가 대두되는 시점에서는 각 국가나 지역이 당면한 이슈를 기획하고 해결하는 데 통합적이고 종합적인 접근법이 필요하다. 이슈의 복합성을 감안해 보건대, 이러한 방법이 요구하는 범위를 조직개발이 혼자만의 힘으로 전부 수행할 수 없는 것은 분명하다. 이 책을 통해 필자가 계속 강조해 왔듯이, 지역사회 개발, 국가 개발, 국가가 속한 특정 지역권 개발 수행에 각 분야의 조직개발 전문가들이 협력을 이뤄야 하는 것은 필수 불가결하다. 경제학, 사회 복지, 농촌 · 도시 계획, 교육, 정치학, 비즈니스, 보건, 또는 이와 같은 이슈를 다루는 모든 분야의 전문가들과도 협력하여 그 지역사회와 구성원들이 같이 발전해 갈 수 있도록 공조해야 한다. 조직개발이 이런 측면에서 어떻게 기여할 수 있는지를 보여 주는 두 가지 좋은 사례가 있다.

첫째, 이 지구상에 면역 결핍 바이러스로 인한 에이즈 감염으로부터 자유로운 사람은 아무도 없다고 가정해 보자. 이런 난국을 해결하기 위해 의학 전문가, 의료진, 교육자, 사회복지사 등 모든 전문가뿐 아니라, 변화의 과정을 잘 이해하고 개인을 위험에 빠뜨릴 수 있는 문화적 이슈를 해결할 수 있는 조직개발 전문가도 투입될 것이다. 실제로 기업체 컨소시엄을 통해서 주로 일을 해 온 조직개발 전문가들은 에이즈와 면역결핍 바이러스가 직원들과 기업조직에 미치는 영향을 최소화하기 위해 태국 기업들이 무엇을 해야 하는가에 대한 질문을 지속적으로 던져 왔다. (Virakul & McLean, 2000)

두 번째 사례는 2004년 12월 인도네시아 등지에 찾아온 비극적인 쓰나미 참사에서 찾을 수 있다. 현대사에서 찾아볼 수 없을 정도로 수많은 생명과 재산을 앗아가고 많은 나라에 타격을 준 전대미문의 자연 재해였다. 복구가 되려면 수년이 걸리는 장기적 프로세스가 필요한 사건이기도 했다. 즉각적인 복구 조치를 위해서 각국에서 모인 수만 명의 자원 봉사자들과 전문가들이 협력해야 했다. 이 작업은 고도의 협력과 이문화의 이해를 필요로 하는 일이었다. 얼마나 많은 조직개발 전문가들이 복구 작업에 참여했는지는 잘 모르겠으나 조직개발 전문가들이 지닌 일련의 스킬을 고려했을 때, 틀림없이 주도적인 역할을 했을 것이다. 필자는 개인적으로 스리랑카의 마을 복구 작업에 참여한 조직개발 전문가들을 알고 있다. 유감스럽게도 아직 세계 곳곳에는 조직개발 전문가가 어느 정도의 책임을 맡아 문제의 해결을 촉진할 수 있는 기회가 많이 있다.

각 문화권과 국가가 처한 상황이 다른 이상, 글로벌 차원의 조직개발이란 단 하나의 개념으로 정의될 수 없으며 그렇게 되어서도 안 된다. 조직개발의 특성인 모호함과 문화에 미치는 영향력의 중요성을 고려하여, 앞에서 제시하는 조직개발의 정의를 각 문화권, 국가, 사회의 상황에 맞게 적절하게 수정할 수 있어야 한다. 통일된 하나의 개념으로 정의 내려지지 않는 점에 대해 불편하게 느낄 수도 있겠지만 다양한 문화가 공존하는 세계에서는 그럴 수밖에 없다.

앞서 제시한 조직개발의 글로벌 정의에서 국가를 강조하게 된 부분적인 이유는 많은 국가(케냐, 한국 등)가 정부 주도의 5개년 개발 계획을 인적자원개발이나 조직개발 용어로 표현된 국가 중심 사업으로 전환하는 과정에서 생겼다. 싱가포르에서는 이런 추세를 인적자본개발이라는 용어에서 찾을 수 있다. 싱가포르 정부는 전략기획의 최우선순위를 국가개발에 두었다. (Osman-Gani & Tan, 1998, 2000) 한국은 2001년부터 2007년까지 교육부를 교육인적자원부로 개명했다. (Cho & McLean, 2002; Moon & McLean, 2003)

국가가 소속된 특정 지역권(region) 차원의 조직개발에 대한 중요성이 증가하고 있음은 아시아태평양경제협력체(APEC) 산하의 HRD 실무단체의 활동에서도 드러난다. HRD 실무그룹은 11개의 APEC 실무단체 중 가장 활발한 활동을 보이는 단체 중 하나로 널리 알려져 있으며, APEC 경제 지도자들이 뽑은 우선 사업 6개 중에 들어간다.(Zanko & Ngui 2003, p.13) 이 HRD 실무단체의 주요 활동 사항들을 살펴보면 넓은 의미의 교육훈련에 포함되는 기초 교육, 산업 훈련, 노동인력과 작업장의 생산성과 평등, 노동 시장에 대한 비교통계 자료의 작성, 평생 학습과 관리자 교육과 같은, 글로벌 정의를 구성하는 중요한 요소들이 포함되어 있다. (Zanko & Ngui, 2002, p.13)

국가 차원의 조직개발의 중요성이 커지는 이유

국가 차원의 조직개발은 여러 가지 이유로 점점 중요해지고 있다.

- 많은 국가에서 일차적 자원은 자국민들이다. 천연자원이 빈약한 나라일수록 인적 자원은 절대 비중을 차지한다. 일찍부터 인적자원의 중요성을 깨닫고 이를 개발하여 성공한 국가로는 한국과 일본을 들 수 있다.
- 개발 업무는 국가나 지방의 안정성 유지를 위해서도 중요하다. 고실업률에 허덕이거나 지속적인 발전을 이끌어 내지 못해 빈곤률이 점점 높아지는 국가는 안정성이 결여된 국가라 할 수 있다. 인적요소를 개발함으로써 이런 불안 요소를 경감시킬 수 있다.
- 복지 의존, 빈곤, 폭력, 실업, 문맹, 불법 고용이라는 순환의 고리를 끊으려면, 조직개발을 통해서 제공할 수 있는 통합적이고 조율된 개발 메커니즘이 필요하다.
- 분야별 전문가들과 협력하게 되면, 조직개발은 근로자들의 근로 환경에 질적인 변화를 꾀할 수 있다.
- 글로벌 협력경쟁(coopetition, 협동과 경쟁이 동시에 필요한 경우)의 모호성을 다루어야 할 필요가 커졌다. 특히 많은 약소국들에게는 이웃 국가가 경쟁자라 하더라도 협력적 관계를 이루는 것이 필수적이다. (예를 들어 카리브해 지역의 많은 섬들은 여행객 유치에 있어서 협력과 동시에 경쟁을 하고 있다.) 조직개발 전문가들은 이와 같은 애매모호한 관계를 불편함 없이 다룬다. (또는 다루어야만 한다.)
- 여러 선진국의 인구 분포를 보면 잠재적 노동력 부족 (현재 필요한 기술을 보유하지 못하고 있는 고령화된 노동인구와 줄어들고 있는 젊은층 노동인구) 현상을 보여 주는 반면, 어떤 국가 (예, 사우디아라비아)에서는 젊은 층의 노동력 과잉이 문제가 되고 있다.

이러한 노동력의 불균형을 해결하기 위해서는 산업계, 정부기관뿐 아니라 국가 간 차원에서 조율된 대응책이 필요하다.

• 국제 사회(특히 개발도상국)에서 에이즈는 현재뿐 아니라 미래에도 많은 국가들의 전체 인구, 노동인구, 경제에 영향을 끼칠 것이다. 에이즈 발병과 그 폐해를 줄이기 위한 대응책이 요구된다. 이를 위해 국가 차원의 조직개발에 역점을 두는 것이 하나의 방법일 수 있다.

• 과학기술이 역동적으로 변하기 때문에 모든 연령대의 인적자원이 지닌 기술력이 지속적으로 향상되어야 한다.

1986년 어느 경제학자가 "글로벌 정보화 시대에서 충분히 개발되고 교육받고 동기부여된 인력은 무제한적인 자원이지만, 개발되지 못하고 교육도 받지 못했으며 동기도 부여되지 못한 인력은 경제 성장의 발목을 잡는 무거운 짐이다."라고 말한 바 있다. (Marshall, 1986, p.1) 물론 시각을 달리해서 국가가 잘 대응한다면 이런 개발되지 않은 인력을 국가 개발과 국가 진보의 유례없는 기회로 볼 수도 있다.

또 다른 경제학자 브릭스(Briggs, 1987)는 "대부분의 경제학자 그리고 특히 정책 입안자들은 장기적 경제성장을 위해서 물적 자본에 초점을 맞췄지만, 실제로 가장 큰 원동력은 인적자원 개발이었다.(p.1213)"라고 결론 내린 바 있다. 국가 차원에서 지속적인 개발을 하기 위해서는 조직개발 스킬이 필요함을 다시 한 번 강조한 견해라 하겠다.

국가 차원의 조직개발 프로세스

앞에서 인용된 학술논문(McLean et al., 2004)은 13개 나라와 지역에서 국가 개발 정책을 편성할 때 조직개발 개념이 어떻게 사용되었는지를 기술하고 있다. 이런 과정에서, 대부분의 국가는 그들의 교육 제도 뿐 아니라 경제, 사회, 문화, 인적자원개발 시스템에 있어서 무엇이 잘못되었는지를 파악하고 그러한 분석 결과에 어떤 방법으로 대응해야 할지를 규명하기 위하여 여러 가지 이슈들을 논의하고 숙고하는 자리에 참여했다. 전문가 위원회가 발족되었고 수많은 세미나와 컨퍼런스가 세계 곳곳에서 개최되었으며 많은 이슈와 개선책이 제기되고 논의되었다. 또한 장시간의 논쟁적인 프로세스를 통해 국가 시스템이 새롭게 구성되고 개발되었다. 새로운 정책들은 다른 정부 부처와의 파워게임이나 각 국가가 처하고 있는 복잡성과 다차원적 성격에 많은 영향을 받았다.

이 연구 과정에서 5가지의 개발 모델이 모습을 드러냈는데, 그것이 바로 중앙집권 모델, 과도기 모델, 정부주도 모델, 분산·자유시장 모델, 그리고 약소국 모델이다. 여기에 하나의 의미만을 지닌 '순수한' 모델은 없다. 한 국가가 어떤 특정 모델 범주에 속한다고 해도 다른 모델들의 특성 요소를 내포하고 있기 때문이다. 개발 모델에 대한 논의는 대부분 앞서 언급된 논문에서 인용했다.(Cho & McLean, 2004)

중앙집권 모델(Centralized model)

이 모델은 중앙정부가 교육과 훈련을 담당하면서 모든 사항을 상명하달(Top-Down) 방식으로 지방정부 그리고 민간 기업과 그 산하기관으로 전달하는 형태를 취하는데, 대표적인 사례가 중국형 모델이다.(Yang, Zhang & Zhang, 2004) 중앙 정부는 개발 정책과 전략을 계획하고 실행하며 평가할 때 중요한 역할을 한다. 하지만 폴란드 사례에서처럼 창의적인 기업가 정신이나 사내 창업 시도 또는 개인의 주도적 의지가 상명하달 방식의 경영 스타일 아래에서는 제대로 발휘될 수 없다.(Szalkowski & Jankowicz, 2004) 중앙 정부 외에는 개발 정책 입안을 맡을 만한 제대로 된 기구가 없다. 또한 이 모델은 개발의 사회적 측면에 깊은 관심을 둔다. 강력한 집단주의 관점에 뿌리를 내리고 있어서 막강한 사회적, 도덕적 영향을 끼친다.

끝으로, 중앙집권 모델의 개발 정책은 멕시코(Rangel, 2004)나 케냐(Lutta-Mukhebi,

2004)의 경우처럼 산업화 경제개발 시대에 나타났던 정부 주도의 경제 개발 5개년 계획과 맥을 같이 한다.

이런 모델에서는 경제 개발에서 주요 역할을 정부가 하고 기업은 부수적인 역할만 하므로, 기업의 시장 점유율은 낮으며 주요 기술은 선진국에 의존한다.

과도기 모델(Transitional model)

이 모델은 중앙집권 모델에서 정부주도 모델이나 분산 모델로 전환 중인 과도기적 국가에 적용된다. 과도기 모델에서의 개발 정책은 근로자, 조합, 국가에 근간하는 삼원론적 접근법(Tripartite Approach)을 쓴다. 이 삼원론적 관계는 개발정책을 실행하는 데 필요한 전략과 방법에 대한 삼자 간의 합의를 도출하게 해 준다. 따라서, 과도기 모델에서 국가개발 정책의 초점은 삼자 간의 조율에 맞춰진다.

또한 과도기 모델에서의 국가개발정책은 다부처 간 접근법을 택한다. 개발정책은 대개 여러 부처, 즉 산업자원부, 문화관광부, 정보통신부, 교육부, 노동부 등에서 각각 공표된다. 따라서 부처 간 의견 충돌이나 중복되는 정책이 나오기 마련이다. 이럴 때 정부가 나서서 개발 정책을 조율하는 중요한 역할을 해야 한다. 예를 들어, 한국에서는 교육인적자원부 총리실에서 조정자 역할을 했다.(McLean, Bartlett & Cho, 2003)

인도의 인적자원개발 부처가 실행한 국가개발정책의 개념은 교육과 문화에 국한되었고 인도라는 나라의 복잡성과 다차원적 성격 때문에 더 광범위한 국가개발 정책 시스템이 통합을 이루지 못했다. 반면, 싱가포르에서는 전통적인 중앙집권 모델과 정부주도 모델의 중간 단계 모델을 취했다. 싱가포르의 인적자원개발 계획은 헌신적인 정부, 기관 간 네트워크, 삼원론적 관계(근로자, 조합, 국가) 중심을 특징으로 한다.

표준화를 지향하는 정부주도 모델

영국이 본보기가 된 국가개발정책은 과거 영연방 국가들과 다른 나라들에게 어느 정도 영향을 주고 있는 것으로 보인다. 영국 국가개발정책은 정부가 다양한 개발주도권을 이용하는 방법이라고 할 수 있다. 이 방법에서 조직개발 전문가는 주로 자문을 제공하는 식이고 인적자원과 경제에 대한 기업 이해관계자의 입장을 근거로 해 왔다. 근로자의 역량은 기업 기술위원회(Sector Skills Councils)가 운영하는 국가 직업능력 표준(National Occupational Standards)과 현대 도제 체제(Modern Apprenticeship Frameworks)에 의해서 관리된다. 학습·기술 위원회(the Learning and Skill Council)는 지방의 요구를 만족시켜 주기 위해서 인적자원개발 서비스를 제공하는 고용주, 교육업자, 지역사회 단체의 대표들로 구성되어 대학교육을 제외한 16세 이후의 모든 교육을 계획하고 자금을 공급한다. 최고인재개발자(Investor in People, IIP)란 상을 수여함으로써 기업 부문으로부터의 관심을 모았고 이러한 노력 덕분에 국민을 개발하는 기능을 대기업들도 맡아서 해야 할 과제로 인식하게 되었다. 하지만 이는 중소기업의 요구는 쉽게 만족시켜 주지 못한다. 영국의 국민 인적자원개발에 대한 전반적인 방향은 표준화를 지향하지만 이는 단일적 접근방법으로 흐를 위험성도 가지고 있다.

최고인재개발자와 같은 제도는 현재 시스템에 맞도록 설계되지도 않고 실행되지도 않는 데도 남아공(Lynham & Cunningham, 2004)과 호주 및 이외의 과거 영연방 국가들은 영국 모델의 많은 부분을 따랐다. 이들 나라에서도 국가 직업 자격증제도(National Vocational Qualifications, NVQ)에 의해 표준화가 이루어지고 있는데, 이것은 직업에 필요한 역량을 여러 수준의 교육과 전문 기술별로 구체적으로 기술해 놓은 것이다.

분산·자유시장 모델

이 모델에서 개발 노력을 뒷받침하는 주원동력은 경쟁시장에 있다. 국민을 개발시키는 것은 보통 기업 차원에서 행해지는 활동이라고 여겨진다. 정부가 간접적으로 지원을 하기도 하지만 기업이 대부분의 교육과 훈련을 맡아서 한다.

이 모델은 확고한 개인주의적 가치에 근간을 두고 있어서 개인이 자신의 학습과 성장을 책임진다. 캐나다의 모델(Cooper, 2004)이 이 경우에 해당하고 미국에서도 이 모델을 찾아 볼 수 있다.

약소국 모델

현재 190개가 넘는 국가들이 UN에 속해 있고 아직까지는 대부분의 국가들이 약소국 범주에 분류되기 때문에 이 모델에 대해 생각해 봐야 할 필요가 있다. 약소국들은 개발을 할 때 다른 접근 방법을 취해야 하는데 종종 같은 지역에 있는 다른 작은 나라들과 공조를 이룬다. 이런 이유로 남태평양 연안의 여러 섬나라들이 서로 협력을 하고 (Bartlett & Rodgers, 2004) 카리브 제도의 세인트 루시아라는 섬나라가 인근의 다른 작은 섬나라들과 협력을 한다.(Scotland, 2004) 이 모델은 많은 나라가 한꺼번에 참여하기는 쉽지 않다. 왜냐하면 특히 관광업 분야에서는 여러 나라가 서로 경쟁을 해야 하지만 다른 한편으로는 자원을 한데 모으는 혜택을 얻기 위해 서로 협력을 해야 하기 때문이다. 이것은 협력경쟁(coopetition)의 개념을 설명하는 완벽한 예가 되는데, 카리브해 제도의 작은 나라들이 그 지역으로 더 많은 관광객을 끌어들이기 위한 마케팅을 할 때는 협력을 하고 동시에 관광객이 특정한 한 섬을 선택하도록 하기 위해서는 경쟁을 해야 하는 상황인 것이다.

남태평양 섬나라 지역에서는 지역 정부 간 기관들이 이 지역의 개발을 촉진하는 데 핵심 역할을 담당해 왔다. 태평양 커뮤니티 사무국(Secretariat of the Pacific Community, SPC), 태평양 섬국가 포럼 사무국(Pacific Islands Forum Secretariat, PIFS), 남태평양 교육평가 사무국, 남태평양 대학 등이 이 지역의 대표적인 정부 간 기관들이다.

약소국 모델의 또 다른 특징은 참여적 프로세스가 가능하다는 점이다. 나라의 크기

가 작기 때문에 모든 분야에 일어나는 일을 어렵지 않게 모든 사람들이 모여서 경청
할 수 있다.

조직개발 원칙에 근거한 국가개발정책 수립의 장애물

앞에서 언급한 학술논문에 보고된 국가 사례는 국가개발정책의 성공적인 측면에 초
점을 맞추고 있는데, 대부분의 국가는 개발정책을 수립할 때 몇 가지 장애물에 부딪힌
다. 국가 개발 정책을 수립할 때 어려움을 겪는 이유에 대해서 몇 가지를 설명해 보고
자 한다.

• 노동시장은 불완전하고 예측 불가능하다. 미래에 어떤 스킬과 역량이 요구될지 아무도
  정확하게 예측할 수 없다. 아무리 미래를 예상해도 막상 미래가 다가오면 노동시장은
  불균형을 이루기 마련이다. 예를 들면 5년 전에 유망했던 직업을 위해 준비를 해 온 학
  생들이 막상 노동시장에 나가 보면 이미 그 분야에 필요한 노동인구가 수요보다 공급
  이 더 많아져 있기도 하고 반면 학생들이 미처 준비하지 못한 새로운 분야의 직업들이
  등장해 있기도 하다.
• 너도 나도 똑같은 것을 시도하기 때문이다. 예를 들어, 미국이나 유럽 등지에서 대규모
  로 일어나고 있는 IT와 고객 서비스 노동시장의 업무 해외이전(Off shoring : IT 서비스
  등의 서비스 기능을 국외에 아웃소싱하는 것으로, 정보통신기술의 발달, 선진국과 개
  도국간의 임금 격차 및 IT기술의 전세계적 확산에 힘입어 발생함 ─ 옮긴이) 현상으로
  결국에는 노동시장에서 공급과잉 현상이 초래되고 말 것이다. 갈수록 기술이 급변하고
  임금이 기대 수준의 생산성을 초월하여 치솟는다면 인도, 필리핀, 말레이시아와 기타
  아시아와 아프리카 국가는 어떤 식으로 대응하겠는가? 그들은 대규모의 차기 업무 해
  외이전에 대한 준비가 되어 있을까?
• 노동력의 이동으로 인해 최선의 개발 계획에 차질이 있을 수 있다. 종종 이런 국가 개

발이 '두뇌 유출(brain drain)' 현상으로 나타난다. 생활수준은 낮지만 높은 글로벌 노동시장 수준에 맞는 좋은 자질을 갖춘 인력을 배출하는 나라에서 이런 현상을 겪게 된다.

- 선택할 자유를 갖고자 하는 국민의 욕구는 정부 주도의 정책활동과 상충할 수도 있다. 예를 들어 고등교육기관의 수를 제한하려는 정부의 노력은 특정 전공 졸업자에 대한 수요 유무에 상관없이 학위를 따고자 하는 사람들의 욕구와 상충된다. 키르기스스탄 공화국이 그 대표적인 사례이다.(Albaeva & McLean, 2004) 최근에 이루어진 고등교육 제도 개혁안 실행 이후 정부로부터 재정 보조를 받는 고등교육기관이 과거 114개에서 8개로 현저히 감소한 것이다. 이 결과, 하나의 전공이 정부 재정보조를 받는 한 군데의 학교에서만 개설되게 되었다. 또한 실업률이 40%에 육박하는 어떤 나라에서 가장 인기 있는 전공 중의 하나인 미국학이 사실상 노동시장에서는 수요가 거의 없는 경우도 있다.

- 어떤 이들에겐 국가개발계획이 공산주의, 사회주의, 중앙집권식 계획과 비슷하게 보일 수 있다. 그러나 앞에서 언급한 5가지 개발 모델에서 보면 중앙집권 모델이 존재하기는 하지만 다른 네 모델은 중앙집권 계획의 관점을 따르지 않는다.

- 국가개발계획이 단지 과거의 5개년 개발계획을 달리 지칭한 것에 불과한 것인가 하는 질문에 대해서 케냐나 중국과 같은 일부 나라의 경우에는 '그렇다'라고 확실하게 대답할 수 있다. 하지만 국가개발계획을 펼치는 많은 다른 나라들의 경우 5개년 개발계획을 실행한 적도 없었고 또 국가개발계획을 실행했던 나라들 중 많은 나라들은 국가개발 정책의 개념을 처음부터 염두에 두고 착수했다.

- 어떤 나라에서는 심각한 사회 문제가 국가개발을 방해할 수 있다. 예를 들면 인도, 케냐, 태국, 남아프리카 공화국에서 가장 큰 사회적 이슈인 에이즈는 보건비용 상승, 노동생산성 하락, 고아 양산, 결근율 상승 등을 일으킴으로 국가 경제에 엄청난 타격을 주고 있다. 이들 나라가 실효성 있는 국가개발정책을 구사하려면 이 문제를 확실하게 집고 넘어가야 한다.

조직개발 원칙에 근거한 국가개발정책의 성공요인

앞서 살펴본 여러 어려움에도 불구하고 많은 나라에서는 국가개발정책을 수립하는 데 조직개발 원칙을 성공적으로 활용하고 있다. 조직개발의 원칙 즉, 계획, 협력, 팀빌딩, 갈등관리, 모호성, 유연성, 장기적 관점, 요구 분석, 평가 모두가 국가개발정책 수립에 적용될 수 있다. 조직개발 프로세스 모델 역시 조직에 적용되는 만큼이나 국가 차원에도 적절히 적용될 수 있을 것이다.

이번 장에서 살펴본 국가개발정책 사례에서 도출할 수 있는 몇 가지 특성은 다음과 같다.

- 국가개발정책을 수립할 때 단 하나의 옳은 방법은 존재하지 않는다. 나라의 특성에 따라서 얼마든지 달라질 수 있다. (McLean & McLean, 2001)
- 국가개발정책을 전개하는 방법에 따라서 중앙정부 계획, 지역 계획, 지방 계획 간의 균형이 조율되고 변화한다.
- 국가가 개발정책계획을 주도할 때는 유연성 있는 자세를 취해야 하는데, 그 이유는 세계, 국가, 지역, 지방의 경제와 노동 시장에 나타나는 변화에 발빠르게 대응할 수 있어야 하기 때문이다. 장기간의 광범위한 연구를 바탕으로 표준을 수립하거나 미래를 예측하려는 모델은 너무 완고하고 유연성이 없어서 급변하는 시장 니즈에 부응하여 신속하게 대처할 수 없다. 조직개발의 장기적 관점과 신속한 대응의 필요성 사이의 어쩔 수 없는 갈등에서 모호성이 필요하다.
- 개인의 잘못이 없는 데도 일자리를 잃게 된다면, 정부는 훈련과 재훈련, 교육과 재교육, 재배치와 보상을 제공한다. 사회의 모든 구성원을 위한 사회적·경제적 구제 시스템을 갖춘다.
- 훌륭한 국가개발정책은 모든 사람의 출생에서부터 사망까지 차별 없이 공평하게 적용된다.
- 탁월한 국가개발정책은 강제보다는 다양한 방식으로 촉진하고 유도한다. (예를 들어

고등교육기관의 중복 부분 제거하기, 학생이 과도하게 몰린 전공에서 수요가 예상되는 전공으로 학생들 유치하기, 노동력이 부족한 분야의 급여수준 올리기 등)

- 정부기관 간의 서비스 중복을 없애기 위하여 정부기관마다 명확한 미션 선언문이 있다. 이것이 바로 탁월한 국가개발정책의 핵심이며, 가장 실행하기 힘든 부분 중 하나일 것이다. 과거 부처 간의 질투나 시기, 파워 게임, 세력 다툼, 다른 파괴적인 갈등적 요소를 어떻게 타파하는지가 핵심이므로, 어렵지만 꼭 이뤄 내야 하는 과제이다.

- 국가개발정책을 수립할 때 조직개발 원칙을 활용하여 그 지역의 다른 국가 혹은 협력하기를 희망하는 국가와의 협력경쟁에 역점을 둔다. 오늘날과 같은 시장 중심의 경제에서 많은 나라들에게 애매모호한 협력경쟁은 다루기 어려운 과제일 것이다. 특히 우리 아니면 남이라는 이분법적 사고가 만연한 나라에서는 더욱 힘들 것이다.

- 정치제도의 역할이 명확하게 정의되어 있어야 한다. 물론 중앙집권적 모델에서는 정치제도가 중심 역할을 할 것이다. 과도기적 모델에서는 삼원 시스템의 한 축으로 정부가 리더십을 발휘할 것이다. 한편, 분산 모델에서는 정치제도를 통한 영향력 행사는 간섭으로 비춰질 것이다.

- 훌륭한 국가개발정책을 수립하기 위한 리더십은 여러 학문 분야를 상통할 수 있는 리더십이다.

- 리더십은 그야말로 최고 중의 최고 인재로 구성되어야 한다. (최고의 인재가 아니라면 친인척, 측근, 정치적 동지, 정치가, 공무원뿐 아니라 평범한 시민에게라도 리더십이 주어져서는 안 된다.) 리더십 구성에 대한 결정은 그 국가가 취하는 개발 모델에 달려 있다.

- 훌륭한 국가개발정책이란 유연하면서도 동시에 미래를 내다보아야 한다. 이는 5개년 계획과 같이 너무 동떨어지고 유연성이 없는 정책은 더 이상 설 자리가 없다는 것을 의미한다. 반면 그와 동시에, 최고의 인재들이 후에 실제로 일어나게 될 상황과 최대한 유사한 가상 시나리오를 생각해 낼 것이라는 희망을 품고 20년 앞을 내다보는 가상 시나리오를 마련해야 한다.

- 국가개발정책은 나라 고유의 문화를 고려하기는 하지만 그것에 구속되지는 않는다. 이 역시 지혜롭게 풀어야 할 까다롭고도 모호한 상황 중 하나이다.

- 국가개발정책은 연구와 이론에 충분히 근거를 두고 있으면서도 철저히 실용적이다.

- 평가에는 질적 그리고 양적인 측정 모두 포함되어야 한다. 기존의 국가 사례에서는 평가 부문이 두드러지지 않았다. 국가별로 정책의 성공 여부를 어떤 기준으로 측정하는지 알려진 바가 없고, 평가가 어떤 식으로 진행되는지도 모른다. 대부분의 국가가 니즈에 대한 선행 분석을 강조하기는 하지만, 문헌자료에서는 그 어떤 국가도 평가에 심혈을 기울인 모습을 찾아볼 수 없다. 평가 계획을 수립한다면, 객관적인 자료와 실증 사례 위주로 구성한다.

- 목표를 설정할 때는 단순한 바람, 희망사항, 필요만을 근거로 하지 않고, 새롭게 구상하는 시스템의 능력을 기반으로 설정한다.

- 국가의 개발정책 지원예산은 해마다 급격하게 인상되며, 사회복지와 국방예산을 서서히 대체한다. 케냐의 경우 앞선 두 개의 개발 계획의 긍정적인 결과에도 불구하고, 최근 책정된 예산은 국가개발의 가장 기본적인 니즈 (교사월급, 최소 교육시설 등)에 필요한 재정을 감당하기에도 충분하지 않았다.

- 자금조달 문제가 버겁긴 하지만, 인력과 조직문화 개발 시 세제 혜택을 제공하면 우수한 조직개발 프로세스를 도입하도록 이끌 수 있다.

- 가족 친화적인 정책은 일과 삶의 균형을 이루게 해 준다. 국가개발이라는 총체적인 관점에서 본다면 경제개발만으로는 충분치 않음을 명심해야 한다. 특히 일과 삶의 균형 문제는 한국과 같이 근로시간이 길고 직장 여성에 대한 잠재적인 차별이 존재하는 국가에서는 큰 문제 중 하나이다.

- 사회적인 요소도 고려되어야 한다. 근로자나 잠재적인 근로자가 빈곤, 질병, 가정 폭력, 다양한 형태의 차별, 정치적 억압과 같은 문제에 직면해 있다면 국민이 번영하고 국가개발정책이 성공하기란 불가능하다.

불행하게도 아직까지는 국가개발정책 수립에 있어서 성공 사례를 찾기가 힘든 것 같다. 싱가포르가 경제적 성공에 가장 근접한 사례라 할 수 있겠으나, 비슷한 접근법을 다른 국가에 적용해도 동일한 성공을 일구어 낼 수 있을지는 미지수다.

성공적 국가개발계획의 성과

다음과 같이 열거된 바람직한 성과를 혹자는 이상적이라고 생각할 수도 있다. 하지만 국가개발을 위해 조직개발 원칙을 도입하기 시작한 나라들은 각각의 성과를 향해 점진적으로 나아가고 있다.

- 아이와 성인의 문맹이 사라지게 될 것이다.
- 사회에서 용인되지 않는 분야(매춘, 마약판매 그리고 불법 활동)의 고용이 점차 줄어들 것이다. 매력적이고 대체 가능한 다른 분야에서 고용이 창출되고 개인 혹은 사회적으로 지원 환경이 조성될 것이기 때문이다.
- 아동노동의 필요성이 사라질 것이다. 모든 어린이가 적절한 교육을 받을 것이며 그들과 가족의 물리적 요구 사항이 충족될 것이다. (Budhwani, Wee & McLean, 2004)
- 성공적인 국가개발 정책의 결과 '적절하게' 섞인 인력군이 나타날 것이다. 사회적으로 각광받지 못했던 직업군이나 직업훈련 프로그램(예: 배관공, 건설노동자, 호텔 근로자)으로 근로자를 유도하는 창의적인 방법이 필요할 것이다.
- 초 · 중등 교육의 질이 향상되고 커리큘럼이 더 다양해질 것이다. 교사들에 대한 처우도 많이 개선될 것이며, 학교의 시설과 비품도 향상될 것이다.
- 고등 교육도 양적 감소를 동반하면서 질적인 향상을 꾀하게 될 것이다. 교수진도 충분한 임금을 받게 될 것이며, 적절한 시설과 비품이 제공될 것이다. 또한 정치 시스템의 도움으로 학문적 자유가 지지되고 보장받을 것이다.
- 국가개발의 전통적 형식 (기초학력 보충학습, 사설학교, 수요가 거의 없는 장기적 학위 프로그램 등)에 쓰이는 예산은 줄어들고, 온라인 e-러닝, 체계적인 직장 내 교육훈련과 도제제도 등의 현대적 형식의 개발을 위한 지원예산이 늘어날 것이다.
- 노동시장의 균형을 이루기 위해서 국경을 넘나드는 합법적 입국 노동력의 흐름이 늘어나고 장려될 것이다. 전 세계 경제적 부를 불균형하게 점유해 온 선진국들은 이런 움직임을 계속 저지하려 들 것이다.

- 인구 증가에 대한 균형적인 조치가 취해질 것이다. 이는 이민에 대해 좀 더 오픈적인 나라들이 나서야 한다. 머지 않은 장래에는 많은 국가가 고령화 사회로 접어들 것이다. 이미 이탈리아는 급격한 인구 감소가 나타나고 있다. 동시에, 부양능력을 넘어서 계속 인구가 늘어나는 국가도 있다. 국경을 초월한 글로벌 조직 차원의 조직개발은 세계 인구의 균형을 이루는 데 도움을 줄 수도 있다.
- 불완전 고용이 사라지고 점차 완전 고용을 향해 발전할 것이다.
- 종교적, 문화적 제약은 있겠지만 교육, 훈련, 의료지원, 문화변화, 콘돔 제공, 사회복지사 지원 등은 국가개발 정책에 조직개발 원리를 활용하여 국가의 보건 상황(특히 에이즈 등)을 개선해 줄 것이다.
- 프레어(Freire, 1972)가 주장했듯이, 국민들이 수동적으로 따라오기보다는 사회의 구성원으로서 직분을 충실히 맡아 해낼 수 있게 될 것이다.
- "만약 인적 자원이 진정으로 '국가의 재산'이라면 인적자원개발은 사람을 노예화, 빈민화, 소멸로 이끄는 것이 아니라 이 지구상의 삶의 질 향상에 기여한다는 것을 잊지 않는 책임의식도 함께 가져야 한다." (Briggs, 1987, p.1236)

결론

조직개발 원칙에 기초한 국가개발에 대한 조직개발 전문가의 논의가 너무 이상적이라고 생각하는 회의론자도 있겠지만 조직개발 전문가 모두는 본질적으로 이상주의자가 아닌가? 조직개발 전문가는 모든 개인이 향상된 삶을 살 수 있는 세상을 꿈꾼다. 또 조직개발 전문가는 생산적이며 안전하고 서로 지지해 주며 성장에 힘쓰는 조직, 성공적이고 경쟁력이 있으며 재무적으로 건전하며 윤리적이고 수익성이 높은 조직을 개발하는 것을 희망한다. 이런 목표들이 지나치게 이상적인가?

개인과 조직에 대해 가지는 꿈보다 국가, 지역, 전체 인류에 대해 품는 꿈이 작아야 할 이유가 있는가? 국가개발에 대한 조직개발 전문가의 노력이 완벽하지 않을 수 있지만 인류가 진보하는 길로 이끌어 줄 수 있고 또 이끌어야 한다. 쉽지는 않겠지만, 조직개발 전문가로서 우리가 걸어 나가야 하는 여정임에는 틀림없다.

요약

최근 들어 지역사회와 국가 차원의 개발정책을 수립할 때 조직개발 원칙을 적용하려는 관심이 늘어나고 있다. 많은 사람들이 여러 부처 간의 업무의 중복을 최소화하고 업무 공백이 있다면 채우기 위해 부처 간의 노력을 조율하는 데 관심을 기울이고 있다. 이같은 국가 차원의 개발계획은 교육, 훈련, 경제정책, 기업 발전, 보건, 안보, 기술 그리고 국민과 국가 내 거주하는 모든 사람들의 삶의 질에 영향을 줄 수 있는 모든 요소를 포함한다. 이번 장에서는 13개 국가의 개발정책을 고찰한 최근 연구결과를 토대로 효과적인 개발정책 수립 과정에서 부딪힐 수 있는 장애물, 성공적인 개발계획의 요소, 조직개발 원칙을 사용한 성공적 국가개발계획을 통해 기대할 수 있는 성과에 대해 살펴보았다.

토론과 성찰을 위한 과제

1. 지역사회와 국가 차원에서의 조직개발 원칙이 갈수록 많이 적용되고 있는 이유가 무엇이라고 생각하는가?

2. 국가개발정책 계획 시 조직개발을 사용한 5가지 모델을 고찰해 보고 각각의 장·단점을 이야기해 보라.

3. 미국이 자유시장 모델에 해당한다고 생각하는 이유는 무엇인가? 미국에 적용할 수 있

는 다른 모델에는 무엇이 있을까?

4. 한 나라에서 주도하는 개발 모델에 그 나라의 문화가 어떤 영향을 미친다고 보는가?

5. 국가적 차원에서 조직개발 원칙을 이용할 때 발생할 수 있는 장애물을 어떻게 해결할 수 있을까?

6. 이번 장에서 논의된 필리핀의 평화유지 노력을 다시 살펴보자. 어떤 조직개발 원칙이 적용되었는가?

7. 에이즈의 사회적 문제점을 생각해 보자. 이 질병으로 인해 발생하는 타격을 감소시키는 데 조직개발 원칙이 어떻게 영향을 줄 수 있다고 보는가?

개요

유감스럽게도 평가 단계가 조직개발 전문가나 고객조직에 의해서 무시되는 경우가 있다. 이 장에서는 평가의 중요성을 강조하고자 한다. 그리고 간혹 제기되는 평가에 관련된 어려움을 해결하기 위해 어떻게 평가를 실행해야 하는지 몇 가지 제안을 할 것이다. 여러 가지 평가 방법의 장점과 단점을 함께 살펴볼 것이다. 다시 말하지만 조직개발 효과의 원인과 결과를 직접적으로 증명하는 것은 불가능하기 때문에 다양한 방법을 사용한 다각적 측정(triangulation)이 강조될 것이다. 또 프로세스 도중에 하는 중간평가(Formative evaluation), 프로세스 종료 시점에 하는 최종평가(Summative evaluation), 지속적으로 반복 평가하는 종단평가(Longitudinal evaluation)에 대해서도 논의할 것이다.(McLean, 2005)

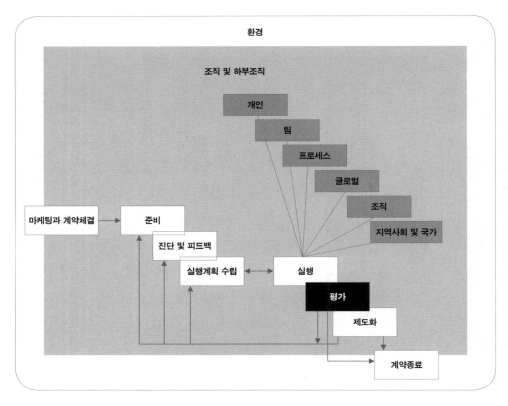

그림 12.1 조직개발 프로세스 모델 6단계, 평가

평가는 조직개발 전문가들이 종종 간과하는 단계이다. 평가 단계를 누락하는 이유는 실행가능한 평가를 수행하기가 어렵기 때문이다. 이 장에서는 평가를 실행해야 하는 이유와 가장 널리 쓰이는 평가 방법에 대한 찬반양론뿐 아니라 비록 완벽하지는 않지만 평가를 올바르게 실행하기 위한 평가 방법을 고찰해 볼 것이다.

조직개발 프로세스 모델에 따르면, 평가 단계는 실행 단계(그림 12.1 참고)의 다음 단계로 실행 단계와 겹치는 부분이 있다. 평가 방법에 대한 결정은 준비 단계와 실행계획 수립 단계에서 이루어져야 한다. 인터벤션 실행 단계와 평가 단계 사이의 겹치는 부분이 중요한 이유는, 평가란 이상적으로는 최종평가(summative)뿐만 아니라 중간평가(formative)의 성격을 가지고 있기 때문이다. 다시 말해, 프로세스가 끝난 뒤에 최종

평가가 실행되어야 할 뿐만 아니라, 변화 추구 프로세스 도중에도 중간평가가 이루어져야 한다. 또 많은 조직에서 특정 인터벤션이 실행되고 난 한참 후에도 반복적으로 종단평가가 실행되기도 한다.

평가의 목적은 조직개발 전문가와 고객조직이 조직개발 프로세스 도중이라도 즉각적인 수정을 할 수 있게 만들어 주는 것뿐 아니라, 변화 노력이 조직 전반에 제도화가 되어야 할지, 더 효과적인 인터벤션을 찾기 위해서 프로세스가 다시 한 사이클 되돌아가야 할지 결정하도록 도와주는 데 있다. 또한 종종 오용되기도 하지만 조직개발 전문가의 전문성을 파악하기 위해서도 평가가 사용된다. 조직개발 전문가는 고객조직이 원하고 의뢰한 일만 할 수 있다. 따라서, 채택한 인터벤션으로부터 효과를 보지 못하는 결과가 초래된다면 이는 인터벤션 선택이 잘못되었거나, 진단 시점과 평가 시점의 환경이 바뀌었거나, 고객조직이 비협조적이었거나, 시간 혹은 자원이 부족했거나, 고객조직의 스킬이 부족했거나, 아니면 조직개발 전문가의 역량 부족 혹은 실수로 인한 것이라 할 수 있다. 실패의 원인을 규명하는 프로세스는 무척 어려운 부분이기는 하지만 관련 당사자 모두에게 한 단계 더 학습할 수 있는 좋은 기회가 된다.

조직개발에서 평가는 조직개발을 전문적으로 실행하는 데 있어서 일관되게 중요한 단계로 여겨진다. 이러한 중요성에도 불구하고 평가 결과가 폭넓게 인정받을 수 있는 수준으로 평가를 수행하는 일은 결코 쉽지 않다. 이러한 평가 수행의 어려움 때문에 평가 단계를 조직개발 프로세스에서 제외하기도 한다.

정의

피츠패트릭, 샌더스, 월던(Fitzpatrick, Sanders & Worthen, 2004)에 의하면 "평가라는 용어가 정확히 무엇을 의미하는지 통일되게 합의된 정의는 없다."(p.5) 대신, 그들은 평가를 "평가 대상의 가치(장점 또는 유용성)를 결정하기 위해 정당한 기준을 확인, 명료화, 적용하는 것"이라고 정의 내렸다. 한편, 조직개발 측면에서는 베커드와 헤리스

(Beckhard & Harris, 1977)가 평가를 "변화를 받아들일 만한 수준의 관리 책임자들에게 변화 노력의 효과와 진척사항에 대해 심리측정기준을 만족시키는 측정 결과를 제공하기 위해 정보를 수집하고 분석하는 일련의 계획된 활동"이라고 정의 내렸다. (p.86)

조직개발 평가의 중요성

조직개발 전문가가 활용한 인터벤션을 왜 평가해야만 하는가? 또는 조직개발 활동으로 인해 변화가 일어났는지 확인해야 하는 이유는 무엇인가?

- **조직개발에 대한 미래의 투자규모를 결정하기 위해** 조직개발로 인해 변화가 일어난다는 것에 확신이 없다면 조직이 왜 굳이 조직개발에 많은 돈을 투자하겠는가?
- **조직개발 프로세스를 개선하기 위해** 항상 개선의 여지는 존재한다. 완벽한 실행이란 없다.
- **조직개발과 사업전략의 연계성을 확인하기 위해** 어느 기능부서가 조직이 추구하는 바와 같은 것을 달성하기 위해 노력하고 있다는 것이 알려지면 조직은 그 기능부서를 훨씬 더 잘 지원할 수 있게 될 것이다.
- **조직 내 지적 자산을 형성하기 위해** 실행 결과가 효과적이었는지 확인할 방도가 없다면 조직의 기능이 제대로 작동하고 있는지, 앞으로 무엇을 해야 할지에 대해 파악하기가 어렵다.
- **효과 없는 방법은 중단하기 위해** 효과 없는 방법을 중단하기 위해서는 효과적이었던 방법과 효과적이지 않았던 방법을 파악할 수 있는 일종의 수단이 있어야 한다.
- **이해관계자들에 대한 책임을 완수하고 직원과 경영층에게 책임을 확실하게 부여하기 위해** 기업들이 무책임하게 비춰지는 오늘날 책임 완수는 비즈니스 환경에 반드시 필요한 키워드이다. 그리고 미래에는 더욱더 그러할 것이다.
- **조직의 전반적인 풍토와 건전성을 제고하고 개선하기 위해** 건전한 업무 환경을 만드

는 것이야말로 조직개발의 주된 역할인데 평가 없이는 이것이 제대로 이루어지고 있는지 알 수가 없다.

- **일시적인 유행이나 '이 달의 기획특선(Flavor of the month)'을 가려내기 위해** 어떤 이유에서인지 조직개발은 유난히 일시적 유행에 취약한 듯하다. 평가를 통해서 새로운 조직개발 인터벤션이 정말로 조직의 품질 향상에 효과가 있는지 아니면 최신 베스트셀러 조직개발 전문가가 자신의 수입을 늘리기 위해 새롭게 고안한 방법일 뿐인지를 확인할 수 있다. 유감스럽게도 고객사는 모호한 상황에 어려움을 느끼며 자신들의 복잡한 모든 문제를 한 번에 간단하게 해결할 수 있는 도깨비 방망이를 원한다. 하지만 그런 도깨비 방망이는 현실에 존재하지 않는다. 그러므로 지속적인 평가를 통해서 조직개발 전문가는 고객사에게 한 가지 도구나 방법으로는 고객이 가지고 있는 모든 문제를 한꺼번에 해결할 수 없다는 사실을 상기시켜야 한다.
- **조직의 글로벌 경쟁력을 지원하기 위해** 평가는 조직의 전략을 지원할 수 있는 또 하나의 수단이 될 수 있다.
- **직원들에게 동기를 부여하고 직원들의 생산성이 향상되도록 조직을 도와주기 위해** 다시 말하지만 평가를 통해 조직개발이 과제를 성공적으로 달성하는지 알 수 있다.
- **조직이 복잡하고 혼란스런 비즈니스 환경에서 살아남을 수 있도록 조직개발 능력을 향상시키기 위해** 진행되는 업무에 대한 지속적이고 빈번한 피드백을 통해 오늘날의 복잡한 비즈니스 환경에서 조직개발이 조직을 효과적으로 지원해 주고 있는지 알 수 있다.
- **조직개발 활동이 조직의 성공에 얼마나 많이 기여하는지를 보여 줌으로써 조직개발의 이미지를 향상시키기 위해**

평가가 자주 생략되는 이유

조직개발에서 평가를 반드시 해야만 한다는 의견이 강한 데도 평가가 제대로 이뤄지지 않고 있는 이유는 다음과 같다.

- 평가는 수행하기가 힘든데 특히 인터벤션과 그 결과 사이의 인과 관계가 규명되어야 한다고 집요하게 주장하면 더욱더 힘들어진다.
- 인터벤션을 통해 눈에 띄는 긍정적 결과가 도출되면 이에 만족한 고객조직은 평가를 불필요한 과정이라고 생각한다.
- 효과적인 평가를 수행하려면 많은 시간과 비용이 소요되는데, 고객조직은 그 시간과 비용을 다른 곳에 먼저 써야 한다고 생각한다.
- 조직개발 전문가 입장에서도 평가 결과가 긍정적이지 않을 경우 고민할 수밖에 없을 것이다. 이때 조직개발 전문가 본인도 고객조직에 굳이 평가를 권하지 않는다.
- 좋은 평가 결과가 나오지 않을 경우 조직개발 프로세스를 지지했던 고객조직의 후원자가 사내에서 자신의 신용도가 떨어질까 염려하기 때문이다.
- 조직개발 전문가나 고객조직의 직원들이 평가를 수행할 만한 전문성을 갖추고 있지 않을 수 있다.
- 조직개발 전문가가 본인의 프로젝트 결과물을 객관적으로 평가하지 않을지 모른다는 의심이 생길 수 있으며, 그렇다고 조직이 제3자에게 맡겨가면서까지 객관적 평가를 하려고 하지는 않기 때문이다.
- 조직개발 전문가나 조직개발 프로세스를 지지한 고객조직의 직원들 모두 그들이 실행한 인터벤션을 너무 신뢰한 나머지 인터벤션의 성공 여부를 의심하지 않기 때문이다.
- 평가 단계에 도달하기도 전에 계약이 해지될 수 있다.

위와 같은 모든 장애물들이 생겨나는 근본 원인은 바로 변화가 지니는 복잡성 때문이다. 골렘비에스키, 빌링슬리, 이거(Golembiewski & Billingsley, Yeager, 1976)는 조직개발에서 다루는 변화에 대한 개념을 3가지 단계로 제안했다. 먼저, 알파(Alpha, 제1순위 변화라고도 함)변화는 현 조직의 프로세스, 가치, 상호 이해와 일치하는 변화라고 할 수 있다. 예를 들면, 고객 만족 서비스 교육은 고객 서비스에 가치를 두는 조직의 고객 서비스를 개선시킬 수 있다. 이와 같은 변화는 고정된 측정 방법에서 일어나기 때문에 상황이 좋아지거나 악화되거나 그대로이거나 셋 중 하나로 평가하기에 가장 쉬운 변화이다. 베타(Beta, 제2순위)변화는 고정된 측정 방법 자체를 해석하는 방식의 변화이다. 가령, 직원들의 상여금을 인상시킨다 해도 이 보상 제도로 인해 직원들의 만족도가 오히려 감소할 수 있다. 이는 팀 활동 업무를 더 많이 경험함으로써 개인적인 보상보다는 팀 단위 보상의 중요성을 직원들이 깨달았기 때문일 수 있다. 이런 변화를 감지하는 게 베타변화이다. 감마(Gamma, 제3순위 변화)변화는 사용되는 측정방법 자체의 중요성에 대한 근본적인 변화가 일어나는 것을 지칭한다. 예를 들면, 앞의 보상 제도 사례에서는 팀 활동 업무를 통해 직원들에게 중요한 것이 무엇인지에 대한 개념의 변화를 가져왔다. 보상은 더 이상 중요하게 여겨지지 않게 되었고, 팀원 간 관계의 중요성을 깨닫게 된 것이다. 요약하자면, 알파변화가 분명 간단한 것은 아니지만 세 변화중 가장 손쉽게 측정할 수 있는 변화이며, 감마변화가 가장 평가하기 힘든 변화이다.

최종평가

이제 평가 방법을 구체적으로 알아보겠다. 이때 잊지 말아야 할 것은 단 하나의 최상의 평가 방법은 존재하지 않는다는 것이다. 많은 사람들이 모호성과 마주치면 불편하게 느끼기 때문에 어떤 평가 방법을 사용할지에 대한 확실한 정답을 얻기 원하지만 이렇게 복잡한 문제에 대한 정답을 찾기는 불가능할 것이다. 평가 방법이 무엇이든 수반되는 문제는 있기 마련이다. 아무런 문제가 없는 평가 방법을 해결책으로 찾고 싶은 마음은 무지개 끝에 있는 황금 단지를 찾는다거나 잭의 마술콩을 찾는 마음과 같다. 둘 다 판타지일 뿐이다.

진단 단계에서 사용된 동일한 측정 도구의 반복 사용

이 방법은 애초부터 인터벤션이 필요한 이유가 확실히 있었다는 사실을 전제로 사용되는 방법이다. 인터벤션의 필요성이 조직에서 매년 혹은 격년제로 실시하는 인터뷰나 설문조사 형태의 직원 피드백 시스템을 통해 나타났을 수도 있고 포커스 그룹(focus group)이나 서면 혹은 온라인 설문조사를 통해 반영된 고객들의 피드백을 통해 나타났을 수도 있다. 혹은 **통계적 프로세스 관리**(Statistical process control, SPC) 차트를 통해 품질이나 생산에 문제점이 발견되어 인터벤션이 필요하게 되었을 수도 있다. 문제 해결을 위하여 어떤 프로세스가 이용되었든지 그 프로세스를 반복하면 애초에 제기되었던 문제를 해결하는 데 인터벤션이 효과적이었는지, 아니었는지를 밝혀낼 수 있을 것이다.

반복 측정의 장점 어떤 면에서 보면 이 방법은 타당도가 가장 높은 방법일 수 있다. 왜냐하면 애초에 문제점을 지적했거나 인터벤션의 필요성을 알린 바로 그 프로세스를 반복하는 것이기 때문이다. 어떤 문제점이 있다고 알린 애초의 의견 제안을 조직 시스템이 기꺼이 받아들였기 때문에 그 영향력은 상당하다. 기존의 문제가 더 이상 존재하지 않는다는 사실이나 문제의 심각성이 줄어들었다는 사실을 증명하게 되면 시스템 내에서 높은 수준의 신뢰성을 얻게 될 것이다. 게다가 처음에 사용한 측정 도구가 이미 마련되어 있는 상태라서 다시 새로운 측정 도구를 만들 필요가 없으므로 비용을 절감할 수 있다. 마지막으로, 처음에 특정 인터벤션의 필요성을 제기했던 이해관계자들에게 그 인터벤션이 끝나고 효과에 대한 그들의 의견을 물어보면, 그들은 초반의 자신들의 의견이 인정받았고 수용되었다고 느낄 것이다.

반복 측정의 단점 원래의 진단 프로세스에 인터뷰나 설문조사가 포함된 경우, 동일한 측정법을 반복하게 되면 시간과 비용이 많이 소요될 수 있다. 게다가 직원이나 고객들이 설문조사 응답을 지겹게 여겨서 조사에 대한 응답률이 떨어질 가능성이 높고 그 프로세스 자체를 심각하게 여기지 않을 수 있다. 그리고 평가 단계에 참여한 응답자가 이전 진단 단계에 참여한 사람과 다를 수도 있다.

새롭게 대두되는 상황 때문에 처음 진단 단계에 포함되었던 항목의 질문을 바꾸거나 추가하거나 없애고 싶은 유혹이 생길 수도 있다. 그렇게 되면 새로운 질문에 대한 답을 얻는 데는 도움이 될 수 있지만, 평가 목적에 필요한 정보의 가치를 훼손할 위험이 있다. 또한 애초부터 그 진단 프로세스가 타당하거나 신뢰할 수 없는 것이었다면 이런 평가 과정을 반복하더라도 타당하고 신뢰할 만한 성과를 도출할 수 없다. 끝으로, 통계적 프로세스관리(SPC)와 같은 기술적인 프로세스가 포함된 경우에는 경영층 (심지어 조직개발 전문가도)이 그 결과물을 어떻게 해석해야 하는지 모를 수 있다.

투자대비효과(ROI) 모델(인적자원회계)

투자대비효과 모델(Return-on-investment, ROI)과 비슷한 방법인 **인적자원회계 (Human resource accounting)**는 모든 투입물(input)과 산출물(output)을 재무적인 용어로 전환하려는 시도이다. 조직개발 인터벤션이나 조직개발 기능이 얼마나 조직에 기여를 하는지 측정하여 조직개발 투자대비효과가 얼마나 발생했는지를 백분율로 나타내게 된다. 이 백분율 수치로 인적자본에 대한 투자와 다른 종류의 자본에 대한 투자를 비교할 수 있다.

먼저 조직개발이 조직에 기여할 수 있는 중요한 부분이 조직의 재무 상태라는 것을 인정하게 되면 투자대비효과 모델을 채택할 수 있다. 조직개발에서는 투입물과 산출물 간의 상관관계를 확인할 완벽한 방법이 없으므로, 경영진이나 관리자 혹은 관련 분야의 전문가가 최대한 어림짐작해서 대략적인 추정치를 내놓거나 아니면 통제집단이나 실험집단(추후 다시 논의)을 활용해야 할 것이다.

투자대비효과 모델과 같은 방법을 채택하는 배경은 재무를 바탕으로 움직이고 재무 상태에 따라 의사결정을 하는 비즈니스의 속성에서 찾을 수 있다. 따라서, 이는 조직개발을 위해 투자된 자본이 다른 투자처에 투입되었을 때보다 더 많은 재무적 성과를 도출한다는 것을 증명함으로써 조직 내 조직개발의 정당성을 입증해야 한다는 주장이다. 하지만, 조직개발과 성과의 인과관계를 증명하기가 쉽지 않은데 어떻게 투자대비효과 모델을 조직개발에 적절히 적용할 수 있는지 의문인 독자도 있을 것이다. 예를 들어, 조직은 '새로운 물류시설을 구축해야 하는가?'와 같은 물음에 답하기 위해 예상되는 투자대비효과(즉, 모든 기존 지식을 총망라한 추측을 기반으로)를 검토해 본다. 그러나 대개의 경우 그런 추측 결과를 신뢰하기는 매우 어렵다. 이런 이유로 투자대비효과 모델은 조직에서 다른 어떤 지원 기능(광고, 마케팅, 재무, 회계, 설비, 구매, 행정 등)에 대해서도 적용하기 힘든 측면이 있다. 이렇듯 조직개발에 적용하기 힘든 만큼이나 이들 지원 기능부서에서도 투자대비효과를 성공적으로 적용하는 경우를 만들기가 힘들다.

투자대비효과를 측정하는 공식은 아래와 같다.

$$\text{ROI}(\%) = \frac{(\text{수익} - \text{비용})}{\text{비용}} \times 100$$

투자대비효과 모델의 장점 이 모델의 매력은 금전 단위의 계량적인 정보를 제공한다는 것이다. 이 방법은 금전적 재무 상태를 이용하므로, 비즈니스 목표와 연계되어 있고 따라서 종종 비즈니스 전략과도 연계된다.

투자대비효과 모델은 관리자들에게 가장 익숙한 방법이므로 조직개발 전문가와 일반 관리자 간의 의사소통도 원활하게 해 준다. 이렇게 향상된 의사소통의 결과로 인해 관리자와 조직개발 전문가가 내리는 의사 결정이 향상될 가능성이 높아진다. 사실 이 과정에서 투자대비효과의 계수를 산출하기 위해 관리자들이 직접적으로 참가하게 되므로 관리자들을 조직개발 프로세스에 적극적으로 드러내 놓고 동참시키게 된다. 또한 관리자들이 자신들이 참여해서 나온 수치를 나중에 반박하기가 쉽지 않게 된다. 마지막으로, 조직개발이 지출이 아닌 투자의 대상임을 강조하므로 조직개발에 쓰인 비용을 바라보는 관점에 영향을 준다.

투자대비효과 모델의 약점 조직개발을 평가할 때 투자대비효과 모델을 이용하고자 하는 많은 사람들의 노력에도 불구하고, 또한 투자대비효과 방법을 채택해 달라고 요구하는 조직들이 있음에도 불구하고 유감스럽게도 투자대비효과는 중간에 개입되는 변수들 때문에 측정이 불가능한 방법이다. 따라서 직접적인 인과관계를 증명할 방법이 없다. 다음과 같은 여러 이유로도 투자대비효과 모델은 완벽한 해결책이라고 할 수 없다.

- 투자대비효과에 사용할 수치를 결정할 때 평가자들 간에 의견 수렴이 되지 않을 수 있다. (예, 평가자들 간의 신뢰도가 낮을 경우)
- 정확한 수치를 산출할 방법이 없으므로 투자대비효과는 추측에 근거할 수밖에 없다.
- 통제 집단(control group)을 사용하게 되면 그것이 처음부터 전사적으로 실행되지 않고 그 프로그램의 혜택이 실험 집단에 속한 사람들에게만 한정되기 때문에 훌륭한 프로그램이 실행되더라도 그것이 조직에 미치는 영향은 감소해 나올 것이다. 만일 그 프로그램이 조직에 유익하다면 처음부터 전사적으로 그 혜택을 얻기 원할 것이다. (더 자세한 논의는 통제 집단에 대한 추후 논의를 참고) 물론 뒤집어 생각하면 통제 집단 측정을 하면 질이 떨어지는 프로그램의 영향도 제한적으로 나타날 수 있다.
  투자대비효과의 실행 프로세스에 관리자들과 다른 인력들을 적극적으로 참여시킬 때 소요되는 시간 때문에 이 방법은 비용이 많이 든다. 하지만, 다른 어떤 형식의 조직개발 활동에서도 그 정도의 참여는 바람직하지 않느냐고 반문하는 주장이 있을 수도 있다.
- 투자대비효과는 사업의 다른 모든 측면에서도 이를 입증할 수 있을 것이라는 잘못된 가정을 토대로 한다.
- 조직개발 실행 자체를 반대하는 데에도 언급되는 주장으로, 빠르게 변화하는 세상에서 투자대비효과를 실시하기에는 너무 많은 시간이 걸린다.
- 눈에 보이지 않는 것들을 모두 재무적으로 환산할 수는 없다. (직원 만족도, 윤리적인 비즈니스 의사 결정 등) 성공률은 천차만별이었지만 가시적이지 않은 이익에 재무적인 가치를 대입해 보려는 시도가 이전부터 있어 왔다. 예를 들면, 조직을 대상으로 연구할

때 직원들이 조직을 떠나지 않고 남게 되는 경향을 알아내고자 할 때는 직원 만족도 측정치를 이용할 수 있다. 직원 이직률에 재무적인 수치를 대입할 수도 있다. 단, 다시 말하지만 이와 같은 것을 정확히 측정하려면 시간도 많이 소요될 뿐 아니라 측정하기도 매우 어렵다.

- 전략적 포지셔닝(strategic positioning)에 대한 투자대비효과를 측정하면 낮은 수준 혹은 마이너스의 투자대비효과로 나타나 전략적 포지셔닝에 대한 부정적 시각이 생길 수 있다. 하지만 더 큰 손실을 가져오는 다른 방법보다는 0%나 심지어 마이너스인 투자대비효과를 가져오는 전략적 포지셔닝이 더 나을 수도 있다.

- 비용에서 가끔씩 감가상각비나 간접비용, 생산성 손실과 같은 중요한 요소가 빠질 수도 있다. 물론 이에 대한 방안은 적용 가능한 모든 비용 요소들을 다 포함시키는 것이다.

- 투자대비효과는 (다른 여타 평가 방법이 그러하듯이) 정치적으로 민감할 수 있다. 실제로는 다른 부서에서 생긴 이득을 자기 것으로 과대 계상할 수도 있고 다른 부서에 비용을 과도하게 부과할 수도 있기 때문이다.

- 투자대비효과를 많은 사람들이 지지함에도 불구하고 성공적인 적용 사례는 찾아보기 힘들다는 점이 약점이다. 투자대비효과가 바람직한 방법이고 실제로 도움이 된다면 많은 조직들이 이를 활용하고 있어야 하기 때문이다.

- 다른 접근 방법과 마찬가지로 투자대비효과 방법도 결과를 조작하기가 쉽다.

대기업 월드컴(Worldcom)의 교육부서 이사였던 피팔(Pipal, 2001)은 "오늘날 기업 환경에서 투자대비효과 방법은 죽었다. 급속하게 돌아가는 비즈니스 환경에서는 전통적인 방법으로 투자대비효과 방법을 사용할 시간이 없다. 그 누구도 투자대비효과를 따지지 않을 정도로 재무적 이득이 탁월해야만 한다."라고 단언했다. MCI가 월드컴을 인수한 과정만 보더라도 변화가 얼마나 빨리 일어날 수 있는지를 잘 알 수 있다.

커크페트릭의 4단계 평가 모델

아마도 훈련과 개발에 있어서 가장 광범위하게 사용되는 평가 방법은, 조직개발 인터
벤션의 하나라고 볼 수도 있는, 커크페트릭(Kirkpatrick, 1998)의 4단계 평가 모델일 것
이다. 1950년대 후반과 1960년대 초반에 알려진 이 모델은 커크페트릭에 의해 다시
수정되면서 폭넓게 사용되었다.

커크페트릭에 의하면 4단계의 평가가 이루어져야 한다.

- 반응 (가끔 포커스 그룹이 활용되지만 간단한 설문조사로 측정됨)
- 학습 (보통 필기 시험이나 시범적 수행을 통해 측정할 수 있다.)
- 행동 (감독자나 제3자의 관찰이나 자기 보고)
- 조직에 미친 성과 (재무적 측정)

지역사회나 국가에 미친 영향(거시경제적 측정법을 사용해)도 추가해야 한다고 주
장하는 사람들도 있다. 그러나, 이 모델에 비판적인 학자들도 있는데 아마도 홀튼
(Holton, 1996)이 가장 두드러진 비판자일 것이다.

4단계 모델의 강점 커크페트릭의 모델이 수십 년 간 활용되고 검토되어도 건재할 수
있었던 이유는 여러 가지가 있다. 가장 두드러진 이유는 이 모델이 간단하고 이해하
기 쉽기 때문일 것이다. 게다가 이 모델이 오랜 기간 광범위하게 사용되어 왔기 때문
에 4단계를 사람들이 비교적 잘 이해하게 되었고 전문가들이 사용하는 공용 어휘로
자리 잡게 되었다는 사실도 그 이유 중 하나이다. 이 모델에는 시스템 관점의 시사점
이 있는데, 이는 시스템이 다양한 변수로 구성되어 있고 조직개발 전문가에게 기대하
는 다양한 결과물을 찾고 있기 때문이다.

4단계 모델의 약점 광범위하게 사용되고 있는 평가 방법이지만 커크페트릭의 4단계

모델에도 많은 약점이 존재한다.

- 연구 검증이 부족하다. 연구에 의하면, 수행결과에 대한 반응과 학습 사이의 상관관계가 약하다는 의견이 있어 왔다.
- '단계(level)'라는 용어 사용이 부적절하다. 왜냐하면 단계라는 단어가 지닌 뜻처럼 하나의 단계가 다음 단계로 자동적으로 연결되지는 않기 때문이다.
- 이 방식은 4단계 중에서 가장 중요하고 어려운 4번째 단계 평가를 어떻게 실행해야 하는지를 파악하기 힘들다.
- 위의 사실이 4개의 모든 단계에 대한 체계적 평가를 하지 않아도 되는 구실을 제공한다.
- 이것은 모델이라기보다는 간단한 분류 방법이다. (Holton, 1996)
- 이것은 주로 교육과 훈련을 평가하기 위해 설계된 것이므로 다른 조직개발 기능에는 잘 맞지 않을 수 있다.

이 4단계 모델은 다른 조직개발 이슈보다는 교육훈련(T & D)성과를 평가하는 데 더 많이 쓰이는 경향이 있다. 이런 문제점이 있긴 해도 모델의 단순성과 광범위한 활용성 때문에 4단계 평가 모델은 쉽게 사라지지 않을 듯하다.

균형성과평가(Balanced scorecard)

캐플란과 노튼(Kaplan & Norton, 1996)에 의하면 전략 수립과 평가는 4가지의 관점을 고려하여 착수해야 하는데 각각의 카테고리에 해당하는 적절한 질문에 맞는 답을 찾을 수 있어야 한다.

재무적 관점 ▶ 조직의 소유자(주주)를 만족시키기 위하여 무엇을 해야 하는가?
고객 관점 ▶ 고객을 만족시키기 위해서 무엇을 해야 하는가?

내부 비즈니스 관점 ▶ 어떤 프로세스를 쓰면 가장 효율적인가?

혁신 및 학습 관점 ▶ 확실히 학습과 성장을 보장하기 위해서 무엇을 해야 하는가?

베커, 휴스리드, 울리치(Becker, Huselid & Ulrich, 2001)에 의하면 균형성과평가(Balanced scorecard, BSC)를 수립하기 위해서는 다음과 같은 보다 더 포괄적인 질문에 답을 해야 한다.

- 그저 가지고 있기에 좋기만 한 것이 아니라 실제로 결정적으로 중요한 전략적 목표 · 목적 · 성과는 무엇인가?
- 각각의 목표를 이룰 수 있도록 성과를 만들어 내는 것은 무엇인가?
- 목표로 향해 가는 과정에서 달성하기 위한 성과동인은 무엇인가?
- 목표를 성취할 때 장애물은 무엇인가?
- 목표를 달성하기 위해서 직원들은 어떻게 행동해야 하는가?
- 목적을 달성하기 위해 필요한 직원들의 역량과 행동에 조직개발이 도움을 주고 있는가?
- 위의 질문들에 대해 긍정적으로 답할 수 없다면 어떤 변화가 필요한가?

균형성과평가는 비단 조직개발 분야뿐 아니라 다른 비즈니스 기능 부문에서도 많이 활용된다. 하지만, 이러한 인기에도 불구하고 이 방법 또한 조직개발 평가 문제의 완벽한 해결책은 아니다.

조직개발 평가에서 균형성과평가의 강점 이 방법이 널리 쓰이는 이유는 아마도 전략적으로 보이고 조직의 재무 상태에 초점을 맞추기 때문일 것이다. 게다가, 균형성과평가는 지속적인 변화와 유연성을 요구하는 조직의 전략 실행에 역점을 두고 있다. 또한, 균형성과평가에 쓰이는 성과 측정법은 지속적으로 사용된다. 균형성과평가의 다른 인기 요인은 최근 널리 쓰이고 있어서 용어 자체가 사람들에게 점점 친숙해지고 있고, 최종 목표 결과물(deliverable)과 현재 실행 가능한 것(doable)을 명확히 구분하기 때문이다. (Becker et al., 2001) 또한 균형성과평가는 인적 자본(회사 가치의 85%)에 초점을 맞춘다.

조직개발에서 균형성과평가의 약점 균형성과평가도 투자대비효과 평가가 가지고 있는 문제점과 같은 문제를 많이 가지고 있는데 그 중 다음과 같은 약점을 주목해 봐야 할 것이다.

- 가장 중요한 성과를 계량으로 측정하기가 어렵다. 시스템은 가장 쉽게 측정될 수 있는 성과를 주목하게 된다.
- 혁신 및 학습 관점과 다른 관점들 사이의 인과관계가 성립되어 있지 않다.
- 균형 성과평가는 지나치게 단순화된 전략 모델이다. (단지 4가지 부분에만 중점을 두고 질문을 함)
- 훈련과 개발 시스템을 구축하기 위한 착수 비용이 많이 든다.
- 이 평가의 목표는 지속적으로 업데이트되지 않으면 효용이 금세 사라질 수 있다. (이는 앞에서 언급한 장점과는 모순이 된다.)

필자 역시 조직개발 평가에 있어서 균형성과평가 접근 방식을 적용하여 성공을 거둔 사례를 보지 못했다. 만약 이에 관한 연구 보고서가 나온다면 균형성과평가 방식은 지금보다 더 널리 활용될 것이다.

통제집단실험(Control group experiment)

어떤 인터벤션을 경험한 사람과 경험하지 않은 사람들 사이에 존재하는 차이점을 알기 위해서 통제 집단 실험을 이용할 수 있다면 이것야말로 가장 효과적인 평가 방법일 것이다. 그러나 여러 이유로 비즈니스 환경에서는 좀처럼 실행되지 않고 있다.

- 대개 실험 집단이나 통제 집단, 또는 두 집단 모두에 흔히 너무 적은 수의 참가자가 할당된다. 이럴 경우 통계적 유의성을 얻어 내기가 힘들다.
- 마찬가지로 적은 수의 사람만 참가하므로 거기에 참여하는 직원의 익명성을 보장하기 힘들 수도 있다.
- 비즈니스 (혹은 법적인) 목적으로는, 인터벤션이 모든 직원에게 동시에 필요할 수 있다.
- 일정이나 업무 팀 및 노조 측의 동의 등 여러 상황들로 인해서 각 부문의 직원들을 무작위로 차출하기 어려울 수 있다.
- 비즈니스의 목적은 비즈니스를 하는 것이지 연구를 하는 것이 아니다. 더욱이 그러한 실험 연구를 실행하는 데 필요한 전문성이 조직 내에 없을 수 있다.
- 인터벤션을 경험하고 있는 직원들과 아직 경험하지 못한 직원들이 함께 일하도록 만드는 것이 어려울 수도 있다.
- 이런 접근법은 평가에 대한 해답이 정해지기 전까지 시간이 많이 소모될 수 있다. 이렇게 시간이 더 오래 걸리게 되면 더 많은 비용이 초래될 것이다.
- 실행한 인터벤션이 정말로 효과적인 것이라면 먼저 인터벤션을 받은 직원만 먼저 인터벤션의 혜택을 받게 된다. 나머지 직원들은 나중에 인터벤션을 받음으로써 조직 내에서 인터벤션의 혜택을 누리게 되는 시점의 차이가 발생한다. 물론 그 인터벤션이 효과적이지 못하다면 인터벤션을 받지 않은 나머지 직원을 보호한 셈이 된다.

평가의 목적이든 연구의 목적이든, 이 접근법은 조직에서 좀처럼 사용되지 않는다. 그 결과, 조직에 가장 효과적인 인터벤션이 무엇인지 파악할 때 필요한 근거를 확보하지 못하게 된다.

시스템 관점 평가(System perspective evaluation)

시스템 관점 평가는 앞서 소개된 평가 방법 중 한 가지 방법만을 사용하는 것은 효과적이지 않으므로 다각적 측정(triangulation)을 해야 한다고 주장한다. 복수의 측정법을 쓰면 인터벤션의 효과성을 다양한 각도로 확인할 수 있다는 것이다.

시스템 관점에서 본다면, 조직개발 전문가는 경영진과 협업을 이루어 특정한 평가를 통해 원하는 정보를 찾아내 조직에서 부족한 점이 무엇인지 파악한다. 그리고 여러 가지 형태의 평가 방법을 활용하여 조직개발 성과에 대한 더 광범위한 시각을 제공한다. 이 방법에서 조직개발 전문가는 인터벤션이 실행되기 전에 이해관계자와 함께 기대하는 조직개발 기준과 결과 수준을 설정한다. 그리고 조직개발 성과를 측정하는 방법을 명시한 질적, 양적 피드백을 보고서에 포함한다. 이 모든 요소를 전부 활용하는 궁극적인 목표는 그 누구도 조직개발의 가치 창출에 의문을 가지지 못하도록 조직개발을 훌륭히 실행하기 위해서이다.

종단평가

종단평가는 조직개발을 통한 변화 노력을 계속 유지하고, 인터벤션 이전 상태로 되돌아가려는 성향을 경계하는 조직의 능력을 파악하는 데 매우 중요하다. 종단평가는 이 장의 최종평가 부문에서 제시되었던 평가 방법들과 별반 다른 방법이 필요하지는 않다. 단지, 고객조직과 조직개발 전문가가 지속적이고 헌신적으로 그 조직에 변화의 효과가 지속되는지에 대한 정보를 계속 수집해야 한다. 종단평가는 또한 시스템 이론에 대한 우리의 이해와 일맥상통하게도 인터벤션의 직접적인 목표 대상이 아니었던 조직 부문의 변화도 쉽게 파악할 수 있게 한다.

종단평가를 향후 실행계획 수립과 인터벤션을 위해 실시하는 정기적인 진단 방법의 하나로 소개한다면 조직으로 하여금 종단평가를 채택하도록 보다 쉽게 납득시킬 수 있을 것이다. 이때 물론 평가 방법으로서의 종단평가도 동시에 실시한다. 대부분의 조직은 종단평가의 이점을 충분히 누리지 못하는 경우가 있는데 이는 비용 때문이기도 하고 그 프로세스를 거칠 때 조직이 얻게 되는 이점에 대한 충분한 이해가 부족하기 때문이기도 하다.

종단평가를 고려할 때 조직이 주의해야 할 몇 가지 사항이 있다. 첫째, 각 단계 사이에 시간 간격이 충분하지도 않은데 너무 자주 반복하다 보면, 특히 인터뷰나 설문조사처럼 참여자의 적극적인 응답이 필요할 경우, 종단평가에 참여하는 직원들이 평가 프로세스를 지겹다고 생각할 수 있다. 고객만족 프로그램이나 통계적 프로세스 관리(Statistical process control, SPC)와 같은 방법으로 자료를 지속적으로 수집하게 되면 이런 문제를 피할 수 있을 것이다.

또 다른 문제는 앞에서도 언급한 바 있듯이 베타변화(Beta change)나 감마변화(Gamma change)로 인한 것이다. 특정 변수를 보는 관점이 변하거나 조직에서 중요하게 여기는 변수 자체가 바뀌면, 종단평가 방법으로는 중요하지만 기존에는 측정되지 못했던 요인들을 선별하지 못할 수도 있다.

끝으로, 시스템 관점에서 볼 때 종단평가에서 생길 수 있는 한 가지 문제점은 평가 결과에 영향을 미치는 시스템상(예를 들어, 경제적 환경)의 변화가 평가의 대상이 되는 인터벤션이나 측정 대상이 되는 변수들과 아무런 상관이 없을 수도 있다는 것이다.

중간평가

인터벤션이 진행되는 중에 실시하는 **중간평가(Formative evaluation)**는 유연성을 도모하고 실행 중인 인터벤션에 신속한 변화를 줄 수 있다는 점에서 매력이 있다. 중간평가를 도입하면 조직개발 프로세스 사이클에서 매번 제일 처음으로 돌아가서 다시 시작할 필요가 없게 된다. 사실 중간평가의 근거 자료가 되는 많은 부분이 조직개발 인터벤션의 일부분이기도 하다.

본질적으로 **프로세스 자문(Process consultation)**이란 지속적으로 평가와 피드백을 하는 하나의 형식이다. 조직개발 전문가는 자신이 관찰을 통해 포착한 것과 그것이 어떻게 프로세스에 영향을 미치는지에 대해 조직개발 인터벤션 프로세스 참여자들에게 알려 준다. 앞서 여러 장에 걸쳐서 설명한 인터벤션 중의 몇 가지는 변화를 가져올 뿐만 아니라, 프로세스가 얼마나 잘 이루어지고 있는지에 대한 피드백을 제공하기도 한다.

이미 앞에서, 조직 내에 존재하는 프로세스의 성과에 대한 정보를 제공하기 위해 다양한 통계적 도구를 사용하는 프로세스인 통계적 프로세스 관리(SPC)를 언급한 바 있다. SPC의 중요한 도구인 실행 절차도(Run chart, 시간의 흐름에 따른 프로세스와 성과의 추이 분석 ─ 옮긴이)와 관리도(Control chart, 프로세스가 예측가능한지 그리고 안정적인지를 판단 ─ 옮긴이)는 언제 바람직한 수준의 개선이 일어나는지와 언제 성과가 멈추는지 또한 성과가 바람직하지 못한 방향으로 흐르는지를 그래프 형식으로 명확하게 보여 준다. 이 차트를 면밀하게 보는 것만으로도 즉각적인 피드백을 얻을 수 있다. 한 가지 문제점은 시스템이 제대로 작동하는지 보여 주기 위한 충분한 자료를 얻으려면 충분한 시간이 필요한데 조직이 이를 기다려 주지 않을 수도 있다는 점이다. 통계적 프로세스 관리는 시스템 내의 변화 편차가 정상적인 변화 편차의 결과인지 아니면 다른 특별한 원인(예: 불량 원자재) 때문인지를 규명할 수 있도록 도와준다. 섣부른 대응은 결과 자료를 이용하여 근원적 원인을 규명하기보다는 단지 증상에만 대처하는 미봉책(tampering)에 불과할 수 있고, 이는 오히려 시스템에 더 큰 문제를 야기할 수 있다.

팀 환경에서 중간평가를 쓸 수 있는 방법은 여러 가지가 있다. 팀 차원의 인터벤션을 다룬 제7장에서 팀 미팅 때 일어나는 상호 의사소통 패턴을 시각적으로 표현해 주는 소시오그램(sociogram)이 언급된 바 있다.

또한 조직개발 전문가는 자신이 수행한 일의 질을 평가하기 위한 피드백을 요청해 듣고, 필요한 수정을 하는 데에도 중간평가의 도움을 받을 수 있다. 때로는 고객에게 일이 어떻게 진행되고 있는지 질문을 던지거나 대화를 나눠 보는 것만으로도 충분할 수 있다. 고객조직의 많은 인원이 참여하고 있다면, 특정 양식을 만들어서 조직개발 전문가가 상호 교류하고 있는 조직의 모든 구성원으로부터 피드백을 받을 수 있다.

중간평가를 해야 할지 아니면 최종평가를 해야 할지 선택하는 것은 중요하지 않다. 두 방법 모두 그 자체로 중요하고 다른 목적을 갖고 있다. 지속적인 향상을 중시하는 조직과 같이 일을 하는 유능한 조직개발 전문가는 중간평가, 최종평가, 종단평가 세 가지를 모두 활용할 것이다.

평가와 관련된 조직개발의 전략적 요소

각각의 평가 방법은 그것이 지닌 장점만큼이나 단점도 가지고 있다는 사실을 주지하면서, 보다 더 효과적으로 조직개발을 수행할 수 있도록 하는 몇 가지 사항을 살펴보자.

- 모든 조직개발 활동을 조직의 전략에 연결시켜라. (조직의 전략을 파악해야 한다는 것)
- 고객이 조직개발로부터 무엇을 원하는지 파악하라. 고객의 기대치가 타당하다면 그 기대치를 충족시키고, 타당하지 않다면 그 이유를 설명하고 타당한 기대치가 어떤 것인지 알려 줘라.
- 고객 조직 내 파트너와 전략적으로 일하라.
- 고객이 중요하게 여기는 것을 측정(평가)하라.
- 성공적인 조직개발 성과를 조직 내 구성원과 폭넓게 공유하라.
- 조직개발 팀과 실행 팀의 학습을 독려하라. (가령, "우리는 이것으로부터 무엇을 배울 수 있는가?")
- 다각적 측정(triangulation)을 이용하라. 다양한 평가 방법으로 측정해도 성과가 동일하다는 점을 보여 준다면 조직개발이 기여했다는 더욱 뚜렷한 증거가 될 것이다.

요약

실행계획 수립과 인터벤션 단계에서 조직개발 전문가가 추진한 것이 어떻게 잘 작용했는지에 대한 피드백을 제공하기 위한 정보 수집은 중요하다. 평가 시점에 따라 보통 크게 3가지의 평가 방법을 사용하는데, 첫째는 중간평가로 변화가 일어나는 과정에 행해지는 평가 방법이다. 둘째는 변화의 마무리 단계에서 실행할 수 있는 최종평가이며, 마지막으로 종단평가는 특정한 변화 프로세스 이후에 시간의 경과에 따라 주기적으로 실시하는 방법이다. 평가 프로세스에서 다양한 접근 방법을 사용할 수 있는데 우리는 이 장에서 몇 가지 방법에 대해 각각의 장점과 약점을 살펴보았다. 평가에 대한 최적의 접근 방법을 찾으려는 노력에도 불구하고 아직까지 단점 없는 완벽한 평가 방법은 나오지 않은 듯하다. 이에 대한 가장 효과적인 해결책은 조직개발 노력을 조직의 전략과 연계시키고 다각적 측정을 활용한 여러 가지 평가 방법을 사용하여 각각의 평가 방법이 지닌 문제점을 극복하는 것이다.

평가는 필수적인 것으로, 간과되어서는 안 된다. 평가를 통해서만이 프로세스가 제대로 진행되지 않거나 조정할 사항이 생길 때 재빠르게 대처를 할 수 있다. 조직개발 전문가와 고객조직이 함께 하는 조직개발 작업에서 학습의 기회를 가지는 것 또한 중요하다.

토론 및 성찰을 위한 과제

1. 필자는 평가가 필수적이라고 주장했는데 이 의견에 동의하는가, 동의하지 않는가?

2. 이 장에서 검토된 여러 가지 평가 방법 중에서 하나만 선택해야 한다면 어느 것을 택하겠는가? 그 이유는 무엇인가?

3. 이 장에서 검토된 많은 평가 방법 중에서 어떤 방법이 가장 취약하다고 보는가? 그 이유는 무엇인가?

4. 중간, 최종, 종단평가 간의 상호작용에 대해 논의해 보라.

5. 이 장에서 제안된 것 이외에 어떤 방법이 중간평가에 이용될 수 있다고 생각하는가?

6. 평가 방법 중 어떤 한 가지 방법도 우리가 원하는 모든 것을 만족시킬 수는 없을 것 같은데, 다각적 측정법이 평가 단계에서 어떻게 효과적으로 기여할 수 있다고 생각하는가?

7. 평가 프로세스의 결과가 어떻게 활용되어야 한다고 생각하는가?

제13장

변화의 제도화

3단계 변화 모델

변화에 대한 지속적 관심

공동 기획을 통한 제도화

제도화 프로세스에 영향을 미치는 요소

변화에 대한 저항

요약

토론 및 성찰을 위한 과제

개요

오늘날처럼 역동적이고 빠르게 변화하는 세상에서 변화를 제도화하는 것은 분분한 의견 차를 불러 온다. 어떤 이들은 변화가 너무나 빠르게 진행되기 때문에 조직이 매번 그 변화를 제도화하기에는 무리가 있고 차라리 끊임없는 변화의 과정 선상에 있어야 한다고 한다. 이같은 주장에 반대 의견을 가진 이들은 변화가 받아들여져서 제도화되었다는 증명이 보이기 전까지는 조직문화가 변했다고 볼 수 없다고 주장한다. 이 장의 목적은 위와 같은 두 가지 주장을 조율하고자 하는 것이다.

실행과 평가 단계를 거치면서 조직개발 전문가는 실행계획 수립 단계에서 제안했던 변화가 파일럿 실행 또는 변화의 초반 적용에서 성공적이었다는 것을 알게 되면 이 성공을 발판으로 조직은 이제 그 변화를 조직 전반에 받아들이기로 결정을 하게 된다.

그림 13.1 조직개발 프로세스 모델을 보면 알 수 있듯이, 일단 제도화 단계가 시작

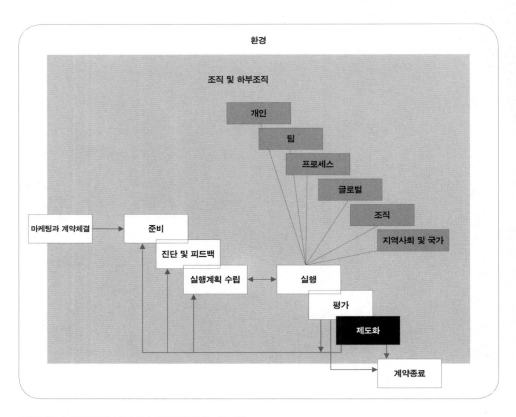

그림 13.1 조직개발 프로세스 모델 7단계, 제도화

되면 사이클의 초기 단계로 되돌아가거나 계약종료 단계로 옮겨가게 된다. 지속적인 향상을 추구하기 위해서 사이클을 다시 시작하고 새롭게 만들어진 문화와 프로세스를 탐구하면서 어떻게 그것이 더 향상될 수 있을지 알아 본다. 왜냐하면 조직문화에 변화를 더 효과적으로 적용시킬 수 있는 가능성은 얼마든지 있기 때문이다. 새롭게 실행되어 받아들여진 문화요소라도 이러한 과정이나 또 다른 파일럿 실행을 통해 새로운 요소로 대체될 수 있다. 제도화 단계를 살펴보면서 이 단계에 수반되는 변화에 대해서 더 자세히 알아 보도록 하자.

3단계 변화 모델

레윈(Lewin, 1947)은 조직에 변화를 가져오려면 반드시 거쳐야 하는 3단계가 있다고 주장했다. 해빙(unfreeze), 이동(move), 재결빙(refreeze)이 그것이다. 이 3단계 변화 모델(Three-step change model)은 조직이 기대하는 변화가 진단 프로세스를 통해서 먼저 파악되어야 한다는 점을 전제로 하고 있다. 이를 통해서 조직이 바라는 대로 발전하지 못하도록 방해하는 요소들을 파악할 수 있고 그에 따라 조직개발 전문가는 교육, 자각과 경험을 통해 바라는 대로 발전하지 못하도록 방해하는 요소로부터 조직이 벗어날 수 있도록 조직을 도와주는 일을 하는 것이다. 조직문화가 일단 '해빙'되면 다음 단계는 이 책의 앞에서 다루었던 다양한 인터벤션을 통해서 원하는 방향으로 '이동' 시키는 것이다. 조직이 원하는 방향으로 움직여서 원하는 상태에 다다르게 되면 이제는 '재결빙', 즉 조직의 문화 또는 관행이 되도록 한다. 이러한 재결빙이 바로 제도화 단계이다. 따라서 제도화는 두 가지 기능을 한다. 첫째로 변화의 목표 대상이 변화 이전의 상태로 되돌아가지 못하도록 하는 것이고 두 번째는 원하는 변화가 조직 전체에 넓게 전파되도록 하는 것이다.

하지만 개요에서 언급했듯이 일부 조직개발 전문가들은 이 모델이 오늘날 더 이상 적절하지 않다고 믿는다. 세상이 역동적으로 급변하기 때문에 '재결빙' 단계의 정적인 특성이 이 같은 상황에 잘 맞지 않는다고 주장한다. 차라리 그들은 '해빙, 이동, 이동, 이동, 이동'과 같이 끝없는 움직임을 강조한다. 물론 이 주장과 그들이 제안하는 모델도 일리는 있다. 많은 조직들이 (심지어 국가를 포함하여) 변화하는 환경, 변화하는 규제, 변화하는 시장, 변화하는 경쟁의 압박에 신속하게 대응해야 할 필요에 직면해 있다. 이런 요소들로 인해서 재결빙 단계가 어리석고 심지어 위험하게까지 여겨지게 된다. 왜냐하면 재결빙 단계에서는 조직이 역동적 환경 변화에 맞추어 발 빠르게 대응할 수 없기 때문이다.

달리 생각해 보면, 조직의 모든 요소가 똑같이 역동적인 변화에 맞추어야 하는 것도 아니고 반드시 역동적으로 환경에 대응해야 할 필요가 있는 것도 아니다. 사람들이 그들의 삶과 의사결정의 기초로 삼는 탄탄한 기반도 없이 끊임없이 변화하는 것은 불가능하다는 주장도 있을 수 있다. 따라서 이와 같이 명백히 상충되는 의견에 대한 해결책은, 조직개발의 많은 경우와 마찬가지로, 양자택일의 결정이 아니라 상황이 허락하는 선에서 조율을 하는 것이다. 어떤 상황에서는 보다 정적인 모델이 완벽히 맞을 수 있고, 또 다른 상황에서는 매우 역동적인 모델이 필요할 수 있다. 또 이 두 모델의 중간적 입장이 들어맞을 수도 있다. 이와 같이 한 조직 내에서도 성공적으로 실행된 변화 프로젝트 성격에 따라 두 가지 모델을 다 채택해야 할 필요가 있을 수 있다. 즉, 어떤 변화는 보다 정적으로 보이는 반면, 다른 변화는 꽤 역동적으로 보이고 실행되고 점검되는 것이다. 어느 경우든 어떤 변화도 영원할 수는 없으며, 모든 조직에서 변화는 어느 정도 당연하게 일어나기 마련이다. 영원히 지속되는 변화 내용이 존재한다고 또 존재해야만 한다고 믿는 조직 구성원이라면 자신의 생각을 바꿔야 한다. 자신의 이런 생각을 포기하지 않는 조직 구성원은 조직이 변화를 지속적으로 받아들이는 와중에 조직으로부터 영원히 소외될 것이다.

변화에 관한 또 다른 견해는 서로 다른 형태의 변화가 있다는 것이다. 제1장에서 E & O 변화 모델(E&O change model)을 살펴보았다. 이 모델과 비슷한 것으로 윅과 퀸(Weick & Quinn, 1999)은, 조직개발은 지속적 개선 방법에서 발견되는 끊임없이 진화하고 서서히 드러나는 지속적 변화(Continuous change)와, 의도적이고 드물게 일어나고 비연속적이면서 극적으로 일어나는 획기적 변화(Episodic change) 모두에 초점을 맞춰야 한다고 주장했다.

조직개발 전문가는 변화에 수반된 이런 모호성을 감안하면서 변화와 안정 사이, 지속적 변화와 획기적 변화 사이의 균형을 잘 맞춰야 한다. 예를 들어 최상의 고객 서비스에 핵심 가치를 두는 조직에게 시대가 변하고 고객들의 개성적인 기호를 만족시켜야 하는 등 조직 외부의 환경 변화로 인해 조직의 핵심 가치를 반영하기 위해 이전과는 다른 방법이 요구될 수도 있다. 이는 조직 내 상당한 변화를 필요로 한다. 예를 들면 탁월한 고객 서비스에 핵심 가치를 둔 항공사에게 웹 사이트 서비스의 등장으로 대면 고객 서비스의 필요성이 줄어들어 도심 내 항공권 발매 사무소를 열자마자 닫아야 하는 상황이 일어날 수 있다. 이런 경우에 조직개발 전문가는 탁월한 고객 서비스가 여전히 중요하다는 것을 상기시키는 동시에 더 나은 고객 서비스를 지속적으로 제공할 수 있는 최상의 방법을 찾도록 도와주어야 한다.

변화에 대한 지속적 관심

앞서 이야기한 레윈(Lewin, 1947)의 변화 모델에 대해 어떤 관점을 택할지 상관없이, 변화가 받아들여지고 제도화되었다는 이유만으로 그 변화가 처음처럼 한결같이 유지될 것이라고 기대해서는 안 된다. 또한 수용된 변화가 언제까지나 계속 조직을 위한 최선의 프로세스 또는 최선의 조치일 것이라고 기대해서도 안 된다. 실제로 시스템은 기존의 상태로 되돌아갈 수 있다. 변화가 조직에 정착하기까지 그 변화에 지속적으로 충분한 관심을 두지 않는다면 조직과 경영진은 옛날 방식으로 회귀하기 쉽다.

임원 조정위원회와 같은 경영진의 감독이 이런 대대적인 변화가 전사적이고 시스템적인 차원에서 정착하는 데 중요한 역할을 한다. 물론 이는 경영진이 변화의 중요성을 이해하고 변화에 대한 굳은 의지를 가지고 있어야 한다. 또한 경영진은 원하는 변화를 지원하기 위해 필요한 방법을 갖추어야 하는데, 특히 적절한 보상 및 인정 시스템을 통해서 변화를 일으키는 행동을 유도하고, 변화를 저해하는 행동은 억제할 수 있어야 한다. 평가에 관해 제12장에서 다루었듯이, 변화의 진척을 추적하는 측정 시스템을 갖추어 놓으면 제도화 단계에서 도움이 된다.

전사적으로 지속적인 커뮤니케이션에 초점을 맞추는 것도 변화에 대한 지속적인 관심을 유발하는 바람직한 방법이다. 또한 NIH 신드롬(Not Invented Here, 내 것 이외의 것은 거부하는 인간의 속성)으로부터 벗어날 필요가 있다. 다른 파트, 부서, 기능의 관리자들은 파일럿 실행을 통해서는 자신들이 속한 조직이 그 변화로부터 어떻게 이익을 얻을 수 있는지 제대로 된 설명을 듣지 못한다고 느끼고 변화를 받아들이지 않을 수도 있다. 끝으로, 구 시스템을 철폐함으로써 구 시스템으로의 회귀를 방지할 수 있다.

이 모든 이슈는 실행계획 수립 단계(누가 파일럿 실행에 참여할지 계획하고, 누가 조정위원회에 포함될지 선별하며, 변화의 진척과정을 어떻게 측정하고 추적할지 결정하는 등)에 시사하는 바가 있다. 이 과정은 되풀이된다. 실행계획은 경영진, 조정팀, 조직개발 전문가가 실행을 통해 배워 가면서 수정할 수 있다.

내부 조직개발 전문가가 누릴 수 있는 이점 중 하나는 제도화 과정을 모니터링하는 것이 훨씬 쉽다는 것이다. 외부 조직개발 전문가의 경우 고객조직과의 계약이 갱신되지 않는 이상 제도화 과정을 모니터링할 방법이 없다. 계약이 갱신되더라도 기존의 변화가 제도화되었던 곳과 관련이 없는 조직의 다른 분야에서 일하게 될 수도 있다. 이럴 경우 외부 전문가는 제도화된 변화를 관찰하거나 모니터할 기회 또는 허락을 얻지 못하게 된다.

반면, 외부 전문가가 제도화 단계에서 취할 수 있는 이점은 잠시 동안 조직을 떠나 있다가 사후 검증 평가를 위해 그 회사를 방문했을 때 변화가 실제로 잘 받아들여졌는지를 내부 전문가보다 더 명확하게 파악할 수 있다는 점이다. 내부 조직개발 전문가는 매일 변화하는 과정을 보게 되므로, 실제 변화가 일어나는 것을 알아차리지 못할 수도 있다. 그러나 외부 조직개발 전문가는 조직을 떠날 때 조직의 모습과 몇 달이 지난 뒤 돌아온 후의 조직의 모습을 비교할 수 있다.

공동 기획을 통한 제도화

조직개발의 여러 측면과 마찬가지로 제도화 단계에서도 역시 프로세스 소유자인 고객과 조직개발 전문가 사이에 공동 기획이 필요하다. 이같은 상호작용과 지원은 이론상으로 조직개발 프로세스 전체에 걸쳐 존재하고, 이는 조직개발의 가치 중 하나인 상호의존성(interdependency)에 관한 것이기도 하다. 그러나 조직의 문화와 조직개발 전문가의 프로세스 전문성을 서로 깊이 이해해야 할 실행계획 수립, 실행, 평가, 제도화 단계에서 상호작용과 지원은 특히 더 필요하다. 만약에 실행이 성공적으로 이루어지지 못했다는 것이 평가 단계의 데이터를 통해 밝혀지면 제도화 단계는 건너뛰고 조직개발 프로세스 사이클이 다시 시작된다.

제도화 프로세스에 영향을 미치는 요소

한 조직이 조직개발 인터벤션을 실행하여 도출된 성과를 받아들이고 제도화할 수 있는 정도는 조직의 내부와 외부로부터 기인하는 여러 가지 중요한 요인에 영향을 받는다. 첫째, 조직개발 전문가와 고객조직이 처음부터 협력하여 인터벤션을 실행하려는 노력이 제도화 프로세스의 성공에 큰 영향을 끼친다. 둘째, 조직이 참여하는 정도가 조직개발 인터벤션 제도화 성공에 중요하다. 앞에서도 논의했고 다음 장에서도 자세히 다루겠지만 조직개발 전문가는 내부 전문가이든 외부 전문가이든 변화 활동으로부터 떠날 준비를 해야 한다. 조직이 인터벤션 프로세스에서 적극적으로 관여해야만 이러한 계약종료가 성공적으로 이루어질 수 있다. 셋째, 조직과 조직의 하부 시스템과 조직원들이 새롭게 실행되도록 제안된 변화를 사용하고 받아들이는 정도가 제도화 성공에 영향을 끼친다.

제도화에 영향을 미치는 조직개발 인터벤션의 5가지 핵심적 특징

커밍스와 월리(Cummings & Worley, 2005)는 목표의 구체성, 프로그램화 가능성, 변화 대상의 수준, 내부 지원, 후원자라는 조직개발 인터벤션의 5가지 핵심적 특징이 변화의 제도화에 영향을 미친다고 주장한다.

목표의 구체성 목표의 구체성이란 조직개발 전문가와 조직의 구성원들이 원하는 성과를 달성하기 위해 구체적인 목표를 설정해야 한다는 것이다. 조직에 방향성을 제공하는 광범위하고 근본적인 목표들(조직의 미션과 비전 등)이 있는데 이런 광의의 목표는 프로세스를 관리하고 효율적으로 움직이게 하기 위해서 세부 단계로 나뉘어야 한다. 목표를 관리 가능한 단계로 나누면 조직의 구성원들이 너무 많은 부담을 느끼지 않으면서 스스로 자신들이 지금 어디에 위치하며, 원하는 상태에 도달하기 위해서 무엇을 해야 할지 명확한 관점을 가질 수 있게 된다.

프로그램화 가능성 커밍스와 월리(Cummings & Worley, 2005)에 따르면, 프로그램화 가능성(Programmability)이란 "변화가 프로그램화될 수 있는 정도로, 이는 인터벤션의 상이한 특성들이 사전에 명확히 구체화되어서 사회화와 몰입과 보상 분배를 쉽고 가능하도록 만든다는 뜻이다.(p.193)" 물론 이것은 사람보다는 조직구조와 프로세스에 더 쉽고 적절하게 적용될지도 모른다. 다르게 말하면, 인터벤션은 참여하는 모든 사람들이 명확하게 이해해야 하므로 이는 앞서 나온 목표의 구체성을 더욱 강조하게 된다. 일단 조직과 그 구성원들이 인터벤션에 대하여 완벽하게 이해하면 경영진은(필요하다면 조직개발 전문가의 도움을 받으면서) 전사적 차원의 몰입을 확립하고 강화할 수 있다. 많은 조직들은 직원들이 공정하고 유익하다고 여길 수 있는 성과 관리 시스템을 확립하려고 애쓰는 한편, 감독자와 관리자는 단순하고 시간이 많이 소비되지 않으면서 갈등을 일으키지 않는 성과 관리 시스템을 원한다. 이는 쉽게 만족시킬 수 있는 기준이 아니다.

....

나와 관계를 맺어 왔던 어느 대기업은 최근에 조직의 성과 관리 시스템을 재정비하는 데 수백만 달러를 지출했다. 게다가 지금은 그 시스템을 조직 내에 정착시키는 데 큰 어려움을 겪고 있다. 목표의 구체성이 결여된 탓에 성과 피드백, 직원개발, 보상과 승진 결정을 한데 묶어 버린 시스템이 되고 만 것이다. 이것은 하나의 시스템에 너무 많은 기능을 요구하는 것이었고, 보상 결정과 상관없이 직원개발을 목적으로 하는 시스템을 기대했던 직원들에게 불만을 샀다. 기존 시스템하에서도 시간이 너무 많이 걸려서 인사 고과를 완료하지 못했던 감독자나 관리자들은 오히려 신규 시스템이 더 많은 시간을 잡아먹는다며 불만을 토로했다. 이와 같이 목표의 구체성이 결여되면 변화의 제도화는 실패하기 쉽다. 아무리 유능한 IT 전문가가 시스템을 구축한다고 하더라도 그 인터벤션은 감독자와 관리자가 데이터를 시스템에 입력하지 않는다면 성공할 수 없다. 이런 경우가 발생하면 기업은 엄청난 비용을 지출한 후에 다시 시작해야 한다. 왜냐하면 처음부터 제대로 실행이 되지 않았기 때문이다.

....

변화 대상의 범위 제도화 프로세스에 영향을 미치는 인터벤션의 세 번째 요인인 변화 대상의 범위는 조직 내에서 변화하고자 하는 대상을 명확히 서술하는 것이다. 변화의 대상이 조직 전체인가, 아니면 한두 개의 부서인가, 아니면 특정한 팀 혹은 위원회인가?

대상이 설정되고 나면 조직개발 전문가는 변화의 모멘텀을 잃지 않도록 변화의 범위를 너무 작지도 너무 방대하지도 않게 조정할 책임을 지게 된다. 만약에 변화의 범위가 너무 작다면 조직개발 전문가는 의도와는 달리 변화 노력으로 인해 조직 내에 바람직하지 않은 작은 하부 문화가 생기지 않도록 구체적인 방법을 제시해야 한다. (때로는 하부문화가 바람직할 수도 있지만 이 또한 계획된 문화여야 한다.) 조직개발 전문가는 조직의 각 부분과 더 큰 조직 전체와의 상호 연결성을 언제나 인지하고 있어야 한다. 이는 궁극적으로 전사적 미션을 달성하기 위한 노력이다.

내부 지원과 후원자 제도화 프로세스의 성공에 영향을 미치는 마지막 두 요인은 바로 내부지원과 **후원자(sponsorship)**이다. 내부 지원이란, 제도화라는 장기적인 프로세스를 시작하여 조직개발 인터벤션의 실행이 성공적으로 끝날 때까지 책임지는 조직의 최고 경영층이 이끄는 내부 팀, 내부 전문가 혹은 조직에서 특별히 차출된 팀장을 지칭한다. 조직 내 핵심 멤버의 지속적인 지원 없이는 그 변화가 폭넓게 일어날 가능성은 극히 미약하며 오히려 옛날 패턴으로 회귀할 가능성이 더 높다.

후원자의 역할은 "인터벤션에 사용되는 자원을 확보하고 할당하며 합법화하는 것으로, 후원자는 적절한 자원을 통제할 수 있을 만큼 충분히 높은 지위, 존재감, 권력을 가지고 있어야 한다."(Cummings & Worley, 2005, p.194)

변화를 유지해 주는 핵심 요인

일단 조직이 주인의식을 갖고 인터벤션을 받아들이게 되면, 변화를 유지하기 위해서는 (1)사회화, (2)몰입, (3)보상 배분, (4)확산, (5)감지 및 교정과 같은 핵심 요인이 갖춰져야 한다.

사회화(socialization)는 "인터벤션에 관련된 신념, 선호, 규범과 가치에 대한 정보의 전파"(Cummings & Worley, 2005, p.194)라고 설명할 수 있다. 다시 말해, 그 조직의 내부 전문가 팀이나 핵심 멤버는 조직에서 일어나고 있는 변화의 진척 사항과 현황을 구성원 모두와 소통할 책임이 있다.

커밍스와 월리가 언급했듯이 "인터벤션에 관한 정보를 전파하게 되면 새로운 멤버들을 인터벤션에 합류시키고 인터벤션이 기반으로 하는 신념, 규범, 가치를 참여자들에게 재확인시키는 데 도움이 된다.(p.194)" 더욱이 조직변화에 대한 조직구성원들의 몰입을 확고히 하는 것은 그들로 하여금 인터벤션을 뒷받침하는 신념, 규범, 가치와 나아가서 지속적인 제도화 과정에도 몰입하게 만든다.

몰입 머렐(Murrel, 2000)은 조직 몰입(Organizational commitment)에 대한 개념을 확대했는데 조직의 변화 노력과 궁극적인 제도화 단계의 성공은 조직원 개개인들이 변화에 몰입되어 있는 정도에 따라 정해진다고 주장한다. 하지만 사람들이 바람직한 조직 몰입의 수준에 도달하기 위해서는 조직개발 인터벤션이 적정 수준으로 실행되어야 한다. 이는 곧 인터벤션이 너무 피상적이어서도 안 되고 또 사원들이 감당하기에 너무 과도하게 부담스러워도 안 된다는 말이다. 머렐은 그 수준을 다음 3단계로 나누어서 설명했다.

- **피상적 수준** 추상적인 이슈로는 사람들의 참여를 이끌어 내기 어렵다. 사람들은 전체 인터벤션에 대해 주인의식을 가지지 못하고 수많은 변화 프로그램 중의 하나라고 생각할 것이다. 조직의 진정한 가치와 문화를 고려해야 하는 진정성이 결여되어 있다. 결정적으로 중요한 정보가 드러나지도 않고 다뤄지지도 않는다.
- **적정 수준** 실제로 사람들의 참여가 이루어지고 조직원들의 개인적인 투자도 활발히 이루어진다. 사람들이 프로세스에 참여하고 진실한 감정을 서로 공유한다. 갈등을 피하는 것이 아니라 공개적으로 다루고 그러다 보면 자연스럽게 해결책이 나온다. 대인관계 개선 방향과 일치한다.
- **심오한 수준** 인터벤션의 깊이가 너무 깊으면 사람들의 스킬 수준을 한참 넘어서게 되고 조직의 리더십과 문화를 고려할 때 너무 많은 위험 부담을 지게 할 수 있다. 컨설턴트와 고객 간의 상호관계의 가치를 지지하는 높은 수준의 참여 중심 프로젝트를 개발하는 데 충분한 시간이 주어지지 않는다. (p.811)

따라서 인터벤션이 조직에 성공적으로 받아들여지기 위해서는 조직개발 전문가가 조직과 내부 조정 팀과 함께 변화의 범위를 정할 때 신중하고 치밀해야 한다. 앞에서 이미 논의했듯이, 만약 변화의 범위가 너무 광범위해서 조직 내의 여러 하부시스템 또는 조직 전체에까지 영향을 미치게 된다면, 명확하고 구체적인 목표가 제시되어야만 변화가 온전히 제도화될 수 있다. 다시 한 번 강조하지만, 요구된 변화에 대응하기 위해서는 조직이 변화에 대한 주인의식을 가져야 할 뿐만 아니라 지속적인 피드백이 필요하다.

보상 배분 조직 내의 인터벤션을 받아들이고 지지하는 직원에게 보상을 하기 위한 적절한 형태의 보상 시스템이 구축되어, 구성원들이 계속해서 새로운 직무와 바람직한 행동을 할 수 있도록 하고 업무 성과를 유지할 수 있도록 해야 한다. 이러한 보상은 내재적(직무 및 경력 개발, 도전적인 업무 부여, 교육, 인정 등)이거나 외재적(금전적 보상)일 수 있다. 그러나, 연구 결과(고전적인 연구는 허즈버그와 마우스너, 블록 신더먼(Herzberg, Mausner & Block Snyderman, 1959)이며, 그 이후 다른 연구로 뒷받침되었다. 이에 관한 흥미로운 연구로는 콘(Kohn, 1999)의 '보상에 의한 처벌'이 있다.)에 따르면, 직원들은 금전적 보상보다는 장기적으로 주어지는 내재적 보상에 더 많이 반응한다고 한다.

확산, 감지, 교정 확산(diffusion), 감지(sensing), 교정(calibration)은 변화에 지속적으로 몰입하도록 유도하기 위해 새롭게 실행된 변화 프로세스를 조직이 책임지고 가능한 한 순조롭게 진행해야 할 필요성이 있다는 것을 설명해 준다. 확산(diffusion)이란 "인터벤션을 하나의 시스템에서 다른 시스템으로 이전해 가는 프로세스"라고 정의했다. (Cummings & Worley, 2005, p.195) 이와 같이, 인터벤션이 일단 조직 내의 새로운 부서나 하부시스템까지 확장되고 나면 조직 내에 더 광범위한 기반이 생기게 된다. 확산의 긍정적인 측면은 성공적인 인터벤션이 제도화되는 단계에서 기대할 수 있는 성공을 소규모의 인터벤션을 통해서 가늠해 볼 수 있다는 것이다.

감지와 교정은 제도화 단계에서 무엇이 잘 진행되고 무엇이 잘 안 되는지, 예를 들어 부서들이 새로이 실행된 변화를 문제 없이 수용하고 있는지, 새로운 가치, 행동규범을 실천하기 위해 장기적인 노력을 기울이고 있는지 감지할 수 있도록 도와주는 일종의 피드백 시스템이다. 제도화 단계에서 조직과 개인은 내부 조정 팀이나 관리자 팀에서 제공하는 지속적인 피드백을 바탕으로 계속 조정하며 적응해 나갈 필요가 있다.

조직개발 전문가가 그 조직과 내부 조정 팀과 함께 이런 인터벤션 요인들이 제도화 단계까지 연계되는 데 지속적으로 역점을 두었다면, 그 제도화 단계도 역시 성공적이라 예상할 수 있다. 커밍스와 월리(Cummings & Worley, 2005)도 조직이 조직개발 인터벤션을 성공적으로 제도화했는지 여부를 결정하는 기준을 지식, 직무수행, 선호도, 규범적 합의, 가치 일치 이 다섯 가지로 제시했다.

이 기준들은 시간적인 순서를 따른다. 왜냐하면 각 개인은 요구된 직무를 수행하기 위하여 우선 지식을 가져야 하기 때문이다. 일단 지식을 획득하고 나서 직무를 수행할 수 있으면, 프로세스를 개선하기 위해서 피드백을 주거나 자신이 선호하는 것을 알릴 수 있다. 일단 조직원들이 변화에 몰입하게 되면, 그 변화 프로세스를 제도화하기 위해 그룹 차원의 몰입이 이루어지는 규범적 합의가 형성된다. 그 다음으로는 성공적인 제도화를 나타내는 마지막 단계인 가치 일치가 이루어지는데 이는 조직의 모든 구성원들이 제도화된 변화의 가치에 동의하는 것이다. 일단 가치 일치가 그룹 간에 형성되고 나면 제도화 단계는 온전히 조직에 이입되었다고 할 수 있다. 따라서 가치 일치가 이루어졌다는 것은 지식, 직무수행, 선호, 규범적 합의도 전부 이루어진 것이라고 할 수 있다.

제도화 단계가 성공적이려면 조직은 적응력이 높고 유연성이 있어야 한다. 탠과 티옹(Tan & Tiong, 2005)은 페겔(Pegel, 1995)이 내린 적응력과 유연성에 대한 정의를 다음과 같이 확장했다. 그들은 **적응력(adaptability)**이란 "시장에 일어나는 외부의 변화에 반응하는 조직의 능력"으로, 반면에 유연성(flexibility)은 "변화에 대응해서 조직의 내부 구조에 변화를 줄 수 있는 조직의 능력"으로 정의한다. (p. 52) 따라서 인터벤션이 조직에서 받아들여지고 성공적으로 제도화되는 시점이 이 장의 초반에 논의되었던 레윈(Lewin, 1947)의 재결빙 단계라고 할 수 있는데, 이는 조직이 변화가 없는 상태가 되거나 동결된다는 것을 의미하지는 않는다. 오히려 조직은 경쟁력을 유지하기 위해서 계속적으로 외부의 환경에 적응해 나가야만 한다. 게다가 조직은 실행된 변화에 적응하고 대응하기 위해서 유연성을 유지해야 한다. 다시 한번 강조하지만, 조직이 성공적으로 조직개발 인터벤션에 몰입하고 적응하기 위해 필요한 유연성을 지원하기 위해서는 지속적인 피드백이 핵심이다.

변화에 대한 저항

속설에 의하면 사람들은 변화를 좋아하지 않는다고 한다. 가끔 이 말은 아무런 비판 없이 받아들여지지만 조금만 논리적으로 생각해 보면 이것은 사실이 아니다. 변화를 받아들이거나 거부하는 것은 종종 무의식적으로 변화로 인한 비용과 이득을 검토한 뒤에 내리는 결정이다. 블렌차드(Blanchard, 1989)는 변화에 관한 흥미로운 실험을 비디오로 녹화해서 보여 주었다. 그는 워크숍 참석자들을 짝을 지어서 등을 마주 대고 서 있게 했다. 그리고 각자의 외모에 다섯 가지 변화를 주라고 지시했다. 그러고 나서 자신의 파트너가 그 변화를 알아차리는지 보게 했다. 그 다음 또 5가지 변화를 주라고 했다. 필자도 이 활동을 여러 번 해 보고 나서 다음과 같은 결론을 내릴 수 있었다.

- 사람들은 어색하게 느끼고 안절부절하며 수줍어 한다.
- 사람들은 무엇을 포기해야 하는지에 대해 먼저 생각한다.
- 모든 사람들이 변화를 겪는 과정에서 외로움을 느낀다.
- 사람마다 변화에 대한 준비와 수준이 다르다.
- 사람들은 변화에 필요한 자원을 충분히 갖고 있지 않다고 걱정한다.
- 변화에 대한 압력을 없애면, 사람들은 예전 행동으로 되돌아 갈 것이다.

이 활동을 통해서 얻을 것이 있다고 믿는 개인들에게서는 위의 결론과는 달리 예외적인 경우가 나타나기도 했다. (예, 넥타이를 푼다거나 평소보다 더 편안한 차림이 되는 것 등) 필자는 종종 학생들에게 '사람들은 변화를 좋아하지 않는다'라는 속설을 믿는지 질문해 보곤 한다. 대부분 믿는다고 답한다. 그러나 필자가 그들에게 하와이로 공짜 휴가를 함께 가자고 하면 대부분은, 비록 이것이 그들의 생활에 있어서 많은 변화를 요구하는, 계획되지 않은 행동일지라도 흔쾌히 가고 싶다고 말한다. 이 점이 시사하는 바는 사람들은 변화 그 자체에 부정적으로 반응하는 것이 아니라, 변화에 대한 비용이 이득보다 더 크다고 느껴지는 변화에 대해서만 부정적으로 반응한다는 것이다.

변화에 대한 저항, 심하게는 사보타주(방해)에 대한 문헌 자료는 많이 나와 있다. 그리고 이것은 조직개발 활동 시 그러한 저항을 자주 경험해 온 조직개발 전문가들 사이에서 자주 등장하는 주제이다.

변화에 대한 저항은 조직개발 프로세스 모델의 첫 번째 단계, 즉 계약체결 단계에서부터 다루어져야 하고 이어서 모든 단계에 걸쳐서 계속 다루어져야 한다. 변화에 대한 저항과 장애물이 있을 만한 근원을 알아냄으로써 처음부터 이들 요인에 관심을 기울일 수 있다. 군 파트너스(Gunn Partners, 2000)는 변화에 대한 저항의 원인을 다음과 같이 제시했다.

어떤 조직에서든 변화에 대한 뿌리 깊은 저항이 존재한다. 이런 저항의 근원은 사람일 수도 있고 시스템일 수도 있다. 예를 들면, 너무나 많은 중간 관리자층과 지나친 관료주의는 새로운 사고를 억제한다. 조직의 다른 부문들과 동떨어져서 독립적으로 운영되는 개별 부서들은 협력하려 하지 않는다. 권력과 영향력을 얻기 위한 정보는 비밀리에 내려진 의사결정과 함께 불신과 무시를 조장한다. 분산된 전결 구조는 혼란을 가져 온다. 직원의 낮은 사기는 낮은 동기부여로 이어진다. 실수에 대한 처벌은 위험 감수를 하려고 하지 않게 만든다. 건전한 방법으로 다뤄지지 않은 갈등은 조직 침체로 이어진다. 이러한 상황의 조직에서는 변화는 더디게 올 뿐만 아니라 종종 성공적인 변화로 이어지지 않는다. (p.8)

글리처(Gliecher, (Beckhard & Harris, 1987)에서 인용)는 고전적인 변화의 공식을 제시했다. 바로 D×V×F〉R 이다. 여기서 R은 변화에 대한 저항을 나타내고, D는 현재 상황에 대한 불만족을, V는 비전이나 미래에 가능한 긍정적인 모습에 대한 명확성을 나타내며, F는 사람들이 그 비전을 향해서 전진해 갈 때 이루는 실제로 성취 가능한 첫 단계를 말한다. 만약 D, V 또는 F가 제로이거나 제로에 가깝다면 변화에 대한 저항을 극복할 수 없어서 변화는 일어나지 않게 된다. 이 공식을 적용해 본다면, 변화의 수용이나 제도화는 이 3가지 요소의 조합이 변화에 대한 저항의 강도를 초과할 때 이루어진다는 것을 알 수 있다. 조직개발 전문가와 고객조직 모두 위의 3가지 요소에 주의를 기울여야 한다. 그리고 이들 요소 중에서 어느 하나라도 취약하다면 변화에 대한 저항이 우세하게 될 것임을 잊지 말아야 한다.

조직 시스템 내에 존재하는 변화에 대한 저항을 극복하려면 다음의 사항을 고려해야 한다.

- 변화의 수준이 조직 전반에 걸친 수준이 아니더라도 궁극적으로 시스템 전반에 대한 변화를 필요로 하는 큰 그림을 마음속에 그리고 있어야 한다.
- 변화를 통한 이득이 개인과 하부시스템에 발생하는 비용보다 훨씬 크다고 안심시킨다.
- 최고 경영층이 변화 프로세스에 적극적으로 관여하도록 한다.
- 변화의 초점이 무엇인지 그리고 변화로부터 원하는 효과가 무엇인지를 가능한 명확하게 한다.
- 직원들과 지속적으로 의사 소통을 한다. 무엇이 실시되었고 무엇이 실시되어야 하는지에 관해서 의견을 나누도록 한다. 직원들이 처음부터 모든 것을 정확하게 이해하고 받아들일 거라고 가정하지 않는다.
- 제도화 단계에서 각 개인 구성원들이 해야 할 것이 무엇인지 명확하게 알린다.
- 변화가 왜 제도화되는지를 분명하게 설명한다. 그렇게 하려면 보통 평가 단계의 결과를 광범위하게 공유해야 한다.

역장분석(Force field analysis)

역장분석 기법은 하나의 질문에 나온 두 가지의 답변을 지지하거나 혹은 반대하는 이유(힘)를 파악하기 위한 문제 해결 기법으로는 레윈이 처음으로 도입한 개념이다. 이번 장의 맥락에서는, "어떤 특정 변화를 수용하거나 저항할 때 영향을 미치는 요소는 무엇인가?"라는 질문에 답할 때 역장분석을 활용할 수 있다. 역장분석이 전제하는 것은 변화를 이끄는(지지하는) 힘의 세기를 상승시키는 것보다 저항 요소를 줄이는 게 더 쉽다는 원리이다.

역장분석 기법을 어떻게 실행하는가?

1. 대답을 요하는 질문을 만든다. 참가자들 모두 동의하는지 확인하라. 두 개의 서로 상반되는 응답만이 나올 수 있도록 질문을 만든다.

2. 플립 차트 위에 가운데 세로로 선을 그어 반으로 나누고 양쪽 편에 상반되는 응답의 제목을 적는다.

3. 참여자들에게 각각의 응답에 대한 이유를 가능한 한 많이 브레인스토밍해 보도록 한다. 브레인스토밍 중에는 어떤 의견이라도 무시하거나 비판을 해서는 안 된다.

4. 의견이 충분히 나온 뒤에는 항목들의 뜻이 명확한지, 중복되는 것은 없는지 점검하고 필요하면 의미가 명확해지도록 다시 고쳐 쓴다.

5. 각각의 항목이 어느 정도 강한 힘을 지니고 있는지를 구분하기 위한 방법에는 여러 가지가 있다. 간단한 방법은 각각의 항목에 5점 리커트 척도를 적용해 보는 것이다. 다음과 같이 설명한다. "각 항목에 대해서 가장 강한 영향력이 있다고 생각하면 손가락을 다섯 개 펴서 손을 드세요. 이제 반대로 가장 영향력이 약하다고 생각하면 손가락을 한 개만 펴서 손을 드세요. 이제 당신은 첫 번째 항목이 얼마나 강한 영향력을 미친다고 생각하십니까?" 진행자는 신속히 평균 점수를 계산하여 해당 항목 옆에 기재한다.

6. 점수가 낮은 항목(1,2, 또는 3)은 삭제한다.

7. 남아 있는 의견들을 고려하여, 참가자들은 질문을 채택한다. 혹은 이미 채택되었다면 참가자들은 채택된 질문에 장애물로 작용하여 변화에 대한 저항으로 발전할 가능성이 많은 의견들을 약화시키는 방법을 생각해 본다.

요약

평가 단계에서 실행이 성공적이지 못하다고 판단되면 제도화 단계를 뛰어넘고 조직개발 프로세스 사이클을 다시 시작한다. 인터벤션 실행이 성공적이라면 인터벤션을 더욱 확실히 보강하여 변화 이전의 상황으로 회귀하는 일이 없도록 해야 한다. 그런 뒤에 조직 전체에서 실행해야 한다.

변화가 조직문화에 정착될 수 있다는 의견과 조직환경이 역동적으로 변하기 때문에 변화가 지속적으로 일어나야 한다는 의견 간에 불일치가 있다. 따라서 조직개발 전문가는 성공적인 인터벤션을 제도화할 수 있는 가능성을 높이는 요인과 변화에 대한 저항을 극복하는 데 유용한 요인을 알고 있어야 한다. 또한 조직개발 전문가는 조직이 인터벤션을 성공적으로 제도화하도록 도와주는 요인들을 잘 다룰 수 있어야 한다.

토론 및 성찰을 위한 과제

1. 조직이 원하는 변화를 제도화하도록 설득하기 위해 제도화 단계에서 조직개발 전문가와 조직의 리더들이 취해야 할 실천 방안에는 무엇이 있는가?

2. 제도화 단계에서 외부 조직개발 전문가의 장점과 단점은 무엇인가? 내부 조직개발 전문가의 장점과 단점은 무엇인가?

3. 제도화 단계에서 원하는 변화를 제도화하기 위해서 가장 큰 책임을 지고 있는 사람은 누구인가?

4. 당신이 변화를 환영했던 때와 변화에 저항했던 때를 구체적으로 이야기해 보라. 어떤 요인이 각각의 상황에 영향을 주었는가? 변화에 저항했을 때 그 변화를 받아들이기 위해서 어떤 조치를 취했으면 좋았을 것인가?

5. 당신은 "사람들은 변화를 싫어한다."라는 말에 동의하는가? 당신의 대답에 대한 이유를 말해 보라.

6. 시스템 전반에 걸쳐서 성공적인 변화를 제도화하는 것이 중요하다고 생각하는가? 왜 그런지 혹은 왜 그렇지 않다고 생각하는가?

제14장

계약종료

개요

고객조직과 조직개발 전문가는 주기적으로 관계를 점검하여 고객이 관계를 지속하길 원하는지, 조직개발 전문가가 관계를 통해서 고객조직에 더 제공할 만한 가치가 있는지를 알아보는 것은 중요하다. 이 단계는 내부 조직개발 전문가에게는 어려운 일이다. 왜냐하면 그들은 그 조직의 문화에 점차 동화되어 가기 때문이다. 고객조직과 조직개발 전문가 간에 생길 수 있는 과도한 의존성은 피해야 한다. 그렇다면 계약이 종료되지 않도록 고객조직과 바람직한 관계를 유지하려면 어떻게 해야 할까? 계약을 종료하는 것이 양당사자에 타당하고 이익이 된다는 것을 어떻게 판단할 수 있는가? 만약 고객조직과 분리가 일어난다면 어떻게 진행되어야 하는가?

조직개발 프로세스 모델의 최종 단계는 계약을 종료하고 고객조직으로부터 분리되는 단계이다. 이 단계는 그림 14.1에 나타난 바와 같이 모델의 지속적인 흐름에서 주된 단계는 아니다. 왜냐하면 분리(separation)는 고객과 조직개발 전문가 간의 관계가

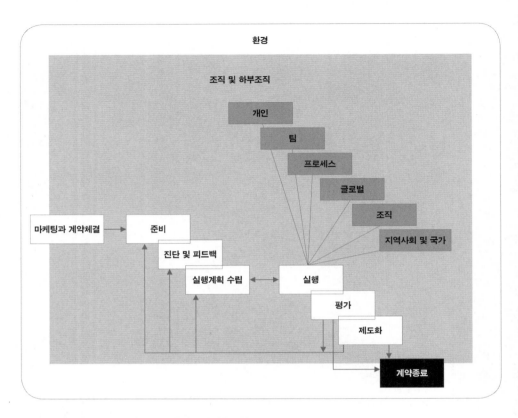

그림 14.1 조직개발 프로세스 모델 8단계, 계약종료

마무리됨을 의미하기 때문이다. 좋은 마무리는 그때까지 진행된 일을 긍정적으로 뒷받침하기 때문에 매우 중요하다. 마무리하는 대화를 통해서 고객조직과 조직개발 전문가 양쪽이 프로세스를 통해서 무엇을 배웠는지를 논의하고, 향후 업무 관계를 향상시킬 수 있는 방법을 제안하며, 변화하는 상황에 따라 장래의 공조 업무를 위한 기회의 문을 열어 놓는 것이 중요하다.

유감스럽게도 여러 가지 이유 때문에 언제나 조직개발 전문가가 바라는 대로 분리가 이루어지는 것은 아니다. 때로는 담당자가 바뀌어서 분리가 일어나는 경우도 있다. 예를 들어, 내부 조직개발 전문가가 더 구미가 당기는 일자리를 제안받았다는 이유로 조직개발 프로젝트가 끝나기도 전에 현 직무를 그만둘 수도 있다. 또는 조직 쪽에서 어떠한 중요한 변화도 이루어 내려는 노력을 보여 주지 않을 때 조직개발 전문가가 스스로 좌절해서 떠나 버릴 수도 있다. 그러므로 이러한 경우에는 조직의 계획된 의도에 의해서라기보다는 개인적인 결정에 의해서 분리가 일어난다.

이러한 개인적인 결정은 변화 프로세스와 그 과정에 개입된 사람들에게 해를 끼치는 분리를 가져올 수 있다. 예산의 삭감, 조직개발 전문가 업무에 대한 고객의 불만족, 또는 조직개발 전문가를 배제하는 인수합병으로 인해 조직개발 전문가와의 계약이 종료될 수 있다. 아니면 계약종료의 진짜 이유에 대해서 조직개발 전문가가 전혀 전해 듣지 못할 수도 있다. 고객조직이 조직개발 전문가에게 개발 과정 중 다음 단계에 대해서 아예 전화도 하지 않고 약속도 잡지 않아서 조직개발 전문가를 당황하게 만드는 경우도 있다. 당연히 위의 경우들은 분리를 하기에 적당한 이유라 할 수 없으며 분리 프로세스로도 바람직하지 않다.

이 장에서는 조직개발 전문가나 고객조직 모두에 있어서 언제 분리가 필요한지, 그리고 어떻게 하면 바람직한 방향으로 분리를 진행할 수 있는지 조언하고자 한다.

의존성

첫 장에서 나타난 바와 같이 조직개발과 전통적인 컨설팅이 구분되는 이유 중 하나는 조직개발은 상호의존성에서 시작해서 독립성으로 옮겨가는 반면에, 전통적인 컨설팅은 의존성 모델(Dependency model)을 근거로 한다는 것이다. 하지만 좋은 의도에도 불구하고 상호의존성에서 독립성으로 옮겨가는 대신에 조직개발 전문가와 고객조직 사이에 종종 의존적인 경향이 생기게 된다. 조직개발 파트너십에서 이런 의존성이 생기면, 조직개발 전문가와 고객조직 사이의 파트너십을 마무리해야 하는지를 심각하게 고려해야 할 시간이 된 것이다. 분리가 유일한 해법은 아니다. 그러나 조직과 조직개발 전문가가 의존성이 왜 없어져야 하는지, 의존성의 징후가 무엇인지 이해한 후에도 독립성을 되찾기 위한 수순을 다시 밟을 수 없다면 분리만이 유일한 해법이 된다.

여러 가지 이유로 의존성은 조직에게 좋지 않다. 첫째로, 앞서 이야기했듯이 조직개발 전문가가 객관성을 잃어버려서 편향된 관점을 갖게 될 수 있다. 둘째, 의존성이 생기게 되면 조직개발 전문가의 스킬이 조직에게 전수될 가능성이 적어진다. 의존성이 생기게 되면 조직개발 전문가가 제대로 전수해야 하는 스킬조차도 실습하지 않으려 할 가능성이 높아 조직의 구성원들은 발전의 기회를 놓치게 된다. 셋째, 의존성을 피할 때 원하는 변화가 조직에 더 적합하게 정착된다. 넷째, 외부 컨설턴트 비용이 꽤 높은데 의존성이 커지면 독립성이 발현되었을 때보다 필요 이상으로 더 많이, 더 오랫동안 컨설팅 비용을 지불하게 된다. 즉, 의존성을 피하게 되면 조직이 얻을 수 있는 이득이 실질적으로 존재하는 것이다.

마찬가지로, 의존성이 생길 경우 컨설턴트에게 문제가 되는 것은 기존의 고객조직에만 과도하게 의존하게 되어서 마케팅 활동을 그만두게 된다는 것이다. 그 결과, 어느 지점에서 고객조직이 더 이상 외부 컨설턴트가 필요하지 않다고 하게 되면 그 컨설턴트는 더 이상 할 일이 없게 된다.

대개 의존성은 잘 알아차리지 못하는데, 이는 양쪽 모두 의존성의 징후를 무시하는 것을 더 편하게 여기기 때문이다. 의존성을 쉽게 알아차리기 위해 필요한 의존성의 징후를 지금부터 알아보기로 한다.

의존성의 징후들

조직개발 전문가가 하나의 고객조직에 의존하게 되면 몇 가지 암시적인 징후들이 드러나기 시작한다. 조직개발 전문가는 여러 다른 고객들보다는 특정의 한 고객조직과 일하고 싶어한다. 그 고객이 틀림없이 계약관계를 지속할 것이라고 믿으면서 다른 모든 마케팅 노력을 그만둔다.

또 다른 징후는 조직개발 전문가가 같이 일하는 고객사의 사람들과 너무 개인적인 친분을 쌓는 경우이다. 이것이 문제가 되는 것은 그 관계가 정도를 넘게 되면 조직개발 전문가가 조직 내에서 실행하고 있는 프로젝트에 대해 제3자적 입장을 유지하는 능력에 영향을 줄 수 있기 때문이다. 친분을 쌓고 있는 누군가에게, 특히 그 친분이 직장 바깥으로까지 발전될 때, 결정적으로 중요하고 솔직한 피드백을 주는 것이 어려워질 수 있다.

또한 조직개발 전문가가 윤리적인 조직개발 전문가라면 당연히 고객조직에 필요한 전문성을 고객에게 전수하고 정보를 공유해야 하는데, 의존성이 높아지면 정보와 전문성을 전수하지 않으려 하는 경우도 있다. 이렇게 정보와 전문성을 전수하지 않으려 한다는 것은 자신만의 이익을 위해 부적절하게 고객과의 관계를 연장하고 있는 조직개발 전문가에게 고객조직이 얼마나 중요한 존재가 되었는지를 알려 주는 신호가 될 수 있다.

조직개발 전문가는 그 역할의 특성이기도 한 위임된 권한에 마음을 뺏길 수도 있다. 그 결과, 고객조직이 권한을 이어받도록 도와주지 않아서 의존성이 생기고 조직개발 전문가는 계속 그 권한을 유지하려 한다.

조직의 의존성 징후 역시 여러 가지 측면에서 찾아낼 수 있다. 수많은 이메일과 전화 통화가 그러한 징후 중 하나이다. 조직 구성원은 조직개발 전문가의 확인 없이는 결정을 내릴 수 없게 된다. 물론 이메일과 전화는 중요한 커뮤니케이션 도구이다. 그 자체만으로는 문제될 게 없다. 그러나 그것을 통해서 불필요한 내용이 오고 간다든지 선을 넘거나 남용되면 문제가 될 수 있는 소지가 있다.

의존성의 또 다른 징후는, 고객조직이 진단 프로세스에서 도출된 니즈에 의해 조직에게 필요하다고 인정된 활동 시간보다 더 많은 시간을 조직개발 전문가에게 요청하는 경우에도 나타난다.

심리치료를 받을 때와 마찬가지로, 조직개발 전문가와 조직 구성원 간에 감정 전이가 생길 수도 있다. 이는 조직개발 전문가와 개인적인 관계를 맺고 싶거나 반대로 전문가가 조직 내의 특정 직원과 개인적으로 돈독해지고 싶은 감정이 생길 수 있다는 뜻이다. 앞에서 언급했듯이 프로페셔널한 관계에서 사적인 친분 관계로 발전한다면 조직개발 전문가와 고객조직 모두 계약서에 명시된 바와 같이 솔직하고 숨김없이 업무를 수행해야 하는 양측의 활동에 부정적인 영향을 줄 수 있다.

조직개발 전문가가 전수하려고 한 전문성과 스킬을 전수받는 데 실패한 조직은 조직개발 전문가가 조직에 계속 관여해 주길 바라게 되는데, 이 또한 의존성의 징후이다. 이와 유사하게, 조직개발 전문가가 고객조직이 필요로 하는 것보다는 원하는 것만을 고려하고, 도전하기보다는 적당히 호감만을 사려고만 할 수도 있다.

의존성은 조직이나 조직개발 전문가 양쪽 중 하나라도 자신들이 제대로 일하고 있는지를 상대방에게 재차 확인받으려 하는 태도에서도 엿볼 수 있다. 특히 전문가가 외부인이라면 고객조직은 그를 고용하려 들 것이고, 마찬가지로 전문가 역시 고객조직에서 자리를 얻으려 하는 상황까지 갈 수 있다. 또한 고객조직이 조직개발 전문가에게 다른 곳으로부터 수주받을 필요가 없을 만큼 충분한 일감을 줄 수도 있다. 전문가 역시 이런 상황을 모르는 척하거나 암암리에 용인하거나 심지어 부추길 수도 있다.

이런 관행이 모두 잘못된 것은 아니지만, 올바른 조직개발 전문가라면 "지금 누구의 니즈를 충족시키고 있는가?"라고 자문해야 한다. 자신의 니즈라는 답이 나온다면 이미 전문가로서 도를 넘어선 것이다. 많은 조직개발 전문가들이 이전에 남에게 도움을 제공하는 직업에 종사했다는 이유로 인하여 다른 사람들이 자신을 필요로 하는 것에 대해 만족감을 느끼곤 하는데 이는 고객의 필요가 아닌 자신의 필요를 충족시키는 것뿐이다.

의존성의 징후가 포착된다면 어떻게 바로잡을 것인가?

의존성의 징후가 포착된다면 간과하지 말고 문제를 처리해야 한다. 부적절한 행위를 지적하고 그것을 공개적으로 논의한다면 상황을 회복하고 의존성이 커지는 것을 미연에 막을 수 있다. 만약 의존성이 해결되지 않는다면 조직개발 전문가가 내부인이든 외부인이든 상관없이 조직개발 전문가와 고객조직은 계약을 종료하고 분리되어야 한다. 이때 분리는 의도적으로 이루어져야만 하고 모든 이해당사자가 무슨 일이 일어났는지, 왜 분리가 필요하게 되었는지에 대해 명확하게 이해해야 한다.

다음 장에서 더 자세하게 다루겠지만, 다른 대안은 조직개발 전문가가 사회적 지원 시스템 역할을 하는 조직개발 전문가 동료들의 모임에 참여하는 것이다. 이 모임을 통해 동종업계에 종사하는 사람들과 비슷한 고민거리를 털어놓고 감정적인 소통을 하며 자신의 본래 취지 등에 대해 허심탄회하게 얘기하면 된다.

....

나에게는 오랫동안 같이 일을 해 온 고객이 있었다. 소규모 가족 사업체를 운영하는 고객이었는데 여러 방면으로 조직개발의 도움을 필요로 했다. 그런데 어느 시점이 되자, 나와 그 사이에 의존성을 감지했고 분리가 필요하다고 판단했다. 나는 이미 그 회사의 대표이사, 영업관리자 및 다른 형제들과 개인적인 친분을 형성한 터였다. 나는 그 회사가 자신들이 해결해야 할 어려운 일을 직접 하지 않고 나에게서 해답이 나오기만 바란다는 것을 알게 되었다. 다 함께 이 이슈에 대해서 허심탄회하게 이야기를 나누면서 모두 개인적 친분은 유지하자고 뜻을 모은 뒤, 분리가 이루어져야 한다는 점에는 합의를 보았다. 그 시점에서 나의 역할은 이전에 그 조직과 한 번도 일해 보지 않았거나 임원급 경영진들과 개인적 친분이 없는 다른 조직개발 전문가를 찾는 데 도움을 주는 것이었다.

....

조직문화로 동화

의존성이 낳을 수 있는 또 하나의 문제는 조직개발 전문가가 조직의 문화를 더 이상 파악하지 못하고 고객조직에 대한 제3자적 시각을 잃어버리는 것이다. 특히 내부 조직개발 전문가일 때는 더욱 그러하다. 조직문화에 너무 젖어 있다 보면 외부 조직개발 전문가에게는 명백히 보이는 조직의 문제를 파악하는 내부 전문가의 능력이 방해받을 수 있다. 내부 조직개발 전문가는 종종 자신이 속한 조직문화의 특색이 무엇인지 잊어버린다. 이와 같은 경우에는 조직개발 전문가로서 조직에 이의를 제기해야 할 조직의 이슈가 당연하게 여겨져서 문제점으로 인식되지 않을 수 있다. 그렇다고 내부 조직개발 전문가를 비난하려는 것은 아니다. 내부인만이 가진 조직에 대한 지식과 정보는 어떤 상황에서는 큰 장점이 될 수 있다. 하지만 조직개발 전문가의 숙련도에 상관없이 한 조직에 너무 익숙해지게 되면 상당한 핸디캡이 될 수 있다.

조직개발 전문가가 그 조직의 문화에 동화되려고 할 때 취할 수 있는 방법이 몇 가지 있다. 하나는 앞서도 언급했지만 다른 조직개발 전문가들과 정기적으로 만나서 서로 느낀 바를 나누고 서로를 지지해 주는 것이다. 둘이서 만나건 그룹으로 만나건 각 전문가들은 각 조직의 문화가 얼마나 독특한지를 일깨워 주면서 서로를 자극할 수 있다.

외부 전문가에게 있어서, 조직에 동화되었다는 것은 계속해서 다른 조직을 상대로 마케팅을 해야 할 필요성을 일깨워 준다. 다양한 조직문화를 관찰함으로써 현재 고객조직의 독특함을 새삼스레 발견할 수 있기 때문이다.

그런데도 심리적 거리 유지나 조직을 파악하는 능력이 회복되지 않는다면 조직개발 전문가가 조직을 떠나는 것 이외에는 다른 선택의 여지가 없다. 내부 조직개발 전문가에게 이것은 다른 회사로 옮기거나 현재 회사의 다른 사업부나 부서로 옮긴다는 것을 의미한다. 외부 조직개발 전문가에게는 또 다른 고객조직으로 옮겨가는 동시에 현재의 고객과는 분리 프로세스를 밟아야 한다는 것을 의미한다. 다시 강조하건대, 계약종료 단계는 분리의 필요성에 대한 양측의 확실한 이해와 함께 분명하고 의도적으로 일어나도록 해야 한다.

스킬 전수

조직개발 전문가의 스킬 수준, 경험, 학력적 배경, 인터벤션의 범위에 따라 분리에 이르기까지 걸리는 시간은 천차만별이다. 조직개발 전문가의 모든 스킬이 다 전수된 경우라면 분리는 자연스럽게 일어난다. 고객조직에 자신의 전문성을 전수해 주는 게 조직개발 전문가의 기본 책무라는 점을 명심해야 한다. 그 전문가의 스킬 범위가 광범위하지 않다면 분리 단계는 프로젝트 시작 이후에 바로 나타날 수도 있다. 더 많은 스킬을 보유한 조직개발 전문가라면 초기 스킬을 그 조직에 전수해 준 뒤에도 조직에 적용할 수 있는 부가적인 스킬이 생각날 수 있다. 이때 위험한 것은 고객조직이 필요로 하지 않는 데도 계약 기간을 늘리기 위해 자신의 스킬에 관련된 서비스나 제품을 판매하는 경우다.

조직개발 전문가에 의한 성공적이고 완전한 스킬 전수는 비교적 쉽게 분리 프로세스로 이끌어 준다. 이런 타입의 분리가 필요한 때가 되었다는 것은 그 전문가나 조직이 성공적으로 프로젝트를 수행했음을 뜻한다. 전문가는 자신의 스킬을 전수해 주었고 고객조직은 그 스킬을 전수받음으로써 서로의 역할을 완수한 것이다. 또한 그 조직개발 전문가는 다음 단계의 조직개발 프로세스에 필요한 일련의 스킬을 보유한 다른 전문가를 주선해 주는 일에도 도움을 줄 수 있다. 그 후, 그 전문가는 조직의 다른 부서나 다른 고객사로 옮겨 가도 된다.

악화된 관계와 업무 불만족

조직개발 전문가와 고객조직 구성원 사이가 적대적으로 악화되어서 함께 일을 성공적으로 수행할 가능성이 없어지는 경우가 있다. 이는 조직개발 전문가가 고객조직이 원하는 부분에 충분한 전문성을 갖고 있지 않을 때 발생하기도 하며, 혹은 조직개발 전문가가 신뢰를 떨어뜨리는 실수를 해서 일어나기도 한다. 두 경우 모두 어느 조직개발 전문가에게나 일어날 수 있는 일이지만, 특히 충분한 전문성이나 경험이 부족한 전문가에게 발생할 소지가 더 크다. 조직개발에 대한 전문성을 확인할 만한 통일된 방법이 없으므로, 자격을 갖추지 않은 사람들이 자신의 능력 밖의 일을 맡았을 때, 특정 스킬을 보유하고 있지 않다는 것뿐만 아니라 고객조직을 정확하게 읽어 낼 능력이 없다는 사실이 드러나곤 한다.

한편, 경험 많고 유능한 조직개발 전문가도 고객조직을 불쾌하게 할 수 있다. 왜냐하면 조직개발 전문가가 진단 및 피드백 결과를 통해서 고객조직의 몇몇 개인들이 주인의식을 가지고 책임을 져야 하는 상황을 지적할 수 있기 때문이다. 그 결과로 조직구성원들은 화를 내고 당황스러워하며 두려워할 수 있다.

조직개발 전문가 또한 구성원들의 그러한 반응에 기분이 상하거나 좌절감을 느낄 수 있다. 조직개발 전문가는 고객조직이 자신의 말을 제대로 듣지 않는다거나 실제로 변화를 시도할 의지가 약하다거나 피드백을 거부한다고 느낄 수 있다.

어느 쪽이든 생겨날지 모를 부정적인 감정에도 불구하고, 혹은 오히려 그것 때문에라도 분리가 생기기 전에 어떤 상황이 벌어지고 있는지 서로 이야기를 나누는 것이 매우 중요하다. 많은 조직개발 전문가들은 고용 계약서에 만족보장이라는 조항을 넣는다. 이렇게 명문화함으로써 무슨 일이 일어났으며 어떤 일이 발생하고 있는지에 대해 논의할 수 있는 기회를 마련해 둘 수 있고 필요하다고 생각되는 때에 솔직하게 대화함으로써 프로젝트가 어그러지는 것을 막을 수 있다. 설사 막지 못하더라도 그 상황을 무엇인가 배울 수 있는 기회로 삼을 수 있고 또 그렇게 해야 할 책임이 있다. 이런 논의는 계약서의 만족보장 조항을 충족하기 위해 최종 청구서를 어떻게 수정해야 하는지도 명확하게 해 줄 것이다.

거의 10년 동안 비정기적으로 어느 가족 소유의 기업에 컨설팅을 해 준 적이 있었다. 그 기업에서 조직개발이 어떻게 진행되어 가는지를 확인하기 위한 진단을 해 달라고 요청을 받았다. 인터뷰가 진행되었고 많은 문제가 드러났는데, 그 중에서 가장 많이 제기된 사항은 회사 창업자의 딸인 현재 대표이사의 독단적인 경영 스타일에 관한 것이었다. 언제나처럼 진단 결과는 조직 구성원 모두와 공유한다는 약속을 대표이사와 한 터였다. 그녀의 리더십에 대해서 너무나 부정적인 의견이 대다수였기 때문에 나는 그 대표이사를 만나서 인터뷰 결과를 알려 주었다. 물론, 그런 결과에 대해서 그녀도 언짢아했지만 그리 놀라지는 않았으며 곧 임원 팀과의 피드백과 실행계획 수립 세션을 위한 계획안이 마련되었다.

그 세션이 진행되면서 특히 임원 팀이 피드백에 따른 실행계획을 짤 때 대표이사는 피드백 결과에 난감해 하는 모습이 역력했다. 실행계획을 추진한 지 두 번째 되던 날 휴식 시간에 그녀는 나를 찾아와 그 프로세스가 자신에게 얼마나 고역인지 말하면서 인터벤션을 끝내야겠다고 했다. 그리고 그녀는 임원 팀을 (나를 포함해) 해체시켰다. 이후에도 난 그 기업이 어떻게 됐는지 확인하고자 몇 차례 전화를 했으나, 그녀는 번번이 내 전화를 받지 않았다. 이런 분리 프로세스는 이론에 따라 행해진 것이 아니다.

....

예산 삭감과 다운사이징

내부 조직개발 전문가는 언제나 조직 다운사이징의 가능성에 영향을 받기 쉽다. 전략적으로 생각하면 다운사이징 기간에 조직개발 전문가가 조직에 더 많은 가치를 제공할 수 있다고 생각해야 하는 것이 옳지만 유감스럽게도 조직은 그런 방향으로 의사결정을 내리지는 않는 것 같다. 외부 조직개발 전문가는 내부 전문가보다 훨씬 더 다운사이징에 취약하다. 조직은 당연히 외부 전문가에 대한 책임을 덜 느끼므로 다운사이징을 할 때는 조직개발 프로세스를 중단하기가 더 쉬울 것이다.

어느 경우든 다운사이징은 고객조직에게나 전문가 양측 모두에게 어려운 일이겠지만 프로젝트의 상황과 분리 프로세스에 대해서 서로 계획적이고 체계적인 얘기를 나눠야 한다. 이런 대화를 통해서 조직개발 전문가와 고객조직의 심리적 니즈와 비즈니스적 니즈 모두를 충족시킬 수 있다. 조직의 경제 상황에는 주기가 있으므로, 머지않은 장래에 그 조직에 재무적으로 좋은 상황이 다시 돌아올 수 있기 때문이다. 특히 고통스러울 수도 있지만 분리 과정을 통해서 양측에 좋은 감정을 남기고 좋은 관계를 유지한다면 향후에 그 조직에 취직하게 되거나 새로운 프로젝트를 의뢰받을 수도 있을 것이다.

인수합병

우리는 인수합병이 수시로 일어나는 세상에 살고 있다. 앞에서도 언급했지만, 이런 경향은 조직개발 전문가에게 많은 기회를 주기도 하지만 동시에 분리로 이어질 수도 있다. 외부 조직개발 전문가는 실제로 인수합병을 통해 얻을 수 있는 이득이 있다.

인수합병의 가장 어려운 문제 중 하나는 상당히 이질적인 문화를 갖고 있는 두 조직을 어떻게 동화시키는가 하는 것이다. 보통, 합병 전에 두 조직 모두 반드시 재무적 감사를 실시하여 재무 상태에 대해 공유한 정보가 정확한지 확인한다. 그러나 회계 감사만큼이나 중요한 문화적 감사는 거의 행하지 않는다. 슈미츠(Schmidt, 2002)에 따르면, 조직개발 전문가가 두 조직의 인수합병에 참여하는 경우가 인수합병에 필요한 실제 프로젝트의 절반에도 못 미칠 정도라고 한다. 조직개발 전문가가 포함된다면 분명 문화 감사가 실시될 것이다.

노스웨스트 항공사와 리퍼블릭 항공사가 합병을 할 때 두 항공사는 서로 이질적인 사내 문화의 합병에 대해서 전혀 관심을 갖지 않았다. 양사의 상이한 프로세스를 통합하는 것과 합병 프로세스를 통해 함께 일하게 될 양쪽 항공사의 직원들을 훈련시키는 것에 충분한 관심을 기울지 않은 것이다. 그 결과, 합병 후 운행 첫째 날 모든 업무가 뒤틀렸다. 승객들의 짐이 분실되고 지연되는 티케팅 절차에 승객들의 불만이 터져 나오면서 고객만족도는 곤두박질쳤다. 고객만족도를 합병 이전의 수준으로 돌리기까지 2년이 넘는 시간이 소요되었다. 합병 과정에서 조직개발 전문가는 어디에 있었는가? 이를 통해 알 수 있듯이 경영진이 충분한 관심을 기울인다면 인수합병을 통해서 조직개발 프로세스의 가치를 강조할 수 있는 잠재력이 있다.

합병 프로세스를 밟고 있는 두 조직이 현재 외부 조직개발 전문가와 일을 하고 있

거나 혹은 자체적으로 조직개발 전문가를 보유하고 있다면, 인력 중복 문제를 분명히 해결해야 할 것이다. 이런 상황이 되면 외부 전문가와의 계약을 철회하거나 내부 조직개발 전문가의 수를 다운사이징을 통해서 조정하게 된다.

예산 삭감의 경우도 분리 프로세스를 중시해야 한다. 아무도 미래를 알 수 없고 과거를 통해 배우는 게 있으므로, 그 프로젝트에 관해 서로 피드백을 주고받아야 한다. "강을 건넌 뒤 뒤에 남은 다리를 태우지 말라."라는 격언을 명심하자. 조직의 입장에서도 계약종료 단계에서 이런 논의를 해야만 내부에서 진행되는 프로세스로 순탄하게 넘어갈 수 있다.

더 좋은 일자리 제안

외부 조직개발 전문가로서 일단 계약을 체결하고 나면 그 계약을 주어진 시간 내에 이행한다. 새로운 고객이 생겼다고 이전 고객 프로젝트를 중간에 그만두는 것은 비윤리적일 뿐 아니라 결국 자신의 평판에 먹칠을 하는 것이므로 절대 그렇게 해서는 안 된다.

한편, 내부 조직개발 전문가도 그 조직 내에서 경력개발과 경력향상의 기회를 항상 파악해야 한다. 사람들은 여러 가지 이유로 다른 조직으로의 이직을 고려할 것이다. 예를 들면 더 폭넓은 스킬 적용의 기회, 더 나은 지역이나 완전히 다른 환경에서의 근무, 더 나은 임금과 복리 후생, 관리자로서 더 나은 기회, 높은 승진의 기회, 양질의 멘토나 코칭을 받을 수 있는 기회, 배우자의 더 좋은 직장 기회 등 여러 가지 이유가 있다. 이 모두 다른 조직으로 이직하기에 정당한 이유이다.

내부 조직개발 전문가의 경우에는 윤리적인 문제를 고려해야 한다. 퇴직 의사를 통지할 때 어느 정도의 여유 기간을 두어야 하는지 고용 계약상에 명시되어 있다. 대개 미국에서는 최소 2주 전에 퇴직 의사를 밝혀야 하며 4주 혹은 6주간의 통지 기간이 필요한 나라도 있다. 이와 같이 짧지 않은 통지 기간에도 불구하고 그 전문가가 떠나기 전에 일을 대체할 사람을 찾는 것이 불가능할 수도 있다. 이때 조직이 퇴직 전 준비 기간을 좀 더 연장해 달라고 하면 가능하면 응해 주는 것이 좋다. 또한 그 조직에 처음 고용될 때 서명한 계약서를 꼼꼼히 읽어 보는 일도 필요하다. 왜냐하면 이 정도 수준이 되는 전문가들은 고용 계약을 체결할 때, 그 조직개발 전문가가 특정 지역 내 또는 유사 업종에서 특정 기간 동안 경쟁이 되는 어떤 일도 하지 못하게 하는 비경쟁 조항을 집어 넣는 경우도 있기 때문이다. 계약종료 프로세스를 우호적으로 진행하게 되면 이런 조항에도 예외의 경우를 허용해 주기도 한다. 언제나처럼 목표는 계약종료 단계를 가능한 한 모든 관계자들이 기분 좋게 진행하는 것이다.

프로젝트 종결

때때로 조직개발 전문가는 조직의 전반적인 개선보다는 특정 부문에서의 조직개발 프로젝트만 맡는 계약을 하기도 한다. 한 가지에만 초점을 두는 이런 프로젝트로는 전략기획 프로세스 촉진이나 다면평가 피드백을 위한 인터뷰 실시 등이 있다. 이와 같은 접근법은 조직이 조직개발 전문가와 작업하는 가장 바람직한 방법은 아니지만 실제로는 가장 자주 사용되는 방법이다.

　이런 상황에서의 분리는 현재 프로젝트가 잘 진행되고 있다면 향후에 다른 프로젝트를 의뢰할 것이라는 생각에 순조롭게 진행될 것이다. 하지만 공식적인 완전 분리는 피하고 싶은 유혹을 이겨내야 하는 문제가 있을 수 있다. 하지만 만일 공식적인 완전 분리를 미뤄 놓고 있는 상태에서 향후에 새로운 프로젝트가 생기지 않으면 고객조직과 조직개발 전문가 모두 확실히 마무리된 느낌 없이 어정쩡하게 끝나게 될 것이다. 이런 상황에서 분리는 이번 장에서 다뤘던 다른 사례의 분리처럼 심도 있거나 긴 시간을 들이는 방식이 아니더라도 적어도 간략하게 이야기를 나누는 정도는 필요하다.

마무리의 중요성

이번 장에서 누누이 언급했듯이, 조직개발 프로세스 모델에서 계약종료와 분리는 종종 무시되기도 하지만 아주 중요한 단계이다. 마무리가 제대로 이뤄지지 않으면 기분도 찜찜하며, 그 프로세스에 참여했던 사람들에 대해 부정적인 편견이 생길 수 있다. 프로세스를 통해 배울 수 있는 중요한 학습 내용이 다뤄지지 않고 남게 되며, 내재된 지식이 겉으로 드러나지 않아 조직화된 지식으로 전환되지 못한다. 조직개발은 상대적으로 규모가 좁은 분야이므로 부정적인 이야기가 전해질 것이다. 마무리가 제대로 일어나지 않은 상태에서 관련된 이야기가 돌게 된다면, 고객조직원들은 그런 얘기를 전해 들은 다른 전문가와 향후에 함께 일하게 될 때 불쾌하고 불편해 할 것이다.

마지막으로 비즈니스 측면에서도 마무리는 새로운 마케팅의 시작이다. 당신이 맡았던 프로젝트에서 분리가 제대로 이루어진다면 그 기업은 미래에 다시 당신의 고객이 될 수 있다.

앞에서 얘기한 각 사례에서, 정식 분리를 사후적시검토(AAR, After action review)라 불리는, 학습 결과에 대해 정리를 하는 대화 형식으로 할 수도 있다. 이런 접근법은 지속적인 개선과 학습에 대한 헌신과 같은 맥락이며, 조직개발 전문가와 고객조직 모두를 위해 향후 프로젝트에 도움이 되는 가치 있는 방법이다.

요약

조직개발 프로세스 모델의 마지막인 계약종료 단계는 고객조직이나 조직개발 전문가가 제공하는 여러 가지 요인으로 시작된다. 분명 어떤 요인은 긍정적인 것들이다. 또 어떤 요인은 부정적으로 보일 수 있다. 하지만, 어떤 경우나 마무리가 잘 지어진다면 조직과 조직개발 전문가 모두 큰 이점을 얻을 수 있다.

마무리는 조직개발 전문가와 그 조직의 담당자 사이의 계획된 대화로 이루어진다.

이런 대화를 통해서 그 프로젝트 진행 과정에서 서로가 무엇을 배웠는지 얘기하고 향후에 서로의 실무 관계를 개선할 방법을 제안하는 것도 중요하다. 상황이 어떻게 변할지 모르므로, 다음을 위해서 관계는 계속 유지하는 게 중요하다.

토론 및 성찰을 위한 과제

1. 고객조직과 계약종료에 대한 대화를 나눌 때 가장 중요한 요소는 무엇인가?

2. 만약 계약종료에 대한 이유를 조직개발 전문가가 아닌 고객조직이 먼저 제기한다면 대화가 어떻게 달라지겠는가?

3. 어떤 상황에서 조직개발 전문가가 조직과 계약을 종료하는 것이 정당하다고 보는가?

4. 어떤 상황에서 고객조직이 조직개발 전문가와 계약을 종료하는 것이 정당하다고 보는가?

제15장

조직개발의 윤리와 가치

개요

조직개발은 가치 중심적인 분야이다. 하지만 조직개발의 이런 특성 때문에 종종 어려운 문제에 직면하기도 한다. 어떤 가치가 조직개발의 중심이 되느냐를 결정할 때 고객의 가치와 충돌이 일어날 수 있는데, 특히 영리 추구 부문의 고객사와 일할 때 그런 충돌이 자주 발생할 수 있다. 이번 장에서는 조직개발 전문가들에게 윤리적으로 난해하게 다가오는 상황들을 논의해 보고 그런 때에 윤리적으로 결정을 내릴 수 있는 방법을 제안하고자 한다. 또한 조직개발과 직·간접적으로 관련된 여러 가지 전문가 윤리 규정을 소개할 것이다. 이 장에 제시된 가치들은 주로 필자의 조직개발 경험과 조직개발 네트워크(OD Network)의 웹 사이트에 있는 조직개발 원칙과 실행 부분에서 도출된 것이다. 또한 윤리적인 의사결정을 도와줄 플로차트도 제시한다.

"옳은 일만 하면 된다."라는 말을 자주 들어 봤을 것이다. 이것이 말처럼 쉽다면 이번 장에서 논의할 내용이 거의 없으므로 필자가 단지 몇 가지 윤리 강령만 소개하는 것만으로도 충분할 것이다. 하지만 현실에서는 '옳은 일'이 무엇인지 결정하기가 굉장히 힘들 때가 많고 특히 두 가지 이상의 올바른 가치들이 충돌할 때는 더욱 그렇다. 필자가 신학공부를 할 때 틸리히(Tillich, 1963)의 "인생의 모든 순간은 모호하다.(p.32)"라는 인용구를 접했다. 소설 『차이나 화이트(China White)』의 주인공 톰 매클린(Tom McLean)은 이 말을 좀 더 구체적으로 설명했다. "이 세상에는 흑과 백보다는 회색 지대가 훨씬 더 많다."(Mass, 1994, p.12) 윤리적 결정을 힘들게 하는 것이 바로 회색 지대에 해당하는 모호함(ambiguity)이다.

이번 장에서는 윤리적인 원칙에 의거하여 조직개발을 할 때 직면하는 어려운 결정들을 살펴보고 윤리적 결정을 내릴 수 있는 방법을 제시할 것이며, 조직개발과 직·간접적으로 연관된 여러 가지 윤리 강령의 가치를 논의해 볼 것이다. 윤리적인 조직개발 실행을 판단하고 결정함에 있어서 답을 제시하는 것이 아니라 프로세스를 제안하는 플로차트를 이 장의 뒷부분에 제시했다.

윤리적 의사결정이 어려운 상황

그리 놀랄 일도 아니겠지만, 조직개발 전문가로서 활동하는 비즈니스 환경이 점점 더 복잡하고 나날이 글로벌화 되어감에 따라 조직개발 전문가가 맞닥뜨리게 되는 윤리적 딜레마는 거의 셀 수 없을 정도로 많다. 다음 단락에서 설명하고 있는 윤리적 딜레마는 드보겔(DeVogel, 1992)의 연구 결과와 필자의 개인적 실무 경험에 근거하여 구성되었다.

누가 나의 고객인가?

고객이 누구인지를 파악하는 것은 쉽지 않다. 프로젝트에 찬성하는 사람이 고객인가?

계약에 서명하는 당사자가 고객인가? 진행 및 결과 보고서를 받는 사람은 누구인가? 조직개발의 목적을 어디에 두고 있는가? 조직개발은 조직 전체를 위해서인가? 이사회를 위해서인가? CEO를 위해서인가? 직원을 위해서인가? 주주를 위해서인가?

어느 비영리 단체의 전무이사가 나와 내 동료에게 조직문화에 대한 진단을 의뢰한 적이 있다. 그가 나름대로 생각했던 문제점은 조직이 혼연일치되지 않아서 고객에 대한 서비스가 제대로 이루어지지 못한다는 것이었다. 또한 조직문화를 진단해 보라는 이사회의 압력이 있기도 했다. 이러한 진단 프로세스에서는 으레 그렇듯이, 진단 프로세스에서 얻어진 정보를 직원들과 공유해도 된다는 승인을 미리 받아 놓았다. 진단 방법으로는 인터뷰와 설문조사가 포함되었다.

그런데, 놀랍게도 그 조직에서 화합이 이루어지지 않는 원인이 다름아닌 그 전무이사 때문이라는 진단 결과가 나왔다. 그의 알코올 중독 증세와 공공연하게 알려져 있는 한 직원과의 불륜 관계가 주원인이었다. 당연히 전무이사는 이러한 정보를 직원들과 공유하려는 우리의 입장을 달갑지 않게 생각했다. 그러나 우리는 이에 굴하지 않고 그 정보가 직원들로부터 나왔다는 것과 진단 이전에 맺은 진단 결과 공유에 대한 약속을 상기시켰고, 그는 어쩔 수 없이 결과 공개에 동의했다. 하지만 그는 이 결과를 당초 계획대로 이사회에 직접적으로나 문서상으로 공개하는 것에 대해서는 완강히 반대했다. 생각해 보면 당시 우리는 잘못된 고객(이사회가 아닌 전무이사)과 계약을 맺었기 때문에 이사회에 직접적으로 그 정보를 알려 줄 수 없었고 그 결과 윤리적인 갈등에 빠지게 되었다. 하지만 이사회는 전무이사에게 직접 진단 결과를 보고하라고 지시했으며 결국 그 결과가 이사회에 알려지게 되었다. 1년 후, 그 단체의 전무이사 해임 사실을 신문 일면을 통해 알게 되었다.

나는 이 경험으로부터 중요한 교훈을 배웠다. 진정한 고객과 계약을 맺는 것이 무엇보다 중요하다는 사실이다. 진단의 목적이 조직, 전무이사, 직원, 이사회, 또는 외부 이해관계자들 중 누구를 위한 것인지를 계약체결 전에 확인하는 것도 중요한 사항이다.

정보의 흐름 통제

고객을 파악할 때는 물론 추후 인터벤션 과정에서 얻어지는 정보를 어떻게 처리하느냐에 관한 문제는 익명성과 기밀성 보장을 해야 할 때 생길 수 있는 딜레마와 밀접하게 연관되어 있다. 고객에 따라서는 원래 계획했던 목적과는 다른 용도로 그 정보를 사용할 수 있다. 예를 들어 고객이 품질과 생산성 향상을 위한 프로세스 개발을 위하여 직원들로부터 정보를 수집하고 싶다고 주장할 수 있다. 그러나 사실 고객은 그 정보를 구조조정 때 누구를 해고하고 누구를 승진시켜야 할지 결정하는 수단으로 이용할 수도 있다는 것이다. 그러므로 조직개발 전문가는 정보를 수집하기 전에 정보 사용의 범위를 분명하게 정해야 한다. 일단 고객에게 정보가 넘어간 이후에는 그 정보를 원래 의도대로 사용해야 하는 것이 조직개발 전문가와 고객 모두가 지켜야 할 의무이다. 정보가 고객에게 넘어간 이후부터는 조직개발 전문가에게 그 정보가 어떻게 쓰이는지를 통제할 수 있는 권한이 완전히 사라지기 때문이다.

기밀성과 익명성이 요구되는 정보

기밀성과 익명성, 이 두 단어는 종종 같은 의미로 혼동하여 쓰인다. 그러나 두 단어는 같은 의미가 아니다. 기밀성이란 정보가 공유되어서는 안 된다는 뜻이고, 익명성이란 정보는 공유하되 정보의 출처는 공개되지 않는다는 의미이다. 이런 의미의 차이점은 이미 제4장에서 사례를 들어서 세부적으로 다룬 바 있다.

....

아이러니하게도, 기밀성과 익명성에 관해서 내가 윤리적으로 딜레마를 겪었던 사례는 어느 종교 단체를 컨설팅할 때였다. 인터뷰를 해 나가는 도중에 나는 사무실에서 일어나는 횡령 문제를 알게 되었다. 만약 내가 기밀성 보장을 조건으로 그 인터뷰를 진행했다면 이 횡령 사실을 공개해야 하는지를 고민했을 것이다. 그러나 그 인터뷰 조건은 익명성 보장이었기 때문에 나는 횡령에 대한 정보를 알리는 데 고민하지 않았다. 단, 그 사실을 말한 사람이 누구이고 횡령이 어디서 일어나고 있는지는 말할 수 없었다. 나는 그 조직이 횡령 문제를 적극적으로 해결할 의지가 있다면 조직 스스로 문제를 비교적 쉽게 파악할 수 있을 것이라고 생각했다. 하지만 그 조직의 구성원들은 내 의견에 동의하지 않았고 횡령이 일어난 사무실을 알려달라고 요구했다. 나는 계약 조건을 언급하며 그 요구를 거부했다. 그들은 계속해서 정보를 공유해야 한다고 주장했고 나의 계속되는 거부로 인해 결국 그 계약은 파기되고 말았다.

이해 관계의 상충

외부 조직개발 전문가가 고객조직과 동종업계에 있는 경쟁사들을 위해 일하게 되거나, 내부 조직개발 전문가가 동종업계의 다른 기업으로 이직해 가는 경우가 종종 발생한다. 사실 많은 고객들이 하나의 특정 산업에서 오래 경험을 쌓은 전문가를 선호하기 때문이다. 예를 들면 많은 조직개발 전문가들이 헬스케어(Health care) 관련 조직을 상대로만 일하기도 한다. 한 업종에서 오래 일한 전문가들은 고객조직의 경쟁사에 관한 정보를 갖고 고객에게 도움을 줄 수 있기 때문이다. 하지만 대부분의 계약과 양해각서에서 고객에 관한 정보를 특정 시간 동안, 심지어는 영원히 유출시키지 못하도록 명시함으로써 이해관계의 상충을 사전에 막고 있다.

컨설팅 비용과 청구

여러 가지 이유로 인해 조직개발 전문가는 고객에 따라 각기 다른 컨설팅 비용을 청구한다. 컨설팅 비용은 고객의 지불 능력, 업무의 난이도, 조직의 특성(영리조직·비영리 조직), 업무 장소, 조직개발 전문가의 전문성 정도 등에 기반하여 차이가 날 수 있다. 또한 대부분의 조직개발 전문가의 윤리 강령(후반에 설명됨)에는 어느 정도의 **무료 서비스**(Pro bono, 선의를 행한다는 뜻으로 무료봉사를 의미한다.)를 제공할 것을 요구하고 있기도 하다.

개인적으로 나는 일 년에 한 번, 주로 빈곤층과 소외계층(망명자, 풀뿌리 민중 조직, 그밖의 나의 가치 체계에 부합하는 단체나 개인)을 위해 무료 컨설팅을 제공하는 것을 목표로 하고 있다. 또한 일 년에 한두 번 정도는 상당히 저렴한 비용으로 컨설팅을 해 주고자 한다. 대상은 내가 가진 신학적 배경 때문에 대개 교회들인 경우가 많다. 내 동료도 일 년에 수주하는 프로젝트의 10~20%를 무료로 컨설팅해 주고 있다.

나의 고정 고객 중 한 업체는 일 년 동안 일정한 양의 프로젝트를 꾸준히 의뢰해 오고 있다. 이 고객과는 일 년 동안 어느 정도 정해진 시간만큼의 일을 확보해 준다는 전제하에 컨설팅 비용을 할인해 주기로 합의했다. 나는 또한 가족 중심으로 운영되는 작은 사업체와 일할 때는 대기업에 청구할 때보다 적은 비용을 청구한다.

그렇다면 다음과 같은 질문이 생길 수 있다. '고객의 지불 능력에 따라 차등적으로 비용을 청구하는 것이 정당하고 윤리적인가?' 나는 그렇다고 생각한다. 그렇지 않았다면 내가 앞에서 언급한 대로 무료 서비스나 할인 서비스를 하지 않았을 것이다. 하지만 이에 동의하지 않는 전문가도 있다. 또한 고객이 무료 서비스를 받거나 진정한 대가만큼의 컨설팅 비용을 지불하지 않을 때 과연 조직개발 프로젝트를 얼마나 진지하게 받아들이는가에 대한 의문도 제기될 수 있다.

컨설팅 비용 청구에 관해 윤리적 딜레마를 야기하는 또 다른 여러 가지 유형의 문제도 있다. 출장이 필요한 장소에서 업무가 진행된다면 출장 비용은 어떻게 처리되어야 하는가? 출장의 실질 비용을 고객이 부담한다는 사실에는 의심의 여지가 없지만 그 출장에 소요된 시간에 관한 비용은 어떻게 처리할 것인가?

....

나는 우리 집에서 차로 한 시간이 넘게 걸리는 곳의 고객과 정기적으로 일한다. 이 고객의 일을 위한 출퇴근 시간만 따져도 내 근무시간에 세 시간이 추가된다. 그래서 이 고객과 최소한 하루의 특정 몇 시간에 대해서는 꼬박꼬박 컨설팅 비용을 지불하고 받기로 합의를 보았다. 이는 내가 이동하는 동안의 시간 가치를 인정하는 것이기도 하지만 또한 하루에 내가 적절한 양의 시간만큼 일할 수 있도록 보장해 주기도 한다.

또 어떤 고객은 자기 회사의 임원급 관리자들이 일 년에 한 번씩 캐나다로 떠나는 낚시여행을 어떻게 하면 좀 더 의미 있는 행사로 만들지에 대해 문의했다. 이 여행은 옛날부터 관행처럼 지속되어 왔지만 낚시 외에는 특별히 하는 일 없이 진행되는 연례행사에 불과했다. 그런데 최근 들어 고위 경영진에 여성 임원들이 대거 배치되었고 그들은 조직에 도움이 되는 활동을 일절 수행하지 않는 이런 여행을 떠나는 게 비효율적이라고 생각하고 있었다. 나는 그 쪽의 인사 담당자와 일주일 낚시 여행에서 하루에 두 시간씩 조직에 도움이 되는 활동을 할 수 있는 방안을 개발하고자 했다. 그런데 인사 관계자가 자기 혼자 그 활동을 진행하기 벅차다며 나에게 주 중에 낚시 여행에 동행해 달라고 부탁했다. 일주일 여행에서 나는 매일 두 시간만 일해 주면 되지만, 사실상 그 외 남은 시간에는 다른 어떤 업무도 수행할 수 없었다. 따라서 나는 그 일을 하고 싶지만 만약 하게 된다면 닷새간 전일제로 계속 일을 한 것과 같은 비용을 청구할 것이며, 더불어 캐나다를 왕복하는 데 걸린 시간에 대한 비용도 청구할 거라고 말했다. 회사는 나의 제안을 흔쾌히 받아들였다. 나는 관리자들과 훌륭한 경험을 할 수 있었을 뿐 아니라 낚시도 하고 맛있는 생선도 많이 먹었다. 이것이 올바른 판단이었을까? 나는 그렇다고 생각한다.

....

윤리 문제를 논할 때 떠오르는 또 다른 컨설팅 비용 문제는 비용을 시간 단위 기준으로 청구한다면 그 시간을 어떻게 측정하는지에 대한 것이다. 조직개발 업무의 많은 부분이 조직 외부에서 준비되기 때문에 청구된 시간이 정확하고 과장되지 않았다는 것을 믿게 하기 위한 신뢰가 구축되어야 한다. 또한 시간 측정의 방법에 대한 합의가 사전에 이루어져야 한다. 예를 들어 10분 단위(필자의 변호사가 하듯이), 15분 단위(필자가 하듯이), 아니면 반나절 단위 또는 하루 단위(필자의 몇몇 동료가 하듯이)중 어떻게 할 것인지 그 방법을 확실하게 정하는 게 좋다.

자신의 전문 영역을 벗어날 때

이 책의 차례를 보면 쉽게 알 수 있듯이 조직개발 영역은 매우 광범위해서 조직개발의 모든 영역에 걸쳐 뛰어난 전문성을 갖추고 활동하는 사람은 없다. 여기서 딜레마가 생길 수 있는 이유는, 어떤 특정 분야의 프로젝트를 직접 해봄으로써 그 분야의 전문성을 개발할 기회를 가지지 않는 한 아무도 실질적으로 그 영역의 전문가라고 할 수 없기 때문이다. 이런 딜레마에 대한 필자의 해법은 평소에 해 오던 분야가 아닌 처음 맡는 분야의 조직개발 프로젝트에서는 컨설팅 비용을 훨씬 낮게 청구하는 것이다. 그리고 고객에게는 자신이 이 영역에서 전문성을 개발하고 있는 중이라고 확실히 알려준다.

....

미국에서 전사품질관리(TQM) 분야가 한창 붐을 이루던 1980년대, 나는 전사품질관리를 전문으로 하는 컨설팅 회사에 있던 내 동료와 함께 전사품질관리를 추진하고자 하는 첨단 기술 조직의 프로젝트를 맡았다. 우리는 이것이 우리가 발전할 수 있는 좋은 기회라고 생각했기 때문에 그 회사에 어떠한 비용도 청구하지 않았다. 이 프로젝트를 통해서 나와 내 친구는 경험과 전문성을 얻었으며, 이 고객 업체는 품질관리 프로세스의 우수함을 인정받아 볼드리지 상(Baldrige Award, 미 의회로부터 후원을 받는 상으로, 세부적인 현장조사를 거쳐 우수한 품질관리를 선도한 기업에 수여되는 상)과 미네소타 품질 상

(Minnesota Quality Award, 볼드리지 상과 유사한 상)을 받기도 했다.

．．．

본인의 전문 분야가 아닌 부문의 일을 할 경우 가장 큰 문제는, 조직개발 전문가가 사람들에게 실상 해를 끼칠 가능성이 있는 심리치료 요법과 흡사한 일을 하기 시작한다는 것이다. 이런 리스크는 치료사 훈련을 받은 적도 없고 제대로 코칭 훈련을 받지도 않은 **임원코치(Executive coaches)**가 빠르게 증가하는 현상에서 찾을 수 있다. 적절한 훈련을 받지 않은 사람은 코칭과 치료의 차이를 분별할 능력도 부족하다. 윤리적인 조직개발 전문가에게 필요한 전문성은 전문가로서의 자신의 능력의 한계를 인정하고 해당 분야의 유능하고 충분한 훈련을 받은 전문가에게 그 일을 추천해 주는 것이다.

다른 전문가들과의 상호 추천

이미 말했듯이 자신의 전문 영역을 벗어나는 분야의 의뢰가 들어올 때 할 수 있는 윤리적 선택은 그 분야의 다른 전문가를 추천하고 소개해 주는 것이다. 하지만 추천하는 방법을 선택하는 과정에서도 윤리적인 문제가 발생할 수 있다.

．．．

내가 조직개발 일을 시작하던 초기에, 어떤 고객의 요구에 비해 나의 전문성이 전부 고갈되어서 그 고객을 떠나야 할 시점이 됐다는 사실이 분명해지는 상황이 있었다. 하지만 그 고객에게는 남아 있는 조직개발 업무가 있었기 때문에 나는 세 명의 전문가를 고객에게 추천해 주었고 고객은 그 중 한 명을 선택했다. 얼마 지나지 않아 나는 내가 추천해 준 전문가로부터 수표를 받았다. 그 수표는 첫 컨설팅 비용의 10% 정도에 해당하는 것이었고 앞으로도 계속 자신이 받는 컨설팅 비용 중 10%를 나에게 주겠다고 했다. 나는 이러한 계약 관계를 들어 본 적이 없어서 이에 대한 시장조사를 하게 되었다. 그런데, 이런 사례는 비윤리적이라는 결론을 얻게 되었다. 즉, 이러한 행동은 애초에 자신을 소개해 준 사람에게 일정 금액을 떼어 줌으로써 이후에도 소개받을 확률을 높이려는 행위로 추천의 기준을 위태롭게 만드는 것이었다. 고객에게 적합한 사람을 추천하는 게 아니라 소개비를 바라면서 추천하는 유혹에 빠질 수 있는 것이다. 나는 결국 그 수표를 되돌려 주었고 앞으로도 더 이상 수표를 보내지 말라고 요청했다.

....

필자가 내린 결정에 모든 사람들이 동의하지는 않을 것이다. 게다가 전문가끼리 같이 일을 하게 되는 경우에는 더 복잡한 딜레마가 있을 수 있다. 예를 들어 소규모로 독립적으로 일하는 전문가가 자신의 업무 범위가 광범위해지고 전문영역을 벗어날 때 다른 전문가와 함께 일하게 되는 경우가 흔히 있다. 전문가 A는 조직개발 업무 과정에서, 자신과 계약을 맺은 고객사의 일을 함께 하기 위해서 또 다른 전문가 B와 계약을 체결할 수 있다. 이런 경우 전문가 A가 모든 비용을 받아서 그 중 일부를 전문가 B에게 지불할 수 있고 전문가 A가 간접 비용과 최초 계약체결 비용 명목으로 고객이 실제로 지불한 비용보다 전문가 B에게 더 적게 지불할 수도 있다. 그렇다면 전문가 A가 하는 방식이 윤리적인가? 그렇다고 말할 수 있다. 전문가 B가 다음에 전문가 A의 도움이 필요해서 A에게 프로젝트 일부를 맡기게 되는 경우에 같은 조건을 적용하면 된다.

뇌물 수수

바로 앞의 문제와 관련이 있긴 하지만 좀 더 노골적인 사안이 바로 뇌물이다. 부패는 세계 어디에서나 팽배한 문제이며 유독 부정부패로 악명 높은 나라도 있다. 사실 뇌물 문제는 워낙 만연해서 부정부패의 정도에 따라 국가 순위를 매기는 단체도 있다. 국제투명성기구(Transparency International)의 2004년 부패지수(TI Corruption Perceptions

Index)에 따르면 미국은 17위에 올라 있고 상위 3개의(가장 청렴함을 나타내는) 나라는 핀란드, 뉴질랜드, 덴마크였다. 2004년 조사대상인 147개 국가 중 106개의 국가가 10점 만점의 청렴도에서 5점 미만을 기록했다.

예를 들어 어떤 전문가가 뇌물 수수가 다반사인(Chat-uthai & McLean, 2003) 부패지수 64위의 태국에서 일한다면 그 전문가는 뇌물 관행에 편승하여 사업 기회를 늘릴 것인지 아니면 뇌물 관행을 거부하여 힘든 상황을 맞을 것인지 결정을 해야 하는 기로에 서게 된다. 이미 알려진 대로, 미국에서는 국내에서나 해외에서 뇌물을 주고받는 행위가 불법으로 정해져 있다. 다른 나라의 뇌물 관행에 동참하게 되면 부정부패를 퇴치하고자 하는 그 나라의 노력을 더욱 어렵게 하는 것이다.

비록 문화적으로 선물과 뇌물의 경계선이 애매하긴 하지만 뇌물은 받을 이유가 전혀 없다. 여러 문화권에서는, 보이지 않는 다소 미묘한 '규칙'에 따라 선물을 주고받는 것을 허용할 뿐 아니라 은근히 기대하기도 한다. 이런 문화권에서는 선물을 거부하는 것 자체가 주는 사람을 모욕하는 행위일 수 있다. 보통 뇌물과 선물의 차이는 정도의 차이이다. 뇌물은 문화적으로 허용 가능한 선물의 값어치보다 큰 것으로 보면 된다. 어느 정도가 적당하고 부적당한지를 판단하는 일이 쉽지 않기 때문에 여기서도 윤리적 딜레마가 발생한다.

저작권의 침해

저작권을 노골적으로 침해하는 것은 윤리적 딜레마라고 볼 수 없다. 당연히 그것은 법을 위반하는 것이므로, 이런 불법 행위는 더 이상 윤리적 딜레마라고 할 수도 없다.

하지만 법은 타인의 저작물을 어느 정도까지 사용해야 저작권 침해가 되는지를 명확하게 구분해 놓고 있지 않다. 사실일지 모르지만, 기업교육 트레이너들이 흔히 타인의 저작물인 자료를 허가 없이 또는 원필자를 밝히지도 않고 사용할 수 있다는 인식은 유감스러운 일이다. 사용된 정도가 원저작권자의 수익에 부정적 영향을 미치게 될 때 저작권이 침해되었다고 간주한다. 원저자의 표, 차트 또는 도구를 사용하는 것은 비록 말을 바꿔 썼을지라도 저작권의 침해이다. 이에 대한 판단을 내리는 한 가지 방법은 만약 다른 사람이 자신의 저작물을 허락 없이 비슷한 방법으로 사용했을 때 자신의 느낌이 어떨지 생각해 보는 것이다.

조직 내부 정보

상장 기업(Publicly listed organization)에서 일하는 직원이 직무 수행 중 얻은 정보를 통해 금전적 이익을 취하는 것이 금지되는 것과 마찬가지로, 조직개발 전문가에게도 같은 규제가 적용된다. 그러므로 만약 조직개발 전문가가 고객 조직의 기업 가치를 높일 것으로 예상되는 신제품이 출시된다는 정보를 알게 되었을 때 이런 정보를 다른 사람과 공유해서도 안 되고 개인적으로 그 기업의 주식을 사서도 안 된다는 얘기다.

이러한 상황은 윤리적 딜레마를 일으킬 수 있는데, 이는 어떤 정보가 일반적으로 공개적인 대중매체를 통해 대중에게 알려져 있는 것인지 아니면 조직에서 일하면서 내부적으로 얻게 된 것인지 구분하기가 쉬운 일이 아니기 때문이다.

부적절한 관계

전문가가 고객의 조직과 부적절한 관계를 갖게 될 가능성은 항상 존재한다. 누가 보기에도 가장 명백한 부적절한 관계는 성희롱과 성적인 관계이다. 전문가는 고객 기업에서 정해 놓은 내규에 동일하게 적용받는다. 고객과의 계약을 유지하는 동안에는 조직의 어떠한 구성원과도 연애나 성관계를 가지지 않는 것이 윤리적인 행동이다.

고객과의 연애나 성적인 관계가 가장 명백한 부적절한 관계이지만 윤리적인 문제를 일으키는 또 다른 부적절한 관계도 있다.

나의 한 동료가 그녀의 오래된 고객인 한 다국적 회사의 조직개발 프로젝트에 참여해 달라고 나에게 부탁을 했다. 요청받은 프로젝트는 인사 팀 직원 교육, 사내 니즈 분석, 경력개발, 코칭을 토대로 한 조직개발 직무를 수행할 수 있도록 인사부서 직원들을 훈련시키는 것이었다. 내가 그 일에 참여하게 됨으로써 그 기업으로부터 다른 프로젝트도 수주할 가능성이 있었다. 나는 그 조직의 인사 팀과 맺은 새로운 관계를 이용해서 사업 기회를 얻지 않도록 하기 위해서 굉장히 신중할 필요가 있었다. 이는 윤리적인 입장에서 내 동료의 사업에도 방해가 되고 그녀와의 관계도 망치게 되기 때문이었다.

조직개발 과정에서 제3자로서 일하는 조직개발 전문가의 재량권에 영향을 미칠 수 있는 모든 관계는 윤리적인 문제를 일으킬 수 있다. 이것은 같은 사람들과 오랜 시간 일해야 하는 내부 조직개발 전문가에게 특히 더 어려운 문제일 것이다. 직무 현장에서 여러 가지 관계가 발전되기 때문에 내부 조직개발 전문가는 조직의 개인들과의 관계에 있어서 적절한 수준의 객관성을 유지하도록 항상 노력해야 한다.

문화권을 넘나드는 작업

제11장의 글로벌 차원의 조직개발에서도 언급했지만 여기서 다시 이 주제를 한 번 더 논해야 할 것 같다. 한 국가에서 개발된 인터벤션을 다른 나라에 적용할 때 그 나라 고유의 특성에 맞게 적절하게 수정하지 않고 그대로 도입한다면 이 역시 윤리적인 문제를 야기할 수 있다. 비즈니스 분야는 역사적으로 봤을 때 주로 미국을 중심으로 발전되었기 때문에 전혀 다른 문화권의 나라들이 문화적인 특성을 고려하지 않은 채 미국에서 인기 있었던 인터벤션들을 그대로 받아들이려고 하는 경우가 꽤 있다.

필자는 미국 외 다른 나라에서 워크숍이나 프리젠테이션을 해 달라는 부탁을 자주 받는다. 그것을 요청한 조직은 필자에게 주로 이런 질문을 한다. "미국에서 현재 각광받는 것이 무엇입니까? 미국의 조직들은 _____을(를) 어떻게 합니까?" 그리고 거의 언제나 이 빈 칸에 들어가는 말은 미국에서조차도 아직 가치가 증명되지 않은 최신 유행 기법들이다. 미국이나 해당국에서 한 번쯤은 그 기법의 가치를 비판적인 시각으로 바라볼 필요가 있다는 사실을 고객조직에게 납득시키는 데 많은 노력이 필요하다.

한국에 있는 어떤 기업이 업무 성과 평가를 위해서 다면평가를 활용하기 위해 컨설팅을 부탁한 적이 있다. 나는 "연구 결과에 따르면 다면평가는 직원 개발에는 유용하지만 많은 문제점을 가지고 있기도 하다."고 답변했다. 또한 미국의 개인주의적 문화에 비해 한국의 집단주의적 문화에서는 이러한 평가 방식이 문제를 일으킬 것이라고 덧붙였다. 많은 아시아 국가에서 중시되는 '체면 유지' 문제도 다면평가를 부적합하게 만드는 요인이다. 체면 유지와 관련이 있는 요인 중의 하나인 권력 거리(Power distance, 제9장에 설명)를 고려해 보아도 한국에서는 다면평가가 적합하지 않다.

이러한 문제점을 알면서도 세계의 많은 기업체들은 미국에서 행해지는 방법을 아무런 비판 없이 그들 조직에 적용하려고 한다. 그 문화와 조직의 니즈를 충족시키려면 그러한 방법들을 철저히 조사하고 그 문화권에 맞게 수정한 후 적용하는 게 윤리적인 해결책이다.

산업의 특성

때때로 그 조직이 속한 산업의 상품이나 서비스의 특성 때문에 그 조직의 고용제안이나 계약요청을 거부하는 경우도 있다.

....

다양한 품목의 상품을 생산하는 큰 규모의 대기업이 나에게 컨설팅을 의뢰해 왔다. 하지만 그 기업의 상품 중 하나가 특히 논란이 되고 있는 무기 개발 프로그램이었다. 많은 전문가들은 이 상품이 자신의 가치와 대립한다고 여기지 않았지만 나는 꺼림칙하게 느껴져서 의뢰를 수락하지 않았다. 같은 맥락으로 나는 담배나 알코올 관련 상품을 생산하는 기업의 의뢰는 받아들이지 않으며, 도박 관련 기업과도 같이 일해 본 적이 한 번도 없다. 조직개발 전문가들은 본인이 어떤 산업을 거부할지 명확한 가치 기준을 가지고 일해야 한다. 물론 각자의 가치관에 따라 다른 결정을 내리긴 하겠지만 말이다.

....

조직개발 전문가들이 직면하는 여러 딜레마들과 마찬가지로, 어떤 업종의 조직과 일할 것인가에 대한 명확한 가치 판단 기준은 없다. 예를 들어 필자는 알코올 관련 산업의 조직과는 일하지 않는다고 했지만 술을 대접하는 식당이나 호텔 조직과는 일해 본 적이 있다. 그렇다면 그 차이는 무엇인가? 결코 흑백으로 나누어 판단할 수 없다. 산업의 종류에 관해 쉽게 결정을 내릴 수 있는 경우는 별로 없었던 것 같다.

일의 특성

고객조직이 속한 산업에는 아무런 문제를 느끼지 않지만 일의 특성 자체가 자신의 가치와 부합하지 않아서 컨설팅 계약을 거부하는 경우는 종종 있다. 필자는 조직개발의 목적이 특정인을 해고시키기 위한 근거를 찾는 것일 경우에는 그 일을 맡지 않는다. 그런데 이러한 요청은 놀라울 정도로 잦은 편이다.

다른 예로, 구조조정이나 다른 나라나 지역 또는 다른 조직으로 아웃소싱하는 일에 관련된 컨설팅 의뢰가 들어올 수 있다. 조직에 분열을 일으키는 변화를 부담스럽게 느끼고 이런 컨설팅 업무를 받아들이기가 불편할 수도 있다. 하지만 이러한 사업적 결단도 그 조직의 생존에 필요할 수 있다. 만약 조직이 결국 파산한다면 모든 사람들이 일자리를 잃게 될 것이다. 또한 다른 나라에 아웃소싱하는 것을 달리 생각해 보면, 아웃소싱을 통해 타국의 노동자들에게 일자리가 제공되는데, 그 일자리는 조직개발 컨설턴트의 본국에서 임시적으로 일자리를 잃게 되는 노동자들의 생존보다는 타국의 노동자의 생존에 더 절대적으로 필요할 수도 있다.

안전 장비 유통회사에 컨설팅을 해 준 적이 있다. 이 회사의 주요 품목은 안전 장갑이었다. 내가 그 회사와 일을 시작할 때는 모든 장갑이 미국에서 생산된 제품이었다. 하지만 순이익이 아주 적었고 점점 산업의 추세가 장갑의 디자인이나 생산 모두 중국으로 옮겨지는 상황이었기에 고객사도 경쟁력을 유지하기 위하여 같은 전략을 실행하고자 했다. 이것은 매우 효과적이었다. 그 회사는 매출을 크게 늘려서 추가로 인력을 채용하고 창고와 사무실도 늘렸다. 또한 더 많은 상품을 생산해 낸 중국 현지 업체와도 더욱 밀접한 협력 관계를 맺었다.

여기서도 역시 컨설턴트가 맡게 되는 어떤 업무가 윤리적이고 적합한지를 판단하는 뚜렷한 기준은 없었다.

조직 분석 생략

조직개발 프로세스에서 특정 단계를 생략하는 것이 비윤리적일까? 예를 들어 간단한 인터벤션의 경우 종합적인 분석을 생략해도 무방하다고 말하는 사람들이 있다. 그렇다면 어느 상황에서 반드시 분석을 해야만 하는지 판단하는 데 윤리적 딜레마가 대두된다. 따라서 분석 단계를 생략하는 것은 비윤리적이다.

평가 단계 생략

평가 단계를 생략하는 것은 비윤리적으로 여겨질 수도 있고, 아닐 수도 있다. 왜 평가단계가 생략되는가? 평가 결과가 프로젝트에 참여한 조직개발 전문가나 경영진의 입지를 위협할 수 있기 때문인가? 만약 그렇다면 평가 단계의 생략은 비윤리적일 것이다. 평가를 실시하기에 충분한 예산이 없는가? 인터벤션의 효과성에 대한 믿음이 조직에 광범위하게 퍼져 있는가? 이러한 경우에는 평가 단계를 생략하는 것이 적절할수도 있다.

단일기법 만능주의

단일기법 만능주의(Single-tool syndrome)를 잘 나타내는 문장은 "망치를 가진 자에게는 모든 것이 못처럼 보인다."이다. 어떤 조직개발 전문가는 예를 들어 식스시그마와 같은 한 영역에서만 전문성을 발전시킨다. 그렇다면 조직의 상황이 어떻든 식스시그마에 통달한 전문가들은 식스시그마를 이용해서 해결할 수 있는 문제만 찾아내려고 할 것이다. 이러한 현상은 다면평가 피드백 시스템, 코칭, 리더십 개발 등에서도 일어난다. 자격증을 갖추어야만 사용할 수 있는 도구도 많다.(MBTI 나 DiSC 등) 그런 도구에 관한 자격증을 가진 전문가들은 컨설팅할 때 종종 그 도구가 고객조직의 상황에 필요한지 아닌지 상관없이 그 도구를 활용할 수 있는 기회를 찾게 된다. 자신의 전문성을 활용할 기회만 찾게 되는 것이다. 이같이 도구를 근거 없이 남용하는 것은 분명 비윤리적인 행위에 가깝다고 볼 수 있다.

시스템 관점에 입각하지 않은 작업 수행

조직개발 전문가에게 갈등관리, 팀빌딩, 팀 효과성 및 퍼실리테이션, 교육 워크숍과 같이 어떤 제한적인 특정 주제에 대해서만 컨설팅을 요청하는 경우는 흔히 있는 일이다. 이전에 언급했듯이, 시스템 관점을 무시한 특정 인터벤션을 요청할 때는 아마 대부분은 어떤 분석도 이루어지지 않은 상태일 것이다. 하지만 분석을 어느 정도 하고 나서 이런 요청을 할 때도 있는데, 이는 조직개발 전문가에게 솔깃한 제안이 된다. 하지만 시스템 관점을 가지려는 의지가 없다면 인터벤션 실행 도중에 드러나는 문제들에 대해서 아무런 조치가 취해지지 않을 가능성이 있다.

어느 대학교 총장의 비서가 나에게 전화를 했다. 그 대학은 최근 새로운 예산 체제를 도입했는데 이로 인해 단과 대학 간에 치열한 경쟁이 야기되고 있다고 했다. 비서의 말에 따르면 단과대 학장들 간에 심각한 갈등이 촉발되었다는 것이다. 그녀는 8월에 열리는 학장 수련회에서 팀빌딩에 관한 워크숍을 진행해 줄 수 있는지 물었다. 이에 나는 몇 가지 질문을 했다. 첫째, 그 문제를 해결하기 위해 필요한 것이 팀빌딩이라는 것을 어떻게 파악했는지 물었다. 그녀는 그 질문에 대답하지 못했다. 다음으로 나는 애초에 그 갈등을 유발하고 있는 예산 체계를 수정해야 할 필요성이 있는 다른 이슈가 드러나면 이를 다루어도 괜찮을지 물었다. 그러자 그녀는 본 프로젝트 범위에서 벗어나는 이슈는 다루지 말아달라고 요청했다. 마지막으로 나에게 주어진 시간이 얼마인지를 물었다. 그녀는 일정이 매우 촉박하기 때문에 시간이 별로 주어지지 않을 것이라며 아마 한 시간 정도가 주어질 것이라고 했다. 말할 필요도 없이 나는 그 의뢰를 거절했다. 그 시스템을 변화시킬 가능성은 전혀 없었고 결과에 대해서도 고객이 불만스러워 할 것이 분명했기 때문이다.

인터벤션을 통해 긍정적인 결과를 얻지 못할 것이 뻔한 데도 계약을 맺고 진행하는 것은 당연히 비윤리적인 일이다. 몇 개 되지 않는 제한된 인터벤션 안에서 선택할 수밖에 없다면 그 결과가 시스템 전체에 영향을 미칠 가능성이 거의 없기 때문이다. 하지만 제안받은 특정 인터벤션이 실행할 가치가 있어 보이거나 추후에 시스템에 영향력이 발휘될 가능성이 있다면 예외가 될 수 있다.

나는 사우디아라비아에서 시멘트 파이프를 생산하고 판매하는 데 성공을 거둔 한 회사로부터 하루 동안 워크숍을 진행해 달라는 요청을 받은 적이 있다. 이 회사는 자사 상품을 세계 시장으로 확대하고 싶어 했다. 고위 경영진을 대상으로 열릴 예정이었던 그 워크숍은 세계 시장에 진출하는 데 필요한 기본 자격 요건을 관리자들에게 이해시키는 것이 목적이었다.

워크숍은 성공적으로 진행되었고 같은 워크숍이 감독직 직원들에게 다시 행해졌다. 그다음에는 임원급 경영진들과 일대일 미팅이 진행되었는데 그들의 기능 부서를 세계로 확장시키는 데 대한 전략을 개발하는 것이었다. 결국 첫 번째 인터벤션(워크숍)의 파급효과가 조직 전반에 걸친 조직개발 인터벤션으로 확장된 것이다.

정보의 부적절한 이용

앞에서 언급했듯이, 한 가지 목적으로 수집된 정보를 의도하지 않은 다른 목적으로 오용할 가능성이 있다. 예를 들어 흔히 사용되는 설문지 문항을 보면 감독관과 관리자에 대하여 묻는 것들이 많다. 이 정보는 부서나 기능 단위로 분석된다. 이러한 설문의 기본 목적은 기초적인 자료를 만들고 개선이 필요한 영역을 찾기 위해서다. 그러나 그 설문 결과가 성과 평가나 급여, 승진, 이직 등 중요한 인사 결정을 하는 데 잘못 쓰일 수 있다. 이러한 행위는 비윤리적인 것이며 특히 애초부터 직원들에게 설문의 목적이 오직 조직의 성과 향상과 벤치마킹을 위한 것이라고 알려 준 채 진행했다면 더욱 비윤리적인 행위라고 할 수 있다.

조직문화로 동화

내부 조직개발 전문가에게 특히 곤란한 윤리적 상황은 그가 조직문화에 너무 깊이 동화된 경우이다. 그 문화에 너무 익숙해지면 제3자로서 조직개발 직무를 수행하기 어렵게 되고 더 이상 조직문화를 객관적으로 바라볼 수 없게 된다. 오랜 기간 같은 고객과 일해 온 외부 조직개발 전문가도 이런 위험을 안고 있다. 조직 내 문제가 있는 행동도 단지 너무 익숙해졌다는 이유로 아무렇지 않게 받아들이게 된다.

계약 연기

내·외부 조직개발 전문가들이 직면하는 또 다른 유혹은 업무를 늘려서 프로젝트 종료시점을 지연하는 것이다. 때로는 프로젝트 기간을 연장하기 위해서 조직에 중요하지 않은 프로젝트를 추가하는 경우도 있다. 또한 보고서 제출을 연기하거나 인터뷰 횟수를 늘리거나 관찰 횟수를 늘리기도 한다. 고객에게 필요하지 않은 데도 계약과 고용을 연장하기 위한 목적만으로 행해지는 것은 그 어떤 것이라도 비윤리적인 행위이다.

스킬 전수의 실패

다른 컨설팅 전문가와 조직개발 전문가의 차이점은(제2장에서 언급했듯이) 고객조직에 조직개발 전문가의 전문성을 전수해서 계약 기간이 종료되더라도 그 전문성이 조직 내에 유지되도록 하는 것이다. 필자는 인터벤션 과정에 필자가 사용하고 있는 프로세스와 그것을 사용하는 이유를 설명해서 고객조직의 구성원들이 그 기술을 익혀서 필자가 없더라도 본인들이 응용할 수 있도록 한다. 또한 같은 이유로 고객조직의 구성원들에게 간이 교육을 실시하기도 한다. 이는 주로 코칭 세션에서 행해진다. 또한 고객조직이 계속 사용할 수 있도록 도구(예, 팀 효과성 도구)를 개발하여 제공해 주기도 한다. 필자의 많은 동료들은 컨설팅 프로젝트가 줄어들 것이라는 이유로 이러한 방식에 의문을 제기한다. 하지만 필자는 이러한 방식을 통하여 조직개발이 얼마만큼 윤리적이어야 하는가에 대한 신념을 실천하고 있다.

정직보다는 보신이 우선

조직개발 전문가의 필수적인 역할은 '있는 그대로 말하는 것'이다. 그러한 정직함이나 단도직입적인 발언이 해고, 계약의 취소 또는 자신의 명성에 부정적인 영향을 초래할 것이라고 두려워한다면 일거리를 유지하기에 급급해서 조직개발 전문가가 경영진에게 '진실'을 제시할 수 없게 될 것이다.

윤리적 의사결정을 위한 방법

조직개발 분야도 어언 50년이라는 역사를 지니게 되었다. 이 정도면 어느 정도 확립된 영역이라 할 수 있으므로 사람들은 이 부문에서 윤리적인 결정 과정은 상대적으로 쉬울 것이라고 생각할 것이다. 하지만 그렇지 않다. 윤리학자들은 사람들이 어떻게 윤리적인 결정을 하는지에 대한 **분류체계(taxonomy)**을 개발했는데 다음의 3가지로 분류할 수 있다.

- **의무론(deontology)** 과거에 입각한 가치 – 법, 규칙, 표준, 종교 교리, 부모의 교육, 행위 강령, 가치 선언문

- **상황론(situational)** 현재에 입각한 가치 - 현재의 니즈를 충족시키기 위한 최적의 결정은 무엇인가?
- **목적론(teleology)** 미래의 시각에 입각한 가치 - 어떤 종류의 사회를 만들어야 하는가?(미션, 비전, 목적, 목표 등)

어떤 방식을 선호할지는 개인의 가치 체계에 달려 있다. 가령, 경전이 절대자로부터의 불변하는 진리라고 믿는 종교인은, 경전이 쓰인 시기에는 그 진리가 적절했지만 현재의 복잡한 사회에서는 적용될 수 없다고 믿는 종교인과는 매우 다른 결정을 내릴 것이다. 또한 동일한 신념을 공유하는 사람 사이에서도 그 경전에 쓰인 규칙이나 언어를 다른 방법으로 해석하는 경우도 일어날 수 있다.

홀(Hall, 1993)은 어려운 윤리적 딜레마에 직면했을 때 취할 수 있는 단계를 다음과 같이 제시했다.

1. 문제를 정의하라.
2. 이해 관계자를 파악하라.
3. 실제적인 대안을 모색하라.
4. 각 대안의 측정 가능한 경제적 파급 효과를 결정하라.
5. 각 대안의 측정 불가능한 경제적 파급 효과를 파악하라.
6. 잠정적인 결정을 내려라.
7. 그 결정을 어떻게 실행할 것인지 결정하라.

이 단계의 프로세스를 따라간다 하더라도 서로 다른 가치 체계를 가지고 있는 사람들이 똑같은 결정을 내리게 되지는 않을 것이다. 요점은 윤리적 결정이 아주 어렵다는 것이다. 이제부터는 윤리적 결정을 내리는 데 있어 개인이 사용할 수 있는 방법들을 제안하겠다. 어떤 상황이라도 하나의 방법만으로는 충분하지 않을 것이다.

윤리 강령

많은 전문가 집단에서 **윤리 강령(Code of ethics)**을 제정하고 있는데, 이들은 윤리 강령만 있으면 구성원들의 윤리적인 행동이 보장될 것이라고 믿는다. 윤리 강령이란 수용이 가능한 행동과 수용 불가능한 행동을 명시한 일련의 목록이다. 이것은 사람들이 단지 어떤 결정이 '옳은'지만 식별할 수 있으면 이에 근거하여 윤리적인 결정을 쉽게 내릴 수 있다고 가정하는 듯하다. 하지만 인생은 모호하고 대부분의 딜레마는 여러 긍정적인 가치 사이에서의 갈등이기 때문에 윤리 강령이 언제나 효과적이라고 할 수는 없다. 드보겔(DeVogel, 1992)의 조사에 의하면 대부분의 조직개발 전문가들은 자신의 직업 윤리 강령이 무엇인지 알지 못하며, 안다고 해도 실제로 어려운 윤리적 결정을 내려야 할 상황에서는 강령을 참조하지 않는다고 한다. 조직개발에서의 윤리 강령은 이번 장의 말미에서 상세히 다룰 예정이다.

개인 가치

윤리적 결정을 도울 수 있는 유용한 도구는 윤리적 딜레마에 빠지기 전에 자신의 개인 가치를 목록으로 만들어 보는 것이다. 이러한 목록은 오로지 자기 자신의 것이어야 하고 자신이 실제로 그 가치관에 따라 살아갈 만큼 진정성이 있어야 한다. 단지 남에게 보이려는 목적에서 자기 자신의 것이 아닌 다른 가치관을 토대로 목록을 만든다면 긍정적인 효과보다는 오히려 부정적인 효과를 야기할 것이다. 만약 사람들이 조직개발 전문가가 그 가치 목록에 모순되는 행동을 하는 것을 본다면 조직개발 전문가와 그의 가치 목록을 더 이상 믿지 않게 될 것이다.

....

나와 내 컨설팅 회사의 동료(나의 아들과 딸)는 우리의 컨설팅 업무에 적용할 수 있는 가치 목록을 다음과 같이 작성했다.

매클린 글로벌 컨설팅 사(McLean Global Consulting, INC.)의 가치 서약

- 우리는 언제나 윤리적이고 정직하게 일하려고 노력한다. 정직에 관한 문제가 제기되면 우리는 고객과 터놓고 대화할 것이다.
- 우리는 효과가 입증된 서비스만을 제공한다. 우리는 이론과 실제를 접목시키고자 한다.
- 우리의 목표는 고객의 협력적 파트너가 되는 것이다. 변화를 지시하는 게 아니라 촉진하는 것이다.
- 우리는 고객조직에 우리의 스킬과 프로세스를 전수하려고 노력한다.
- 고객조직에 가치를 더하는 장기적인 관계를 추구하지만 상호의존성은 지양한다.
- 우리는 토착화(indigenization)를 지향한다. 우리의 모든 업무활동은 고객조직의 문화와 그 조직이 존재하는 환경의 상황에 맞게 토착화하도록 노력한다.
- 우리는 고객과 함께 세우는 계획이 고객의 니즈와 문화에 적절한지 여부를 확인하는 초두 진단을 반드시 실행한다.
- 고객과 함께 개발한 실행계획이 효과적이었는지 확인하기 위해서 우리가 고객조직에서 실행한 모든 업무 전반에 걸친 평가를 하길 원한다.
- 우리의 계획안이 고객의 니즈와 문화에 적절한지를 확인하기 위하여 고객조직 내부의 위원회 및 전문가와 협력할 것이다.
- 우리는 포용성과 다양성에 헌신한다.
- 우리는 고객조직의 미션, 비전, 전략, 목표에 맞게 우리의 작업을 정렬한다.
- 우리는 프로세스 지향적이다. 사업의 내용을 더 잘 아는 쪽은 우리가 아닌 고객이라는 점을 알고 있다.
- 우리는 시스템 관점을 유지하도록 고무한다.
- 우리는 양적, 질적 자료를 토대로 업무를 수행한다.

조직개발 분야에서 적절하다고 인정되는 관행

조직개발 업계에서 윤리적인 딜레마가 발생할 때 대처하는 관행은 무엇인가? 딜레마가 생긴 상황에서 해당 문제에 집중할 때 이러한 질문을 던지게 되면 딜레마를 해결할 수 있는 대안들을 생각해 내는 데 도움이 된다.

앞에 언급했던 사례에서, 출장을 갈 경우 이동 시간까지 비용을 청구해야 하는지에 대한 문제를 다시 생각해 보자. 이런 상황에 직면했을 때 백지 상태에서 결정을 내릴 필요는 없다. 벤치마킹을 하거나 경쟁자들이 하는 방식을 통해 일반적인 업계의 관행을 쉽게 알아볼 수 있다. 하지만 업계의 관행이라고 해서 반드시 가장 윤리적인 결정이라고 할 수는 없다. 어떤 분야든 관행이 존재하지만 그것이 윤리적인가에 대해서는 의문을 가질 필요가 있다. 예를 들어 사람들은 종종 진실을 왜곡한다.(혹은 거짓말을 한다.) 하지만 관행이라는 미명 아래 하는 거짓말을 윤리적이라고 할 수 있을까? 거짓말의 영향과 거짓말을 하는 이유에 따라 윤리적일 수도 있다. 하지만 그것이 관행일지라도 거짓을 말하는 것 자체가 언제나 비윤리적이라고 주장하는 사람들도 있다. 그러므로 이러한 방법은 윤리적 딜레마를 해결하는 한 가지 대안이 되겠지만 그게 전부는 아니라는 사실을 인식해야 한다.

자기 성찰

샤인(Schein, 1994)이 쓴 성찰하는 실행전문가(Reflective practitioner)와 키더(Kidder, 1995)가 말한 "적극적인 자기 성찰"의 필요성(p.13)은, 과거와 미래의 행동에 대해 성찰해 보는 시간을 가질수록 적절한 (윤리적) 실천 행동으로 이어지는 결정을 내릴 수 있다는 의미이다. 어떤 사람들은 하루에 일정한 시간을 정해서 자신의 행동에 대해 생각해 보는 식으로 자기 성찰을 한다. 또 어떤 사람들은 명상이 효과적이라고 생각한다. 중요한 것은 주기적으로 자신의 행동해 대해 생각하는 시간을 갖는 것이다.

동료 전문가와 논의

또 다른 방법은 동료 전문가와 윤리적 딜레마에 관해 논의하는 것이다. 물론 이때 어떠한 일이 있어도 기밀성은 보장되어야 한다. 예를 들어 필자는 동료 전문가와 적어도 한 달에 한 번은 반드시 식사를 같이 하려고 한다. 이런 비공식적 만남을 통해 같은 업무 분야의 공동체를 형성할 수 있을 뿐 아니라 조직개발 분야에서 어떤 일들이 일어나고 있는지를 공유하고, 대안을 논의하며 업무에서 놓칠 수 있는 맹점을 찾아내고, 비윤리적일 수 있는 관행을 발견할 수 있는 기회를 가질 수 있다. 동료와 함께 의견을 나누기까지 했는데 이후에 아무 생각 없이 비윤리적 행동을 하기란 쉽지 않을 것이다. 또한 자신의 관점이 동료의 관점과 다를 수 있기 때문에 그 상황에 대해 더 잘 파악할 수 있는 안목이 생기기도 한다.

법

어떤 행위가 합법적인가를 고려하고 있다면 이것은 이미 윤리적인 고려의 단계를 지났다고 할 수 있다. 불법이라고 여겨질 만한 상황이 벌어지고 있다면 변호사에게 연락해서 적법한 상황인지 물어보아야 한다.

비윤리적인지 혹은 불법인지 결정하기가 어려운 경우도 있다. '엔론의 문서 폐기 사건'에서 다국적 컨설팅 회사였던 '아서 앤더슨'의 역할을 생각해 보면, 비록 대법원에서 문서의 폐기 혐의에 대한 유죄 판결을 뒤집으면서까지 합법적이라고 선고했지만 이 사건은 여전히 비윤리적인 행동으로 알려져 있다.

이 행동은 공개할 수 있는 성질의 것인가?

너무 단순하다고 느낄 수도 있지만 이 질문은 어떤 행동이 윤리적인지를 결정하는 데 중요한 도구로 활용될 수 있다. 만약 이런 특정한 인터벤션에 대한 이야기가 신문의 비즈니스란 전면에서 다뤄진다면 어떨까? 공개적으로 알려져도 아무렇지 않을 것인가? 이 보도에 대해 사람들이 긍정적으로 반응할까? 만약 이 질문 중 어떤 것이라도 '아니오'라는 답이 나온다면 비록 몇몇 사람들이 그 행동을 윤리적이라고 생각하더라도 빨리 다른 결정을 내리고 대안을 찾아야 한다.

의사 결정 모델 사용

필자는 조직개발 관련 일을 해 오는 과정에서 윤리적인 결정을 내릴 때마다 활용하는 필자만의 프로세스를 떠올리면서 그림 15.1에 제시된 윤리적 의사 결정 모델을 완성했다. 프로젝트를 진행할 때마다 이 모델을 가지고 다닐 필요는 없지만 참고 삼아 검토하고 사용한다면 윤리적인 결정을 내리고 그 결정에 대해 신념을 가지는 데 조금이나마 도움이 될 것이다.

윤리 강령

조직개발 분야의 학자들과 전문가들에게 도움을 주기 위한 취지로 조직개발과 관련된 여러 전문 조직에서 조직개발의 가치 또는 행동 지침을 제시해 왔다. 이러한 지침은 조직개발 전문가가 윤리적 딜레마에 닥쳤을 때 윤리적인 의사결정을 할 수 있도록 고안되었다. 이런 지침을 때로 가치선언문이라고 부르기도 하지만 주로 윤리 강령(Code of ethics)이라고 지칭한다.

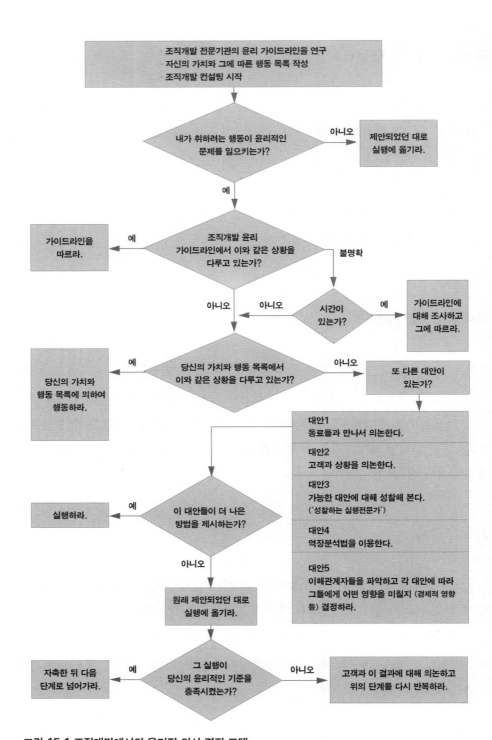

· 조직개발 전문기관의 윤리 가이드라인을 연구
· 자신의 가치와 그에 따른 행동 목록 작성
· 조직개발 컨설팅 시작

내가 취하려는 행동이 윤리적인
문제를 일으키는가?

아니오 → 제안되었던 대로
실행에 옮기라.

예

조직개발 윤리
가이드라인에서 이와 같은 상황을
다루고 있는가?

예 → 가이드라인을
따르라.

불명확

아니오   아니오   시간이
있는가?

예 → 가이드라인에
대해 조사하고
그에 따르라.

당신의 가치와 행동 목록에서
이와 같은 상황을 다루고 있는가?

예 → 당신의 가치와
행동 목록에 의하여
행동하라.

아니오 → 또 다른 대안이
있는가?

대안1
동료들과 만나서 의논한다.

대안2
고객과 상황을 의논한다.

대안3
가능한 대안에 대해 성찰해 본다.
('성찰하는 실행전문가')

대안4
역장분석법을 이용한다.

대안5
이해관계자들을 파악하고 각 대안에 따라
그들에게 어떤 영향을 미칠지 (경제적 영향
등) 결정하라.

이 대안들이 더 나은
방법을 제시하는가?

예 → 실행하라.

아니오

원래 제안되었던 대로
실행에 옮기라.

그 실행이
당신의 윤리적인 기준을
충족시켰는가?

예 → 자축한 뒤 다음
단계로 넘어가라.

아니오 → 고객과 이 결과에 대해 의논하고
위의 단계를 다시 반복하라.

그림 15.1 조직개발에서의 윤리적 의사 결정 모델

윤리 강령이란?

윤리 강령이란 전문가 단체가 그 구성원들을 위하여 승인하고 준수하는 선언문으로써 윤리적 행동의 가이드라인을 제시하며, 간혹 윤리적인 행동과 비윤리적인 행동을 정의하기도 한다. 현존하는 여러 강령들은 크게 두 종류로 나눌 수 있다. 첫째로 조직개발 인스티튜트(OD Institute)의 강령과 같이 가이드라인 그 자체인 윤리 강령들이 있다. 이런 강령은 구성원들에게 충고하고 조언하기 위해 만들어지긴 했지만 만약 구성원이 그 강령을 어기거나 벗어나는 행동을 했을 때 아무런 제재도 가해지지 않는다. 이와 달리 미국심리학회(American Psychological Association, APA)의 강령과 같이 제재를 가하는 강령도 있다. 즉, 어떤 구성원이 윤리 강령을 어겼을 때 동료들에게 심사를 받고 멤버 자격을 박탈당할 수도 있으며 궁극적으로 직업의 윤리를 어겼다고 판명될 때는 전문가 자격까지 잃을 수도 있다. 미국심리학회의 윤리 강령만 제외하고 이번 장에서 언급되는 윤리 강령들은 제재력이 없는 것들이다. 당연히 강령이 제재력을 가지면 단순히 가이드라인의 역할을 할 때보다 그 영향력이 더 크다.

강령들을 나누는 또 다른 기준은 실무와 이론의 상대적 비중이다. 예를 들어 인적자원개발학회(the Academy of Human Resource Development, AHRD)의 강령은 주로 학문 지향적인 반면 조직개발 인스티튜트의 강령은 많은 부분 실무 지향적이다. 수년 간 조직개발 분야에 공통으로 적용할 수 있는 윤리 강령을 만들려는 노력이 진행되어 왔고 이는 조직 및 인재 시스템 개발 신조(Organization and Human Systems Development Credo, 1996년 7월)로 이어졌지만 사실상 이는 공통의 강령을 만들었다기보다는 이제까지 만들어진 강령의 목록에 한 가지를 추가한 정도에 불과하다.

가장 널리 쓰이는 조직개발 윤리 강령은 무엇인가?

조직개발 분야의 주요 전문가 단체는 각각 그들만의 윤리 강령이 있거나 다른 특정한 전문가 단체의 윤리강령을 지지하고 공식적으로 인용하고 있다. 여기서 모든 강령을 나열하는 것은 적합하지 않다고 생각되므로 각 강령에 대해서 간단히 설명하고 인터넷에서 찾아 볼 수 있는 웹 사이트를 소개하겠다.

조직개발 인스티튜트 조직개발 인스티튜트(ODI)는 주로 실행전문가들에게 초점을 맞춘 기관이다. 또한 조직개발에 관한 몇 안 되는 잡지인 「조직개발저널(The Organization Development Journal)」을 발간하는 세계적인 기관이기도 하다. 국제 조직개발 윤리 강령(1991)은 members.aol.com/ODInst/ethic.htm에서 찾아볼 수 있고 길이는 짧은 편이다. 이번 장의 부록에 제시되어 있다.

이 조직개발 인스티튜트의 윤리 강령은 5가지의 윤리적 의사 결정 영역에 초점을 맞추고 있다.

- 자기자신에 대한 책임
- 전문가로서 자기개발과 역량에 대한 책임
- 고객과 그 외 주요 당사자들에 대한 책임
- 전문가로서 직업에 대한 책임
- 사회적인 책임

최근 급속도로 변화하는 기술 개발 속도에 비춰 볼 때 이 강령이 만들어진 지 15년이나 되었다는 사실은 이상하게 느껴질 수도 있다. 강령을 업데이트한다는 얘기도 아직 듣지 못했다. 또한 흥미롭게도 조직개발 인스티튜트는 조직 및 인재 시스템 개발 신조 (Organization and Human Systems Development,1996년 7월)를 승인하고 있다.

조직 및 인재시스템 개발 컨소시엄의 신조(Organization and Human System Development Credo) 1996년에 정립된 이 선언문은 조직개발 인스티튜트(ODI)가 자체 윤리 강령과 나란히 승인하고 있는 것으로, 조직개발 실무자 단체 중 가장 큰 조직인 조직개발 네트워크(OD Network)가 사용하고 있는 강령이다. 이는 조직 및 인재 시스템 개발 컨소시엄(OD-HSD) 내 가치 및 윤리에 관한 정보 센터(Clearinghouse for Information about Values and Ethics)에서 작성되었고 www.odnetwork.org/credo.html 에서 찾아볼 수 있다.

인적자원개발학회 인적자원개발학회(AHRD)는 1999년 처음으로 『윤리와 정직의 기준(Standards on Ethics and Integrity)』이라는 책을 출판했다.(www.ahrd.org) 이 문서는 역량, 정직, 전문가로서 직업에 대한 책임, 인간의 권리와 존엄성에 대한 존중, 다른 사람의 안녕과 복지에 대한 관심, 사회적 책임과 같은 몇 가지 일반적인 원칙에 대해서 기술하고 있다. 일반적 기준과 더불어 다음의 주제에 대한 세부적 설명이 제시되어 있다.

- 연구와 평가
- 저작물 출판
- 프라이버시와 기밀성 유지
- 교육훈련과 퍼실리테이션
- 윤리적인 문제와 윤리 위반에 대한 해결 방안

이 강령은 실무적인 것도 다루고 있지만 제시된 기준은 대학 및 대학원 등의 교육 기관에 초점을 두고 있다. 미국심리학회(APA)의 윤리 강령과 함께 이 두 가지 강령은 가장 세부적이고 분량이 긴 강령이다.

미국경영학회의 조직개발과 변화 분과 미국경영학회(Academy of Management)의 조직개발과 변화 분과(Organization Development and Change Division)의 웹 사이트를 보면 그 분과에서 제정한 특정 윤리강령은 없지만 조직개발 인스티튜트(ODI)와 조직 및 인재시스템 개발 컨소시엄 신조(O/HSD Credo)에 하이퍼링크를 걸어 놓고 참조하라고 안내하고 있다.

산업조직심리학회 산업조직심리학회(Society for Industrial and Organizational Psychology, SIOP)도 고유의 윤리 강령을 갖고 있지 않다. 대신 미국심리학회(APA)의 심리학자의 윤리적 원칙과 행동 강령을 지지하고 사용하고 있다. (www.apa.org/ethics/code2002.pdf) 앞서 소개한 강령들이 가이드라인만을 제공했던 것과는 달리 이 강령은 제재, 회원 자격 박탈, 자격증 취소 등 구속력 있는 권한을 가진다.

미국심리학회의 강령은 5가지 일반 원칙과 10가지 윤리적 기준을 세부 규정으로 제정해 놓고 있다. 5가지 일반 원칙은 다음과 같다.

A. 선행 추구와 악행 금지

B. 약속 이행과 책임

C. 정직

D. 정의

E. 인간의 권리와 존엄성 존중

10가지 윤리적 기준은 다음과 같다.

1. 윤리적 문제의 해결

2. 역량

3. 인간 관계

4. 프라이버시와 기밀성 유지

5. 광고와 홍보

6. 기록 보관과 비용 청구

7. 교육과 훈련

8. 연구와 출판

9. 진단

10. 치료 요법

산업조직 심리학회(SIOP)는 미국심리학회(APA)가 조직에 대한 이슈를 항상 잘 다루는 것만은 아니라는 것을 알고 있지만 산업조직 심리학회(SIOP)의 회원들이 미국심리학회(APA)와의 지속적인 관계 속에서 미국심리학회(APA)의 윤리 강령을 지키도록 권장하고 있다.

인적자원관리협회 인적자원관리협회(Society for Human Resource Management, SHRM)의 인적자원 관리를 위한 윤리와 전문가적 직업 기준에 대한 강령은(www.shrm.org/ethics/code-of-ethics.asp) 6가지 원칙으로 구성되어 있으며, 비교적 짧다.

1. 전문가적 책임

2. 전문능력 개발

3. 윤리적 리더십

4. 공정성과 정의

5. 이해관계의 상충

6. 정보의 사용

일반적으로 다른 강령에서도 찾아볼 수 있는 이러한 원칙들은 조직개발 영역에만 해당하는 것이 아니라 인적자원관리(HRM) 영역에 종사하는 모든 사람들에게 두루 적용된다.

국제성과향상협회와 미국교육훈련협회 공인 수행 공학자 이는 특별히 공인 수행 공학자(Certified Performance Technologist) 프로그램을 제공하기 위하여 두 전문기관(International Society for Performance Improvement, ISPI와 American Society for Training and Development, ASTD)이 연합한 경우이다. (2002, www.certifiedpt.org/) 이 강령은 다음 6가지 원칙을 담고 있다.

1. 가치 창출
2. 검증된 실행
3. 협력
4. 지속적 개선
5. 정직
6. 기밀성 유지

윤리 강령을 효과적으로 활용하는 방법

이 장에 제시된 윤리 강령이 현존하는 모든 윤리 강령을 포괄하지는 않는다. 조직개발 전문가의 직무에 직·간접적으로 관련된 윤리 강령은 이외에도 여러 가지가 있다. 그럼에도 우리는 이 많은 강령들의 근간이 되는 원칙에서 공통점을 발견할 수 있다.

그러나 더 중요한 문제는 윤리 강령이 어떤 가치를 지니고 있으며, 조직개발 업무를 윤리적으로 수행하기 위해서 윤리 강령을 어떻게 사용하는가이다. 물론 쉬운 문제는 아니다. 먼저, 대부분 사람들의 윤리 체계는 유년기 때부터 형성된 가치에 토대를 두고 있다. 이 가치들은 인생 후반기에는 어떤 중대한 사건이 일어나지 않는 한 외부의 영향을 받지 않으며 심지어 명확하게 인식되지도 않는다. 이처럼 자신의 가치에 대한 인식이 어렵기 때문에 심리치료를 사용하여 개인의 가치를 명확히 밝혀야 하고, 어린 시절 형성된 가치와 자신이 종사하는 분야의 가치가 부합하지 않을 때는 자신의 가치를 바꾸어야 한다는 주장도 있다. 더구나 가이드라인 정도만 제시하는 윤리 강령이 존재한다고 해서, 조직개발 전문가들의 행동이 달라진다는 근거는 아직 없다. 심지어 제재 가능한 윤리강령을 가진 단체에서도 그 강령의 적용이 제재로 까지 이어지는 경우는 많지 않다.

그렇다면 윤리적 업무수행과 가치에 대한 강령이 쓸모가 있을까? 물론 있다. 단, 그 전문 분야에서 윤리 강령에 대한 논의가 주기적으로 자주 일어나야 한다. 그러한 논의가 이루어져야 조직개발 종사자들이 자신들의 가치를 발견하고, 그 가치가 조직개발 실행 공동체에 적합한지 확인할 수 있는 토론의 장이 생긴다. 게다가 많은 사람들이 올바른 행동에 근거하여 활동하려고 하지만 조직개발에서 성실하고 올바른 행동이 무엇을 의미하는지 명확히 알지 못하고 있을 수도 있다. 이런 의미에서 윤리 강령은 앞서서 윤리적 행동을 실천하려고 노력했던 사람들이 어떤 결정이 적절하고 부적절한지 이해할 수 있게 해 주는 교육적 도구가 될 수 있다. 그러나 현존하는 강령 중에 몇 가지 강령은 너무 많은 조항을 열거해 놓아서 조직개발 전문가를 혼란스럽게 하고 아예 읽을 엄두가 나지 않게 하기도 한다.

조직개발의 주요 가치

제1장에서 이미 조직개발에 중심이 되는 가치에 대한 조직개발 네트워크(OD Network)의 강령이 소개되었다. 이 장에서 대략적으로 다룬 여러 윤리 강령도 조직개발 분야에서 중요한 가치를 담고 있다.

월리와 페어햄(Worley & Feyerherm, 2003)은 조직개발 영역을 지탱하는 가치 이슈에 대해 다음과 같이 결론을 내렸다.

조직개발은 민주주의와 사회정의와 같은 인본주의적 가치와 윤리적인 관심사에 기반하고 있다. 어떤 이들은 이것을 조직의 양심이라 보기도 한다. 대부분의 조직개발 전문가들은 조직개발이 인간 개발, 공정성, 오픈성, 선택의 자유, 자율과 통제의 조화에 역점을 둔다는 점에 동의할 것이다. (p.99)

조직개발 분야의 초기 선구자들에 대한 월리와 페어햄의 연구는 조직개발의 실행에 있어서 현재 직면하고 있는 딜레마를 잘 보여 준다. 몇몇 초기 선구자들은 조직개발 분야의 초기에 존재했던 이러한 인본주의적인 관점이 조직과 조직개발 전문가의 이익 추구로 인해 희석되고 있는 것인 아닌가 하는 우려를 표한다. 반면, 한편으로는 조직개발 전문가가 조직의 니즈에 맞추어 주지 않으면 일거리가 없어질 것이고 나아가 조직개발 분야가 사업 현장에서 아무런 영향력을 발휘하지 못하게 될지도 모른다고 주장하는 이들도 있다. 필자는 조직개발 분야에 모호성이 존재한다는 관점을 견지하기 때문에 위와 같은 양분법적 사고는 불필요하다고 생각한다. 조직개발 분야의 모호함을 받아들이고 이를 고려하여 접근한다면 조직개발의 전통적인 인본주의적 가치를 지키고 동시에 조직의 이익 추구와 생존에 대한 욕구를 충족시킬 수 있을 것이다.

요약

정직(integrity)은 조직개발과 관련된 모든 전문기관의 윤리 강령 및 가치선언문의 공통적인 기대사항이다. 하지만 조직개발 전문가가 언제 윤리적 딜레마에 처했는지 어떻게 알 것이며 그러한 딜레마에 어떻게 윤리적인 대응을 할 것인가? 조직개발 전문가가 윤리적 딜레마에 직면하게 되는 모든 경우와 상황에 대해 구체적인 답변을 제시하는 것은 불가능하다.

이번 장에서는 윤리적 딜레마의 여러 사례와 그때 취할 수 있는 여러 가지 대안에 대해서 논했다. 여러 전문 기관의 윤리 강령 또한 간단히 다루었지만 어렸을 때부터 가치를 형성해 온 성인들의 행동 양식에 그러한 윤리 강령이 대단한 영향을 끼치지는 못할 것이다. 아마도 공개적이고 심층적인 대화가 조직개발 분야에서 정직의 가치를 고양하기 위한 가장 강력한 방법일 것이다.

토론 및 성찰을 위한 과제

1. 이번 장에서 소개된 딜레마 사례들을 다시 생각해 보자. 그러한 상황에서 당신은 어떻게 결정하고 행동하겠는가? 어떤 근거로 그런 결정을 할 수 있는가?

2. 윤리적인 관점에서 결정을 내리기 힘들었던 상황을 생각해 보라. 어떤 근거로 그 결정을 내렸는가? 다시 생각해 보면 다른 결정을 내릴 수도 있겠는가? 그 이유는 무엇인가?

3. 조직개발 분야에 공통으로 적용되는 윤리 강령 체계가 있어야 한다고 생각하는가? 아니면 여러 가지 강령이 공존하는 게 낫다고 생각하는가? 그 이유는 무엇인가?

4. 윤리 강령이 가이드라인의 역할에 머물러야 한다고 생각하는가? 아니면 제재력을 가져야 한다고 보는가? 각각의 장점과 단점은 무엇인가?

5. 조직개발 전문가들에게 윤리 강령으로 제재를 가하는 한 가지 방법은 심리학자들과 같이 정부가 자격증을 발급하게 하는 것이다. 이 주장에 동의하는가? 그 이유는 무엇인가?

6. 조직개발이 전통적인 인본주의적 가치를 계속 추구해야 한다고 보는가? 아니면 조직의 비즈니스 니즈와 가치를 추구해야 한다고 보는가? 그 이유는 무엇인가?

국제 조직개발 윤리 강령(The International Organization Development Code of Ethics)

(1991년 12월, 22번째 개정판)

(members.aol.com/ODlnst/ethics.htm으로부터 조직개발 인스티튜트 허가 하에 사용)

국제 조직개발 윤리 강령을 만든 목적은 세 가지이다. 첫째, 조직개발 전문가들의 직업적, 윤리적 양심과 그들의 윤리적 책임 의식을 도모하기 위함이다. 둘째, 조직개발 전문가들이 윤리적인 선택을 할 때 필요한 정보를 제공하기 위함이다. 셋째, 조직개발 전문가들이 그들의 잠재력을 최상으로 발휘할 수 있도록 도와주기 위함이다.

조직개발 전문가가 전문 직업을 가진 사람으로 존재하기 위해서는 조직개발 전문가가 어떤 가치와 윤리를 주창하는지에 대해 그들 사이에서 합의가 이루어져야 할 필요가 있다. 이 선언문이 그런 합의를 도출하기 위해 필요한 일보 전진이라고 본다.

조직개발 전문가의 가치

필자는 다음의 가치가 조직개발 전문가로서 필자 자신과 전문가라는 직업을 유지하기 위해 기본적으로 중요하다는 것을 인정한다.

1. **삶의 질** 자신의 인생 전반에 걸친 경험에 만족한다.
2. **건강, 인간의 잠재력, 권력위양, 성장과 탁월성** 건강한 상태에서 자신의 잠재력을 인지하고, 자신의 능력을 발휘하여 그 잠재력을 실현시키고, 그것을 통해 성장하고, 실천하며, 홀로 혹은 함께 최선을 다한다.
3. **자유와 책임** 자신의 삶을 살아가는 방식을 자유롭게 선택하고 그 책임을 진다.
4. **정의** 모든 사람들을 위해 공정하고 올바른 결과를 낳는 삶을 산다.

5. **개인, 조직, 지역사회, 사회 및 기타 인간 사회의 존엄성, 정직, 가치 있는 기본적 권리**

6. **상생을 위한 태도와 협력** 서로 배려하며 모든 이에게 이로운 결과를 얻기 위해 홀로 혹은 함께 일한다.

7. **관계에서의 진정성과 솔직함**

8. **효과성, 효율성 및 정렬** 개인의 에너지와 목적을 시스템 전반, 하부시스템, 그리고 상위 시스템의 에너지와 목적과 부합하도록 정렬하여 최소의 비용으로 원하는 최대한의 결과를 얻어낸다.

9. **전인적인 시스템 관점 및 이해관계자 지향** 인간의 행동과 영향을 주고받는 전체 시스템 관점에서 인간의 행동을 이해한다. 또한 시스템의 결과에 대해 다양한 사람들이 갖는 이해관계를 인지하고 그 이해관계를 공정하고 정당하게 존중한다.

10. **시스템상의 문제에 폭넓은 관심과 참여, 효과적인 문제 해결을 위한 이슈에 적극적 대처 및 민주적인 의사 결정**

조직개발 전문가를 위한 윤리 가이드라인

조직개발 전문가로서 필자는 다음과 같은 윤리 가이드라인을 지지하고 이에 의거하여 행동한다.

I. 자신에 대한 의무

A. 정직성을 가지고 행동한다. 진정성을 지니고 자기 자신에게 진실되게 행동한다.

B. 자기 이해와 개인적 성장을 위해 부단히 노력한다.

C. 개인적인 니즈와 욕구를 인지하고 그것들이 다른 욕구와 충돌할 때는 상생적 갈등 해소를 위한 해결책을 찾는다.

D. 자신의 경제적, 재정적 이해관계를 주장할 때는 자기 자신뿐만 아니라 자신의 고객과 그들의 이해 관계자들에게도 공정하고 합리적인 방법으로 한다.

II. 전문가로서 자기개발과 역량에 대한 책임

A. 자신이 행동한 것에 대한 결과는 자신이 책임을 지며 자신이 제공하는 서비스가 적절하게 활용되도록 노력한다. 제대로 활용되지 않을 경우 서비스를 중단하고 오용을 바로잡기 위해 필요한 조치를 취한다.

B. 자기 자신과 자신의 직업을 위한 전문가적 수준의 역량에 도달하고 유지하도록 노력한다. 그러기 위해서는 자신의 역량을 최대한 개발하고 다른 조직개발 전문가와 호혜적이고 협조적인 관계를 맺는다.

C. 전문가로서의 역할을 수행할 때 자신의 개인적 필요와 욕구를 인지하고 이에 현명하게 대처한다.

D. 서비스를 제공하고 기법을 사용할 때 자신의 역량과 문화, 경험의 한도 내에서 일을 수행한다.

E. 타 문화권에서 일할 때는 반드시 그 문화권 출신이나 혹은 관련 지식을 갖고 있는 사람과 사전에 상의한다.

III. 고객과 그 외 주요 당사자들에 대한 책임

A. 실행된 업무가 단기성이라 할지라도 고객의 시스템과 이해 관계자들의 장기적 안녕, 이익, 발전을 염두에 두고 일한다.

B. 정직하고 책임감 있고 적절히 오픈적인 방식으로 전문적 활동과 프로그램을 수행하고 관계를 맺는다.

C. 서비스와 그에 따른 보수에 대한 상호 합의하에 계약을 체결한다.

D. 갈등을 건설적으로 다루고 이해관계의 상충은 가급적 피하도록 한다.

E. 고객과의 전문적인 관계에서 기밀성에 대한 기준을 정하고 그 기준에 맞추어 기밀성을 유지한다.

F. 선전과 광고 등 모든 종류의 공개적 발언이나 보도는 정확성을 기한다.

IV. 전문가로서 직업에 대한 책임

A. 자기 자신, 다른 실행전문가, 그리고 전문가로서 직업을 위한 지속적인 발전에 기여한다.

B. 조직개발 지식과 스킬 공유와 확산을 위해 노력한다.

C. 다른 조직개발 전문가들과 함께 일할 때는 조직개발이 진정 무엇인지 귀감이 되도록 협력한다.

D. 조직개발에 종사하는 개인과 조직이 윤리적인 행동을 취할 수 있도록 적극적으로 노력하고 의문스러운 상황에서는 그것을 다루기 위한 적절한 경로를 찾아서 활용한다.

E. 조직개발 전문가라는 직업이 좋은 평판을 받을 수 있도록 행동하고 다른 전문 분야 종사자들에게도 상응하는 존중을 표현한다.

V. 사회적 책임

A. 자신의 충고와 행동이 고객의 시스템과 그 상위 시스템에 속한 사람들의 인생과 안녕을 바꿀 수도 있다는 사실을 명심하고 행동한다.

B. 자신의 세계관에 영향을 미치는 문화적 여과 기능을 인지하고 행동하며, 타 문화를 존중하고, 다문화적 차이와 그것이 실제로 어떤 의미인지 안다.

C. 정의를 구현하고 지구상의 모든 생물체의 안녕을 위해 일한다.

D. 이 강령을 자신의 행동의 기준으로 받아들임으로써 자신이 일하고 있는 나라의 법보다, 자신이 속한 다른 어떤 전문 기관의 가이드라인보다, 자신의 고객의 어떠한 기대보다 더 엄격한 기준을 적용받게 된다는 점을 알고 있다.

주석

이 강령(현재까지 22번째 개정판)을 만드는 과정은 1981년에 시작되었다. 미국 내 조직개발에 역점을 둔 대부분의 전문조직과 단체, 네트워크는 이 과정에 협조했다. 1984

년 영국 사우스햄튼에서 열린 국제 조직개발 대회의 참석자들도 만장일치로 이 과정을 지지했다. 현재까지 15개국에서 200명 이상의 사람이 이 강령을 만드는 과정에 참여했다. (위에서 말한 지지는 강령 자체가 아니라 과정에 대한 지지를 말한다.) 우선 초안이 작성되었고 이 안에 대한 코멘트와 제안 요청이 있으면 답변하고 그 답변에 따라 수정하고 또 다시 제안을 요청하는 식으로 진행되었다. 이 프로세스를 이용하여 우리 조직개발 전문가들끼리 차이에 대한 인정을 포함한 합의를 도출하고자 하는 목적이었다.

세계 도처에서 활동하고 있는 조직개발 전문가에게 공통의 기준을 제공함으로써 글로벌 직업 공동체로써 우리의 자아의식을 향상하려 한다. 이 선언문은 원래 미국에서 만들어졌기 때문에 타 문화권에서는 이를 적절하게 변용하여 적용할 필요가 있다. ('국제 조직개발 윤리강령'의 1991년 판은 윌리엄 겔러만 박사(Dr. William Gellermann)가 집필했고 도널드 콜, RODC (Dr. Donald W. Cole, RODC) 등이 저술한 국제 조직개발 전문가 인명색인의 2005년 판에 삽입되었다.)

조직개발 전문가가
갖춰야 할 역량

개요

이번 장에서는 조직개발에 필요한 역량을 주로 다루게 된다. 역량의 정의와 그러한 역량이 필요한 이유를 이야기할 것이다. 성공적인 조직개발 작업을 위해서 조직개발 전문가에게 필요한 역량은 무엇인가? 필요한 모든 역량을 다 갖추어야 할까? 아니면 그중 일부분만 갖추면 되는 것인가? 미래에 요구되는 역량은 무엇인가? 이와 같은 질문에 대한 논의를 해 보고자 한다. 사실 조직개발 역량을 제시해 보려는 시도는 전부터 여러 번 있었다. 조직개발 인스티튜트(OD Institute)가 제안한 역량 리스트를 이용하여 자가진단 리스트를 만들었으니 조직개발 분야로 입문하길 원하는 사람들은 자가진단을 해 보면 좋을 것이다. 이 진단 도구를 다면평가 피드백의 형태로 활용해 동료들끼리 서로 분석해 봐도 좋다. 마지막으로 미래에 조직개발 전문가가 갖춰야 할 역량을 분석한 델파이 연구(Delphi Study)의 결과도 소개하겠다.

이번 장은 조직개발 분야에서 일하기 원하는 전문가들이 갖춰야 할 역량에 초점을 맞춘다. **역량(competencies)**이란 '조직에서 한 역할을 성공적으로 수행하고 사업의 전략적인 목표를 달성하기 위해서 필요한 스킬, 지식, 성격, 행동을 설명해 주는 도구'이다. 루시아와 렙싱거(Lucia & Lepsinger, 1999, p.5), 윌리엄 머서(William M. Mercer, 2001), 다니엘스와 에릭슨, 달릭(Daniels, Erickson, Dalik, 2001)은 역량을 다음과 같이 정의했다.

특정한 직업, 역할, 기능, 조직에서 최상의 성과와 성공에 기여하고 이것을 예측해 주는 개인적인 속성으로, 우수한 인재들은 이런 역량을,
- 근본적인 특성으로 지니고 있다.
- 다른 사람보다 더 다양한 상황에서 발휘한다.
- 활용하여 더 나은 결과를 창출한다.

역량을 묘사하는 데 자주 사용되는 대중적인 용어는 **KSAs**(지식(knowledge), 스킬(skills)과 태도(attitudes))이다. 이번 장에서는 조직개발 전문가에게 필요한 역량에만 초점을 맞추도록 하겠다.

역량이 유용한 이유

역량은 개인과 조직 모두에게 유용하게 쓰인다. 이번 장은 조직개발 분야에 입문하기를 고려하고 있는 사람들을 위한 장이지만, 현재와 미래에 필요한 조직개발 역량을 알아두면 조직개발 전문가를 고용하거나 그와 계약을 맺으려는 조직에게도 도움이 될 것이다. 여기에서는 강가니, 매클린, 브래든(Gangani, McLean & Braden, 2004)의 연구를 이용하여 역량의 중요성과 유용성을 개괄적으로 설명하고자 한다.

조직개발 분야 입문을 고려하는 사람

조직개발 분야에 입문을 고려하는 사람은 다음과 같은 이유로 조직개발 전문가가 갖추어야 할 역량 리스트가 도움이 될 것이다.

- 조직개발 전문가가 지녀야 하거나 개발해야 할 지식, 스킬, 태도(KSA)를 명확하게 제시하기 때문에 이 분야에서 커리어를 쌓으면 어떤 교육이나 경험이 추가적으로 필요한지 파악할 수 있다.
- 제시된 역량이 자가진단 결과와 얼마나 일치하는지 확인할 수 있어서 조직개발 분야에 입문을 고려하고 있는 사람을 다른 분야 보다 조직개발 분야로 유도할 수 있다.

현재 조직개발 분야에 종사하고 있는 사람

입문을 고려하고 있는 사람들에게 유용하듯이, 역량 개발은 현재 조직개발에 종사하고 있는 사람에게도 다음과 같은 이유로 유용하다.

- 자가진단 결과와 조직개발에 필요한 역량을 비교하여 **개인개발계획**(individual or personal development plan, IDP/PDP)라고 불리는 자기개발 계획을 세울 수 있다.
- 성과 평가, 코칭, 멘토링, 피드백 세션에 도움이 될 수 있다.
- 승진이나 경력 개발의 목표를 정할 때 도움이 된다.

조직

역량은 조직에게도 다음과 같은 이유로 도움이 된다.

- 사내에서 조직개발 관련 전문가를 얼마나 잘 육성하고 있는지 파악할 수 있다.
- 조직 내 조직개발 관련 직원 배치와 채용뿐만 아니라 외부 조직개발 컨설턴트를 고용할 때도 기준이 된다.
- 조직개발 전문가의 상사와 감독자에게 육성 도구로 쓰일 수 있고 코칭이나 멘토링 프로세스에도 유용하다.
- 조직의 우선순위가 높은 일에 집중할 수 있게 해 준다.
- 직원 배치와 육성을 위한 예산 책정에 도움을 준다.
- 승계기획에 도움을 준다.

조직개발 전문가에게 필요한 역량

조직개발 전문가를 위한 역량 모델을 개발하고자 했던 과거의 노력들을 살펴 본 월리와 페어햄(Worley & Freyerherm, 2003)은 헤드, 암스트롱, 프레스톤(Head, Armstrong & Preston, 1996), 셰파드와 라이아(Shepard & Raia, 1981), 설리반과 설리반(Sullivan & Sullivan, 1995), 월리와 바니(Worley & Varney, 1998)도 역량 모델 개발에 힘썼다는 사실을 확인했다. 월리와 바니는 조직행동, 개인 심리학, 집단 역학, 경영과 조직 이론, 연구 방법론(통계를 포함), 비교 문화 관점, 비즈니스에 대한 기능적 지식 등 일곱 가지 기초 지식을 조직개발 역량으로 제시했다. 그들은 또한 다음 5가지의 '핵심 지식 역량'을 제시하기도 했다.

- 조직설계
- 조직연구
- 시스템 역학
- 조직개발과 변화의 역사
- 변화의 이론과 모델

그들은 또한 다음 6가지의 '핵심 스킬 역량'을 제시했다.

- 컨설팅 프로세스 관리
- 분석과 원인 진단
- 적절한 인터벤션의 설계와 선택
- 퍼실리테이션과 프로세스 자문
- 고객 역량의 육성과 개발
- 조직변화의 평가

수년간, 조직개발 인스티튜트(OD Institute)의 후원과 독립 전문가인 로널드 설리번(Roland Sullivan)의 지휘하에 대다수 조직개발 전문가들로부터 인정을 받는 조직개발 역량 목록을 만들기 위한 노력이 지속되어 왔다. 이 목록을 채택하는 정식 프로세스는 없었지만, 이 리스트는 여러 버전에 걸쳐 제시되었다. 한편, 월리, 로스웰, 설리번(Worley, Rothwell & Sullivan, 2005)의 21번째 버전 목록은 가장 일반적인 역량 모델 네 가지를 통합한 것이다. (이 목록은 부록 16.1에 있음)

부록의 목록을 보면서 낙담하지 말라. 심지어는 조직개발 주창자들과 현재 최고 전문가들도 이 모든 역량에 정통하지는 않다. 조직개발에 이제 막 입문하는 사람이라면 이 역량들 중 어떤 것도 숙달했으리라 기대하지 않는다. 그걸 감안한다면 이 목록은 지속적인 개발과 체계적인 교육 계획을 세우는 데 길라잡이가 되어 조직개발 입문자가 가장 관심이 가는 중요한 영역을 파악하는 데 도움이 될 수 있다.

조직개발을 위한 세부 역량

위에서 어떤 조직개발 전문가도 부록에 나열된 역량을 전부 통달하고 있지는 못할 것이라고 말했다. 그렇다면 "조직개발 전문가가 단지 그 역량들의 일부분만을 가지고 직무를 수행할 수 있는가?"라는 의문이 남는다. 많은 조직개발 전문가가 역량의 일부만을 지니고 그것만을 이용해서 자신들의 조직개발 서비스를 홍보하는 것이 현재 조직개발 분야의 특징이기도 하다. 그래서 갈등관리, 다면평가 피드백, 임원코칭 등 한 영역 이외에는 다른 일은 하지 않는 전문가들도 있다.

한 가지 인터벤션에 집중하는 것도 그 영역에 대해서는 확실한 전문성을 쌓을 수 있다는 장점이 있다. 자신의 전문 영역 하나를 집중적으로 개발하기 때문에 쉽게 전문성을 축적할 수 있다. 그 영역에서의 자신의 명성도 함께 높아져서 마케팅 작업도 훨씬 더 수월해진다.

그러나 전에 언급한 것처럼, 만약 그 전문가가 오직 한 가지 역량만 가지고 있다면 프로젝트 수행 시 상황에 상관없이 자신의 전문 영역의 인터벤션을 적절한 인터벤션이라고 제안하고 싶은 유혹이 생긴다. 역량의 일부분만 가지고 있으면 조직을 시스템 관점으로 바라보기 어렵다.

그러므로 전반적인 역량을 보유하고 있는 사람과 일부분에 집중적인 역량을 보유하고 있는 사람이 협력하는 방법이 가장 바람직하다. 종합적인 전문가와 특정 분야의 전문가가 함께 일한다면 서로의 약점을 보완할 수 있고 각 특성의 장점을 살릴 수 있기 때문이다. 그렇다면 종합적인 전문가(generalist)가 주도적인 역할을 하고 진단 및 피드백 단계와 실행계획 수립 단계의 결과에 근거해서 특정분야 전문가(specialist)와 협력하는 형태가 될 것이다.

새롭게 요구되는 미래의 조직개발 역량

월리와 페어햄(Worley & Feyerherm, 2003)에 따르면 "이 '역량'의 목록 대부분은 현재 받아들여지고 있는 스킬과 역량을 다루고 있을 뿐 미래에 요구될 역량에 대해서는 언급하지 않았다."(p.6) 이것을 보충하기 위해 아이젠(Eisen, 2002)은 웹을 이용한 **델파이 프로세스(Delphi process)**를 실시했다. 이것은 질문을 이용하여 서로 다른 장소에 있는 참가자들의 합의를 이루어 내는 연구 방법이다. "참가자들은 앞으로 대두될 역량에 대해 90가지 항목을 선정했다. 이 단계의 복수 투표 과정에서 22명의 응답자가 참여했다. 다음에 제시된 목록은 9개 이상의 표를 받은 항목에 해당한다. 이 목록에는 12개의 주제로 묶을 수 있는 35개의 개별 역량들이 포함되었다." 아이젠은 "21세기의 첫 10년 동안에 새롭게 대두되는 인터벤션 전략과 실행을 효과적으로 수행하기 위해 조직개발 전문가에게 다음과 같은 역량이 필요하다."고 결론을 내렸다.

1. 복잡인간계(Complex human system)를 위한 병렬인터벤션(Parallel intervention)

- 개인, 팀, 대규모 그룹 이해관계자 회의, 조직 간·사업 분야 간 이벤트에 쓰이는 다양하고 동시다발적인 기법을 사용하고, 빠른 사이클 상에서도 일관된 변화를 유지하면서, 각 프로그램의 실행, 성찰 및 학습에 기초한 복합적인 인터벤션을 설계하고 실행하기 위해 필요한 지식과 스킬

- 시스템 관점에서 생각하고 결정을 내리며 실행으로 옮길 수 있는 능력을 함양하는 개인과 조직 수준의 인터벤션을 설계하고 실행하는 능력. 시스템 관점이란 즉, 큰 그림을 볼 수 있고, 효과적인 피드백 프로세스를 설계할 수 있으며, 의도와는 달리 지체되고 직관에 어긋나는 장기적인 결과를 예상하거나 알아차려서 조정할 수 있음을 말한다.

- 사회와 지역사회와 사회 시스템 역학에 관한 지식. '공동체(communities)'의 본질을 동기를 촉발하기 위한 개념으로 전달하는 역량. '공유재산의 비극(Tragedy of the Commons)'과 그것이 정신 모델, 구조, 테크놀로지, 글로벌화와 같은 요인에 어떻게 영향을 받는지에 대한 충분한 이해

- 개인, 그룹, 팀, 조직, 조직 내 상호관계, 지역사회가 효과적인 결정을 내리도록 지원하는 능력. 신속히 가치를 창출할 수 있는 의사 결정 모델과 방법에 대한 스킬

- 사업의 범위, 비용, 품질과 위험요소에 항상 주의를 기울여야 하는 사업변화 프로젝트(Business change initiatives)를 관리할 수 있는 강력한 프로그램 및 프로젝트 관

리 방법론과 스킬

2. 글로벌, 범 영역, 대규모 시스템 작업

- 조직과 조직 간의 문제를 윤리적이고 대범하게 처리하여 이해 관계자들 간에 보다 더 넓고 포용적인 관계 범위를 만들어 주는 능력
- 우호 관계를 맺고 제휴관계를 관리하는 스킬로써, 다양한 구성원 간의 신뢰를 형성하는 것을 포함한다.
- 보다 큰 규모의 시스템을 상대로 일하기 위해 필요한 스킬과 의식으로써, 적절한 일의 범위 안에서 적임자와 계약을 맺는 것도 포함한다.
- 전략적 제휴를 구축하고 적절한 시기에 대규모 그룹 기법을 쓸 수 있는 능력과 글로벌 시각을 포함하는 시스템 사고의 확장된 이해

3. 문화 작업

- 문화에 대한 깊은 이해: 문화가 행동에 미치는 영향과 문화를 변화시키고 발전시키는 방법, 문화와 업무 성과와의 상관관계
- 직위관계, 보상 시스템, 경쟁 전략, 테크놀로지, 업무 흐름 구조, 공유된 신념 체계 등 조직의 모든 측면에 적용되는 원칙을 정비하는 핵심적인 심층 구조로서 문화를 이해
- 조직개발 전문가의 지식, 스킬, 전략을 각기 독특한 문화적 상황에 적합하도록 조정하여 적용시키는 능력
- 참여자들이 함께 일하고 공존하는 법을 이해하고 의미를 부여하는 공유된 방식을 계획적이고 발전적이며 협력적으로 재설계하는 변화 프로세스에 조직원들이 동참하도록 만드는 능력

4. 자기 이해 및 지속적인 학습과 혁신

- 새롭게 대두되는 복잡한 사회적 요구와 조직의 딜레마에 적절히 대응하기 위해 필

요한 효과적이고 지속적인 학습

- 자신의 역할을 지속적으로 성찰하고 조직과 공동체를 위해 지혜의 촉매제 역할을 온전히 완수하기 위해 필요한 개인적이고 전문가적인 과제를 수행하는 헌신과 스킬
- 상황을 신속히 파악해서 특정 시스템에 적합한 혁신적인 인터벤션을 고안해 내는 능력
- 이미 지나간 기법을 무조건 다시 적용하지 않고 실행 중에도 학습하는 액션리서치를 적용하는 스킬

5. 테크놀로지와 가상현실 인터벤션의 사용

- 전화 회의, 웹 사이트, 협력적 기획 도구 등을 이용하여 지리적으로 분산된 조직의 사업적 문제를 다루기 위하여 가상현실, 온라인 방식이나 온라인과 현장 혼합방식을 능숙하게 사용할 수 있는 능력
- 시스템 사고와 실행 및 효율적인 커뮤니케이션과 협력을 촉진하기 위해 실용적이고 자유자재로 사용이 가능한 도구와 시스템을 잘 알고 사용할 수 있는 능력
- 컴퓨터를 기반으로 한 정보 관리와 커뮤니케이션 촉진에 관한 최신 지식과 응용 능력. 끊임없이 급속하게 발전하는 기술과 그 분야의 베스트 프렉티스를 업데이트하는 능력

6. 전체 시스템을 관장하는 리더십을 위한 코칭

- 최고 경영자들이 경영 철학과 스타일을 재정립하는 것을 도와주는 코칭 스킬
- 대부분의 운영 프로세스와 변화가 조직의 중앙에서가 아닌 주변부에서 자율경영(self-managed)되는 새로운 형식의 자기조직화(self-organizing) 조직 형태에 리더가 발맞추어 갈 수 있도록 돕는 능력
- 변화를 진두지휘하고 조직을 변화시킬 수 있는 변화형 리더를 육성하는 스킬

7. 심층대화를 통한 성찰과 실행

- 이슈와 견해 차이와 가치 역설(Value paradox)을 이해하여 문제에 대한 단 한 가지 해결책만을 성급하게 구하지 않기 위한 성찰과 대화와 탐구를 실행하고 촉진하는 능력
- 단순한 이해에 그치지 않고 의미를 찾고 행동을 이끌어내기 위하여 대화를 촉진하는 능력

8. 신속한 방법과 대규모 집단을 대상으로 하는 작업

- 협력, 의사결정, 문제 해결, 미래 계획, 네트워킹, 팀워크, 팀빌딩 모두를 더 신속하고 효과적인 새로운 방법을 이용하여 퍼실리테이션하는 스킬. 이러한 스킬 전수를 위해서 조직 구성원을 훈련시키는 능력
- 대규모 그룹 인터벤션의 설계, 운영 및 퍼실리테이션할 수 있는 해박한 지식과 스킬

9. 목적과 전략적 진단

- 목적을 충족시켰는지 평가하기 위해 전략적, 전술적 기준을 모두 파악하고 측정하는 능력
- 측정방법을 설계해서 그것이 계약에 반영되도록 하는 지식과 스킬. 그리고 고객이 이 부분에 대한 가치를 인정하고 재정적 지원을 하도록 이끄는 능력

10. 다학제적 역량

- 미래 연구, 경제 분석, 공공 정책 입안, 시스템 사고와 같은 영역으로부터 얻을 수 있는 다학제적 스킬
- 프로세스 스킬과 더불어 비즈니스와 재무에 대한 인지력과 통찰력

11. 지식 경영

- 정보가 넘치고 급격히 변화하는 조직 환경에서 필요한 지식 경영의 과제에 대한 이해
- 조직에게 유효한 지식을 창출하고 확산하기 위한 효과적인 방법을 설계하고 실행하

는 데 필요한 지식, 스킬 및 사회 공학적 기술

12. 긍정적인 통합 변화

- 사람들에게 내재한 개발 지향성을 일깨우고 북돋우기 위해 변화에 수반되는 심리적 기저에 대한 지식 활용. 변화 프로세스의 긍정적인 면을 강조함으로써 저항을 최소화할 수 있는 능력
- 근무환경이 좋은 일터이기도 하면서 높은 성과를 내는 조직을 만드는 스킬. 성과와 사람 모두에게 초점을 맞추는 것이 어떻게 조직, 조직원, 고객에게 상생으로 이어지는지와 어떻게 경쟁적 우위로 이어지는지를 분명하게 설명하는 스킬

미래에 요구되는 역량에 관심이 있다면 제17장의 월리와 페어햄(Worley & Feyerherm, 2003)을 참조하라.

요약

유능한 조직개발 전문가가 되기 위해서는 여러 영역의 전문성을 갖춰야 한다. 역량이란 요구되는 지식, 스킬, 태도를 지칭하는 말인데, 학자들은 역량의 정의에 대해 서로 다른 관점을 가지기도 한다. 조직개발의 역량 목록은 조직개발 분야를 연구하고 조직개발 분야의 일을 하려는 사람뿐만 아니라 내·외부 조직개발 전문가와 그 전문가들을 고용하고 그들과 계약을 맺는 조직에게도 유용하다. 조직개발 전문가들을 위한 포괄적인 역량 목록은 이 장의 부록을 참고하기 바란다. 자가진단도 할 수 있고 자기 개발을 위한 우선순위를 정해볼 수 있도록 만들었다. 마지막으로 이번 장에서는 아이젠(2002)의 델파이 설문 결과를 통하여 미래에 요구되는 조직개발 역량을 알아보았다.

토론 및 성찰을 위한 과제

1. 지식, 스킬, 태도(KSAs) 세 영역 모두 포괄된 역량을 보유하는 것이 왜 중요한가?

2. 조직개발 전문가를 위해 설계된 역량 목록을 개인적으로 어떻게 사용할 수 있는가?

3. 부록 16.1을 이용하여 자가진단을 직접 해 보라. 이해가 잘 안 되는 역량은 서로 논의 하도록 한다. 역량의 중요도와 당신의 전문성 수준 간의 차이가 가장 크게 나타난 역량 을 보완하기 위해서 당신이 무엇을 할 수 있을지 서술해 보라.

4. 현재 요구되는 역량과 미래에 요구되는 역량을 비교하라. 이 두 가지 목록의 차이점은 무엇인가? 미래에 요구되는 역량을 어떻게 준비할 수 있을까?

부록 16.1

조직개발 전문가를 위한 필수 역량 자가진단

(Worley et al., 2005에서 차용)

이 자가진단의 결과를 해석하는 표준적 기준은 마련되지 않았다. 이 책에서 여러 번 언급했듯이 다른 사람들과 자신을 비교하는 것은 그리 중요하지 않다. 그보다 지속적인 자기 개발을 위한 우선 순위를 정하고자 할 때, 또한 향후 1년, 3년, 5년 혹은 그보다 더 먼 미래에 자신의 발전 정도를 비교해볼 수 있는 비교 기준점으로 삼고자 할 때 자신이 중요하게 생각하는 점을 파악한다는 것이 중요하다. 지속적인 발전과 평생 학습의 관점에서 보면 이 진단 도구에서 측정하는 점수가 계속 올라가야 한다. 그런데 결과 점수가 점증적으로 올라가지 않는다면, 다시 자기 개발을 우선 순위로 해야 될 시점이 된 것이다.

각 항목당 점수를 매길 때 솔직하게 답해야 한다. 그 누구도 당신의 진단 결과를 보아서는 안 된다. 이것은 오직 자기 개발을 위한 도구일 뿐이다. 또한 다른 사람들이 파악해 놓은 조직개발 전문가 역량이 구체적으로 어떤 것들이 있는지 검토해 보는 기회이기도 하다. 각 역량들을 주의 깊게 읽고 자신의 인생 목표에 비추어 해당 역량에 대해서 자신의 위치가 어디쯤인지, 미래에 자기개발에서 어떤 영역에 주력해야 하는지 성찰할 수 있는 기회를 가져라.

자신의 조직개발 역량 수준을 판단하기 위해서 각 항목마다 다음과 같은 척도를 적용하라.

5 = 전문가 수준으로, 발전할 게 더 이상 없다.

4 = 이 역량을 꽤 능숙하게 발휘하지만 추가적인 경험과 이해를 통한 발전의 여지가 아직 남아 있다.

3 = 초보자 단계로, 이 역량을 발휘할 수 있지만 도와주고 피드백을 줄 수 있는 코치나 감독이 필요한 상태이다.

2 = 이 역량이 무엇인지 설명할 수는 있으나 발휘할 능력까지는 아니다.

1 = 이 역량이 무엇을 의미하는지도 잘 모른다.

또한 자기개발을 위해 역점을 두고 싶은 분야에 집중할 수 있도록 각각의 역량에 그 중요도를 부여해야 한다. 그리고 나서 각 역량에 해당하는 자신의 역량 전문성 수준과 중요도 수준 간의 차이가 가장 많이 나는 분야에 우선 순위를 두어 자기개발을 하게 되는 것이다. 극단적인 경우에는 중요도에는 5점을 부여하고 역량 수준에는 1점을 부여한 역량 항목에 가장 높은 우선 순위가 주어지게 된다. 중요도 측정에는 다음과 같은 척도를 사용하라.

5 = 이것은 절대적으로 필수적인 역량이다. 이것 없이 조직개발을 수행할 수 없다.

4 = 이 역량 없이 일을 해낼 수는 있지만 고객조직 입장에서는 무언가 중요한 것을 놓치게 될 수도 있다.

3 = 이 역량을 보유함으로써 나의 조직개발 직무에 도움이 될 것이고 고객조직도 이익을 보겠지만 이것이 없다 해도 큰 손실은 없을 것이다.

2 = 이 역량을 가지고 있으면 좋기는 하겠지만 조직개발 업무 수행에는 그리 차이가 없을 것이다.

1 = 중요도에 대해 판단할 만큼 이 역량에 대해 잘 알지 못한다 (책으로 돌아가서 해당 부분을 다시 복습하라.) 또는 조직개발 전문가에게 필요한 역량인지 아닌지조차도 모른다.

역량 분류	현재 전문성 정도	중요도
자기 조절(자제) 역량		
1. 자신의 선입견이 다른 사람들과의 관계에 어떻게 영향을 미치는 지에 대해 이해한다.	5 4 3 2 1	5 4 3 2 1
2. 자신의 가치에 따라 컨설팅을 한다.	5 4 3 2 1	5 4 3 2 1

역량 분류	현재 전문성 정도					중요도				
3. 사적 영역을 명확히 구분한다.	5	4	3	2	1	5	4	3	2	1
4. 자신의 편견을 관리할 수 있다.	5	4	3	2	1	5	4	3	2	1
5. 자신의 방어 기제를 관리할 수 있다.	5	4	3	2	1	5	4	3	2	1
6. 자신의 감정이 자극받았을 때 그 사실을 인지한다.	5	4	3	2	1	5	4	3	2	1
7. 스트레스 환경에서도 육체적으로 건강을 유지한다.	5	4	3	2	1	5	4	3	2	1
8. 윤리적 문제를 정직하게 해결할 수 있다.	5	4	3	2	1	5	4	3	2	1
9. 고객에게 피해를 주면서까지 개인적 필요를 충족시키지 않는다.	5	4	3	2	1	5	4	3	2	1
10. 자신이 타인에게 미친 영향에 대한 피드백을 요청한다.	5	4	3	2	1	5	4	3	2	1
긍정적인 변화를 측정하는 역량										
11. 적절한 평가 방법을 선택한다.	5	4	3	2	1	5	4	3	2	1
12. 평가의 수준을 결정한다.	5	4	3	2	1	5	4	3	2	1
13. 평가 방법의 타당성을 확보한다.	5	4	3	2	1	5	4	3	2	1
14. 평가 방법의 신뢰성을 확보한다.	5	4	3	2	1	5	4	3	2	1
15. 평가 방법의 실용성을 확보한다.	5	4	3	2	1	5	4	3	2	1
데이터의 필요성을 명확히 하는 역량										
16. 적절한 데이터 수집 프로세스를 결정한다.	5	4	3	2	1	5	4	3	2	1
17. 필요한 데이터의 종류를 결정한다.	5	4	3	2	1	5	4	3	2	1
18. 필요한 데이터의 양을 결정한다.	5	4	3	2	1	5	4	3	2	1
변화 제도화의 촉진										
19. 연계된 시스템에 미치는 영향을 관리한다.	5	4	3	2	1	5	4	3	2	1
20. 긍정적인 변화를 이끌어 내기 위해 정보를 사용한다.	5	4	3	2	1	5	4	3	2	1
21. 내부 전문가나 고객에게 변화 역량을 전수해서 지속적인 학습이 이뤄지게 한다.	5	4	3	2	1	5	4	3	2	1
22. 변화 동력을 관리 · 증가시킨다.	5	4	3	2	1	5	4	3	2	1
23. 지속적인 변화 프로세스를 지원하기 위해 내부 자원을 추가로 동원한다.	5	4	3	2	1	5	4	3	2	1
24. 조직에서 특별히 초점을 맞춰야 하는 부분을 파악한다.	5	4	3	2	1	5	4	3	2	1
25. 조직 내에 학습이 지속되도록 확실히 한다	5	4	3	2	1	5	4	3	2	1
이론과 실제를 통합하는 역량										
26. 변화에 대한 이론적 기초를 제시한다.	5	4	3	2	1	5	4	3	2	1
27. 사용하게 될 변화 프로세스를 명확하게 한다.	5	4	3	2	1	5	4	3	2	1
28. 이론과 실제를 바탕으로 연구를 한다.	5	4	3	2	1	5	4	3	2	1
29. 시스템의 의미를 이해시킨다.	5	4	3	2	1	5	4	3	2	1
30. 연구에 기초한 탄탄한 개념적 틀을 사용한다.	5	4	3	2	1	5	4	3	2	1

역량 분류	현재 전문성 정도	중요도
최신 테크놀로지를 익히는 역량		
31. 가장 최신의 테크놀로지를 효과적으로 사용한다.	5 4 3 2 1	5 4 3 2 1
32. 인터넷을 효과적으로 사용한다.	5 4 3 2 1	5 4 3 2 1
대규모 시스템을 대상으로 일하는 역량		
33. 대규모 그룹(70명에서 2000명) 인터벤션을 진행(퍼실리테이션) 한다.	5 4 3 2 1	5 4 3 2 1
34. 국제적 조직개발 전문가의 역량을 효과적으로 적용한다.	5 4 3 2 1	5 4 3 2 1
35. 내부 전문가로서 효과적으로 직무를 수행한다.	5 4 3 2 1	5 4 3 2 1
36. 범조직(trans-organization) 개발을 수행할 수 있는 역량을 보여 준다.	5 4 3 2 1	5 4 3 2 1
37. 지역사회 변화와 개발을 수행할 수 있는 역량을 보여 준다.	5 4 3 2 1	5 4 3 2 1
38. 전체적 시스템 변화를 이끌어 나갈 때 가이드가 되는 변화모델을 활용한다.	5 4 3 2 1	5 4 3 2 1
적절한 실행계획을 참여와 협력을 통해 만들어내는 역량		
39. (1)구체적이고 (2)단순하며 (3)명확하고 (4)측정가능하며 (5)보상이 주어지고 (6)논리적으로 전개되는 활동으로 이루어진 실행계획을 협력을 통해 수립할 수 있다.	5 4 3 2 1	5 4 3 2 1
연구 방법을 이해하는 역량		
40. 효율성, 객관성, 타당성을 보장할 수 있는 연구 방법을 적절히 혼합하여 사용한다.	5 4 3 2 1	5 4 3 2 1
41. 자료 수집 방법을 적절히 혼합하여 사용한다.	5 4 3 2 1	5 4 3 2 1
42. 필요 시 통계적 방법을 적절하게 사용한다.	5 4 3 2 1	5 4 3 2 1
다양성을 관리하는 역량		
43. 구성원들의 참여를 기반으로 하는 의사결정 프로세스를 진행한다.	5 4 3 2 1	5 4 3 2 1
44. 타인과 관계에서 문화 역동성이 미치는 영향을 파악한다.	5 4 3 2 1	5 4 3 2 1
45. 이문화가 미치는 영향력을 도움이 되는 방향으로 해석한다.	5 4 3 2 1	5 4 3 2 1
46. 다양성과 다양성으로 빚어지는 상황을 능숙하게 다룬다.	5 4 3 2 1	5 4 3 2 1
역할을 명확히 하는 역량		
47. 전문가의 역할을 명확히 한다.	5 4 3 2 1	5 4 3 2 1
48. 고객의 역할을 명확히 한다.	5 4 3 2 1	5 4 3 2 1
권력을 다루는 역량		
49. 공식적인 권력을 알아내서 참여시킨다.	5 4 3 2 1	5 4 3 2 1

역량 분류	현재 전문성 정도		중요도	
50. 비공식적인 권력을 알아내서 참여시킨다.	5 4 3 2 1		5 4 3 2 1	
51. 저항에 효과적으로 대처한다.	5 4 3 2 1		5 4 3 2 1	
오픈적 사고 역량				
52. 데이터를 수집하는 동안에는 판단을 보류한다.	5 4 3 2 1		5 4 3 2 1	
53. 데이터를 수집하는 동안에는 상처를 주는 민감한 언행을 자제한다.	5 4 3 2 1		5 4 3 2 1	
고객이 주체적으로 변화 프로세스를 이끌어 나갈 수 있게 하는 역량				
54. 전문가에 대한 의존성을 줄인다.				
55. 최종 마무리에 대한 책임감을 심어 준다.	5 4 3 2 1		5 4 3 2 1	
56. 변화 프로세스를 고객과 협력하여 설계한다.	5 4 3 2 1		5 4 3 2 1	
57. 변화 프로세스를 주체적으로 수행할 수 있도록 구성원을 참여시킨다.	5 4 3 2 1		5 4 3 2 1	
	5 4 3 2 1		5 4 3 2 1	
모호함을 편하게 받아들이는 역량				
58. 모호한 환경에서 효과적으로 직무를 수행한다.	5 4 3 2 1		5 4 3 2 1	
59. 혼란이 있어도 직무를 효과적으로 수행한다.	5 4 3 2 1		5 4 3 2 1	
프로젝트 종료를 관리하는 역량				
60. 고객과 이해관계자들이 인터벤션의 결과에 만족하는지 확인한다.	5 4 3 2 1		5 4 3 2 1	
61. 고객이 만족한 상태에서 프로젝트를 종료한다.	5 4 3 2 1		5 4 3 2 1	
62. 컨설팅이 끝난 후 관계 유지에 대한 계획을 세운다.	5 4 3 2 1		5 4 3 2 1	
63. 프로젝트의 적절한 종료 시점을 결정할 수 있다.	5 4 3 2 1		5 4 3 2 1	
전체 그림을 보는 역량				
64. 전체와 부분, 또한 그것을 포함하여 더 넓은 전체를 모두 다룰 수 있다.	5 4 3 2 1		5 4 3 2 1	
65. 조직 시스템의 속성을 신속히 파악한다.	5 4 3 2 1		5 4 3 2 1	
66. 변화되어야 할 시스템의 범위를 파악한다.	5 4 3 2 1		5 4 3 2 1	
67. 인터벤션에서 결정적인 성공 요인을 파악한다.	5 4 3 2 1		5 4 3 2 1	
68. 실제 문제를 더욱 명확하게 규명한다.	5 4 3 2 1		5 4 3 2 1	
69. 변화 노력이 조직의 지속적인 프로세스로 자리잡도록 연결시킨다.	5 4 3 2 1		5 4 3 2 1	
70. 초기 단계부터 평가모델을 준비하기 시작한다.	5 4 3 2 1		5 4 3 2 1	
71. 시스템의 각 부분으로부터 수집된 데이터가 어떻게 서로에게 영향을 주는지 파악한다.	5 4 3 2 1		5 4 3 2 1	
72. 변화가 필요한 시스템을 파악한다.	5 4 3 2 1		5 4 3 2 1	

역량 분류	현재 전문성 정도	중요도
긍정적인 변화를 위한 조건을 설정하는 역량		
73. 기밀성이 의미하는 범위를 명확히 한다.	5 4 3 2 1	5 4 3 2 1
74. 오픈적인 분위기를 촉징하는 프로세스를 택한다.	5 4 3 2 1	5 4 3 2 1
75. 위협적이지 않은 환경을 조성한다.	5 4 3 2 1	5 4 3 2 1
76. 상호간에 신뢰 관계를 조성한다.	5 4 3 2 1	5 4 3 2 1
77. 긍정적인 변화를 강화하기 위해 적절한 정보를 활용한다.	5 4 3 2 1	5 4 3 2 1
적절성과 유연성에 초점을 맞추는 역량		
78. 데이터로부터 제안사항을 도출한다.	5 4 3 2 1	5 4 3 2 1
79. 실행활동이 적절한 시점에서 이루어지도록 주의한다.	5 4 3 2 1	5 4 3 2 1
80. 어떤 데이터가 적절성이 있는지 알아차린다.	5 4 3 2 1	5 4 3 2 1
81. 컨설팅의 목적에 늘 집중한다.	5 4 3 2 1	5 4 3 2 1
82. 문제가 대두될 때마다 놓치지 않고 지속적으로 진단한다.	5 4 3 2 1	5 4 3 2 1
변화가 잘 이루어질 수 있도록 데이터를 사용하는 역량		
83. 긍정적인 변화를 이끌어 내기 위해 정보를 사용한다.	5 4 3 2 1	5 4 3 2 1
84. 다음 단계로 넘어가기 위해 기밀정보를 이용한다.	5 4 3 2 1	5 4 3 2 1
85. 인터벤션 후에 변화를 모니터할 방법을 수립한다.	5 4 3 2 1	5 4 3 2 1
86. 긍정적인 변화를 강화하기 위해 정보를 사용한다.	5 4 3 2 1	5 4 3 2 1
87. 변화로 가는 초기 몇 단계를 파악하기 위해 데이터를 수집한다.	5 4 3 2 1	5 4 3 2 1
다양한 이해관계자들과 교류할 수 있는 역량		
88. 내·외부 조직개발 전문가들과 협력한다.	5 4 3 2 1	5 4 3 2 1
89. 다른 이들의 말을 경청한다.	5 4 3 2 1	5 4 3 2 1
90. 좋은 대인 관계를 유지한다.	5 4 3 2 1	5 4 3 2 1
91. 유머를 효과적으로 사용한다.	5 4 3 2 1	5 4 3 2 1
92. 즉흥적이고 비공식적인 것에도 신경을 쏜다.	5 4 3 2 1	5 4 3 2 1
현실적인 관계를 맺는 역량		
93. 현실적인 관계를 맺는다.	5 4 3 2 1	5 4 3 2 1
94. 관계에서 윤리적 범위를 설명한다.	5 4 3 2 1	5 4 3 2 1
95. 신뢰하는 관계를 맺는다.	5 4 3 2 1	5 4 3 2 1
96. 사업자적 통찰과 이해를 보이면서 신뢰를 줄 수 있게끔 말한다.	5 4 3 2 1	5 4 3 2 1
인터벤션 역량		
97. 자신의 인터벤션에 대한 자신감을 드러낸다.	5 4 3 2 1	5 4 3 2 1
98. 그룹 프로세스를 퍼실리테이션한다.	5 4 3 2 1	5 4 3 2 1
99. 적정 차원의 인터벤션을 시스템에 적용한다.	5 4 3 2 1	5 4 3 2 1
100. 도구와 방법을 창의적으로 맞춤화한다.	5 4 3 2 1	5 4 3 2 1

2005년판, 『조직개발 역량에 필요한 지식과 스킬(The Knowledge and Skill Necessary for Competence in OD)』
롤랜드 설리번과 동료들(Roland Sullivan, RODP, & et. Al.)이 쓰고 도널드 콜과 동료들이 (Dr. Donald W. Cole,
RODC et. al.) 편찬한 2005년판, 『국제 조직개발 전문가 인명록(The International Registry of OD Proessional)』에
실려 있음.

제17장

조직개발이 직면한 이슈와
조직개발의 미래

개요

이번 장에서는 조직개발에 존재하는 많은 문제와 논란에 대해 알아보고자 한다. 이 책 전반에 걸쳐 언급한 모호성의 문제와 마찬가지로 이번 장에서도 답을 제시하기보다는 더 많은 질문과 문제를 제시할 것이다. 그리고 조직개발의 미래와 그에 대한 필자의 관점도 전하고자 한다. 마지막으로 조직개발이 줄 수 있는 혜택과 이점을 나열함으로써 결론을 맺으려고 한다.

앞서 얘기했듯이 조직개발에는 아직 합의가 이루어지지 않은 부분들이 많다. 현업에서 조직개발 전문가로 활동하고 있는 사람들과 이론가들은 조직개발의 중요한 측면에 대해 서로 다른 결론을 내려왔다. 필자는 이러한 여러 문제에 대해서 어느 정도 균형 잡힌 시각을 제시할 것이며, 이어서 조직개발이 직면하고 있는 현안도 다루고자 한다. 이를 통해서 조직개발의 미래에 대한 다양한 시각이 소개될 것이고 조직개발 분야에 대한 필자의 개인적인 시각도 다룰 예정이다.

조직개발이 직면한 이슈

이슈(issue)란 한 분야에서 뚜렷하고 종종 서로 모순되는 하나 이상의 반응이 공존해서 논란의 여지가 생기는 상황을 지칭한다. 여기에서 이러한 문제들을 제시하는 의도는 조직개발 개별 종사자가 아니라 조직개발 분야가 전체적으로 이러한 문제들을 다루어야 한다고 생각하기 때문이다. 제시된 문제들의 일부는 인적자원개발학회(AHRD)가 주관한 조직개발에 관한 사전 컨퍼런스에서 프로보, 터틀, 헨더슨 (Provo, Tuttle & Henderson, 2003)이 제시한 내용에서 가져왔다. 이 문제들을 큰 주제별로 배열하면 다음과 같다.

조직개발에 대한 정의

- 조직개발이란 용어와 관련해 현재 수많은 정의가 사용되고 있는데 과연 한 가지 표준적인 정의가 필요한가? 그 정의는 전 세계적으로 통용되어야 하는가? 혹은 국가, 문화, 기업별로 특성화되어야 하는가?
- 대부분의 조직개발의 정의에 나오는 바와 같이 계획된 변화라는 것이 존재할까? 또는 카오스 이론(Chaos theory)이 제시하는 것처럼 변화는 인간의 통제 범주를 넘어서는 것인가?

조직개발 모델

- 어떤 모델을 사용해야 하는가? 액션리서치 모델, 조직개발 프로세스 모델, 긍정탐행(AI), 이 밖의 또 다른 모델을 사용해야 하는가?
- 긍정탐행(Appreciative inquiry, AI)이 주장하는 바와 같이 조직개발은 지나치게 문제에

만 초점을 두는가? 몇몇 조직개발 전문가들이 주장하는 것과 같이 긍정탐행은 긍정적 면에만 집중한 나머지 시스템 측면을 간과하고 있는가?

연구와 실행 분야의 조직개발

- 조직개발 분야가 존재해야 하는가? 아니면 훌륭한 경영자가 조직개발 원칙과 실행을 수용함으로써 조직개발 전문가의 필요성이 없어져야 하는가?
- 만약 조직개발 분야가 존재해야 한다면 독립적인 분야여야 하는가? 아니면 인적자원개발, 조직산업심리학, 조직행동 등과 같은 다른 분야의 일부로 간주되어야 하는가?
- 조직개발을 형성하는 기초 분야는 무엇인가?
- 조직개발 분야와 훈련·개발(T&D) 간에는 어떤 연관성이 있는가? 동일한 분야인가? 완전히 독립적인가? 어떤 관계를 이루어야 하는가?
- 무엇이 조직개발 분야 발전에 영향을 미치는가? (예, 대중 도서, 조직개발 전문가들 간의 상호 교류, 조직 내 실행, 연구 등)
- 조직개발에서 공유되는 지식이 있어야 하는가? 만약 그렇다면 그 지식은 무엇이어야 하는가? 그 지식을 누가 정하는가?
- 조직개발 지식은 이론 기반인가, 실천 기반인가? 아니면 그 혼합형인가? 이들 중 어떤 형태이어야 하는가?
- 누가 조직개발의 이론·연구에 주의를 기울여야 하는가? 조직개발 종사자들과 고객조직들은 연구결과나 이론보다 최신 유행기법에 더 많은 관심을 갖고 있는가? 그것이 변해야 한다면 어떻게 변하게 할 것인가?

조직개발의 실행 구조

- 조직개발을 실행하는 사람은 내부 조직개발 전문가이어야 하는가, 외부 조직개발 전문가이어야 하는가? 아니면 그 혼합 형태여야 하는가?
- 다른 컨설팅과 조직개발 컨설팅 간의 차이점은 무엇인가?
- 조직개발에서 제재 가능한 윤리 강령이 있어야 하는가? 비윤리적 조직개발 행위에 대해 아무런 제재를 가할 수 없을 때 조직개발 전문가는 어떻게 조직과 정부에 진실성 (integrity)을 정착시키고 부패를 척결하는 것을 도울 수 있는가?
- 영리 조직, 비영리 조직과 가족형 사업에서 행해지는 조직개발은 서로 근본적인 차이점이 있는가?
- 소규모 사업체(예, 케냐의 비공식 영세 상인(juakali), 키르키스스탄이나 인도의 수공업자들)에서도 조직개발을 활용하도록 하려면 어떤 방법이 있을까?
- 내부 조직개발 전문가의 역할은 무엇인가? (예, 예언자, 촉발자, 조력자, 은밀한 조정자 등)
- 내부 조직개발 전문가에게 가장 적합한 조직개발 구조는 무엇인가? (예, 인사부서를 통한 보고, 전략 부서를 통한 보고, 최고경영자에게 직접적인 보고 등)

조직개발 실행을 위한 자격 요건

- 조직개발을 실행하기 위해 필요한 역량은 무엇인가? 제16장의 부록에 나온 역량 목록은 필요한 역량을 충분히 포함하고 있다고 보는가? 아니면 범위가 너무 광범위하다고 보는가? 이 역량들 중 부분만을 갖추고 있다 하더라도 유능한 조직개발 전문가가 될 수 있는가?
- 어떠한 경력과 학력이 조직개발 전문가로 성장하기 위한 적합한 배경이 될까? 많은 조직개발 전문가들은 신학, 경영학, 상담학, 심리학, 인적자원개발, 그리고 더 세분화된

조직개발을 공부한 배경을 갖고 있다. 이러한 배경적 차이가 조직개발의 결과에 차이를 낳는가?

• 조직개발 종사자는 정부기관이 요구하는 면허증을 얻어야 하는가? 자발적인 자격 인증제로 운영되어야 하는가? 둘 다 행해져야 하는가 아니면 둘 다 필요치 않은가? 만약 인증제로 운영된다면 인증의 주체는 누구여야 하는가? 만약 면허제나 인증제로 운영된다면 그 기준은 무엇이어야 하는가? 대학이나 조직개발학회와 같은 전문기관, 혹은 NTL과 같은 민간기관에서 인증제를 운영하고 있다. 이들 인증제들은 서로 다른가?

• 조직개발 종사자는 어떻게 양성되어야 하는가? 현재까지 언급한 대안들은 다 가능성이 있다. 만약 대학에서 양성된다면 어떤 대학이나 학과에서 맡아야 할까?

• 조직개발 업무를 하기 위한 신뢰를 쌓기 위한 경험이 필요할 때, 조직개발 전문가가 새로운 경험을 쌓는 동안 다른 사람들이나 조직에 피해를 주지 않으면서도 스킬을 어떻게 지속적으로 개발할 수 있을까? (예, 멘토링, 직무 간접경험, 견습 제도 등)

• 미래에 대두될 업무 현장의 요구가 아직 잘 알려지지 않은 상태에서 조직개발 전문가가 그런 요구를 충족시킬 수 있도록 자신의 역량을 어떻게 개발시킬 수 있을까?

조직개발의 성과

• 조직개발은 조직의 가치사슬(Value chain)에서 어느 부분에 위치해야 하는가?

• 조직개발을 통해 어떤 성과를 기대할 수 있을까? 조직개발의 우선 순위가 고수익, 고생산성, 직원이나 프로세스의 성과향상, 직무만족도 증가, 협력과 팀 워크 향상, 혁신과 창의성 촉진 중 어떤 것이어야 하는가? 또는 이 모든 것을 조직개발의 성과로 기대할 수 있는가?

• 기업의 부패(예, 미국의 엔론 사태, 한국의 재벌)를 근절하고자 하는 기업의 사회적 책임과 관련해 조직개발이 무엇을 해야 하는가?

• 조직개발이 신속한 대응 전략기획 프로세스 개발을 어떻게 도와야 하는가?

- 한 조직이나 국가에서 통하는 해결책이 다른 조직이나 국가에서는 통하지 않을 수 있다는 것과 그로 인해 긍정적, 창조적으로 대응할 리더십이 필요하다는 점에 대하여 경영진을 교육시키기 위해 조직개발이 무엇을 해야 하는가?
- 조직개발이 활동·실행과 성과를 연결하기 위해 어떤 역할을 해야 하는가?
- 조직이 지적 자본을 유지하도록 하기 위하여 조직개발 전문가가 어떻게 조직을 도울 수 있는가? (이직률 감소, 직원 퇴직으로 인한 부정적 영향 최소화 등)
- 조직의 지식 경영(Knowledge management)에서 조직개발은 어떤 역할을 하는가?
- 조직개발이 어떻게 독재적인 경영진을 경청하는 사람, 코치, 멘토, 퍼실리테이터로 변화시킬 수 있을까?
- 사람들과 지역사회를 망치지 않는 인도적인 방법으로 해고를 하거나 전직을 하도록 하기 위해서 조직개발이 어떻게 관여해야 하는가?
- 조직이 이상적으로 주장하는 이론 및 가치와 실제로 통용되는 이론 및 가치 사이의 괴리를 줄일 수 있도록 조직개발에서 어떻게 도와야 하는가?
- 조직의 시각을 단기적 관점에서 장기적인 관점으로 전환할 수 있도록 조직개발이 어떻게 도와야 하는가?

보다 인도적인 근무 환경 조성

- 직원들을 혹사시키는 독재적이고 권력지향적인 시스템에 대항하기 위해 조직개발이 무엇을 해야 하는가?
- 직장에서 (또한 지역사회와 국가 간의) 폭력적 행위를 없애기 위해 조직개발은 어떤 역할을 해야 하는가?
- 직원들이 어느 정도의 자율성을 지니면서도 그들의 노동에 대한 대가를 나누어 갖는 시스템을 만들기 위해 조직개발은 무엇을 해야만 하는가?
- 재택근무에 점점 더 의존하는 직장에서 인간관계를 유지하고 직원들에게 동기를 부여

하며 책임감을 유지하기 위해 조직개발은 어떻게 도와야 하는가?

• 직원과 경영진의 좀 더 나은 일과 삶의 조화를 위하여 조직개발은 무엇을 해야 하는가?

• 급속히 변화하는 환경에 좀 더 효과적으로 대처할 수 있는 직장을 만들기 위해 조직의 서열제도를 완화하기 위해 조직개발은 무엇을 해야 하는가?

조직개발 인터벤션의 효과성

• 조직의 문화는 변화될 수 있는가? 문화의 일차적 수준에서는(행동, 인공물 등) 변화가 가능하다는 것이 잘 알려져 있지만 이차적 수준(신념, 가치)과 삼차적 수준(가정)의 변화도 가능할까? 그러한 변화를 가져오기 위해서는 어떤 환경에서 어떤 인터벤션이 가장 효과적일까?

• 조직의 문화는 측정될 수 있는가? 만약 그렇다면 그 방법은 무엇일까?

• 이 책에서 제시된 여러 인터벤션들(대규모 상호교류 이벤트, 팀빌딩, T-그룹 등)은 각각 어떤 환경에서 어느 정도의 효력을 발휘할 수 있을까?

• 조직개발에서 흔히 사용되는 인터벤션이 얼마나 윤리적 혹은 비윤리적인가?(종교적 배경을 가진 가치 명료화 작업, 사적인 이유로 팀빌딩 참여 거부 등의 이유로) 인터벤션에 참여를 거부하는 직원들에게 조직개발 전문가가 어떻게 대응해야 하는가?

• 어떤 경우에 특정 인터벤션을 일시적 유행이라고 단정할 수 있나? 일시적으로 유행하는 조직개발 인터벤션과, 실제로 효과적이고 이론적으로 탄탄한 프로세스를 구분하는 기준은 무엇인가? 균형성과표, 360도 피드백, 식스시그마, 전사품질관리(TQM), 대규모 상호교류 이벤트, 시나리오 플래닝, 업무 프로세스 재설계(BPR), 벤치마킹, 학습조직과 같은 기법들은 일시적 유행에 그치는 것들인가?

• 인수합병 과정에서 조직개발은 어떤 역할을 담당해야 하는가? 재무 분야 종사자들이 회계감사를 하듯이 조직개발도 인수합병 전에 문화감사를 해야 하는가?

• 오늘날 조직원들을 압도하는 역동적인 변화에 대해 조직을 준비시킬 때 조직개발 종사

자들이 담당할 수 있는 역할은 무엇인가?

- 조직이 사업 주기를 새롭게 하고 적응하는 과정을 돕기 위해 조직개발 전문가는 무엇을 할 수 있는가?

국제적 혹은 이문화 조직개발

- 조직문화에 덧붙여 국가간 문화적 차이가 존재하는 국제적인 환경에서 조직개발을 실행할 수 있을까? 국내의 조직개발과 어떤 차이가 있을까?
- 조직개발 전문가들은 자신들이 일하게 될 모든 문화권의 문화를 이해해야 하는가, 아니면 글로벌 사고방식과 함께 처하는 상황이 생길 때마다 조금씩 필요한 만큼만 알아가는 문화적 교양만 갖추면 될까?

조직개발에 대한 평가

- 조직개발의 성과는 어떻게 평가되어야 하는가? 조직평가가 가능하다면 어째서 조직개발 전문가들과 고객조직은 평가를 거의 하지 않는 것인가?
- 조직개발의 효과를 평가할 때 어떻게 그 생산성을 측정해야 하는가?
- 실패를 공개하고 나누지 않는다면 우리가 어떻게 다른 사람들의 실패로부터 배울 수가 있겠는가? 혹은 우리가 자신의 실패를 인정하지 않는다면 이 실패로부터 무엇을 배울수 있는가?

지역사회, 사회, 국가, 국가가 소속된 특정 지역권(regions)의 발전에서 조직개발의 역할

- 많은 국가와 지역에서 적용되고 있는 국가 차원의 인적자원개발을 위해 조직개발 전문가가 어떤 역할을 해야 하는가?

- 지역적, 국가적, 국제적 수준에서 사회를 변화시키기 위해 조직개발이 어떤 역할을 해야 하는가?

- 일터와 노동자에 관련된 정부·준정부 기관의 정책에 조직개발이 어떻게 영향을 주어야 하는가?

- 국가간의 협력을 촉진하기 위해 조직개발은 어떤 역할을 해야 하는가? (중동 문제, 중앙아시아 5개국 문제, 남북한 갈등, 대만과 중국의 갈등 등)

- 국가 간의 기반시설 차이를 극복하기 위해서 조직개발에 부과될 과제는 무엇인가? (전화, TV, 컴퓨터, 인터넷 등)

- 미성년 노동을 조장하는 환경을 변화시키기 위해서 조직개발은 무슨 역할을 하는가?

- 문맹 문제를 해결하기 위해 조직개발은 무슨 역할을 해야 하는가?

- 직원들이 자신의 직장뿐 아니라 가정, 종교단체, 지역사회, 궁극적으로는 세계 공동체에서 갈등을 긍정적으로 관리하는 능력을 습득하여 조직이 갈등을 건전하게 수용하고 관리하도록 조직개발이 무엇을 해야 하는가?

- 보건 관련 영역에서 조직개발의 역할을 강화하기 위해 무엇을 해야 하는가? (HIV/AIDS 교육, 영양, 유아 건강관리, 흡연, 마약과 알코올 중독 등)

- 공무원들의 부정부패를 근절하기 위해 조직개발은 무엇을 해야 하는가? (세관직원, 자격증 수여기관 직원 등)

- 서로 다른 인종, 민족, 종교, 성별의 사람들이 평화롭게 살아가도록 문화의 다양성을 확보하기 위해서 조직개발은 무엇을 해야 하는가? (하나의 세계, 하나의 가족)

- 기술, 경제력, 교육, 시간 측면에서 '가진 자'와 '못 가진 자'의 차이를 최소화하기 위해 조직개발은 무엇을 해야 하는가?

- 기업이 환경에 대한 책임을 갖도록 하는 데 조직개발은 무엇을 해야 하는가?
- 조직에 적절한 인력을 수급할 수 있도록 교육체계를 강화하려면 조직개발이 무엇을 해야 하는가?
- 기업의 자선 사업의 일환으로 예술, 스포츠, 지역사회 발전을 위해 기업이 앞장설 수 있도록 하려면 조직개발이 무엇을 해야 하는가?
- 개인, 조직, 국가 모두에게 이익이 되는 글로벌화를 위해 균형적인 시각을 도출하려면 조직개발이 어떤 역할을 해야 하는가?

조직개발의 미래

앞에 열거된 질문에 어떻게 대답하느냐에 따라 조직개발의 미래는 밝거나 혹은 어두울 수 있다. 만약 경영진이 조직개발의 스킬과 프로세스를 맡아 담당할 수도 있다는 관점에서 보면 조직개발 전문가는 더 이상 필요치 않을 것이다. 마찬가지로 조직개발 전문가가 일시적인 유행 기법에만 의존하거나 충분한 준비와 필요한 능력을 갖추지 못한 상태로 조직개발을 수행한다면 조직개발은 신뢰를 잃고 결국 살아남지 못할 것이다.

위와 같은 시나리오가 실제 가능한 이야기이기도 하지만 이와 달리 조직개발이 전문적인 분야로 미래에 굳건히 살아남을 가능성도 높다. 이제 우리가 살펴보고자 하는 것은 과연 어떤 모습으로 살아남을 것인가 하는 문제이다. 미래를 이해하고 그에 대한 준비를 하는 것은 결코 쉬운 일이 아니다. 최근에 일어나고 있는 급속한 변화를 볼 때 미래를 예측하고 준비하는 것은 거의 불가능하다. 이러한 어려움에도 불구하고 우리는 조직개발의 미래의 모습에 대해 고찰해 봐야 한다. 미래에 대한 시각은 미래를 바라보는 사람들의 개인적인 성향과 세계관을 반영할 것이다. 이 고찰은 조직개발에 종사하는 사람들의 시각이기 때문에 조직개발 비종사자들이 이 과정에 참여했을 때보다는 좀 더 긍정적인 시각을 반영하고 있음을 주지하기 바란다.

조직개발의 미래 환경에 영향을 미치는 요인

커밍스와 월리(Cummings & Worley, 2005)는 조직개발의 미래에 영향을 미칠 수 있는 요소로 경제 동향, 노동 시장 인력, 테크놀로지, 조직을 꼽았다. 그에 따르면 경제 동향은 부의 집중, 세계화 확산, 생태학적 문제의 심화 구도로 갈 것이라고 했다. 미국의 노동 시장 인력은 점점 다양해지고, 교육수준이 높아지며, 비정규직이 늘고 저출산으로 인한 고령화 인구 증가 추세를 보이고 있다. 테크놀로지는 조직의 생산성을 향상시키고, 전자상거래는 여러 형태로 존재하며, 커밍스와 월리는 언급하지 않았지만 이러한 테크놀로지는 더 많은 아웃소싱과 재택근무를 낳고 있다. 조직은 점점 더 네트워크화 되고 있고 지식에 기반하고 있다. 월리와 페어햄(Worley & Feyerhem, 2003)은 다음과 같이 말했다.

이러한 경향은 여러 가지 측면에서 조직개발에 영향을 미칠 것이다. 조직개발은 점점 조직문화의 일부로 정착될 것이고 여러 문화권을 아우르며, 그 고객 대상 역시 한층 다양해질 것이다. 조직개발에 종사하는 사람들은 변화하는 테크놀로지에 능숙해야 하고 점점 짧아지는 사업 주기에 맞추어 일할 준비가 되어야 한다. 조직개발 종사자들은 혁신과 학습에 더욱 주력하며 다방면의 학문 분야를 더 잘 알아야 하며 자신들의 실행과 행동을 이끌어 가는 가치를 더욱 명확하게 해야 한다. (pp.6~7)

AHRD 사전 컨퍼런스

이 부분에서는 이전에 언급한 AHRD 사전 컨퍼런스(Provo et al, 2003)에서 성 토마스 대학교의 조직학습과 개발학과장인 존 콘비어(John Conbere)가 조직개발의 미래 핵심 요소로 제시한 내용을 살펴보고자 한다.

- 조직개발의 미래 핵심요소는 진리를 말하고 희망을 주는 것이다.
- 몇몇 조직개발 종사자들이 필요한 능력을 갖추지 않고 최신기법에만 의존하는 행태를 보였기 때문에 조직개발의 적절성이 의심받게 되었고 조직의 많은 의사결정자들이 조직개발을 신뢰하지 않게 되었다.
- 성공을 거두려면 조직개발 전문가들은 상명하달식이며 심지어는 고압적이고 조직원들의 두려움을 이용하는 조직에서도 성공하는 법을 배울 필요가 있다.
- 조직개발은 시스템 사고를 조직개발 업무에 완전히 융합시키는 방법(급한 불은 끄지만 종종 시스템을 변화시키지 못하는 경우가 있기 때문에)과 경제적 가치를 추구하는 조직에서도 일을 더 잘할 수 있는 방법을 배울 필요가 있다.

조직개발 선구자들이 바라보는 조직개발 미래

월리와 페어헴(Worley & Feyerherm, 2003)은 조직개발 사상가들 21명과 함께 조직개발의 과거, 현재, 미래에 대한 인터뷰를 논의했는데, 이것은 미래에 대한 자신들의 관점에 국한된 것이었다. 이때의 조직개발 사상가들은 "주요 분야가 분명하게 조직개발과 밀접한 관련이 있고 창시자 또는 최소한 초기 공헌자로 여겨지는 실무자와 학자"로 정의된다.(p.98) 월리와 페어헴은 "그들의 답변을 분석한 결과 조직개발의 현재의 상태에 대한 몇 가지 의구심을 확인하게 되었지만 그와 동시에 엄격한 기준과 적절성을 쇄신할 수 있는 몇 가지 방법을 계획해봄으로써 희망을 발견했다."라고 요약했다.(p.114)

이 연구에서 조직개발 사상가들은 조직개발의 미래를 위해 필요한 13가지 실천방안을 제시했다.(Worley & Feyerherm, 2003) 어떤 항목도 과반수 이상의 응답률을 얻지는 못했고 다음의 네 항목만 40~50%의 응답률을 얻었다.

- 최신 기법과 일시적인 최신 유행에 덜 의존하기

- 사회과학 내의 서로 다른 이해관계자들과 교류를 촉진하고 협력하기
- 조직과 구성원들의 가치 창출에 적합한 변화를 이끌어 내기
- 개인과 그룹에 관련된 인터벤션을 획기적으로 강화하거나 또는 축소하기(p.104)

미래에 조직개발 전문가들에게 필요하게 될 역량에 대해서는 조직개발 사상가들 사이에 의견 일치가 더욱 없었다. 한 가지 항목만이 40%를 넘는 답변을 받았고 또 다른 항목이 30~40%의 답변을 얻었다.

- 대규모 조직과 대규모 집단과 같은 대규모 시스템을 이해하고 그것을 대상으로 일하는 능력
- 고객이 거부하더라도 고객에게 민감한 사안을 전할 수 있는 마음가짐과 능력 (p.105)

이 연구에서 실질적으로 미래에 초점을 맞춘 것은 별로 많지 않았다. 미래에 조직개발이 취해야 할 실천방안과 필요한 역량을 파악한 위의 두 가지 작업 결과는 현재 조직개발이 추구해야 할 모습이지 미래의 모습이라고 할 수는 없다. 아마도 50년 전 조직개발에 영향력을 끼쳤던 사상가들에게 미래의 모습을 묻는 것은 그다지 좋은 방법은 아니었던 듯싶다.

조직개발의 미래에 대한 필자의 생각

이제까지 제시되었던 시각들과 앞 장에서 제시된 조직개발 미래 역량은 그리 새로운 것도 아니고 과거의 모습과 긴밀히 연계되어 있다. 조직개발 전문가들의 사고의 한계를 고려하면 아마도 그것이 조직개발 전문가들이 할 수 있는 전부일지 모른다. 조직개발의 미래에 대해 쉽게 이야기한다는 것은 그 시각이 정확한지 아무도 판단할 수 없기 때문일 것이다. 적어도 이 책의 다음 개정판을 내기 전까지는 말이다.

여기에 조직개발 분야에서 극적으로 펼쳐질 앞으로의 전개 방향에 대한 필자의 의견을 제시해 보겠다. 하지만 조직개발이 실제로 이러한 단계에 도달할 준비가 되어 있는지는 두고 봐야 할 것이다.

조직개발의 정체성

오랫동안 조직개발의 토대를 제공한 전문 조직 분야의 주류로부터 스스로를 분리하려는 움직임이 있는데, 이런 식의 분리 행동은 그만둬야 한다. 조직개발 전문가에게는 따로 조직개발네트워크(Organization Development Network)나 조직개발 인스티튜트(Organization Development Institute)가 필요 없다. 차라리 인적자원개발학회(Academy of Human Resource Development), 산업조직심리학회(the Society for Industrial and Organization Psychology), 인적자원관리협회(Society for Human Resource Management), 미국 훈련개발협회(American Society of Training and Development, ASTD), 인적자원관리학회(Academy of Human Resource Management), 경영학회(Academy of Management) 등과 같이 조직개발 업무와 관련된 많은 조직의 활동에 적극적으로 참여하는 게 낫다. 조직개발 전문가는 이런 조직에서 특별한 주제에 관심을 가지는 그룹으로 남을 수는 있다. (경영학회에서처럼) 단, 구성원들이 전체 조직의 활동에 적극적으로 참여하고 분리되거나 고립되지 않는다는 조건에서 가능하다. 조직개발 전문가들은 조직에서도 다른 기능 부문과 협력을 계속 해야만 미래에 성공을 거둘 수 있다. 조직개발 전문가는 더 이상 조직개발과 타 분야 사이에 경계를 지을 게 아니라 조직을 발전시킨다는 목적으로 행동과학적 전문성을 사용할 수 있도록 함께 노력해야 한다.

조직개발의 주안점

물론 적합한 능력과 경력을 가진 조직개발 전문가는 개인이나 팀 단위 수준에서 꾸준히 일을 하겠지만, 이제는 분명 더 높은 수준의 전문성을 요구하는 더 크고 복잡한 시스템 단위 쪽으로 나아가야 한다. 지역사회, 국가, 국가가 소속된 특정 지역권(region), 그리고 세계은행과 유엔 및 다른 많은 NGO 단체가 속한 범세계적 조직과 같은 메가시스템에 적극적으로 참여할 수 있는 방법을 조직개발 분야에서 반드시 찾아야만 할 것이다. 조직개발 전문가가 조직 수준에서 계속 일을 하더라도, 이 분야에 존재하는 모호성으로 인해 조직개발 전문가는 일하고 있는 조직의 비전, 미션, 목표와 직접적으로 충돌할 수도 있는 더 광범위한 사회의 이익을 위하여 일하도록 요청받는 경우도 많을 것이다.

조직개발 전문가의 자격 요건

많은 사람들이 동의하고 있는 바, 조직개발 분야에 넓게 퍼져 있는 역량 부족의 상황을 획기적으로 개선하기 위해 특별한 조치를 취해야 할 것이다. 자격제나 면허제를 도입하자는 의견은 다른 분야에서도 별로 효과가 없었던 것을 조직개발 분야에서 또 다시 반복하자는 이야기에 불과하다. 하지만 조직이 내·외부 조직개발 전문가들을 더 적절하게 선택할 수 있도록 도울 수 있는 어떤 조치가 필요하다는 것은 맞는 말이다. 즉, 조직이 조직개발 전문가를 선택할 때 어떤 점을 고려해야 하는지에 대한 합의가 이루어져야 한다.

조직개발 내에 존재하는 자기 밥그릇 챙기기와 주도권 경쟁과 같은, 여러 이유로 이러한 목적을 이루는 일은 매우 어려울 것이다. 필자가 제시하는 이상적인 방법은 조직개발에 관련된 모든 전문가 조직들의 대표를 소집하여 (35개의 조직 정도를 예상하고 그 구성원을 모두 합치면 50만 명에 가까울 것이다.) 조직개발 전문가의 스킬을 활용한 컨퍼런스를 개최하는 것이다. 컨퍼런스의 성과는 조직개발의 도움을 필요로 하는 조직에게 다양한 방법으로 전달할 수 있는 강력한 메시지를 만드는 것이다. 참여한 모든 전문가 조직이 이러한 합의 사항을 자기 조직의 웹 사이트에 게시하면 그 조직에 속한 구성원 모두가 그 웹 사이트에 게시된 합의사항을 따르는 것으로 볼 수 있다.

윤리적인 행동

또한, 위에서 구상한 컨퍼런스를 통해 제재력이 있는 윤리강령을 합의하여 도출할 수 있을 것이다. 윤리강령 위반자들의 명단은 적절한 과정을 거쳐서 누구라도 참고할 수 있도록 웹 사이트에 공개할 수 있다. 또한 그 강령은 조직개발 전문가의 지속적인 자기개발 프로그램과 조직개발 전문가 자가 진단에 필요한 활동들을 요구할 것이다. (예를 들면 지속적인 심리치료와 선경험자 감독하의 업무 실행 포함)

실패로부터 배우기

학자들은 실수나 실패를 통한 학습의 중요성에 관한 학습조직의 개념을 간과해 왔다. 실패 사례에 대해서 연구 논문을 읽을 수 있는 기회는 극히 드물다. 하지만 흥미롭게도 필자가 가장 많은 피드백을 받았던 글 중 하나는 바로 학교 시스템의 인터벤션 실패와 그 때 배운 교훈에 관한 글이었다. (Johansen & McLean, 1995) 여러 가지 상을 수여하는 프로그램을 가지고 있는 조직개발 전문가 조직 중 한 곳에서 실패한 인터벤션 사례와 그 실패로부터 얻은 교훈을 담은 글에 수여하는 상을 만든다면 바람직할 것이다.

연구에 대한 보상 시스템

조직개발 분야(다른 많은 분야와 마찬가지로)에서 가장 중대한 문제 중 하나는 이론(theory)과 실제(practice)의 괴리이다. 학자들은 현장 실무자들이 관심을 거의 두지 않는 주제를 연구하고 실무자들은 연구자들의 연구결과에 그다지 관심을 기울이지 않는다. 이러한 이론과 실제의 괴리는 양측 모두에게 문제가 될 수 있다.

이러한 괴리를 좁히기 위해 여러 가지 조치가 필요하다. 먼저 학자와 현장 실무자가 함께 글을 투고하는 현장 실무자 대상의 학술지가 만들어져야 한다. 학자와 현장 실무자가 파트너십을 이루어야만 연구비 지원을 신청할 수 있다는 조건하에 전문 기관에서 연구비를 지원할 수 있다. 전문기관에서 웹 사이트를 만들어서 그곳에 게재되는 글을 선정해 작은 보상금을 제공할 수도 있는데, 물론 선정되는 글은 연구에 탄탄한 기초를 두고 실무에서의 그 효과를 명확히 전달하는 글이어야 한다. 인적자원개발학회(AHRD)는 이론·실무 위원회, 현장실무자 중심 사전 컨퍼런스, 학술 위주의 컨퍼런스에서 현장실무자 중심 트랙(track), 그리고 이론과 실제의 연계를 추구한 학술지인 「Advances in Developing Human Resources」를 통해 그 괴리를 줄이려고 노력하고 있다.

솔선수범

조직개발 전문가들은 조직개발이 가치를 기반으로 한다는 듣기 좋은 말을 하지만 실제 실무에서는 이러한 가치들에 대해 의문을 품게 된다. 능력 있는 조직개발 전문가라면 다른 많은 사람들 사이에서 눈에 뜨일 정도로 이러한 가치를 자신의 삶을 통해 몸소 실천할 것이다. 그들은 지식을 공유하고(저작권을 주장하거나 보호하는 것이 아닌 무료 공유), 일과 삶의 조화를 추구하고, 정직하게 살며, 협력하고, 도전하며, 위험을 감수하고, 자신에 대한 깊은 이해를 구하며, 봉사할 것이다. 이 중 그 어떤 것도 조직개

발 분야에서 쉽게 이루어지지는 않을 것이다. 이러한 가치를 지향하기 위해서는 조직
개발 전문가들의 패러다임의 변화가 필요하다. 필자는 현실을 지나치게 긍정적으로
본다는 지적을 받아 왔다. 필자는 낙천주의자이자 이상주의자이다. 필자는 조직개발
은 그러한 변화를 일으킬 수 있다고 믿는다. 이를 위해서는 전문 기관들과 학계의 지
도자들 자신이 먼저 이러한 가치 특징에 대한 모범을 보이고 그러한 변화를 위한 필
요성과 바람에 대해 분명하게 언급해야 한다.

토착 이론 개발

조직개발은 더 이상 미국에 국한되지 않는다. 조직개발 인스티튜트(Organization
Development Institute) 뉴스나 「조직개발저널(Organization Development Journal)」에 실
리는 글을 봐도 조직개발이 얼마나 세계에 널리 퍼져 있는지 명확히 알 수 있다. 하
지만 멀리 떨어진 나라에서 행해지는 조직개발에 대한 글을 읽을 때, 조직개발이 거
의 원형 그 자체로 미국에서 그 나라로 이전되었다는 것을 알 수 있다. 그 나라 문화
에 맞는 조직개발 토착 이론은 어디 있는가? 사회기술 시스템과 타비스톡 인스티튜트
(Tavistock Institute)의 두드러지는 예를 제외하면 미국에서 행해지는 조직개발이 다른
나라에서 발전된 이론에 영향을 받은 적이 있는가? 이제는 연구자와 현장 실무자 모
두 특정 문화 패러다임에 맞지 않는 조직개발의 대전제가 있다면 그것에 대해 의문을
제기하고 개개의 문화에 더 적합한 이론과 실무를 개발하고 공유할 때이다. 조직개발
이 세계 도처의 경험을 통해 개발되어 전세계적으로 통용되는 실무영역으로 여겨지
고 특정한 문화를 고려한 조직개발의 수정이 받아들여지는 날이 언젠가는 올 것이다.

독자적 전문가의 퇴장

조직에 존재하는 복잡성과 조직개발 전문가들이 조직의 전략적인 측면에 좀 더 참여하게 될 가능성을 생각할 때 독자적으로 활동하는 전문가는 역사 속으로 사라지게 될 가능성이 높다. 아무리 유능하고 경험이 많아도 그 누구도 혼자서 이렇게 복잡한 조직이 필요로 하는 모든 것에 신경을 쓸 수는 없다. 따라서 조직개발 전문가들 사이의 협력이 요구되는 것은 물론, 앞서서도 언급했듯이 조직의 다른 측면에 전문성을 갖춘 사람들과의 협력도 필요하다.

결론

조직개발의 미래가 어떻게 펼쳐질 것인지와는 상관없이 필자는 이 책이 독자들에게 많은 도움이 되었기를 바라고 나아가 조직개발이 조직개발 전문가가 소중하게 여기는 고객조직에게 얼마나 중요한 것인지를 이해할 수 있었기를 바란다. 유능한 조직개발 전문가들이 조직개발을 제대로 실행한다면 조직개발은 다음과 같은 면에서 조직에게 도움을 줄 수 있다.

- 조직개발은 시스템 사고를 통해 조직의 문제에 대한 보다 심층적이고 더 나은 해답을 제시하도록 촉구한다.
- 조직개발의 순환주기적인(cyclical) 성향은 조직의 지속적인 개선과 모든 직원을 위한 평생교육과 훈련을 추구하는 학습조직으로 조직을 변모하게 한다.
- 조직개발은 업무 당사자들인 직원들에게 권한을 위양(empower)시킨다.
- 경영진에게 가장 의미 있는 벤치마킹 기준을 제시해 준다. 외부가 아닌 내부로부터의 벤치마킹이다.
- 단지 결과뿐 아니라 프로세스 측면의 벤치마킹에 초점을 맞추어서 장기적, 지속적 성

과향상을 유도한다.

- 조직개발의 전체론적(holistic) 특성으로 인해 업무와 프로세스와 직원들의 성과에 모두 초점을 맞출 수 있다.
- 조직개발은 데이터를 기반으로 진행되므로 '추측할 수 있는 모습'을 넘어서 '진정한 실제 모습'을 직면할 수 있게 한다.
- 우리의 비전과 가치가 조직에 융합되었는지 혹은 단지 보기 좋은 벽장식에 불과한지에 대한 피드백을 제공해 준다.
- 조직은 전문성을 나누지 않고 움켜쥐려고 하는 내용 컨설턴트형 전문가를 더 이상 고용하지 않고 전문성을 전수하고 그 전문성이 제대로 자리 잡혔는지 점검하는 퍼실리테이터형 전문가를 고용할 수 있게 된다.
- 자국 중심적이고 내부 지향적인 조직이 세계 중심적이고 외부 지향적인 조직으로 바뀌는 데 도움을 준다.
- 일터에서 느끼는 두려움을 즐거움으로 변화시킬 수 있다.
- 적절한 조직개발 도구를 사용함으로써 혁신과 창조성이 촉진된다.
- 조직개발을 통해 목표의 부재나 막연한 목표 설정을 지양하고 효력이 있는 목표를 이해하고 설정할 수 있다.
- 부당한 관행을 발견하고 그에 따른 시정 조치를 취할 수 있다.
- 조직개발 전문가들이 이미 잘해 온 모든 것을 더욱 강화시킬 수 있다.

그러나 이 모든 것들이 이뤄지기 위해서는 다음이 뒷받침되어야 한다.

- 최고 경영층의 의지
- 시스템 전반의 협력
- 일시적 유행기법이 아니라 이론적으로 탄탄한 프로세스의 사용
- 내부 전문성을 개발하기 위한 교육과 훈련

이 책에 제시된 원칙과 프로세스를 통해 조직개발 전문가는 자신의 고객조직이 원하는 수행성과를 경험할 수 있도록 도울 수 있어야 한다. 유능한 조직개발 전문가가 되기 위한 여정에 행운이 있기를 빈다.

요약

조직개발 분야에 존재하는 모호성을 다시 한 번 강조하며 조직개발의 문제와 관련된 전반적인 이슈들을 제시했다. 여기서 이슈에 대한 어떤 답을 제공하거나 독자의 생각을 어떤 방향으로 유도하려 하는 의도는 전혀 없었다. (하지만 이슈의 선택에는 필자의 선입관이 분명 반영되었을 것이다.) 또한 이번 장에서는 주로 월리와 페어햄(Worley & Feryerherm, 2003)의 연구와 21명의 사상가들과의 인터뷰 결과를 통해 조직개발의 미래 모습을 탐구했다. 마지막으로 조직개발의 이상적 미래에 관한 필자의 관점을 나누면서 왜 조직개발이 계속해서 번영하여 모든 조직과 그 이해관계자들에게 긍정적으로 기여할 것인가에 대한 근거를 제시했다.

토론 및 성찰을 위한 과제

1. 관심 있는 몇 가지 조직개발 이슈를 선택하라. 조직개발이 이 이슈에 대해 어떻게 대응해야 하는지 그 방법과 이유를 서술하라.

2. 당신이 바라는 이상적인 미래의 조직개발에 대한 의견을 서술하라.

3. 조직개발의 비전에 대한 당신의 현실적인 의견은 무엇인가?

4. 조직개발의 미래에 대한 당신의 이상적 비전과 현실적 비전을 비교하라. 두 가지가 상이한가? 그렇다면 그 이유는 무엇인가? 이 괴리를 좁히기 위해서 무엇이 필요한가?

5. 조직개발이 조직에 주는 성과 및 이점에 대해 논의하라. 그것들이 현실적이라고 생각하는가? 이유는 무엇인가? 여기 제시되지 않은 조직개발의 이점이 있다면 제시하라.

용어사전

가상 팀 (Virtual teams): 다양한 지역과 문화를 대표하는 조직 내 사람들이 사이버 공간을 통해 연결된 집단

가치명료화 (Values clarification): 자신이 어떤 가치를 가지고 있는지 알 수 있도록 도와주는 실습 도구

가치통합 (Values integration): 자신의 가치를 직무와 개인적 삶에서 요구하는 가치와 비교하여 서로 맞추고 조정하는 프로세스

감마 변화 (3차 변화): 적용되는 측정 자체의 중요성에 근본적인 변화가 있을 때 일어나는 변화

감수성 훈련 (Sensitivity training): 개인이 자신뿐만 아니라 타인의 감정과 행동을 더 민감하게 인지할 수 있게 하는 모든 프로세스

개방시스템 (Open system): 지식을 받아들이고 널리 나누려고 하는 시스템

개인개발계획 (IDP or PDP(Personal Development Plan)): 직원 개인의 개발의 목표와 개발 니즈를 확정하기 위하여 사용하는 계획

거울기법 (Mirroring process): 두 집단이 서로 더 잘 이해할 수 있도록 돕는 데 사용하는 기법

경제적 가치 향상을 위한 변화 (E-Change): 조직의 경제적인 니즈를 충족시키기 위해 실행하는 즉각적이고 급진적인 변화

계량적 데이터 (Quantitative data): (문자나 기호가 아닌) 수치 형태의 데이터로, 주로 설문조사나 관찰을 통해 수집된다.

계약불이행에 따른 배상조항 (Penalty clause for nonperformance): 프로젝트가 성공적이지 않거나 계획된 시간 내에 끝나지 않았을 경우 외부 전문가가 책임져야 하는 배상

계약해지 및 종료 (Separation): 조직개발 프로세스 모델의 여덟 번째 단계로써, (가능한 한) 컨설턴트의 스킬을 고객 조직에게 전수해 준 뒤 컨설턴트가 조직에서 떠나는 단계

계획된 인터벤션 (Planned intervention): 조직에 구체적이고 긍정적 결과를 가져오도록 만들어진 의도적인 실행 방안

고객맞춤 (customized): 무언가를 특정 조직에 맞추어서 개발하는 프로세스

고객이 제시하는 문제 (Presenting problem): 고객 조직이 스스로 문제라고 인식하고 명명한 상황. 조직은 파악된 문제를 어떻게 처리해야 하는지 이미 결정했을 수도 있다.

고맥락 문화 (High-context culture): 한 사람이 그 문화 안에서 효과적으로 의사소통을 하기 위해서 알고 있어야 할 암묵적인 가치가 있는 문화

고정관념 (stereotype): 사람들이 과거에 얻은 정보를 이용하여 다양한 배경을 가진 다른 사람들과 추후에 상호 교류하는 방법

공인타당도 (Concurrent validity): 어떤 진단 도구가 다른 증명된 진단 도구와 같은 결과를 도출하는 정도

관찰 (observation): 일어난 일을 보거나 들어서 기록하거나 묘사하는 것

권력거리 (Power distance): 한 사회에서 권력을 덜 가진 사람들이 권력의 불균등한 분배를 용인하고 심지어 기대하는 정도

균형성과평가 (Balanced scorecard(BSC)): 재무, 고객, 조직 프로세스, 혁신·학습의 네 가지 관점을 기반으로 전략을 세우고 평가하는 방법

그린벨트 (Green belt): 식스시그마 도구와 방법을 능숙하게 다룰 수 있는 직원을 부르는 호칭

글로벌 인터벤션 (Global intervention): 이상적인 모든 문화들로부터 최상의 것을 뽑아 통합하여 여러 문화를 대상으로 적용할 수 있도록 디자인된 글로벌 차원의 인터벤션이다.

긍정탐행 (Appreciative inquiry(AI)): 조직이나 상황의 긍정적인 면만을 바라보는 조직개발의 한 방법

기능영역 (Functional area): 특정 기능이나 특정 유형의 과업 수행을 책임지고 있는 조직의 영역

기능조직 (Functional structure): 기능을 기반으로 이루어진 조직 구조

기밀성 (confidentiality): 정보를 비공개 또는 비밀로 유지하는 행위

기본행동규칙 (Ground rules): 팀원이 어떻게 활동해야 할지 상호 기대하는 행동으로써 팀 내에서 정한다.

내부 전문가 (Internal consultant): 조직 내부 안에서 조직개발 계약을 맺은 전문가

내부 환경검색 (Internal scan): 조직의 내부 정보를 모으고 그 정보들이 조직에 어떻게 영향을 미치는지 알아내기 위한 전략 기획 프로세스

내부자 관점 문화연구 (emic): 어떤 문화에 속한 사람이 연구 주체로서 그 문화 안에 속한 사람들 간의 합의를 도출해 내는 문화 연구

내향 개방시스템 (Open-in system): 안으로 들어오는 정보는 모두 취하지만 외부와 나눌 준비가 되어 있지 않은 집단의 시스템

뉴턴식 패러다임 (Newtonian paradigm): 세상을 순차적이고 단순하다고 보는 사고방식

니즈 진단 (Needs assessment): 한 조직의 사람들이 자신의 조직에 대해서 어떻게 생각하고 있는지, 특히 장점은 무엇이며 단점은 무엇인지를 측정하는 프로세스

다각적 측정 (triangulation): 결론의 정확성을 높이기 위하여 두 가지 이상의 방법을 사용하여 데이터를 수집하는 것

다면평가 (Multirater appraisal): 한 개인의 수행에 대한 의견을 상사, 동료, 부하, 자기 자신, 고객, 협력업체 등 여러 다양한 사람으로부터 받는 프로세스

다면평가 피드백 (Multirater feedback): 한 개인의 수행에 대한 의견을 상사, 동료, 부하, 자기 자신, 고객, 협력업체 등 여러 다양한 사람으로부터 받는 프로세스

다선적 시간문화 (Polychronic time culture): '시계상의 시간'에 신경을 쓰는 순차적인 의사

결정보다는 관계의 리듬에 기반을 두어 선택과 의사결정을 하는 문화

다양성 (diversity): 성별, 나이, 민족적 배경, 인종, 종교, 국적, 성적 취향, 출신 지역은 물론 심지어 의견, 정치적 성향, 이데올로기에 이르기까지 다양한 사람들의 혼합

단선적 시간문화 (Monochronic time culture): 좀 더 직선적이고 '시계상의 시간'을 기반으로 하는 문화

단일기법 만능주의 (Single-tool syndrome): 전문가가 이용하는 기법이나 도구가 하나뿐이어서 언제나 해당 기법이나 도구만을 추천하는 경우

대규모 상호교류 이벤트 (Large-scale interactive events, LSIEs): 조직 전체를 한 장소에 모아 놓고 소그룹으로 나누어 조직의 중요한 이슈에 대해서 의견을 교환하도록 한다. 주로 미션과 비전 설정과 개발을 하기 위해 사용한다.

델파이 프로세스 (Delphi process): 각기 다른 지역에 있는 사람들로부터 합의를 도출하기 위해 사용된다. 참여자들에게 여러 번 설문지를 작성하도록 요청하면서 매번 이전에 나온 응답자들의 평균 수준의 의견을 피드백해 주고 설문 회수가 더해지면서 점점 더 응답자들이 합의를 도출해 가는 프로세스

등간척도 (interval): 모든 항목 간의 차이 간격이 같지만 항목에 0의 개념이 없는 경우

디시전트리 (Decision tree): 목표와 목적을 달성하기 위해 소요되는 시간과 비용을 계획하는 데 사용되는 도구

리커트형 설문지 (Likert-type survey): 응답을 보통 숫자 5 또는 7로 매겨진 선택 항목 중에서 선택하도록 하는 질문지
예) 1: 전적으로 동의하지 않는다, 5: 전적으로 동의한다

마스터 블랙벨트 (Master black belt): 식스 시그마 도구와 방법론에 정통하여 다른 사람에게 가르칠 수 있는 직원에게 주는 칭호

마케팅과 계약체결 (entry): 컨설턴트가 고객 조직과 교류를 시작하거나 조직개발 프로세스를 시작하는 단계

매트릭스 구조 (Matrix structure): 한 사람이 최소 두 명 이상의 관리자(보통 기능부서 관리자와 생산 관리자)에게 보고하는 조직 구조

멘토 (mentor): 보통 영향력이 있는 지위에서 멘티를 지원하고 상담해주는 사람으로, 멘티의 육성과 승진에 도움을 주는 사람

멘토링 (mentoring): 한 사람(멘토)이 다른 사람(멘티)을 지원하고 상담하여 경력 개발과 개인 개발의 기회를 잘 활용할 수 있도록 돕는 일대일 관계

멘티 (mentee): 조직에서 승진하도록 도와줄 수 있는 지위에 있고, 더 많은 경험을 가진 사람으로부터 지원과 조언을 제공받는 사람

명목집단기법 (Nominal group technique): 브레인스토밍의 한 형식으로 집단 구성원으로부터 더 폭 넓은 참여를 유도한다.

명목척도 (nominal): 선택항목이나 변수에 값이 주어지기보다는 이름이 주어지는 척도

모호성 (ambiguity): 딱 떨어지거나 명백한 정답이 없을 때 발생

목적 표집 (Purposive sampling): 미리 구체화된 기준에 맞는 직원을 표집하는 것

목적론 (teleology): 한 사람의 미래 비전과 부합하는 의사 결정을 하는 윤리 접근 방식

목표관리 (Management by objectives(MBOs)): 직원이 매년 평가되는 목표치를 정하거나 할당받는 성과 관리 방식

무료 서비스 (Pro bono): 문자 그대로 '좋은 일을 위해' 대가를 전혀 받지 않고 일하는 것. 대개 비영리 집단에서 이루어지며 대부분의 윤리강령에서 언급하는 기대와 일치한다.

무작위 선정 (Random selection or Random sample): 무작위 표집

무작위 표집 (Random sample): 조직의 구성원 모두에게 선택될 동일한 가능성이 주어지는 경우

문화 빙산 모델 (Cultural iceberg): 조직 문화의 핵심 요소(행동, 규범, 인공물, 표현된 신념과 가치, 가정)를 보여 주는 모델로, 샤인이 개발했다.

문화융합 (blending): 자국의 토착 문화의 장점을 다른 문화의 특정 요소와 융합하는 것

미래탐색 (Future search): 시스템 내 다방면 분야의 사람들이 대규모 그룹 계획 미팅에 참여하여 구체적인 관심 주제와 관련한 과거, 현재, 미래를 탐색한다.

미봉책 (tampering): 미비한 데이터를 기반으로 하거나 혹은 전혀 데이터 없이 프로세스 상에 변화를 시도하는 경우에 일어나며 흔히 원치 않는 결과로 이어진다.

미션선언문 (Mission statement): 조직의 목적이 무엇인지 제시해 주는 선언문. 쉽게 기억될 수 있도록 짧고 간단하게 만든다.

베스트 프랙티스 (Best practice): 한 조직이 속한 산업 분야에서 일반적으로 최상급의 성과를 낸다고 여겨지는 비즈니스 실행 방법

베타 변화 (Beta change (second-order change)): 2차 변화라고도 하며, 통상의 측정 기준에 있어서 진정으로 무엇이 중요한지에 대한 관점 자체가 변하는 것

벤치마킹(benchmarking): 경영층이 조직의 프로세스 또는 결과를 그 조직이 속한 산업 분야 내 다른 조직과 비교하는 것

변화공식 (Formula for change): $D \times V \times F \rangle R$ 로 표현되는 공식으로 D = 불만족, V = 비전, F = 변화를 위해 이룰 수 있는 첫 실행 단계, 그리고 R = 저항을 의미한다. D, V, F 셋 중 하나라도 0에 가깝거나 0이면 변화도 저항도 일어나지 않는다.

변화관리 (Change management): 예정된 변화를 조직에 가져오기 위해 사용되는 전문성

변화추진 팀 (Change team): 조직에서 변화를 일으키기 위해 계획된 실행안을 책임지고 총지휘하는 사람들의 집단

변화추진자 (Change agent): 주어진 상황에서 변화가 일어나도록 하는 사람

복잡계 패러다임 (Complexity paradigm): 수많은 상호관계성과 상호의존성으로 인해서 세상이 복잡하고 혼돈스럽다고 간주하는 사고 방식으로 카오스이론과 밀접한 관련이 있다.

본국중심주의 (ethnocentrism): 본국의 본부에서 행하는 방식이 최선이라고 가정하는 글로

벌 경영 방법으로 본국에서 파견된 사람만이 관리자를 맡는다.

부서 간 장벽 (Silos): 조직 내 관계가 직원들의 소속 부서, 기능부서, 또는 분과의 범주에만 국한되는 상황을 말한다.

부수계약 (Supplementary contract): 예산과 비용에 대하여 서로 오해가 없도록 확실히 하기 위하여 고객이 추가하는 계약

분류체계 (taxonomy): 하나의 개념을 그것을 이루는 구성 요소로 분류하는 목록

불량(결함) (defect): 고객의 기대치에 미치지 못하는 모든 것을 칭함

브레인스토밍 (brainstorming): 특정 문제나 이슈에 대해 가능한 많은 아이디어를 도출하기 위해서 팀 상황에서 자주 쓰이는 프로세스

블랙벨트 (Black belt (Master black belt)): 식스시그마 도구와 방법론에 정통하여 다른 사람에게 가르칠 수 있는 직원에게 주어지는 칭호

비례적 무작위 표집 (Proportional random sampling): 조직 내에 있는 직원의 표집 구성을 기준 비율에 맞추는 표집

비율척도 (Ratio): 연속된 두 포인트 간의 차이가 동일하고 절대 영(零, 0)이 존재하는 척도

비전선언문 (Vision statement): 조직이 바라는 미래상을 표현하고 알리는 선언문으로서 보통 미션 선언문보다는 길다.

사업부제 구조 (Divisional structure): 생산라인이나 조직에서 정한 다른 공통된 특성에 따라 조직화된 조직 구조

사회기술 시스템 (Sociotechnical systems, STS): 사람과 기계와 환경의 상호 작용에 초점을 둔 것, 에릭 트리스트가 만들어 낸 개념

상장기업 (Publicly listed organization): 개인과 조직이 주식이나 조직의 소유권 일부를 구매할 수 있도록 주식 거래소에 등재된 기업

상호강점통합 (Mutual best of both): 합병이나 인수의 대상인 두 회사의 최고의 강점만을

합쳐서 통합된 하나의 객체로서의 새로운 회사가 탄생하는 인수합병 방법

상호의존 (interdependency): 한 하부시스템에서 발생한 것이 다른 하부시스템 전체나 부분에 다각도로 영향을 주는 시스템에서 흔히 존재하는 상황

상황론 (situational): 개인의 현재 니즈에 부합하는 의사 결정을 하는 윤리 접근 방식

서기 (scribe): 팀 미팅과 추후 실행 방법을 기록하는 책임을 맡은 사람

서열척도 (ordinal): 선택 항목을 순서대로 나열할 수 있는 척도로, 두 항목간의 차이가 다른 두 항목간의 차이와 같은지는 알 수 없다

설문조사 (survey): 분석을 위해서 조직 또는 하부 조직에서 주로 질문지를 통해서 데이터를 수집하는 프로세스

세계중심주의 (geocentrism): 조직의 지역적 위치에 상관없이 조직 내에서 베스트 프렉티스가 선택되고, 직원의 출신 국가에 상관없이 최적의 직원이 배치되는 글로벌 비즈니스의 접근 방식

소시오그램 (sociogram): 팀원들이 상호 교류하는 방식에 대한 구체적인 피드백을 그림으로 표현하는 것

소외자 (isolates): 팀이나 그룹에서 아예 관여를 하지 않거나 적극적으로 참여하지 않는 팀원으로서 소시오그램을 이용해서 파악할 수 있다.

승계기획 (Succession planning): 직원들이 퇴직, 승진, 부서 이전, 퇴사함에 따라서 경영진 직위로 승진할만한 젊은 직원들을 찾아내고, 개발하고, 멘토링하는 프로세스

시나리오 플래닝 (Scenario planning): 환경이 실제로 어떻게 변하게 될지 모르는 상황에서 미래에 일어날 가능성이 있는 모든 환경 변화를 고려하여 가능한 모든 변화에 대한 전략적 대응법을 개발하는 것

시너지 (synergy): 다수의 에너지나 영향력을 한데 모았을 때 단일 객체 또는 다수의 객체가 독립적으로 활동할 때와 비교하여 그 크기가 더 커진 에너지나 영향력

시스템 사고 (Systems thinking): 사물을 따로 분리해서 보기 보다는 상호 관계를 이루는 것으로 보는 관점으로, 조직의 성공에 결정적으로 중요하다.

시스템 사이클 (System cycle): 밀물과 썰물과 같은 시스템의 흥과 쇠이다.

시스템 이론 (Systems theory): 시스템이 다른 나머지 모든 것과 어떻게 연결되어 있는지에 대해 생각하는 방식. 그 어떤 것도 진정으로 고립되어 존재하는 것은 없다.

시스템 (System): 환경과 분리하는 경계 안에 포함되어 있고 다수의 하부시스템으로 구성되어 있다. 각각의 시스템은 투입, 프로세스, 산출물로 구성된다.

시스템관점 평가 (Systems perspective evaluation): 어떤 평가 방법도 하나로서는 충분하지 않다는 것과 다각적 측정의 필요성을 인정하는 평가

식스시그마 (Six sigma): 생산성 향상을 위한 통계적 도구이자 경영 철학

신뢰도 (reliability): 얻어진 결과의 일관성과 안정성을 나타내는 지표

신용도 (credibility): 성공적으로 일을 수행할 수 있다는 것을 증명하는 정도

실행 (implementation): 조직개발 프로세스 모델의 다섯 번째 단계로서 실행계획 단계에서 수립된 계획이 실행되는 단계이다. 조직개발 용어로 인터벤션이라고 부르기도 한다.

실행계획 수립 (Action planning): 조직개발 프로세스 모델의 네 번째 단계로, 이전 단계에서 결정된 것에 기초하여 조직이 앞으로 무엇을 어떻게 실행해야 하는지 상호 합의로 계획을 수립하는 단계

실행목록 (Tickler file): 실행해야 할 일들의 목록

실험실 훈련집단 (Laboratory training group, T-group): 사람들이 체계화되지 않은 집단에 학습자로서 참여하여 자신에 대해서 그리고 타인들이 자신을 어떻게 바라보고 있는지에 대해서 배울 수 있다.

심리측정 방법론 (psychometrics): 모든 측정 시스템에 요구되는 일반적인 요건으로 신뢰도와 타당도를 포함한다.

심층대화세션 (Dialogue session): 의견충돌이 있을 가능성이 있는 주제를 탐구하기 위해 고안된 구조화된 대화법으로, 이 대화법의 성과는 설득이나 해결보다 서로에 대해 깊이 이해하는 것이다.

안면 타당도 (Face validity): 해당 주제 분야의 전문가들이 측정 도구가 측정해야 할 것을 얼마나 잘 측정하는지를 나타내는 정도로써 타당도를 입증하는 방식으로 많이 통용된다.

알파변화(Alpha change(First-order change)): 1차 변화라고도 하며, 조직에 기존의 프로세스, 가치, 이해방식과 같은 수준에서 일어나는 변화

액션러닝 (Action learning): 학습의 일환으로, 실제 프로젝트나 과제 해결을 통하여 사람들과 일하면서 그들을 개발시키는 방법

액션리서치 (Action research(AR)): 단순한 관찰을 통해서도 무엇인가를 변화시킬 수 있다고 가정하는 조직개발의 독특한 특징

액션리서치 모델 (Action research model(ARM)): 액션 리서치를 이용한 모델로, 조직 개발에서 가장 많이 쓰이며 변화 노력에 관련된 활동을 말한다.

양해각서 (Memorandum of understanding): 어떤 일이, 누구에 의해서, 언제, 어떤 보상 조건으로 달성될 것인가에 대한 조직과 외부 전문가 사이의 이해관계를 기술한 서면 문서

업무 프로세스 재설계 (Business process reengineering, BPR): 현존하는 프로세스를 없애고 더 효과적이고 효율적인 새로운 프로세스로 대체하는 것

엔트로피 (entropy): 정체되고 심지어 퇴보하는 상태

역량 (competence): 특정 분야에서 한 사람이 가진 (또는 필요로 하는) 지식과 스킬

역장분석 (Force field analysis): 특정 조직 문제에 영향을 미치는 긍정적인 요인과 부정적인 요인을 파악하기 위한 조직개발 도구

오픈스페이스 (Open space technology meeting): 심층대화기법 개념을 기반으로 한 회의, 전략적 이슈를 조직 내의 광범위한 주제를 다룰 때 사용된다.

오픈시스템매핑 (Open systems mapping): 지금 현재 상태와 바라는 미래 상태 사이의 차이를 좁히기 위해 필요한 방법을 알아내기 위하여 시스템이 현재 어디에 위치하고 있으며 조직 시스템이 미래에 어떤 모습을 하고 있길 바라는지를 기록하는 것

외부 전문가 (External consultant): 조직 외부인으로서 계약을 맺은 전문가

외부 환경검색 (External scan): 조직의 미래에 영향을 줄 만한 정보를 모두 취합하여 조직의 전략 기획을 만든다.

외부자관점 문화연구 (etics): 해당 문화의 외부인이 연구의 주체가 되는 문화 연구로써 과학적 테스트를 통하여 타당도와 신뢰도를 만족시켜야만 하는 과학적 방법을 사용한다.

외향 오픈시스템 (Open-out system): 외부에 영향력을 미치고 싶어 하지만 영향을 받으려고 하지는 않는 집단의 시스템

원인과 결과 (Cause and effect): 실행이 또 다른 실행의 결과나 성과에 영향을 주는 것

유교적 역동성 (Confucian dynamism): 유교적 철학에 근거한 장·단기적 관점으로서 사람이 무엇을 믿는가보다는 무엇을 행하는가를 더 중요하게 여긴다.

유연성 (flexibility): 내부 및 외부 요인에 대응하여 변화할 수 있는 조직의 능력

윤리 강령 (Code of ethics): 전문 기관이나 공식적 기관이 해당 집단의 멤버들의 특정 행동이 용납되는지 아닌지를 규정하기 위해 만든 공식화된 문서. 위약 시 처벌에 관한 규정을 명시하기도 함

윤리적 딜레마 (Ethical dilemmas): 명백히 올바르거나 도덕적인 정답이 없을 때 의사결정을 해야만 하는 사람들에게 닥치는 어려운 상황

의견무시 (plop): 팀이나 그룹의 멤버들로부터 무시된 발언이나 질문

의무론 (deontology): 규칙, 규정, 종교 교리, 전통, 부모 훈육 등과 같은 과거의 관행과 일치하는 의사결정을 하는 윤리 접근 방식

이문화 팀 (Cross-cultural team): (보통 한 조직 내에서) 다른 지역이나 문화를 대표하는 개인들이 모인 집단

이시카와 도표 (Ishikawa diagram): 특정 문제에 대한 가능한 모든 원인을 파악한 뒤 그 중에서 가장 근본적인 원인을 찾아내기 위해서 고안된 도구

이해관계 상충 (Conflict of interest): 고객과 컨설턴트 또는 다른 둘 이상의 당사자 사이에 요구나 바람을 서로 만족시켜줄 수 없어서 윤리적 딜레마를 야기하는 상황

이해관계자 (stakeholder): 조직이나 상황 자체 또는 거기서 발생하는 일에 관심이나 애착을 가진 모든 사람과 조직

익명성 (anonymity): 개인의 신원이나 이름을 밝히지 않는 것

인수회사 (Dominant company): 회사를 인수할 때 인수의 주체가 되는 회사

인적자원관리 (Human resource management): 인적자원 분야의 한 부분으로, 조직의 인사 기능과 관련된 활동

인적자원회계 (Human resource accounting): 모든 인적자원 투입물과 산출물을 재무적인 용어로 나타나게 하는 평가 방법

인터벤션 (intervention): 변화를 가져오기 위한 실천 방안을 실행하는 것

인터뷰 (interview): 질문을 던지고 응답을 받으면서 이루어지는 진단 방법

인프라스트럭처 (infrastructure): 프로젝트를 성공적으로 수행하기 위해서 컨설턴트에게 필요한 자원

일반화 (generalization): 데이터를 기반으로 문화가 서로 다른 사람들에게 적용하는 것

일정표 (Time line): 프로젝트의 특정 부분이 언제까지 완수되어야 하는지를 개략적으로 표시한 것

일화 연구 (Anecdotal research): 일화에 기초한 연구

임원위원회 (Executive committee): 프로젝트를 책임지고 감독하는 조직 임원들의 집단

임원코치 (Executive coach): 조직의 최고 경영자를 대상으로 특정한 코칭 방법을 사용하여 코칭하는 사람

자율경영 팀 (Self-managed work teams): 스스로 팀 구조, 미션, 프로세스를 만들면서 비교적 자율적으로 운영되는 팀

재창업형 통합 (Transformation to new company): 인수 합병의 방법으로 상호 강점 통합 방법과 유사하지만 새로운 기업을 만들기 위해서 완전히 새로운 회사의 운영 방법과 외부 우수 사례의 운영법을 도입하여 통합하는 것

저맥락 문화 (Low-context culture): 비교적 쉽게 설명될 수 있게 명백히 드러난 가치를 가지고 있는 문화

적응력 (adaptability): 조직이 외부 환경으로부터의 변화에 대응하는 능력

전결규정 (Responsibility charting): 복잡한 업무 관계에서 책임의 중복과 책임의 공백을 없애기 위하여 책임이 불분명한 영역을 명확히 정리하는 공식 프로세스

전략 (strategy): 조직의 목표를 달성하기 위해 사용되는 광범위한 계획 또는 방법

전략정렬진단 (Strategic alignment assessment): 조직의 목표, 미션, 비전을 이루기 위해 조직에서 사람들의 행동과 시스템이 협력하는 정도를 측정하는 것

전략기획 (Strategic planning): 미래를 1년, 3년, 5년 간격으로 바라보고 조직이 바라보는 미래상을 기반으로 전략과 전술을 결정하는 프로세스

전사품질관리 (Total quality management, Continuous process improvement, CPI or Continuous quality improvement, CQI): 경영진들이 데이터를 바탕으로 관리하여 편차를 줄이고 효과성과 효율성을 향상시킴으로써 지속적으로 프로세스를 향상시키는 것에 초점을 두는 이론적 원리이자 도구이며 기법이다.

전술 (tactics): 전략을 달성하기 위해 사용되는 구체적 방안

정렬 (align(alignment)): 조직의 특정 분야나 기능부서에서 실행되고 있는 것이 그 조직의 미션과 일치하고 그 미션을 뒷받침해 주고 있는지를 확실하게 하는 프로세스

제도화 (adoption): 조직개발 프로세스 모델의 일곱 번째 단계로, 평가 단계에서 인터벤션의 목표가 달성되었다고 밝혀지면 그로 인한 변화를 조직의 제도, 문화, 관행으로 자리

잡게 하는 단계

제안요청서 (Requests for proposals, RFPs): 특정 과제를 수행하기에 가장 적합한 외부 후보자나 외부 조직을 찾기 위하여 제안서를 내라고 요청하는 문서

제한적 통합 (Limited integration): 두 회사가 인수 또는 합병 후에도 인수 또는 합병 전과 다름없이 운영되는 경우

조직가치(인적역량) 향상을 위한 변화 (O change): 조직 개발 원칙과 일치하는 발전적인(진화적인) 변화

조직개발 (Organization development): 개인, 그룹·팀, 조직, 지역 사회, 국가, 궁극적으로 전 인류를 위하여, 더 높은 수준의 지식, 전문성, 생산성, 만족도, 수입, 인간관계 및 다른 바람직한 결과를 조직 장면에서 만들어 낼 수 있는 잠재력을 지닌 모든 프로세스 또는 활동이다.

조직개발 프로세스 모델 (Organization development process model, ODP): 상호 교류가 있는 8가지 구성 요소 또는 단계로 이루어진 조직개발 모델

조직문화 설문조사 (Cultural survey): 조직의 문화를 조직구성원을 대상으로 설문지로 조사하는 것

조직분석 (Organizational analysis): 조직 내 사람들이 조직의 장점과 단점에 대해서 어떻게 생각하고 있는지 알아보는 프로세스

조직점검 (Check-up): 조직 진단

조직학습 (Organizational learning): 조직이 학습조직으로 되어가는 프로세스

조하리 윈도우 (Johari window): 커뮤니케이션에서 자기 이해와 타인으로부터의 피드백이 얼마나 중요한지를 일깨워 주기 위해 존과 해리슨이 고안한 모델

종단평가 (Longitudinal evaluation): 장기간에 걸쳐 반복적으로 실행하는 조직의 변화 측정

준비 (Start-up): 조직개발 프로세스 모델의 두 번째 단계로서 계약체결 단계 중이나 직후에 시작된다.

중간평가 (Formative evaluation): 인터벤션 도중에 이루어지는 평가로서 인터벤션을 획기적으로 향상시킬 수 있다.

지속적 변화 (Continuous change): 지속적이고 서서히 진전되고 새롭게 출현하는 변화

지속적 프로세스 개선 또는 지속적 품질 개선 (전사품질관리) (Continuous process improvement or continuous quality improvement, CPI or same as total quality management, CQI): 관리자들이 데이터를 기반으로 편차를 줄이고 효과성과 효율성을 개선함으로써, 지속적으로 프로세스를 개선하는 데 초점을 두고 관리하는 철학이기도 하고 일련의 도구와 기법이기도 하다.

지역중심주의 (regiocentrism): 조직이 속한 특정 지역권에 있는 국가들이 위치한 하부 조직들을 서로 비슷하게 운영하길 기대하는 글로벌 경영 방법

지휘 및 조정 팀 (Steering team or project steering committee): 고객조직 내에서 하나 또는 다수의 프로젝트에 지시를 내리기 위해 결성된 여러 분야를 대표하는 다양한 배경을 가진 대표자들의 모임

직원 설문조사 (Employee survey): 설문지를 활용한 조직진단

진단 (assessment): 조직의 실제 상황을 파악하는 프로세스

진단 (diagnosis): 조직진단

질적 데이터 (Qualitative data): 성질상 (숫자가 아닌) 문자나 기호 등으로 표현되는 데이터로써 보통 인터뷰와 포커스 그룹을 통해 수집된다.

챔피언 (champion): 팀의 활동을 감독하고 지원해주는 사람

체계적으로 (systematically): 전체 시스템이 관여되는 접근 방식을 말한다.

최대혼합집단 (Max-mix): 조직의 모든 지위와 모든 기능부서의 대표자로 구성된 집단

최빈치 (mode): 관찰 결과에서 개수가 가장 많이 존재하는 값

최종평가 (Summative evaluation): 프로세스가 끝날 때 이루어지는 평가

추가계약 (Change order): 예산과 비용에 관하여 서로 오해를 없애기 위해서 고객에게 제안하는 추가적인 계약

친화도법 (Affinity diagram): 다수의 항목을 소수의 카테고리로 줄여 나가는 프로세스

카오스이론 (Chaos theory): 시스템의 산출물을 통제하길 원하는 만큼, 그리고 통제하고 있다고 생각하는 만큼, 시스템 자체가 개인의 힘을 끊임없이 빼앗아 간다고 믿는 신념

코칭 (coaching): 사람들이 발전하고 좀 더 효과적으로 일할 수 있도록 필요한 방법과 지식, 기회를 마련해 주는 프로세스

타당도 (validity): 측정하려고 하는 것이 제대로 측정되었는지, 측정하고자 하는 모든 대상을 측정했는지, 오직 측정하고자 하는 것만을 측정했는지를 나타내는 것이다.

토착화 (indigenization): 업무, 모델, 이론, 개념 등을 특정 문화에 적절하게 맞춰서 사용하는 프로세스

통계적 프로세스 관리 (Statistical process control(SPC)): 인터벤션의 필요 유무와 인터벤션이 필요한 곳을 결정하기 위해 프로세스상의 편차와 성과를 측정하고 보고하기 위해 사용되는 여러 가지 통계적 도구

투자대비효과모델 (Return-on-investment model): 투입과 산출물의 관계를 재무적 용어로 계산하여 평가하는 방법

특성요인도 (Cause effect diagram (피시본 도표, fishbone diagram and Ishikawa diagram)): 특정 문제에 대한 가능한 모든 원인을 파악한 뒤 그 중에서 가장 근본적인 원인을 찾아내기 위해서 고안된 도구(tool)

파워랩 (Power lab): 참여자가 특정 역할을 부여 받고 사람들이 그룹 상황에서 어떻게 반응하는지 관찰하는 타비스탁 인스티튜터가 개발한 집단 학습 프로세스

평가 (evaluation): 조직개발 프로세스의 여섯 번째 단계로, 조직개발 전문가와 고객조직이 실행했던 변화 노력을 제도화 할 것인지 또는 더 효과적인 인터벤션을 찾기 위해서 프로세스 사이클을 다시 시작해야 할지를 결정하도록 도와주는 단계

평균 (mean): 수학적 평균

폐쇄시스템 (Closed system): 외부에 영향을 주는 것에도, 외부로부터 영향을 받는 것에도 모두 관심이 없는 시스템

표준편차 (Standard deviation): 결과의 분포나 편차를 특정하는 통계적인 방식

표준화 (standardized): 설문 조사를 하거나 프로세스에 따라 실행하는 것과 같이 서로 다른 상황에서도 동일한 방식으로 일을 처리하는 것

표집 (sampling): 직원의 일부분을 선택하는 것

품질관리 (Quality management): 조직의 질을 향상시키기 위한 목적으로 조율된 활동과 철학

프로세스 (process): 투입으로 시작되는 일련의 실행 단계와 산출물을 생산해내는 활동

프로세스 구조 (Process structure): 공통된 프로세스를 중심으로 조직되는 조직 구조

프로세스 인터벤션 (Process intervention): 조직 프로세스를 개선하는 데 유용한 인터벤션

프로세스 자문 (Process consultation): 조직개발 컨설턴트가 조직에게 피드백을 제공하는 조직개발 프로세스

프로세스 재설계 (Process reengineering or business process reengineering, BPR): 현존하는 프로세스를 없애고 더 효과적이고 효율적인 새로운 프로세스로 대체하는 것.

프로세스 코치 (Process coach): 팀 또는 그룹 상황에서 사용하는 프로세스에 대한 피드백을 제공하면서 팀과 미팅 프로세스에 필요한 전문가 역할을 하는 사람

프로젝트 관리 시스템 (Project management system): 조직에서 무엇을 누가 언제 해야 하는지 추적하는 방법

프로젝트 범위 (Scope of the project): 프로젝트의 최종 산출물과 범위

프로젝트 지휘 및 조정 위원회 (Project steering committee, Steering team): 고객조직 내 하나 또는 다수의 프로젝트에 지시를 내리기 위해 결성된 여러 분야를 대표하는 다양한 배

경을 가진 대표자들의 모임

피드백 (feedback, 원형 관찰 기법): 정보를 제공한 사람이나 집단에게 정보를 다시 돌려주는 것

피시볼 (fishbowl): 참여자들이 소규모 집단 역할극을 하는 동안 다른 사람들은 관찰을 하고 역할극에 참여한 개개인들의 행동에 대한 피드백을 제공함으로써 팀 내의 상호교류 효과에 대해서 더 잘 파악할 수 있도록 도와주는 프로세스

학문 분과 (Discipline): 지식의 특정 분야

학습조직 (Learning organization): 조직이 지속적으로 학습, 적응, 변화할 수 있는 뛰어난 능력을 조직 문화에 잘 융화시킨 조직

합의각서 (Letter of agreement): 어떤 일이, 누구에 의해서, 언제, 어떤 보상 조건으로 달성될 것인가에 대한 조직과 외부 전문가 사이의 이해관계를 기술한 서면 문서

핵심인재 (hipos): 조직에서 핵심 지위로 승진할 가능성과 잠재력을 많이 지녔다고 파악되는 직원

행렬도표 (matrix): 두 개 이상의 변수나 항목들을 서로 비교할 수 있도록 만든 도표

현장관리자 (Line management): 생산품을 생산하고 서비스를 제공하는 현장의 리더(관리자)

현지중심주의 (polycentrism): 본사 국가가 아닌 나라의 사업에 재량권을 허용하는 글로벌 경영 방법, 수익 창출에 도움이 된다면 임원진도 그 나라에서 선출한다.

현황보고 프로세스 (Status reporting process): 모든 주요 이해관계자들과 프로젝트의 현황을 의사소통하기 위한 수단

협력경쟁 (coopetition): 협력과 경쟁이 동시에 요구되는 경우

확산 (diffusion): 시스템이나 하부시스템의 테크놀로지, 스킬, 지식, 또는 그 외의 측면을 내부적으로나 외부적으로 다른 시스템이나 하부시스템으로 전수하는 것

환경검색 (Environmental scanning or external scan): 시장 경쟁 상황과 사업에 영향을 미치는 요소를 파악하는 데 사용되는 방법

획기적 변화 (episodic change): 비정기적이고 불연속적이며 극적인 변화

효과성 (effectiveness): 적절하고 타당하게 하는 것

효율성 (efficiency): 가장 적은 노력을 들여서 가장 큰 가치를 얻어 내는 것

후원자 (sponsorship): 프로젝트에 필요한 재정, 인력, 지원을 제공하는 직위에 있는 사람

2차 자료 (Secondary data): 진단 프로세스가 시작되기 전부터 있었던 데이터

360도 피드백 (360-degree-feedback): 다면평가 피드백 또는 다면평가와 동의어. 개인의 수행에 대한 의견을 상사, 동료, 부하, 자기 자신, 고객, 협력업체 등 여러 대상으로부터 받는 프로세스

3단계 변화 모델 (Three-step change model): 레윈이 제안한 모델로 조직은 해빙, 이동, 재결빙의 프로세스를 통해서 변화한다고 주장한다.

3배수 법칙 (3X approach): 조직개발 전문가의 일 년 수입을 결정하기 위해 종종 쓰이는 약식 방법

3차 변화 (Third-order change(Gamma change)): 적용되는 측정법 자체의 중요성에 대한 근본적인 변화가 일어나는 경우

DiSC: 성격 유형 파악을 위해 주도형, 사교형, 안정형, 신중형 이 네 가지의 지표를 이용한 진단 도구

EPRG 모델 (EPRG model): 조직이 자신의 글로벌 경영 능력을 어떻게 생각하고 있는지 파악하도록 도와주는 본국중심주의(ethnocentric), 현지중심주의(polycentric), 지역중심주의(regiocentric), 세계중심주의(geocentric) 모델

GLBT: 게이, 레즈비언, 양성애자, 성전환자를 뜻한다. 다양한 성적 취향을 나타낸다.

KSAs: 지식(knowledge), 스킬(skills), 태도(attitudes)의 집합체로, 역량의 구성요소를 일

컽는 용어

MBTI (Myers Briggs Type Indicator): 사람들이 자신의 성격 유형을 4가지 차원을 토대로 파악하는데 사용되는 도구

PDCA 모델 (Plan-Do-Check-Act model): 지속적인 조직 향상의 필요성을 설명하는 모델이자 지속적인 향상을 가능하게 하는 프로세스

PEST분석: 정치(political), 환경(environmental), 사회(social), 기술(technological)을 검토하여 전략 계획을 수립하는 방법이다. 이들 4가지 요인이 조직에 어떻게 영향을 미치는가를 알아본다.

SWOT 분석: 전략 기획의 한 방법으로써 SWOT은 강점(Strength), 약점(Weakness), 기회(Opportunity), 위협(Threat)을 뜻하며, 조직의 강점/약점과 외부환경의 기회와 위협을 파악한다.

T-그룹 (laboratory training group, 실험실 훈련 집단): 체계화되지 않은 집단에 학습자로서 참여하여 자신에 대해서와 타인들이 자신을 어떻게 바라보고 있는지에 대해서 배울 수 있다.

TK갈등진단 도구 (Thomas-Kilmann conflict mode instrument, TKI): 여러 가지 타입의 갈등 행동을 도식으로 나타내는 도구

참고문헌

Academy of Human Resource Development. (1999) *Standards on ethics and integrity*. Retrieved May 31, 2005, at www.ahrd.org.

Academy of Management, Organization Development and Change Division. (2005) ODC *statement*. Retrieved February 5, 2005, at www.aom.pace.edu/odc/ draftofvm.html.

Adler, N. J. (2002) *International dimensions of organizational behavior*. (4th ed.) Cincinnati, OH: South-Western.

Albaeva, G., & McLean, G. N. (2004) Higher education reform in Kyrgyzstan. *Journal of College Teaching and Learning*, 1(10), 47-54.

Alban, B. T., & Scherer, J. J. (2005) On the shoulders of giants: The origins of OD. In W. J. Rothwell & R. L. Sullivan (Eds.), *Practicing organization development: A guide for consultants*. (2ne ed., p. 81-105) San Francisco: Pfeiffer.

The American heritage dictionary of the English language. (4th ed.) (2000) Boston: Houghton Mifflin. Retrieved December 26, 2004, at http://dictionary. reference.com/search?q=organization.

American Psychological Association. (2001) *Publication manual of the American Psychological Association*. (5th ed.) Washington, DC: Author.

American Psychological Association. (2002) *Ethical principles of psychologists and code of conduct*. Retrieved May 31, 2005, at www.apa.org/ethics/code2002. pdf.

Bartlett, K. R., & Rodgers, J. (2004) HRD as national policy in the Pacific Islands. *Advances in Developing Human Resources*, 6(3), 307-314.

Bass, B. M. (1990) *Bass & Stogdill's handbook of leadership*. (3rd ed.) New York: Free Press.

Becker, B. E., Huselid, M. A., & Ulrich, D. (2001) The HR *scorecard: Linking people, strategy, and performance.* Cambridge, MA: Harvard Business School Press.

Beckhard, R. (1969) *Organization development: Strategies and models.* Reading, MA: Addison-Wesley.

Beckhard, R., & Harris, R. T. (1977) *Organizational transitions: Managing complex change.* New York: Addison-Wesley.

Beckhard, R., & Harris, R. (1987) *Organizational transitions. Reading,* MA: Addison, Wesley.

Beer, M., & Nohria, N. (2000) Resolving the tension between theories E and O of change. In M. Beer & N. Nohria (Eds.), *Breaking the code of change.* (p. 1-33) Boston: Harvard Business School Press.

Bennis, W. (1969) *Organization development: Its nature, origins, and prospects.* Reading, MA: Addison-Wesley.

Bernardin, H. J., & Beatty, R. W. (1987) Can subordinate appraisals enhance managerial productivity? *Sloan Management Review,* 28, 421-439.

Berniker, E. (1992) *Some principles of Sociotechnical systems analysis and design.* Retrieved December 23, 2004, at www.plu.edu/ bernike/SocioTech.htm.

Blanchard, K. (1989) *Managing the journey* [videotape]. Schaumburg, IL: Video Publishing House.

Bradford, D. L. (2005) Foreword. In W. J. Rothwell & R. L. Sullivan (Eds.), *Practicing organization development: A guide for consultants.* (2nd ed., p. xxiii-xxvii) San Francisco: Pfeiffer.

Briggs, Jr., V. M. (1987) Human resource development and the formulation of national economic policy. *Journal of Economic Issues,* 21(3), 1207-1240.

Budhwani, N., Wee, B., & McLean, G. N. (2004) Should child labor be eliminated? An HRD perspective. *Human Resource Development Quarterly,* 15(1), 107-

116.

Burke, W. (1997) The new agenda for organization development. *Organization Dynamics,* 25(1), 7-21.

Burke, W. W. (2002) *Organization change:* Theory and practice. Thousand Oaks, CA: Sage.

Canadian Centre for Occupational Health and Safety. (2002) Job design. Retrieved on December 26, 2004, at www.ccohs.ca/oshanswers/hsprograms/job_design. html.

Carter, L., Giber, D., Goldsmith, M. & Bennis, W. G. (Eds.) (2000) *Linkage Inc.'s best practices in leadership development handbook: Case studies, instruments, training.* San Francisco: Pfeiffer.

Champy, J. (1995) *Reengineering management: The mandate for new leadership.* New York: HarperCollins.

Champy, J. (2002) *X-engineering the corporation: Reinventing your business in the digital age.* New York, NY: Warner Business Books.

Chat-uthai, M., & McLean, G. N. (2003) Combating corruption in Thailand: A call to an end of the "white buffet." In J. B. Kidd & F.-J. Richter (Eds.), *Fighting corruption in Asia: Causes, effects and remedies.* (p. 317-348) Singapore: World Scientific

Chermack, T. J. (2004) A theoretical model of scenario planning. *Human Resource Development Review,* 3(4), 301-325.

Cho, E. S., & McLean, G. N. (2002) National human resource development: Korean case. In U. Pareek, A. M. Osman-Gani, S. Ramnaravan, & T. V. Rao (Eds.), *Human resource development in Asia: Trends and challenges.* (p. 253-260) New Delhi: Oxford & IBH.

Cho, E. S., & McLean, G. N. (2004) What we discovered about NHRD and what it means for HRD. *Advances in Developing Human Resources,* 6(3), 382-393.

Chowdhury, S. (2001) *The power of six sigma.* Chicago: Dearborn Trade.

Clearinghouse for Information about Values and Ethics in OD-HSD. (1996) *Organization and human systems development credo.* Retrieved May 31, 2005, atwww.odnetwork.org/credo.html

Cooper, S. (2004) National governance and promising practices in workplace learning: A postindustrialist programmatic framework in Canada. *Advances in Developing Human Resources,* 6(3), 363-373.

Cooperrider, D., & Srivastva, S. (1987) Appreciative inquiry in organizational life. In R. Woodman & W. Pasmore (Eds.), *Organizational change and development: Vol. 1.* (p. 129-170) Greenwich, CT: JAI Press.

Corrigan, C. (2002) *What is open space technology?* Retrieved December 23, 2004, at www.chriscorragon.com/openspace/whatisos.html.

Crosby, P. (1984) *Quality without tears: The art of hassle-free management.* New York: McGraw-Hill.

Cummings, T. G., & Worley, C. G. (2005) *Organization development and change.* (8th ed.) Mason, OH: South-Western/Thomson.

Daniels, D. R., Erickson, M. L., & Dalik, A. (2001) Here to stay-taking competencies to the next level. *WorkatWork Journal,* 10(1), 70-77.

Dannemiller, K. D., & Jacobs, R. W. (1992) Changing the way organizations change: A revolution of common sense. *Journal of Applied Behavioral Science, 28*(4), 480-497.

Davenport, T. H. (1995) The fad that forgot people. *Fast Company,* 1(1), 70-74.

Deming, W. E. (1986) *Out of the crisis.* Boston: Massachusetts Institute of Technology.

DeVogel, S. H. (1992) *Ethical decision making in organization development: Current theory and practice.* Unpublished Ph.D. dissertation, University of Minnesota,

St. Paul.

DeVogel, S. H., Sullivan, R., McLean, G. N., & Rothwell, W. J. (1995) Ethics in OD. In W. J. Rothwell, R. Sullivan, & G. N. McLean. (Eds.) *Practicing organization development: A guide for consultants.* (p. 445-489) San Diego: Pfeiffer.

Dewey, J. D., & Carter, T. J. (2003) Exploring the future of HRD: The first future search conference for a profession. *Advances in Developing Human Resources,* 5(3), 245-256.

Dooley, K. J., Johnson, T. L., & Bush, D. H. (n.d.) *Total quality management and the revolution in management paradigm.* Unpublished manuscript available from senior author at Arizona State University.

Egan, T. M. (2002) Organization development: An examination of definitions and dependent variables. *Organization Development Journal,* 20(2), 59-70.

Egan, T. M., & Lancaster, C. M. (2005) Comparing appreciative inquiry and action research: OD practitioner perspectives. *Organization Development Journal,* 23(2), 29-49.

Eisen, S. (2002) *Top emerging competencies.* Results of a Delphi study distributed to participants. Retrieved February 13, 2005, at www.sonoma.edu/programs/od/.

Ellinger, A. D., Ellinger, A. E., Yang, B., & Howton, S. W. (2002) The relationship between the learning organization concept and firms' financial performance: An empirical *assessment. Human Resource Development Quarterly,* 13(1), 5-21.

Evered, R. D., & Selman, J. C. (1989) Coaching and the art of management. *Organizational Dynamics,* 18(2), 16-32.

Fitzpatrick, J. L., Sanders, J. R., & Worthen, B. R. (2004) *Program evaluation: Alternative approaches and practical guidelines.* (3rd ed.) Boston: Pearson.

Freire, P. (1972) *Pedagogy of the oppressed,* Harmondsworth, U.K.: Penguin.

Friedman, T. L. (2000) *The Lexus and the olive tree.* New York: Anchor Books.

Friedman, T. L. (2005) *The world is flat: A brief history of the twenty-first century.* Waterville, ME: Thorndike Press.

Gangani, N. T., McLean, G. N., & Braden, R. A. (2004) Competency-based human resource development strategy. In T. M. Egan & M. L. Morris (Eds.), *Proceedings AHRD 2004 conference.* (p. 1114-1121) Bowling Green, OH: AHRD.

Gellerman, W. (1991) The international organization development code of ethics. In D. W. Cole, (Ed.), *The international registry of OD professionals.* (2005 ed.) Also, retrieved on May 31, 2005, at members.aol.com/ODInst/ethics.htm.

Goldstein, T. L. (1993) *Training in organizations.* (3rd ed.) Pacific Grove, CA: Brooks/Cole.

Goleman, D. (1995) *Emotional intelligence.* New York: Bantam.

Golembiewski, R. T., Billingsley, K., & Yeager, S. (1976) Measuring change and persistence in human affairs: Types of change generated by OD designs. *Journal of Applied Behavioral Science,* 12, 133-157.

Gray, B. (2005) *The experience of being a financial consultant and a person of color or Hispanic at ABC Financial FirmUnpublished doctoral dissertation,* University of Minnesota, St. Paul.

Gundling, E. (2003) *Working GlobeSmart: 12 people skills for doing business across borders.* Palo Alto, CA: Davies-Black.

Gunn Partners. (2000) Change leadership, Part 1. *Horizons,* 1-16.

Hall, E. (1976) *Beyond culture.* Garden City, N.Y.: Doubleday.

Hall, W. D. (1993) *Making the right decisions: Ethics for managers.* New York: Wiley.

Hammer, M., & Champy, J. (1993) *Reengineering the corporation: A manifesto for business*. New York: HarperCollins.

Harris, P. R., & Moran, R. T. (1979) *Managing cultural differences*. Houston, TX: Gulf.

Harrison, R. (1970) Choosing the depth of organizational intervention. *Journal of Applied Behavioral Science,* 6(2), 182-202.

Head, T., Armstrong, T., & Preston, J. (1996) The role of graduate education in becoming a competent organization development practitioner. *OD Practitioner,* 28(1 & 2), 52-60.

Headland, T. N., Pike, K. L., & Harris, M. (Eds.) (1990) *Emics and etics: The insider/ outsider debate*. Newbury Park, CA: Sage.

Heap, N. (nd) *Open systems planning*. Retrieved December 23, 2004, at <u>homepage. ntlworld.com/nick.heap/Opensystems.htm.</u>

Hedge, J. W., & Borman, W. C. (1995) Changing conceptions and practices in performance appraisal. In A. Howard (Ed.), *The changing nature of work.* (p. 451-481) San Francisco: Jossey-Bass.

Heenan, D., & Perlmutter, H. (1979) *Multinational organization development*. New York: Addison-Wesley.

Herzberg, F., Mausner, B., & Block Snyderman, B. (1959) *Motivation to work*. New York: Wiley.

Hofstede, G. (2001) *Culture's consequences: Comparing values, behaviors, institutions, and organizations across nations*. San Francisco: Sage.

Holton, E. E. III. (1996) The flawed four-level evaluation model. *Human Resource Development Quarterly,* 7(1), 5-21.

Imai, M. (1986) *Kaizen: The key to Japan's competitive success*. Cambridge, MA: Productivity Press.

Inscape Publishing. (1996) *The DiSC® Classic research report*. Mount Prospect, IL: Author.

Inscape Publishing. (n.d.) *Personal Profile System® 2800 Series: Helping people work better together.* Chicago: Center for Internal Change. Retrieved August 15, 2005, at www.professionalchange.com/Inscape%20Brochures/ E-Brochure%20for%20email/PPS.pdf

International Society for Performance Improvement. (2002) *Code of ethics for Certified Performance Technologists.* Retrieved May 31, 2005, at www.certifiedpt.org/ index.cfm?section=standards

Johansen, B.-C. (1991) *Individual response to organizational change: a grounded model.* (Publication No. 50) St. Paul, MN: Training & Development Research Center, University of Minnesota.

Johansen, B.-C., & McLean, G. N. (1995) Team building in a public school system: An unsuccessful intervention. *Organization Development Journal,* 13(2), 1-12.

Juran, J. M. (1988) *Juran on planning for quality.* Cambridge, MA: Productivity Press.

Juran, J. M., & Godfrey, A. B. (Eds.) (1998) *Juran's quality handbook* (5th ed.) New York: McGraw-Hill.

Kamau, D. G., & McLean, G. N. (1999) A nine-month follow-up assessment of a large scale interactive event designed to implement organizational change in state government organization. In K. P. Kuchinke (Ed.), *Academy of Human Resource Development 1999 conference proceedings.* (p. 1148-1155) Baton Rouge, LA: Academy of Human Resource Development.

Kaneko, T. (2000) *Vision HR Plan 21.* St. Paul, MN: 3M.

Kaneko, T. (2003) *Inaugural message: Permeate the new corporate culture and promote continuous changes.* Tokyo: Sumitomo 3M Limited.

Kaplan, R. S., & Norton, D. P. (1996) *The balanced scorecard: Translating strategy into action.* Cambridge, MA: Harvard Business School Press.

Karpiak, I. (2005) *Taken-from-life: The tasks of autobiography in adult education.* In *2005 Hawaii International Conference in Education.* (p. 2111-2120) Honolulu: East-West Council for Education.

Katzenbach, J., & Smith, D. (1993) *The wisdom of teams.* Boston: Harvard Business School Press.

Kidder, R. M. (1995) *Good people make tough choices: Resolving the dilemmas of ethical living.* New York: Morrow.

Kirkpatrick, D. L. (1998) *Evaluating training programs: The four levels.* (2nd ed.) San Francisco: Berrett-Koehler.

Kluckhohn, F. R., & Strodtbeck, F. L. (1961) *Variations in value orientations.* Evanston, IL: Row, Peterson.

Kohn, A. (1999) *Punished by rewards: The trouble with gold stars, incentive plans, A's, praise, and other bribes.* Boston: Mariner Books.

Konopaske, R., & Ivancevich, J. M. (2004) *Global management and organizational behavior: Text, readings, cases, and exercises.* New York: McGraw-Hill Irwin.

Landis, D., & Bhagat, R. S. (Eds.) (1996) *Handbook of intercultural training.* (2nd ed.) Thousand Oaks, CA: Sage.

Lee, M. (2004) National human resource development in the United Kingdom. Advances in *Developing Human Resources,* 6(3), 334-345.

Lewin, K. (1947) *Frontiers in group dynamics.* Washington, DC.: Psychological Association.

Lewin, K. (1951) *Field theory in social science.* New York: Harper & Row.

Lim, M. B. (2005) Philippine experience-Promoting a culture of peace through community-based learning in conflict affected areas. *In Proceedings of the 2005 Hawaii International Conference on Education.* (p. 2444-2445) Honolulu: East-West Council for Education.

Lindahl, K. (1996) *What is the dialogue process?* Retrieved December 23, 2004, at www.asc-spiritualcommunity.org/Process.html.

Lucia, A. D., & Lepsinger, R. (2002) *The art and science of competency models: Pinpointing critical success factors in an organization.* San Francisco: Jossey-Bass/Pfeiffer.

Luft, J., & Ingham, H. (1955) *The Johari-Window: A graphic model for interpersonal relations.* Los Angeles: University of California Western Training Lab.

Lutta-Mukhebi, M. C. (2004) National human resource development policy in Kenya. Advances in Developing Human Resources, 6(3), 326-334.

Lynham, S. A., & Cunningham, P. W. (2004) Human resource development: The South African case. *Advances in Developing Human Resources,* 6(3), 315-325.

Maas, P. (1994) *China white.* Rockland, MA: Wheeler.

Marquardt, M., Berger, N., & Loan, P. (2004) HRD in the age of globalization: A practical guide to workplace learning in the third millennium. New York: Basic Books.

Marquardt, M., & Reynolds, A. (1994) *The global learning organization: Gaining competitive advantage through continuous learning.* Burr Ridge, IL: Irwin.

Marshall, R. (1986, April 6) *The role of apprenticeship in an internationalized information world.* Paper presented at the Conference on *Learning by Doing* sponsored by The International Union of Operating Engineers, the U.S. Department of Labor, and Cornell University, Albany, NY.

McCauley, C. D., & van Velsor, E. (2003) *The Center for Creative Leadership handbook of leadership development.* (2nd ed.) San Francisco: Jossey-Bass.

McKenzie-Mohr, D., & Smith, W. (1999) *Fostering sustainable behavior: An introduction to community-based social marketing.* Gabriola Island, BC, Canada: New Society.

McLagan, P. (1989) *Models for HRD practice*. Alexandria, VA: American Society for Training and Development.

McLagan, P., & Suhadolnik, D. (1989) *Models for HRD practice: The research report*. Alexandria, VA: American Society for Training and Development.

McLean, G. N. (1997) Multirater 360 feedback. In L. J. Bassi & D. Russ-Eft (Eds.), *What works: Assessment, development, and measurement*. (p. 87-108) Alexandria, VA: American Society for Training and Development.

McLean, G. N. (2001) Human resource development as a factor in the inevitable move to globalization. In O. Aliaga (Ed.), *Academy of Human Resource Development 2001 conference proceedings*. (p. 731-738) Baton Rouge, LA: Academy of Human Resource Development.

McLean, G. N. (2004) Lifelong learning in the context of changing organizational cultures. In *Lifelong learning and new learning culture 2004 international conference proceedings*. (p. 170-179) Chia-Yi, Taiwan: National Chung Cheng University.

McLean, G. N. (2004) National human resource development: What in the world is it? *Advances in Developing Human Resources, 6*(3), 269-275.

McLean, G. N. (2005) Examining approaches to HR evaluation: The strengths and weaknesses of popular measurement methods. *Strategic Human Resources, 4*(2), 24-27.

McLean, G. N., Bartlett, K., & Cho, E. S. (2003) Human resource development as national policy: Republic of Korea and New Zealand. *Pacific-Asian Education, 15*(1), 41-59.

McLean, G. N., Damme, S. R., & Swanson, R. A. (Eds.) (1990) *Performance appraisal: Perspectives on a quality management approach*. Alexandria, VA: American Society for Training and Development.

McLean, G. N., & Kamau, D. G. (1998) A case study using a large-scale interactive event to implement organizational change in a nonprofit government organization. In R. Torraco (Ed.), *Academy of Human Resource Development 1998 conference proceedings.* (p. 404-411) Baton Rouge, LA: Academy of Human Resource Development.

McLean, G. N., Kaneko, T., & van Dijk, M. S. (2003) Changing corporate culture across countries: A case study of Sumitomo 3M Limited. (Japan) In C. T. Akaraborworn, A. M. Osman-Gani, & G. N. McLean (Eds.), *Human resource development in Asia: National policy perspectives.* (p. 1-1-1-9) Bangkok, Thailand, and Bowling Green, OH: National Institute of Development Administration and Academy of Human Resource Development.

McLean, G. N., & Karimov, M. (2005, April) *Final report: Developing and strengthening education leadership for the future: Kyrgyzstan.* Partnership Agreement under Bureau of Educational and Cultural Affairs FY2001 NIS College and University Partnerships Program of the U.S. State Department, Washington, DC.

McLean, G. N., & McLean, L. D. (2001) If we can't define HRD in one country, how can we define it in an international context? *Human Resource Development International,* 4(3), 313-326.

McLean, G. N., Osman-Gani, A., & Cho, E. (Eds.) (2004) Human resource development as national policy. *Advances in Developing Human Resources,* 6. (3)

McLean, G. N., & Sullivan, R. (1989) *Essential competencies of internal and external OD consultants.* Unpublished manuscript. In W. J. Rothwell, R. Sullivan, & G. N. McLean. (Eds.) (1995) *Practicing organization development: A guide for consultants.* (p. 51) San Francisco: Jossey-Bass/Pfeiffer.

McLean, G. N., Sytsma, M., & Kerwin-Ryberg, K. (1995, March) Using 360-degree feedback to evaluate management development: New data, new insights. In E.F. Holton III (Ed.), *Academy of Human Resource Development 1995 conference proceedings.* (Section 4-4) Austin, TX: Academy of Human Resource Development.

McLean, G. N., Yang, B., Kuo, C., Tolbert, A., & Larkin, C. (2005) Development and initial validation of an instrument measuring coaching behavior. *Human Resource Development Quarterly,* 16(2), 157-178.

Moon, Y. L., & McLean, G. N. (2003) The nature of corruption hidden in culture: The case of Korea. In J. B. Kidd & F.-J. Richter (Eds.), *Fighting corruption in Asia: Causes, effects and remedies.* (p. 297-315) Singapore: World Scientific.

Murrel, K.L. (2000) Organizational change as applied art: Blending pace, magnitude, and depth. In R. T. Golembiewski (Ed.), *Handbook of organizational consultation.* (2nd ed., p. 807-813) New York: Dekker.

na Chiangmi, C. (1998, October 1) *Current outlook and trends of HRD in Thailand.* Handout distributed in International HRD course, University of Minnesota, St. Paul.

Nadler, L., & Nadler, Z. (1989) Developing human resources: Concepts and a model. (3rd ed.) San Francisco, CA: Jossey-Bass.

Nevis, E. C., DeBella, A. J., & Gould, J. (1995) Understanding organizations as learning systems. *Sloan Management Review,* 36(2), 73-85.

Noe, R. A., Hollenbeck, J., Gerhart, B., & Wright, P. (1997) *Human resource management: Gaining a competitive advantage.* (2nd ed.) Homewood, IL: Irwin.

OD Network. (2003) *OD principles of practice.* Retrieved February 5, 2005, at www.odnetwork.org/principlesofpractice.html.

Organization and human systems development credo. (July 1996) (1996) Retrieved August 7, 2005, at www.odnetwork.org/credo.html.

Organization development: A straightforward reference guide for executives seeking to improve their organizations. (1991) Chesterfield, OH: The Organization Development Institute.

Osman-Gani, A. M. (2004) Human capital development in Singapore: An analysis of national policy perspectives. *Advances in Developing Human Resources, 6*(3), 276-287.

Osman-Gani, A. M., & Tan, W. L. (1998) Human resource development: The key to sustainable growth and competitiveness of Singapore. *Human Resource Development International, 1*(4), 417-432.

Osman-Gani, A. M., & Tan, W. L. (2000) International briefing: Training & development in Singapore. *International Journal of Training & Development, 4*(4), 305-323.

Patten, M. L. (2001) *Questionnaire research: A practical guide.* Los Angeles: Pyrczak.

Pegels, C. C. (1995) *Total quality management: A survey of its important aspects.* New York: Boyd & Fraser.

Persico, J., Jr., & McLean, G. N. (1994) Manage with valid rather than invalid goals. *Quality Progress, 27*(4), 49-53.

Perspective: The exigencies of globalization. (1998, April) Retrieved September 15, 2002, at www.pagecreator.com/ newsroom/page5.html.

Peterson, D. B., & Hicks, M. D. (1996) *Leader as coach: Strategies for coaching and developing others.* Minneapolis, MN: Personnel Decisions International.

Pfeiffer, J. W., & Jones, J. E. (1978) OD readiness. In J. W. Pfeiffer & J. E. Jones (Eds.), *The 1978 annual handbook for group facilitators.* (p. 219-226) La Jolla, CA: University Associates.

Pipal, T. (2001, March) *My Worldcom and welcome to it.* Keynote presentation at the Annual Conference of the Academy of Human Resource Development, Tulsa, OK.

Provo, J., Tuttle, M., & Henderson, G. (2003, February 26-27) *Notes from a Pre-conference of the Academy of Human Resource Development, Minneapolis, MN: OD in a changing world: Emerging dynamics of organization development.* (Available from authors or fromGary McLean.)

Rangel, E. (2004) Policies for employment and higher education in Mexico: An approach to human resource development as policy. *Advances in Developing Human Resources,* 6(3), 374-381.

Rao, T. V. (2004) Human resource development as national policy in India. *Advances in Developing Human Resources,* 6(3), 288-296.

Reinhold, C. R. (n.d.) *Introduction to Myers-Briggs personality type and the MBTI.* Retrieved December 26, 2004, at www.personalitypathways.com/MBTI_intro.html.

Schaffer, R. H., & Thomson, H. A. (1992) Successful change programs begin with results. *Harvard Business Review,* 70(1), 80-89.

Schein, E. (1980) *Organizational psychology.* (3rd Ed.) Englewood Cliffs, NJ: Prentice Hall.

Schein, E. (1985) *Organizational culture and leadership.* San Francisco: Jossey-Bass.

Schmidt, A. (2002) *Making mergers work: The strategic importance of people.* Alexandria, VA: Society for Human Resource Management.

Scholtes, P. R. (1988) *The team handbook: How to use teams to improve quality.* Madison, WI: Joiner Associates.

Schön, D. (1983) , London: Temple Smith.

Schön, D. (1987) Educating the reflective practitioner. Washington, DC: American

Educational Research Association. Retrieved December 26, 2004, at http://educ.queensu.ca/ ar/schon87.htm.

Scotland, M. (2004) National human resource development in St. Lucia. Advances in *Developing Human Resources,* 6(3), 355-362.

Semler, S. W. (2000) Exploring alignment: A comparative case study of alignment in two organizations. In K. P. Kuchinke (Ed.), *Proceedings of the Academy of Human Resource Development Annual Conference.* (p. 757-764) Baton Rouge, LA: Academy of Human Resource Development.

Senge, P. M. (1990) The fifth discipline: The art and practice of the learning organization. New York: Doubleday.

Shepard, K., & Raia, A. (1981) The OD training challenge. *Training and Development Journal,* 35, 90-96.

Shirts, G. (1977) *Bafa-bafa.* Del Mar, CA: Simulation Training System.

Shtogren, J. A. (1999) *Skyhooks for leadership: A new framework that brings together five decades of thought-from Maslow to Senge.* New York: AMACOM.

Smith, P. A. C., & Peters, V. J. (1997) Action learning: Worth a closer look. *Ivey Business Quarterly,* 62(1), 63-69.

Society for Human Resource Development. (undated) *SHRM code of ethics and professional standards in human resource management.* Retrieved May 31, 2005, at www.shrm.org//ethics/code-of-ethics.asp.

Sorenson, P. F. (1996) An interview with the Sullivan's (sic.): Roland and Kristine. *Organization Development Journal,* 14(4), 4-17.

Sorensen, P. F., Gironda, L. A., Head, T. C., & Larsen, H. H. (1996) Global organization development: Lessons from Scandinavia. *Organization Development Journal,* 14(4), 46-52.

Stolovitch, H. D., & Keeps, E. J. (Eds.) (1992) *Handbook of human performance technology: A comprehensive guide for analyzing and solving performance problems in organizations.* San Francisco: Jossey-Bass.

Sullivan, K. (1997) Quickening transformation: Three efforts: Community, organization, and self. *Organization Development Journal,* 15(1), 53-61.

Sullivan, R., & Sullivan, K. (1995) Essential competencies for internal and external OD consultants. (15th Ed.) In W. Rothwell, R. Sullivan, & G. N. McLean (Eds.), *Practicing organization development: A guide for consultants.* (p. 535-549) San Diego: Pfeiffer.

Sussman, L., & Finnegan, R. (1998) Coaching the star: Rationale and strategies. *Business Horizons,* 41(2), 47-54.

Swanson, R. A. (1994) *Analysis for improving performance: Tools for diagnosing organizations and documenting workplace expertise.* San Francisco: Berrett-Koehler.

Szalkowski, A., & Jankowicz, D. (2004) The development of human resources during the process of economic and structural transformation in Poland. *Advances in Developing Human Resources,* 6(3), 346-354.

Tan, V., & Tiong, T. N. (2005) Change management in times of economic uncertainty. *Singapore Management Review,* 27(1), 49-68.

Tavistock Institute. (2004, July 1) *Authority, leadership and organization.* Retrieved December 26, 2004, at www.tavinstitute.org.

Tillich, P. (1963) *Systematic theology, Vol. III: Life and the spirit, history and the Kingdom of God.* Chicago: University of Chicago Press.

Tippins, N. T. (2002) Organization development and IT: Practicing OD in the virtual world. In Waclawski, J., & Church, A. H. (Eds.), *Organization development: A data-driven approach to organizational change.* (p. 245-265) San Francisco: Jossey-Bass.

Tolbert, A., Larkin, C., & McLean, G. N. (2002) *Coaching for the gold: Instrument and technical manual.* Minneapolis, MN: Larkin International. (Sample is available at http://eccointernational.com/organizationdevelopment/organizationdevelopment_tools_coachingprofiledescription.html.)

Tolbert, A., & McLean, G. N. (1995) Venezuelan culture assimilator for training United States professionals conducting business in Venezuela. *International Journal of Intercultural Relations,* 19(1), 111-125.

Tolbert, A. S., McLean, G. N., & Myers, R. C. (2002) Creating the global learning organization (GLO), *The International Journal of Intercultural Relations,* 26, 463-472.

Trompenaars, F. (1994) *Riding the waves of culture: Understanding cultural diversity in business.* New York: McGraw-Hill.

Transparency International. (2004) *TI Corruption Perceptions Index 2004.* Retrieved May 30, 2005, at www.transparency.org/cpi/2004/cpi2004.en.html#cpi2004.

Tuckman, B. W. (1965) Development sequence in small groups. *Psychological Bulletin, 63*(6), 384-399.

Uttal, B. (1983) The corporate culture vultures. *Fortune, 108,* 66-72.

Virakul, B., & McLean, G. N. (2000) AIDS in the workplace: Experiences and HR practices in Thai business organizations. *Thai Journal of Development Administration, 40*(3), 27-46.

Watkins, K. E., & Marsick, V. J. (Eds.) (1996) *In action: Creating the learning organization.* Alexandria, VA: American Society for Training and Development.

Weick, K. E., & Quinn, R. E. (1999) Organizational change and development. *Annual Review of Psychology, 50,* 361-386.

Weisbord, M., & Janoff, S. (2000) *Future search: An action guide to finding common ground in organizations and communities.* San Francisco: Berrett-Koehler.

Wheatley, M. J. (2001) *Leadership and the new science: Discovering order in a chaotic world.* San Francisco: Berrett-Koehler.

Worley, C. G., & Feyerherm, A. E. (2003) Reflections on the future of organization development. 39, 97-115.

Worley, C. G., Rothwell, W. J., & Sullivan, R. (2005) Organization development competencies. (Version 21) In D. W. Cole (Ed.), *The International Registry of Organization Development Professionals and Organization Development Handbook,* 43-46. Chesterland, OH: Organization Development Institute.

Worley, C., & Varney, G. (1998, Winter) A search for a common body of knowledge for master's level organization development and change programs. *Academy of Management ODC Newsletter,* 1-4.

Yamnill, S., & McLean, G. N. (in press) Human resource development in a religious institution: The case of Wat (Temple) Panyanantaram, Thailand. Unpublished manuscript submitted to *Human Resource Development International*

Yang, B., Zhang, D., & Zhang, M. (2004) National human resource development in the People's Republic of China. *Advances in Developing Human Resources, 6*(3), 297-306.

York, L., O'Neil, J., & Marsick, V. (Eds.) (1999) San Francisco: Berrett-Koehler.

Zanko, M., & Ngui, M. (2003) The implications of supra-national regionalism for human resource management in the Asia-Pacific region. In M. Zanko & M. Ngui (Eds.), *The handbook of human resource management policies and practices in Asia-Pacific economies. (Vol. I & II)* (p. 5-22) Cheltenham, U.K.: Elgar.

내용 찾아보기

인명 찾아보기

조직개발의 이해

1판 1쇄 펴냄 2011년 3월 14일
1판 4쇄 펴냄 2014년 9월 11일

지은이 | 게리 매클린
옮긴이 | 우하영 · 이유진 · 김호핑
발행인 | 김세희
편집인 | 김혜원
펴낸곳 | ㈜민음인

출판등록 | 2009. 10. 8 (제2009-000273호)
주소 | 135-887 서울 강남구 신사동 506 강남출판문화센터 5층
전화 | **영업부** 515-2000 **편집부** 3446-8774 **팩시밀리** 515-2007
홈페이지 | minumin.minumsa.com